身近な損害賠償関係訴訟

園部 厚

理論と裁判例

青林書院

はしがき

　ある者がある者に対し，損害が発生したとして，損害賠償を請求することがある。その損害賠償請求に関する事件で，たとえば交通事故に基づく損害賠償，建物等の建築請負に基づく損害賠償などの事件については，それについて解説したものが多数あると思われるが，それ以外の身近な損害賠償の事件に関して解説したものは，それほど多くないのではないかと思われる。しかし，身近な生活の中でも，いろいろな紛争に伴う損害賠償を請求する事件が発生することはあり，それらの損害賠償事件について，分析して解説したものがあれば，役に立つのではないかと思われ，本書は，そのような意図の下に作成したものである。

　本書では，損害賠償請求事件のうち，身近な問題であり，誰にでも起こりうる損害賠償請求事件について，分析して解説をしているつもりである。具体的には，①消費者信用取引における損害賠償請求，②不動産売買・賃貸借における損害賠償請求，③物損事故に伴う特別な損害賠償請求，④相隣関係と損害賠償請求，⑤職務に関連する行為における使用者に対する損害賠償請求，⑥訴え提起と不法行為に伴う損害賠償請求，⑦暴行等に伴う損害賠償請求，⑧その他の損害賠償請求に分けて解説する。そして，そのような損害賠償請求事件に関する裁判例を，いくつかの事例ごとにまとめ，それぞれの裁判例の事案の内容，請求，争点，判示事項（結論に至る理由付け及び結論）等についてまとめ，各まとめた事例ごとに一覧表を付け，そのような裁判例の分析から出てくる傾向等については，その事例ごとの総論部分にも記載するなどし，同様の事例において，検索して参考にできるように工夫したつもりである。

　また，本書では，身近な損害賠償請求事件としての簡潔な簡易裁判所の裁判例は，判決書そのものの記載を掲載しており，簡易裁判所での訴訟に携わる者には，特に，実務上参考になると思われる。

　本書はこのような内容のものであるが，身近な損害賠償事件の実務に携わる

者にとって，役に立つものとなれば幸いである。

　平成26年3月

園　部　厚

凡　例

1. 用字・用語等

　本書の用字・用語は，原則として常用漢字，現代仮名づかいによったが，法令に用いられているもの及び判例，文献等の引用文は原文どおりとした。

2. 関係法令

　関係法令は，原則として平成26年3月末日現在のものによった。

3. 法令の引用表示

　本文解説中における法令の引用表示は，原則として正式名称とした。
　カッコ内における法令の引用表示は，後掲の〔**法令，通達等略語**〕によった。
　また，同一法令の条項番号は「・」で，異なる法令の条項番号は「，」で併記した。

4. 判例の引用表示

　判例の引用表示は，通例に従い，次の略記法を用いた。その際に用いた略語は，後掲の〔**判例集，雑誌等略語**〕によった。
　〔例〕　平成17年7月19日最高裁判所判決，最高裁判所民事判例集59巻6号1783頁
　　　　　→　最判平17・7・19民集59巻6号1783頁
　　　　平成13年6月11日東京地方裁判所判決，判例タイムズ1087号212頁
　　　　　→　東京地判平13・6・11判タ1087号212頁

5. 文献の引用表示

　主要な文献の引用表示は，後掲の〔**主要文献略語**〕によった。
　それ以外の文献の引用表示は，著者（執筆者）及び編者・監修者の姓名，「書名」，発行所，刊行年，引用（参照）頁を掲記した。
　主要な雑誌等の引用の際に用いた略語は，後掲の〔**判例集，雑誌等略語**〕によった。

〔法令，通達等略語〕

貸金	貸金業法	民訴	民事訴訟法
貸金規	貸金業法施行規則	民訴規	民事訴訟規則
金融庁貸金監督指針	「貸金業者向けの総合的な監督指針」（金融庁平成26年2月改正）	民訴費	民事訴訟費用等に関する法律
		民執	民事執行法
		民調	民事調停法
商	商法	民調規	民事調停規則
非訟規	非訟事件手続規則	労審	労働審判法
民	民法	労審規	労働審判規則

〔判例集，雑誌等略語〕

民録	大審院民事判決録	判時	判例時報
民集	最高裁判所民事判例集，大審院民事判例集	判タ	判例タイムズ
		金判	金融・商事判例
裁判集民事	最高裁判所裁判集民事	金法	金融法務事情
高民集	高等裁判所民事判例集	労判	労働判例
下民集	下級裁判所民事判例集	裁判所HP	裁判所ホームページ裁判例情報
交民集	交通事故民事裁判例集		

〔主要文献略語〕

(1) 民法関係

「注釈民法(12)」 →磯村哲編「注釈民法(12)」（有斐閣，1970）

内田「民法Ⅱ〔3版〕・Ⅲ〔3版〕」 →内田貴「民法Ⅱ〔第3版〕・Ⅲ〔第3版〕」（東京大学出版会，2011（Ⅱ）・2005（Ⅲ））

川井「民法概論3〔2版補訂〕」 →川井健「民法概論3（債権総論）〔第2版補訂版〕」（有斐閣，2009）

滝澤「民事法の論点」 →滝澤孝臣「民事法の論点」（経済法令研究会，2006）

潮見「基本講義債権各論Ⅱ〔2版〕」 →潮見佳男「ライブラリ法学基本講義＝6－Ⅱ基本講義 債権各論Ⅱ 不法行為法〔第2版〕」（新世社，2009）

(2) 民事訴訟法関係

菊井ほか「全訂民訴法Ⅰ」 →菊井維大＝村松俊夫「全訂民事訴訟法〔Ⅰ〕」（日本評

「注解民訴法(3)〔2版〕」　→斎藤秀夫ほか編著「注解民事訴訟法(3)〔第2版〕」（第一法規出版，1991）

「注釈民訴法(3)」　→新堂幸司ほか編「注釈民事訴訟法(3)」（有斐閣，1993）

「コンメ民訴法Ⅰ〔2版〕」　→秋山幹男＝伊藤眞＝加藤新太郎＝高田裕成＝福田剛久＝山本和彦「コンメンタール民事訴訟法Ⅰ〔第2版〕」（日本評論社，2006）

伊藤「民訴法〔4版〕」　→伊藤眞「民事訴訟法〔第4版〕」（有斐閣，2011）

「民訴法講義案〔再訂補訂版〕」　→裁判所職員総合研修所監修「民事訴訟法講義案〔再訂補訂版〕」（司法協会，2010）

「民実講義案Ⅰ〔4訂補訂版〕」　→裁判所職員総合研修所監修「民事実務講義案Ⅰ〔四訂補訂版〕」（司法協会，2013）

「訴額算定書記官事務研究〔補訂版〕」　→金井繁二ほか著／裁判所書記官研修所編「裁判所書記官研修所実務研究報告書　訴額算定に関する書記官事務の研究〔補訂版〕」（法曹会，2002）

(3)　要件事実関係

「改訂紛争類型別の要件事実」　→司法研修所編「改訂紛争類型別の要件事実」（法曹会，2006）

加藤ほか「要件事実の考え方と実務〔2版〕」　→加藤新太郎＝細野敦「要件事実の考え方と実務〔第2版〕」（民事法研究会，2006）

村田ほか「要件事実論30講〔3版〕」　→村田渉＝山野目章夫編著「要件事実論30講〔第3版〕」（弘文堂，2012）

岡口「要件事実マニュアル1巻・2巻・4巻〔4版〕」　→岡口基一「要件事実マニュアル第1巻・第2巻・第4巻〔第4版〕」（ぎょうせい，2013（第1巻・第4巻）・2014（第2巻））

加藤ほか「要件事実の基本Ⅰ・Ⅱ」　→加藤新太郎＝馬橋隆紀編著「簡裁民事実務NAVI第2巻・第3巻　紛争類型別要件事実の基本Ⅰ・Ⅱ」（第一法規，2011）

(4)　判例解説

「最高裁判例解説民事篇平成○年度」　→「最高裁判所判例解説民事篇平成○年度」（法曹会）

(5)　和　　解

「和解条項実証的研究〔補訂版〕」　→裁判所職員総合研修所監修・書記官実務研究報告書「書記官事務を中心とした和解条項に関する実証的研究〔補訂版・和解条項記載例集〕」（法曹会，2010）

(6)　不法行為に基づく損害賠償関係

別冊判タ16号 →東京地裁民事交通訴訟研究会編「民事交通訴訟における過失相殺率の認定基準〔全訂4版〕」(別冊判例タイムズ16号,2004)

「交通事故訴訟・損害賠償額算定基準上2014」 →公益財団法人日弁連交通事故相談センター東京支部編「民事交通事故訴訟・損害賠償額算定基準上巻2014(平成26年)」

「三訂注解交通損害賠償算定基準(上)」 →損害賠償算定基準研究会編「三訂版注解交通損害賠償算定基準(上)」(ぎょうせい,2002)

「大阪地裁交通損害賠償算定基準〔3版〕」 →大阪地裁民事交通訴訟研究会編著「大阪地裁における交通損害賠償の算定基準〔第3版〕」(判例タイムズ社,2013)

「例題解説交通損害賠償法」 →法曹会編「例題解説交通損害賠償法」(法曹会,2006)

(7) その他

① 消費者信用関係

大森「Q＆A新貸金業法の解説〔改訂版〕」 →大森泰人＝遠藤俊英編「Q＆A新貸金業法の解説〔改訂版〕」(金融財政事情研究会,2008)

② 労働関係

最高裁「労働審判執務資料」 →最高裁判所事務総局行政局監修「労働審判手続に関する執務資料」(法曹会,2006)

菅野ほか「労働審判〔2版〕」 →菅野和夫＝山川隆一＝齊藤友嘉＝定塚誠＝男澤聡子「労働審判制度〔第2版〕」(弘文堂,2007)

山口ほか「労働事件ノート〔3版〕」 →山口幸雄＝三代川三千代＝難波孝一編「労働事件審理ノート〔第3版〕」(判例タイムズ社,2011)

目　次

序　章 ———————————————————————————————— 1
第 1 章　損害賠償請求について ———————————————————— 5
第 1 節　債務不履行に伴う損害賠償請求について ………………………… 7
第 1　債務不履行とは ……………………………………………………… 7
　　1　債務不履行 …… 7
　　2　履行不能が自己の責めに帰すべからざることの主張立証責任 …… 7
　　3　債務不履行責任と不法行為責任 …… 7
　　　(1)　債務不履行責任と不法行為責任の競合　7
　　　(2)　債務不履行（履行拒絶）と不法行為　8
第 2　債務不履行に伴う損害賠償請求 ……………………………………… 8
　　1　債務不履行に伴う損害の種類 …… 8
　　　(1)　通常損害と特別損害　8
　　　(2)　積極損害，消極損害，慰謝料　8
　　　(3)　債務不履行に伴う損害賠償としての弁護士費用　9
　　　(4)　債務不履行に伴う損害賠償としての取立て費用　10
　　2　過失相殺 …… 10
　　　(1)　過失相殺の主張の要否　10
　　　(2)　金銭債務の履行遅滞に伴う損害賠償における過失相殺　10
第 2 節　不法行為に伴う損害賠償請求について ………………………… 12
第 1　不法行為について …… 12
　　1　不法行為とは …… 12
　　2　不法行為の要件 …… 12
第 2　不法行為に伴う損害賠償請求 ……………………………………… 13
　　1　不法行為による損害賠償 …… 13
　　2　不法行為による損害賠償の対象となる損害の分類 …… 13
　　3　慰謝料について …… 14
　　　(1)　慰謝料の本質　14

（2）　財産的利益に関する慰謝料について　14
　　（3）　慰謝料等の額自体について擬制自白　14
　　（4）　慰謝料額算定基準　15
　4　損害額の認定……15
　5　弁護士費用……16
　6　因果関係―相当因果関係，民法416条の不法行為への適用……16
　7　過失相殺，被害者側の過失（民法722条2項）―過失相殺の主張の要否……16
　8　相殺禁止……17
　　（1）　不法行為に基づく損害賠償請求権を受働債権とする相殺の禁止　17
　　（2）　不法行為に基づく損害賠償請求権を自働債権とする相殺　17
　　（3）　双方が不法行為に基づく損害賠償請求権である場合の相殺　17
　　（4）　相殺契約　17
　9　不法行為における損害額の算定……18
　10　不法行為債務の遅延損害金……18
　11　使用者等の責任（民法715条）……18
　　（1）　使用者等の責任　18
　　（2）　職務執行関連性　19
　　（3）　使用者等から被用者に対する求償（民法715条3項）　19
　　（4）　使用者等の損害賠償責任と被用者自身が負う損害賠償責任の関係―不真正連帯債務　19
　12　土地の工作物等の占有者及び所有者の責任（民法717条）……19
　13　動物の占有者等の損害賠償責任……20
　　（1）　動物の占有者等の責任（民法718条）　20
　　（2）　動物・ペットの飼主の義務　21
　14　差止請求……22
　15　名誉毀損における原状回復（民法723条）……24
　　（1）　謝罪広告の意義　24
　　（2）　謝罪広告を命ずる判決等の執行方法　24
第3節　身近な損害賠償関係事件について……………………………………26
　第1　消費者信用取引における損害賠償請求……………………………………26
　　1　消費者信用取引における損害賠償請求……26
　　（1）　違法な取立てに伴う損害賠償請求　26
　　　ア　違法な取立てによる債務者側からの損害賠償請求　26
　　　イ　貸金業者による債権取立て行為の規制　26

            ウ　使用者責任の追及　28
        (2)　取引履歴等開示拒否に伴う損害賠償請求　28
            ア　貸金業者の取引履歴等開示義務違反に基づく損害賠償請求　28
            イ　帳簿の閲覧・謄写　29
            ウ　帳簿の閲覧・謄写請求の拒絶　30
        (3)　消費者信用誤情報に伴う損害賠償請求　30
            ア　消費者信用誤情報に伴う損害賠償請求の根拠　30
            イ　消費者信用誤情報に伴う損害賠償請求の相手方　31
            ウ　消費者信用誤情報に伴う謝罪広告(民法723条)の請求　31
    2　消費者信用取引における慰謝料等請求事例……32
    【表】消費者信用取引における慰謝料等請求事例一覧表……32
        (1)　貸金業者による債権取立て行為に伴う損害賠償請求事例　35
            ア　自宅への訪問等事例　35

㈠　債務者の意向を無視した自宅への押しかけ等に伴う貸金業法21条違反・民法715条の使用者責任に基づく不法行為による慰謝料等請求事例〔一部認容（慰謝料30万円，弁護士費用3万円認容）〕（松山地判平19・9・21消費者法ニュース74号118頁）／35
㈡　金融業者社員の夜間債務者宅への訪問及び第三者への借金申込みによる当該金融業者の使用者責任（民715条1項）に伴う損害賠償請求事例〔一部認容（精神的慰謝料30万円，弁護士費用5万円認容）〕（大阪高判平11・10・26判タ1031号200頁・判時1703号144頁）／36

            イ　債務者以外の者への弁済要求等事例　38

㈠　債務者の子への返済要求及び返済のための貸付による不法行為に伴う使用者責任（民715条）に基づく損害賠償請求事例〔一部認容（慰謝料20万円，弁護士費用5万円認容）〕（大阪地判平10・1・29判タ974号158頁・判時1643号166頁）（控訴審－大阪高判平10・7・9金判1054号46頁（下記㈡参照））／38
㈡　債務者の子への返済要求及び返済のための貸付による不法行為に伴う使用者責任（民715条）に基づく損害賠償請求事例〔請求棄却〕（大阪高判平10・7・9金商1054号46頁）（原審－大阪地判平10・1・29判タ974号159頁・判時1643号166頁（前記㈠参照））／40
㈢　保証人ではない債務者の父への過誤による督促書面送付の不法行為に伴う損害賠償請求事例（原告X₁は債務者本人，原告X₂はその父）〔認容（原告X₁・原告X₂について，それぞれ慰謝料50万円認容）〕（札幌地判平11・3・24判タ1056号224頁）／42

            ウ　弁護士等受任後の債務者本人等への接触事例　44

(ア) 多重債務清算の弁護士への依頼後の給料差押えによる不法行為に基づく慰謝料請求事例〔一部認容（慰謝料10万円認容）〕（富山地判平4・10・15判時1463号144頁）／44

(イ) 弁護士への債務整理受任後の債務者の給料差押えに伴う不法行為に基づく精神的損害等請求事例〔一部認容（慰謝料30万円，弁護士費用10万円を認容し，貸金債務と相殺）〕（東京高判平9・6・10判タ966号243頁・判時1636号52頁）／46

(ウ) 弁護士への債務整理委任後の債務内容の不開示及び連帯保証人の給料に対する仮差押えの不法行為に伴う損害賠償請求事例〔一部認容（慰謝料50万円認容）〕（札幌地判平10・12・18判タ1042号176頁）／49

(エ) 弁護士への債務整理委任後の債務者本人への架電・取引履歴不開示に伴う不法行為（使用者責任）に基づく損害賠償請求事例（原告会社X_1は被告から借入れをした主債務者，原告X_2は連帯保証人，原告X_3は債務整理を受任した弁護士）〔原告X_1・X_2：認容（原告X_1について弁護士費用30万円を認容し，原告X_2について慰謝料60万円，弁護士費用10万円を認容），原告X_3：一部認容（慰謝料80万円認容）〕（東京地判平13・6・11判タ1087号212頁）／51

(オ) 弁護士への債務整理受任後の債務者本人への取立てに伴う不法行為（使用者責任）に基づく弁護士の慰謝料請求事例〔認容（慰謝料90万円認容）〕（福岡地判平12・9・25判タ1060号191頁）／55

(2) 貸金業者の取引履歴等開示義務違反による損害賠償請求事例　56

ア　貸金業者の取引履歴等開示義務違反による不法行為に伴う損害賠償請求事例〔棄却原審破棄差戻し〕（最判平17・7・19民集59巻6号1783頁・判タ1188号213頁・判時1906号3頁）／57

イ　債務整理の委任を受けた債務者代理人弁護士からの取引履歴開示請求に対し個人情報保護法を根拠に委任状及び印鑑証明書等の提出を求めて取引履歴を開示しなかったことが不法行為にあたるとして慰謝料及び弁護士費用の支払を求めた事例〔一部認容（慰謝料10万円，弁護士費用5万円認容）〕（東京高判平19・1・25金法1805号48頁）／59

ウ　保証人からの保証以前の主債務者取引履歴等開示請求に対する債権者の拒否に伴う不法行為に基づく慰謝料請求事例〔一部認容（慰謝料（弁護士費用含む。）15万円認容）〕（大阪高判平19・6・8消費者法ニュース73号53頁）／61

エ　貸金業者の取引履歴廃棄の主張を排斥して取引履歴不開示による不法行為に基づく慰謝料請求事例〔一部認容（慰謝料30万円認容）〕（名古屋地判平19・8・17消費者法ニュース74号112頁）／63

(3) 消費者信用誤情報に伴う損害賠償請求事例　64

ア　信用情報会社の破産誤報による経済的信用・名誉が毀損されたことに伴う不法行為に基づく謝罪広告・損害賠償等請求事例〔謝罪広告棄却，損害賠償一部認容（慰謝料200万円，弁護士費用20万円認容）〕（大阪地判平２・５・21判時1359号88頁）／**64**

　イ　クレジット会社が消費者の誤ったブラック情報を信用情報会社に報告したことによる債務不履行・不法行為に基づく慰謝料等請求及び信用情報会社が消費者に不利益な情報を消費者に通知しなかったことによる不法行為に基づく慰謝料等請求事例（被告Y_1は原告が利用したクレジット会社，被告Y_2は被告Y_1から原告の情報提供を受けた信用情報会社）〔クレジット会社に対する請求：一部認容（慰謝料10万円，弁護士費用１万円認容），信用情報会社に対する請求：棄却〕（大阪地判平２・７・23判時1362号97頁）／**67**

第２　不動産売買・賃貸借における損害賠償請求 ……………………… 70

　　１　不動産売買・賃貸借における損害賠償……70
　　　(1)　不動産売買における損害賠償　70
　　　(2)　不動産賃貸借における明渡しと自力救済の禁止　70
　　　(3)　家賃等の悪質な取立て行為の禁止等　71
　　２　不動産売買・賃貸借における損害賠償請求事例……72
　　【表】不動産売買・賃貸借における損害賠償請求事例一覧表……72
　　　(1)　不動産売買における損害賠償請求事例　72

　ア　マンション販売業者に対する南側隣地への建物建築計画の告知義務違反による債務不履行ないし不法行為に基づく損害賠償請求事例〔一部認容（購入価格の２％の慰謝料認容）〕（東京地判平11・２・25判時1676号71頁）／**74**

　　　(2)　不動産賃貸借における損害賠償請求事例　75
　　　　　ア　不動産賃貸借契約の自力救済条項等に基づく明渡しに伴う損害賠償事例　75

　(ア)　賃借人の賃貸人及び同人の顧問弁護士に対する自力救済・借室内財産処分行為に伴う不法行為に基づく財産的損害・慰謝料等請求事案（被告賃貸人Y_1，賃貸人の顧問弁護士Y_2）〔一部認容（被告らに対し財産的損害各自250万円，精神的慰謝料各自60万円（合計各自310万円），原告の過失割合３割とし，各自217万円の損害を認容し，弁護士費用各自50万円を認容）〕（浦和地判平６・４・22判タ874号231頁）／**76**

　(イ)　賃借人の賃貸物件管理会社及び同社従業員に借室立入りを指示した同社取締役に対する借室入室妨害行為に伴う不法行為に基づく慰謝料等請求事例（賃貸物件管理会社Y_1，同社従業員に借室への立入りを指示した同社取締役被告Y_2）〔一部認容（被告らに対し慰謝料各自10万円，錠取替費用各自１万7850円，弁護士費用各自２万円を認容）〕（札幌地判平11・12・24判タ1060号223頁・判時1725号160頁）／**79**

(ウ)　賃借人の立入承諾特約に伴う管理会社に対する立入り・使用妨害行為による不法行為に基づく慰謝料等請求事例（原告賃借人X₁の被告管理会社Yに対する上記甲事件に原告賃貸会社X₂の被告賃借人X₁への未払賃料・修理費請求の乙事件が併合されている。）〔一部認容（甲事件：原告賃借人X₁の被告管理会社Yに対する慰謝料5万円を認容（乙事件：原告賃貸会社X₂の被告賃借人X₁への未払賃料のみ認容）〕（東京地判平18・5・30判時1954号80頁）／82

　(エ)　保証会社による賃借人の占有排除・借室内動産処分行為に伴う保証会社に対する不法行為に基づく及び保証会社代表者に対する会社法429条1項に基づく財産的損害・慰謝料等請求事例（被告Y₁は原告賃借人と賃料等債務保証委託契約を締結した保証会社，被告Y₂は当該保証会社代表者）〔一部認容（被告らに対し，財産的損害各30万円，精神的慰謝料各自20万円，弁護士費用各自5万円を認容）〕（東京地判平24・9・7判時2171号72頁）／85

　　イ　建物賃貸人の鍵交換行為に伴う損害賠償事例　89

　(ア)　賃貸人による鍵交換行為による賃借人の閉め出しに伴う不法行為に基づく賃料相当損害金・慰謝料等請求事例〔一部認容（賃料相当損害金4万0687円，日用品等の出費5万1000円，慰謝料50万円，代理人費用6万円を認容）〕（大阪簡判平21・5・22判タ1307号183頁・判時2053号70頁）／90

　(イ)　賃貸人による鍵交換行為による賃借人の閉め出しに伴う不法行為に基づく賃料相当損害金・慰謝料等請求事例〔原判決（一部認容）維持（賃料相当損害金4万0687円，日用品等の出費5万1000円，慰謝料50万円，代理人費用6万円を認容）〕（大阪地判平21・11・13消費者法ニュース83号63頁（(ア)の控訴審判決））／98

　　ウ　家賃等の悪質な取立て行為に伴う損害賠償事例　99

　(ア)　家賃保証会社従業員の高圧的な電話での取立て行為・玄関ドアへの督促書面の貼付行為の不法行為に伴う使用者責任に基づく家賃保証会社に対する慰謝料・損害金名目で取り立てられた金員・代理人費用の損害賠償請求事例〔一部認容（慰謝料5万円，損害金名目で取り立てられた金員5000円，代理人費用1万円を認容）〕（大阪地判平22・5・28判時2089号112頁）／99

第3　物損事故に伴う特別な損害賠償請求 …………………………… 102

　1　物損事故に伴う特別な損害賠償請求 …… 102
　　(1)　物損に関連する慰謝料　102
　　(2)　ペットに関する損害　102
　　　ア　ペットの治療費等　102
　　　イ　ペットに関する慰謝料　103
　　(3)　ペット同士の事故における損害賠償請求の根拠　103

(4)　土地の工作物等の占有者及び所有者の責任について　**104**
　2　物損事故に伴う特別な損害賠償請求事例……**105**
　【表】物損事故に伴う特別な損害賠償請求事例一覧表……**105**
　　　(1)　車両損害に対する慰謝料請求事例　**109**

ア　車両（メルセデスベンツ）所有会社及び使用者による同車両に衝突した車の運転手の使用者に対する民法715条に基づく慰謝料等請求事例（車両（メルセデスベンツ）所有会社X_1，同社使用者X_2）〔修理費を認め，その他慰謝料等については請求棄却〕（東京地判平元・3・24交民集22巻2号420頁）／**109**

イ　貨物自動車とクラッシックカー（ホンダS800オープン42年式）の事故においてクラッシックカーの所有者が貨物自動車運転手の使用者に対し民法715条に基づき修理費・慰謝料・弁護士費用を請求した事例〔一部認容（修理費として時価270万円及び弁護士費用27万円を認め，慰謝料請求を棄却）〕（神戸地判平3・5・28交民集24巻3号606頁）／**111**

　　　(2)　ペットに関する治療費・葬儀費用・慰謝料等請求事例　**113**

ア　飼犬同士の事故による死亡に伴う民法709条及び718条に基づく飼犬の代価・慰謝料請求事例〔一部認容（飼犬の時価8万円，慰謝料3万円，治療費12万3500円の合計23万3500円から過失相殺20％を差し引き（18万6800円），支払を受けている治療費分12万3500円を差し引いた6万3300円を認容）〕（春日井簡判平11・12・27判タ1029号233頁））／**113**

イ　ペットに関する不法行為に基づく火葬費用・慰謝料請求事例（AとペットにB運転の車が追突し，Aとペットが死亡し，Aの夫原告X_1及びAの子原告X_2・X_3が，亡Bの相続人父（その後死亡し，その妻（亡Bの母被告Y_1）及び子被告Y_2・Y_3が相続）母に損害賠償請求）〔一部認容（原告X_1について被告らに対し火葬費用2万7000円，慰謝料5万円を認め，自賠責保険からのてん補額を控除して認容）〕（東京高判平16・2・26交民集37巻1号1頁）／**123**

ウ　飼犬同士の事故による死亡に伴う民法718条1項本文及び民法709条に基づく飼犬の購入代金・治療費・火葬代・慰謝料等請求事例（原告X_1～X_3は飼主で，原告X_1が飼犬と散歩中に本件事故に遭った）〔一部認容（原告らについて合計飼犬の治療代金1万4900円，死亡診断書作成費8000円，火葬代1万7850円を認容し，原告X_1について自身の治療費1万9100円，慰謝料30万円を認容し，原告X_2・X_3について慰謝料各10万円を認容し，弁護士費用（原告X_1：3万円，原告X_2・X_3：各1万5000円）を認容）〕（名古屋地判平18・3・15判時1935号109頁）／**125**

エ　自動車事故に伴う運転手に対する民法709条に基づく及び使用者に対する民法715条に基づくペットの治療費・慰謝料請求事例（原告X_1・X_2は飼主で，被告Y_1が自動車の運

転手，被告Y_2はその使用者）〔一部認容（原告X_1・X_2について治療費等それぞれ6万8250円，慰謝料それぞれ20万円とし，1割の過失相殺をし，それぞれ24万1425円の損害，弁護士費用それぞれ2万5000円を，被告ら各自に対し認容）〕（名古屋高判平20・9・30交民集41巻5号1186頁）／**127**

オ　ペット同士の事故における民法718条1項本文に基づく慰謝料請求事例〔一部認容（慰謝料20万円認容）〕（大阪地判平21・2・12判時2054号104頁）／**130**

(3) 不動産被害に対する慰謝料請求事例　132

ア　車が突入して建物1階部分及び営業用什器等を損壊したことについて民法709条により建物・什器備品等の損壊による損害・休業損害・減収損害・慰謝料・弁護士費用等を請求した事例〔一部認容（建物・什器備品等の損壊による損害390万6036円，店舗休業による損害11万3192円，運送業休業による損害4万7778円，慰謝料30万円を認容してそれらの損害てん補105万円の支払を認め，弁護士費用30万円を認容し，営業再開後の減収損害，その他の損害を棄却）〕（大阪地判平元・4・14交民集22巻2号476頁）／**132**

イ　2台の対向車が衝突してその一方車両である2トントラックにより建物への衝突・損壊を受けた建物所有者が一方車両運転手の使用者2名（被告Y_1・Y_2）に対し民法715条に基づき，他方車両運転手（被告Y_3）に対し民法709条に基づき，建物修復費，慰謝料，ホテル宿泊費，賃料相当損害金，弁護士費用をそれぞれ請求（一部請求）した事例〔一部認容（被告ら各自に対し，建物修復費436万8745円，慰謝料50万円及び弁護士費用50万円の支払を認容し，ホテル宿泊費，賃料相当損害金を棄却）〕（大阪地判平5・12・17交民集26巻6号1541頁）／**134**

ウ　車が原告ら共有の2階建居宅・店舗に衝突して店舗部分が全壊したことに伴い，車の運転者に対し不法行為に基づき，車の運転者の父に対し重畳的債務引受けによる自賠責法3条の類推適用及び民法709条に基づき，それぞれ，建物修理代，什器備品代，営業損害，従業員の給料，慰謝料，弁護士費用を請求した事例〔請求棄却（建物修理代1338万0750円，什器備品代241万2260円，営業損害42万4482円と認定し，従業員給料の損害を認めず，慰謝料30万円として，合計損害1651万7492円に対し，被告らから700万円，損害保険金1974万1794円，合計2674万1794円のてん補を受けており，残損害額はなく，弁護士費用も認められない。）〕（横浜地判平6・5・24交民集27巻3号643頁）／**134**

エ　建物・庭の被害に関する損壊車両の運転手に対する民法709条に基づく及び使用者に対する民法715条に基づく補修費・慰謝料等請求事例（被告会社Y_2の職務執行中の被告Y_1の運転する車が，民家に激突し，当該民家所有者が死亡し，その相続人である妻X_1，子X_2〜X_4が損害賠償請求した。）〔認容（被告らに対し各自，建物・庭の補修代465万9720円，慰謝料50万円，弁護士費用50万円を認め，それらの損害を相続したとして，原告X_1について1／2の額，原告X_2〜X_4について各1／6の額を認容）〕（岡山地判平8・9・19交民集29巻5号1405頁）／**138**

オ　マンション廊下備付消火器落下による屋根の損壊に伴う当該マンション所有者に対する民法717条1項に基づく慰謝料請求事例〔一部認容（屋根等の修理代合計10万8665円，慰謝料20万円，弁護士費用5万円を認容）〕（大阪地判平6・8・19判タ873号200頁・判時1525号95頁）／140

第4　相隣関係と損害賠償請求……………………………………143
　1　相隣関係における利益侵害……143
　　(1)　近隣者の利益侵害による損害賠償請求　143
　　(2)　受忍限度　143
　　　ア　受忍限度の判断基準　143
　　　イ　受忍限度と公的規制基準　143
　　　ウ　臭気〔悪臭〕の受忍限度　144
　　(3)　被侵害利益　145
　　　ア　被侵害利益の法的根拠　145
　　　イ　眺望利益の法的保護性　145
　　　ウ　景観利益の法的保護性　146
　　(4)　賃借人の騒音等による相隣居住者の損害についての区分所有者・賃貸人の責任　146
　　(5)　相隣関係紛争における損害の範囲　147
　　(6)　慰謝料額算定基準　147
　　(7)　動物の占有者等の責任（民法718条）　148
　　(8)　差止請求　148
　　(9)　建物等の収去・撤去請求　149
　2　相隣関係における利益侵害による損害賠償請求事例……150
　【表】相隣関係における利益侵害による損害賠償請求事例一覧表……150
　　(1)　騒音等紛争事例　158
　　　ア　飼犬の騒音等被害事例　158
　　　　(ｱ)　犬の鳴声に伴う飼主に対する民法718条による慰謝料請求事例（原告X_1・X_2は被告隣地に転居してきた者）〔認容（原告X_1・X_2について慰謝料各30万円を認容）〕（横浜地判昭61・2・18判タ585号93頁・判時1195号118頁）／158
　　　　(ｲ)　飼犬の騒音・悪臭による不法行為に基づく慰謝料請求事例（原告X_1・X_2夫婦及びX_3は被告建物の一部を賃借）〔一部認容（原告らX_1・X_2について慰謝料各10万円を認容）〕（京都地判平3・1・24判タ769号197頁・判時1403号91頁）／159
　　　　(ｳ)　飼犬の鳴き声による近隣住民の不法行為に基づく賃料相当損害金及び慰謝料請求事例

(原告X_2所有の共同住宅の1室に原告X_2は弟原告X_3と共に住み，原告X_2の子原告X_1は当該共同住宅の1室をAに賃貸し，被告Yら（Y_1及びその子Y_2・Y_3）は当該共同住宅と道を挟んだ建物に居住）〔一部認容（原告X_1について被告らに対し賃料相当損害金各自32万円，原告X_1・X_2について被告らに対し慰謝料それぞれ各自30万円を認容）〕（東京地判平7・2・1判時1536号66頁）／**161**

(エ) 闘犬の吠える声による不法行為に基づく得べかりし利益・慰謝料，人格権に基づく闘犬の撤去及び日照・通風等被害による騒音対策の工作物撤去請求事例（原告が居住する家の隣地を賃借する被告会社Y_2の代表者被告Y_1が，同賃借地において闘犬5頭等を飼育していた。）〔慰謝料一部認容（被告Y_1に対し慰謝料30万円を認容），工作物撤去一部認容（被告会社Y_2に対し地上から2mを超える部分の工作物の撤去を認容），闘犬の撤去は棄却〕（浦和地判平7・6・30判タ904号188頁）／**164**

イ　隣接する建物間の騒音被害事例　167

(ア) 隣家からのクーラーの騒音に対する不法行為に基づく慰謝料請求事例〔一部認容（慰謝料15万円認容）〕（東京地判昭48・4・20判時701号31頁）／**167**

(イ) カラオケボックスからの騒音による人格権に基づくカラオケ装置使用禁止及び不法行為に基づく慰謝料請求事例（原告X_1（原告X_2〜X_4は同居の親族），原告X_5（原告X_6は同居の親族），原告X_7（原告X_8・X_9は同居の親族）は建物所有者）〔一部認容（原告X_5・X_7・X_9について午前0時〜午前4時のカラオケ装置の使用禁止，原告X_5について慰謝料30万円，原告X_7・X_9について慰謝料各20万円を認容）〕（札幌地判平3・5・10判時1403号94頁）／**169**

(ウ) ビル2階居住者ら（所有者原告X_1，妻原告X_2，娘原告X_3〜X_5）が同ビル1階のスーパーマーケットの冷暖房室外機の騒音・振動により人格権を侵害されたとして，スーパー経営者（被告Y_1）・所有者賃貸人（被告Y_2〜Y_4）に対し損害賠償（慰謝料）を求め，スーパー経営者に対し騒音差止め，室外機の移設及び防音・振動設備の設置を求めた事例〔損害賠償一部認容，室外機の移設及び防音・振動設備の設置請求棄却（被告Y_1に対する室外機の移設，防音壁，防振ゴムの設置請求については棄却し，騒音による慰謝料については，使用した部屋での安眠を妨害された原告X_3〜X_5については1日200円，原告X_1・X_2については1日100円として，口頭弁論終結日までの慰謝料を認め，将来の損害金については保護要件を欠くとして却下）〕（東京地判平14・4・24判時1832号128頁）／**172**

(エ) ビル所有・居住の原告が隣接するビルを賃借して居酒屋を経営する被告に対し，同ビル壁に設置された排気ダクト・エアコンの室外機の騒音，熱風，臭気，美観喪失によって，所有権・人格権が侵害されたとして，その撤去及び損害賠償（慰謝料）を求めた事例〔騒音等により慰謝料について，1日につき3000円，営業開始日から訴え提起日までの金額（訴状送達の翌日から民法所定年5分の遅延損害金），口頭弁論終結日まで108

万9000円を認め，ダクト・室外機等設置による美観侵害は受忍限度内にあり，その後の将来の給付の訴えの部分は理由がないとし，ダクト・室外機の撤去請求は認めないとした。）〕（東京地判平15・2・17判時1844号74頁）／176

　　ウ　マンション等における騒音等被害事例　178

(ｱ)　マンション居室をフローリング床にしたことに伴う生活音による不法行為に基づく慰謝料・居室減価損害請求事例（原告X_1はマンション1室を所有して妻原告X_2と共に居住し，被告はその直上階の所有者で妻子と同居）〔請求棄却〕（東京地判平6・5・9判時1527号116頁）／178

(ｲ)　マンションの上階の床変更による騒音被害による人格権侵害に基づく床の復旧工事及び不法行為に基づく慰謝料請求事例（原告X_1・X_2はマンション1階1室を区分所有・居住する者であり，被告はその真上の階に家族と共に居住する者）〔復旧工事―請求棄却，慰謝料――部認容（原告らについて慰謝料各75万円を認容）〕（東京地八王子支判平8・7・30判時1600号118頁）／179

(ｳ)　マンションの上下階における騒音等紛争における管理組合総会での発言による名誉毀損による不法行為に基づく謝罪広告・損害賠償請求の本訴と不法行為に基づく騒音の差止め・損害賠償請求の反訴事例（原告（反訴被告）と被告（反訴原告）はマンションの上下階に居住する者であり，被告（反訴原告）は管理組合総会で騒音被害について述べる等した。）〔本訴：謝罪広告請求棄却，損害賠償一部認容（慰謝料50万円認容），反訴：請求棄却〕（東京地判平9・4・17判タ971号184頁）／182

(ｴ)　マンション居室改装工事のおける騒音・振動による不法行為に基づく修理代・ホテル宿泊代・慰謝料等請求事例（原告X_1〜X_4はマンションに居住する者，その真上の階に入居することとなった亡A（相続人被告Y_3・Y_4）が，同部屋の改装工事をし，被告Y_1はその工事の設計監理をし，被告Y_2が工事を施工した。）〔工事の設計管理者及び施行業者に対する請求：一部認容（被告Y_1・Y_2に対し，原告X_1について各自給湯管等の修理代5万1000円，原告X_2について慰謝料各自20万円，原告X_3・X_4について慰謝料各自それぞれ10万円を認容），被告Y_3・Y_4に対する請求：請求棄却〕（東京地判平9・10・15判タ982号229頁）／184

(ｵ)　マンションの真上の居室からの音によって精神的苦痛を受けたとして不法行為に基づき慰謝料・引越費用等を請求した事例〔少額訴訟〕〔請求棄却〕（東京簡判平14・12・6（平成14年（少コ）第2457号）裁判所ＨＰ）／186

(ｶ)　区分所有建物での飲食店経営者の同建物の他の店舗の賃借人（被告Y_1）の騒音等による同賃借人及び賃貸人である区分所有者（被告Y_2・Y_3）対する共同不法行為に基づく損害賠償（営業利益損害，店舗改修工事費，暖房器具，備品及び店舗設備費，原状回復費用，慰謝料）請求事例〔一部認容（営業利益損害（慰謝料額算定で考慮），店舗改

修工事費，暖房器具，備品及び店舗設備費，原状回復費用について請求を棄却し，慰謝料100万円について，被告らの連帯支払を認容)〕(東京地判平17・12・14判タ1249号179頁) ／191

(キ) マンションの階上の住戸からの子供の走る音等が受忍限度を超えるとして子供の父親に対する不法行為に基づく慰謝料等請求事例〔一部認容(慰謝料30万円，弁護士費用6万円認容)〕(東京地判平19・10・3判タ1263号297頁・判時1987号27頁) ／194

(ク) マンションの階上の部屋からの子供による騒音の不法行為による所有権ないし人格権に基づく騒音の差止め及び不法行為に基づく損害(慰謝料，治療費，騒音測定費用)賠償請求事例(原告X_1はマンション1階居室を所有して原告X_2と共に居住し，被告はその真上の居室に家族(子供を含む。)と共に居住)〔差止め一部認容(原告X_1についてPM9～翌AM7の40dB(A)を超える部分，AM7～PM9の53dB(A)を超える部分の原告建物への騒音到達差止めを認容)，損害賠償全部認容(原告らについて慰謝料各30万円，原告X_2について治療費・薬代2万4890円，原告X_1について騒音測定費用64万0500円を認容)〕(東京地判平24・3・15判時2155号71頁) ／196

(2) 悪臭等紛争事例 199

ア フランチャイズチェーンの焼き鳥店の発する臭気について近隣住民(原告X_1～X_3)が同焼き鳥店(被告Y_1)及びその親会社(被告Y_2)に対し人格権及び所有権に基づく妨害排除又は妨害予防請求権として一定限度以上の臭気の差止めと不法行為に基づく損害賠償(慰謝料)を求めた事例〔一部認容(被告らに対し，原告らそれぞれについて，①一定限度以上の臭気の差止めを認め，②慰謝料については排気ダクトが3階屋根まで延長されたとき以降の分各自月1万円の連帯支払を認容)〕(神戸地判平13・10・19判タ1098号196頁・判時1785号64頁(控訴審後記イ)) ／199

イ フランチャイズチェーンの焼き鳥店の発する臭気について近隣住民(原告X_1～X_3)が同焼き鳥店(被告Y_1)及びその親会社(被告Y_2)に対し人格権及び所有権に基づく妨害排除又は妨害予防請求権として一定限度以上の臭気の差止めと不法行為に基づく損害賠償(慰謝料)を求めた事例〔請求棄却〕(大阪高判平14・11・15判時1843号81頁(原審前記ア)) ／202

ウ 野良猫の糞尿の悪臭による被害等についての餌付した住民らに対する不法行為に基づく損害賠償及び謝罪広告請求事例(原告X_1は，被告Y_1から2階建建物の1階店舗を賃借し居酒屋を営み，原告X_1の子である原告X_2は当該店舗から20mの距離に建物を新築して原告X_1・X_2が居住し，被告Y_2・Y_3夫婦は原告ら宅南側に面した住宅に居住し，同住宅南側には前記店舗が接しており，同店舗西隣には被告Y_4が所有する建物が存在し，被告Y_1・Y_4夫婦が居住していた。)〔損害賠償：一部認容(①糞尿被害による慰謝料：原告らについて被告Y_1・Y_4に対しそれぞれ各自20万円，②名誉毀損による慰謝料：原告らについて被告らに対しそれぞれ各自30万円，③被告Y_1・Y_3の犬の騒音による慰謝

料：原告らについて被告Y₁・Y₃に対しそれぞれ各自5万円，④被告Y₃の音楽・言葉による騒音による慰謝料：原告らについて被告Y₃に対し各5万円，⑤被告Y₃の路上での非難行為による慰謝料：原告らについて被告Y₃に対し各5万円，⑥被告Y₁・Y₃の行為による営業妨害による慰謝料：原告X₁について被告Y₁・Y₃に対し各自10万円，⑦弁護士費用原告らにつき各自5万円（嘆願書関係名誉毀損につき被告らに対しそれぞれ各自3万円，その余の名誉毀損につき被告Y₁・Y₃・Y₄に対しそれぞれ各自2万円）を認容），謝罪広告：請求棄却〕（神戸地判平15・6・11判時1829号112頁）／205

エ　タウンハウスの区分所有者（被告）が複数の猫に継続的に餌やりを行ったことなどにより糞尿等に伴う被害を生じさせたことは区分所有者の共同の利益に反し，管理組合規約に違反するとして原告管理組合が区分所有法57条1項又は管理組合規約に基づき及び原告らタウンハウス居住者が人格権に基づき当該タウンハウスの敷地及び被告区分所有建物内での猫への餌やりの差止め並びに原告らが不法行為に基づく慰謝料（原告管理組合を除く。）及び弁護士費用の支払を求めた事例〔一部認容（原告管理組合の規約違反に基づく土地建物内での猫への餌やり禁止，原告ら居住者らの人格権に基づく土地での猫への餌やり禁止，原告らの不法行為に基づく損害賠償（原告ら居住者：慰謝料3万円～13万円，弁護士費用6千円～2万6千円，原告管理組合：弁護士費用30万円）を認容）〕（東京地立川支判平22・5・13判時2082号74頁）／209

(3) 日照被害による損害賠償等請求事例　213

ア　被告Y₁及びその子被告Y₂所有居住の日影規制の対象外の建物を原因とする日照被害による，主位的に人格権に基づく妨害排除として被告ら所有建物の一部撤去，予備的に不法行為に基づく慰謝料請求事例（原告X₁は被告ら所有居住建物の北側に隣接する建物居住，原告X₂は原告X₁の妻で原告X₁所有建物に居住，原告X₃，X₄は原告X₁，X₂の子で，原告X₃は原告X₁所有建物に居住し，原告X₄は2年の予定で原告X₁所有建物から他に転居）〔主位的請求棄却，予備的請求一部認容（主位的建物一部撤去の請求は棄却し，予備的慰謝料請求について，被告ら各自に対し，原告X₁について100万円，原告X₂について50万円，原告X₃について30万円，原告X₄について20万円を認め，原告X₁は被告Y₁から50万円を受領しているからこれを控除し，原告X₁・X₂についてそれぞれ50万円，原告X₃について30万円，原告X₄について20万円を認容）〕（東京高判平14・11・18判時1815号87頁）／214

(4) 眺望利益侵害による損害賠償等請求事例　216

ア　眺望阻害建物建築による人格権ないし物権的権利に基づく建物2階部分の収去の主位的請求及び民法723条に基づく謝罪広告・民法709条に基づく損害賠償の予備的請求をした事例（原告X₁・X₂は共有地上の平屋建居宅に居住し，被告は同居宅の南側隣地に2階建建物を建築した。）〔主位的請求－請求棄却，予備的請求－謝罪広告請求棄却，損害賠償認容（付帯請求一部棄却）（慰謝料各100万円を認容）〕（横浜地横須賀支判昭54・2・26下民集30巻1～4号57頁・判タ377号61頁・判時917号23頁）／216

イ 隣接する別荘建築による眺望阻害に伴う不法行為に基づく損害賠償請求事例〔請求棄却〕（長野地上田支判平7・7・6判時1569号98頁）／220

第5 職務に関連する行為における使用者に対する損害賠償請求………222
1 職務に関連する行為に伴う使用者に対する損害賠償請求……222
2 暴力行為に伴う使用者等に対する損害賠償請求……222
（1） 暴力行為と使用者責任　222
　　ア　暴力行為と職務関連性　222
　　イ　使用者の被用者に対する求償　223
（2） 職務に関連する暴力行為と損害賠償請求事例　224
【表】職務に関連する暴力行為と損害賠償請求事例一覧表……224

ア 工事従事中の作業員間の暴行を原因とする傷害による民法715条に基づく損害賠償請求事例〔一部認容（財産上の損害（得べかりし収入1か月4万円の割合による金員）12万円，慰謝料6万円を認容）〕（最判昭44・11・18民集23巻11号2079頁・判タ242号170頁・判時580頁44頁）／225

イ 出前中の被用者の暴行を原因とする傷害についての民法715条に基づく損害賠償請求事例〔一部認容（財産上の損害（治療費，得べかりし収入等）19万4667円，慰謝料5万円を認容）〕（最判昭46・6・22民集25巻4号566頁・判タ265号135頁・判時638号69頁）／226

3 セクハラ行為に伴う使用者等に対する損害賠償請求……228
（1） セクシャルハラスメント　228
　　ア　セクシャルハラスメントの意義　228
　　イ　セクハラ行為と受忍限度　228
　　ウ　被害者側の従属する態度や過失相殺について　229
　　エ　セクハラ行為と職務関連性，使用者の職場環境配慮義務　229
（2） セクハラ行為に伴う使用者等に対する損害賠償請求事例　232
【表】セクハラ行為に伴う使用者等に対する損害賠償請求事例一覧表……232
　　ア　執務時間中のセクハラ行為に伴う使用者等に対する損害賠償請求事例　237

(ア) 使用会社の被用者によるセクハラ行為に伴う同被用者（民709条）及び使用会社（労働遂行職場環境等維持義務違反による会社の使用者責任（民715条））に対する慰謝料等請求事例（被用者被告Y_1，使用会社被告Y_2）〔一部認容（被告らに対し慰謝料各自150万円，弁護士費用各自15万円を認容）〕（福岡地判平4・4・16判タ783号60頁・判時1426号49頁・労判607号6頁）／237

目　次　　xxi

(イ)　取締役による原告の異性関係の朝礼での発言等による同取締役・使用者代表者の不法行為（民709条・719条）責任及び使用会社の債務不履行ないし不法行為（民44条1項・709条・715条・717条）責任に基づく逸失利益・慰謝料等請求事例（使用会社被告Y_3，同社代表取締役Y_2，朝礼での発言等をした同社取締役被告Y_1）〔取締役（被告Y_1）・使用会社（被告Y_3）に対する請求：一部認容（被告Y_1・Y_3らに対し逸失利益各自79万5945円，慰謝料（被告Y_1に対し50万円，被告会社Y_3に対し100万円），弁護士費用（被告Y_1に対し10万円，被告会社Y_3に対し15万円），被告会社Y_3に対し不当利得（預託旅行代金）20万円，をそれぞれ認容，使用者代表者（被告Y_2）に対する請求：請求棄却〕（京都地判平9・4・17判タ951号214頁・労判716号49頁）／240

(ウ)　上司の身体への性的接触・卑わいな発言による同上司に対する不法行為に基づく及び使用者に対する使用者責任・債務不履行に基づく各慰謝料等請求事例（原告X_1は看護師，原告X_2は准看護師として，被告Y_2の経営する病院に勤務し，被告Y_1は原告らの上司である准看護師副主任であった。）〔一部認容（原告らについて被告らに対し慰謝料それぞれ各自50万円，弁護士費用それぞれ各自5万円を認容）〕（津地判平9・11・5判タ981号204頁・判時1648号125頁・労判729号54頁）／244

(エ)　専務取締役のセクハラ行為，代表取締役の性的嫌がらせ等の不法行為（民709条）及び使用者会社の使用者責任等（民709条・715条）に基づく慰謝料・未払給料相当損害金・逸失利益等請求事例（原告X_1・X_2は，被告会社Y_3に勤務する者，セクハラ行為を行った被告Y_1は被告会社Y_3の専務取締役であり，被告Y_2は被告会社Y_3の代表取締役であった。）〔専務取締役被告Y_1及び使用会社被告Y_3に対する請求：一部認容（①慰謝料（(i)被告Y_1・Y_3の連帯支払分：原告X_1について200万円，原告X_2について30万円，(ii)被告Y_3固有の分：原告らについてそれぞれ50万円），②未払給料相当損害金（被告Y_3に対し：原告X_1について339万円，原告X_2について356万円），③逸失利益（被告Y_3に対し：原告X_1について799万9320円，原告X_2について914万2080円），④弁護士費用（(i)原告X_1について：被告Y_1・Y_3連帯して20万円，被告Y_3に対し140万円，(ii)原告X_2について：被告Y_1・Y_3連帯して3万円，被告Y_3に対し130万円）をそれぞれ認容）〕，〔代表取締役被告Y_2に対する請求：請求棄却〕（岡山地判平14・5・15労判832号54頁）／246

(オ)　原告の上司被告Y_1及びY_2からのセクハラ行為に伴う心身症，不当解雇による精神的苦痛による被告Y_1及びY_2に対する不法行為に基づく及び被告会社Y_3に対する使用者責任ないし債務不履行・不法行為に基づく治療費・休業損害・逸失利益・慰謝料・弁護士費用請求事例〔一部認容（①被告Y_2に対し，治療費5万9665円，休業損害14万3768円，逸失利益524万3535円（それぞれPTSDの寄与度5割），②慰謝料（(i)被告Y_1・被告会社Y_3に対し50万円（連帯支払），(ii)被告Y_2に対し100万円），③弁護士費用（(i)被告Y_1・被告会社Y_3に対し5万円（連帯支払），(ii)被告Y_2に対し65万円），をそれぞれ認容）〕（岡山地判平14・11・6労判845号73頁）／251

(カ) 男性正社員被告Y₁の女性アルバイト従業員原告X₁に対する会社内でのセクハラ行為による同正社員の不法行為責任及び被告会社Y₂の不法行為又は債務不履行責任に基づく慰謝料・治療費・弁護士費用請求事例（原告X₂・X₃は，原告X₁の父母）〔一部認容（被告らに対し，①原告X₁について220万5120円（慰謝料200万円，治療費5120円（過失相殺として治療費相当額の3分の1を減），弁護士費用20万円）②原告X₂・X₃について22万円（慰謝料20万円，弁護士費用2万円），の連帯支払を認容）〕（広島地判平15・1・16判タ1131号131頁）／257

(キ) 上司被告Y₁が女性従業員の身体に直接接触する行為等のセクハラ行為による不法行為に基づく同上司及び使用者会社Y₂に対する慰謝料・逸失利益・弁護士費用請求事例〔一部認容（被告らに対し，慰謝料40万円，弁護士費用5万円の連帯支払を認容）〕（東京地判平16・5・14判タ1185号225頁）／261

(ク) 原告の上司被告Y₁からの睨みつけ，ラブレターの送付，出張先の部屋で無理矢理の抱擁等のセクハラ行為に伴う当該上司に対する不法行為（民709条）責任及び使用者会社Y₂に対する不法行為（民715条）責任又は職場環境調整義務違反の債務不履行（民415条）責任に基づく慰謝料・逸失利益・弁護士費用請求事例〔一部認容（被告らに対し，慰謝料200万円，逸失利益316万6762円，弁護士費用70万円の連帯支払を認容）〕（青森地判平16・12・24労判889号19頁）／264

(ケ) 被告会社の従業員によるセクハラ行為・嫌がらせ行為に伴う不法行為（民709条・715条）に基づく使用者会社に対する慰謝料請求事例〔一部認容（慰謝料100万円を認容）〕（名古屋地判平17・9・16判タ1230号184頁）／267

(コ) 菓子店男性店長の女性従業員に対する性的言動等に伴う経営会社に対する民法715条に基づく慰謝料・休業損害・弁護士費用請求事例〔一部認容（慰謝料50万円，逸失利益6か月分（99万5616円），弁護士費用20万円を認容）〕（東京高判平20・9・10判時2023号27頁・労判969号5頁）／269

  イ 懇親会等におけるセクハラ行為に伴う使用者等に対する損害賠償請求事例 271

(ア) 懇親会における上司のセクハラ行為に伴う不法行為に基づく上司及び民法715条に基づく使用者会社に対する慰謝料・未払賃料等請求事例（被告Y₁は被告会社Y₂に勤務する者であり，原告の上司にあたる。）〔一部認容（被告らに対し慰謝料各自100万円，弁護士費用各自10万円を認容）〕（大阪地判平10・12・21判タ1002号185頁・判時1687号104頁・労判756号26頁）／271

(イ) 懇親会後の帰宅途中のタクシー内での専務取締役からのセクハラ行為による同専務に対する不法行為に基づく及び使用者会社に対する使用者責任・職場環境調整義務違反に基づく各慰謝料・逸失利益等請求事例（原告は被告会社Y₂に勤務し，被告Y₁は同社の

専務取締役である。）〔一部認容（被告らに対し治療費1万2780円，逸失利益120万円，慰謝料150万円，弁護士費用20万円（合計291万2780円）から既払金50万円を控除した残額241万2780円の連帯支払を認容）（東京地判平15・6・6判タ1179号267頁）／274

(ウ) 職員の親睦を図る宴会での被告Y_1〜Y_3ら上司の原告X_1〜X_7らに対するセクハラ行為についての被告Y_1〜Y_3に対する民法709条に基づく及び使用者被告会社Y_4に対する民法715条に基づく治療費等・逸失利益・慰謝料・弁護士費用請求事例〔一部認容（原告らについて認容した慰謝料（原告X_1・X_6：各250万円，X_2・X_4・X_5・X_7：各80万円，X_3：150万円）について過失相殺により2割を減じ（原告X_1・X_6：各200万円，X_2・X_4・X_5・X_7：各64万円，X_3：120万円），弁護士費用（原告X_1・X_6：各20万円，X_2・X_4・X_5・X_7：各6万円，X_3：12万円）を認容し，被告らに対し連帯支払を命じ，治療費等・逸失利益は棄却）〕（広島地判平19・3・13労判943号52頁）／277

第6 訴え提起と不法行為に伴う損害賠償請求……………………281

　　1　訴え提起による不法行為……281
　　　(1)　不当訴訟による不法行為　281
　　　(2)　不当訴訟による不法行為における損害賠償請求権の消滅時効の起算点　281
　　2　訴え提起等による不法行為に伴う損害賠償請求事例……283
　　【表】訴え提起等による不法行為に伴う損害賠償請求事例一覧表……283

(1) 保証意思の否認をした保証人に対する調査をしないでの訴え提起が不法行為にあたるとして損害賠償を求めた事例〔一部認容（慰謝料40万円，弁護士費用20万円を認容）〕（仙台高判平元・2・27判時1317号85頁）／285

(2) 無断で名義を使用された者に対する立替金請求訴訟及び給料差押えをされたことによる名誉毀損に伴う不法行為に基づく弁護士費用・慰謝料請求事例〔一部認容（被告らに対し慰謝料各15万円，弁護士費用各15万円の支払を認容）〕（広島地判平2・10・8判時1369号141頁）／287

(3) 会社の従業員であった者の横領行為等に伴う当該会社・代表者の当該従業員及びその妻への損害賠償請求訴訟提起が不法行為にあたるとして当該従業員の妻が当該会社（被告会社Y_2）・代表者（被告Y_1）に対して不法行為に基づく損害賠償（慰謝料・前訴弁護士費用）を請求した事例〔一部認容（被告ら各自に対する慰謝料80万円，前訴弁護士費用150万円を認容）〕（東京地判平11・5・27判タ1034号182頁）／289

(4) 従業員がわいせつ行為を理由とする懲戒解雇を無効として雇用契約上の地位確認等の本訴を提起したことが不法行為にあたるとして会社が応訴・反訴に要した費用（弁護士費用）の損害賠償を請求した事例〔一部認容（原告（従業員）に対し，本訴弁護士費用

100万円，反訴弁護士費用20万円の支払を認容）〕（東京地判平22・12・27判タ1360号137頁・判時2116号130頁）／292

第7 暴行等に伴う損害賠償請求⋯⋯⋯⋯⋯⋯⋯⋯⋯⋯⋯⋯⋯⋯⋯⋯⋯⋯⋯295

1 暴行等に伴う損害賠償請求⋯⋯295

2 暴行等に伴う損害賠償請求事例⋯⋯296

【表】暴行等に伴う損害賠償請求事例一覧表⋯⋯296

(1) カートの衝突による傷害による使用者に対する使用者責任（民715条1項本文）に基づく治療費・慰謝料等の請求事例〔一部認容（治療費4210円，診断書料3100円（合計7310円），慰謝料5万円，被告の過失割合を8割とし，治療費等5848円，慰謝料4万円を認容）〕（東京簡判平16・4・15（平成15年（少コ）1787号（通常移行））裁判所ＨＰ）／298

(2) 無断で取られたライターを取り戻そうとしたところ暴行を加えられ傷害を負ったとして不法行為に基づく治療費・慰謝料・休業損害等の請求事例〔一部認容（原告の損害総額76万0750円（入通院治療費・入院交通費の立替分10万0951円，休業損害24万0800円，入通院慰謝料16万8999円，精神的慰謝料25万円）から，原告の過失1割分の7万6075円を控除した68万4675円を認容）〕（東京簡判平16・10・19（平成16年（ハ）6078号）裁判所ＨＰ）／302

(3) 一緒に飲食していた被告の暴行を受けて傷害を受けたことによる不法行為に基づく治療費等の請求事例〔被告の行為を正当防衛と認めて請求棄却〕（東京簡判平16・12・17（平成16年（ハ）9762号）裁判所ＨＰ）／311

(4) 暴行による怪我に伴う不法行為に基づく医療費・靴代・精神的損害等の請求事例〔一部認容（争いのない医療費等のほか，靴代1万円，慰謝料7万円を認容）〕（東京簡判平17・4・26（平成17年（少コ）869号（通常移行））裁判所ＨＰ）／316

(5) けんかによる怪我に伴う双方からの不法行為に基づく治療費・休業損害・精神的損害等の請求事例（本訴原告（反訴被告）Ａ，本訴被告（反訴原告）Ｂ）〔一部認容（ＡＢ双方の治療費を証拠によって全額を認め，休業損害について年齢に対応した男子労働者の賃金センサスの平均収入の8割を基礎として認め，ＡＢ双方の過失割合を掛けた金額を認容，反訴原告Ｂのみが請求した慰謝料は棄却）〕（東京簡判平17・6・23（平成17年（少コ）746号（通常移行），平成17年（ハ）7920号）裁判所ＨＰ）／321

第8 その他の損害賠償請求⋯⋯⋯⋯⋯⋯⋯⋯⋯⋯⋯⋯⋯⋯⋯⋯⋯⋯⋯⋯⋯⋯327

1 はじめに⋯⋯327

(1) 神戸簡判平3・6・27判タ820号213頁　327

(2) 飯田簡判平11・4・21判タ1004号185頁　328

(3) 東京簡判平16・11・16（平成16年（ハ）10863号）裁判所ＨＰ
　　　　328
　　(4) 東京簡判平17・2・8（平成16年（少コ）3304号（通常移行））裁判所ＨＰ　329
　　(5) 東京簡判平17・3・18（平成17年（少コ）457号（通常移行））裁判所ＨＰ　330
　　(6) 東京簡判平17・7・19（平成17年（ハ）5837号）裁判所ＨＰ）　330
　2　その他の損害賠償請求事例……332
　　【表】その他の損害賠償請求事例一覧表……332

(1) ホテルをチェックアウトした後の相宿泊者の行為による損害をチェックアウトした客の手足若しくは履行補助者の行為による宿泊料支払義務・善管注意義務違反による損害としてチェックアウトした客に請求した事例〔請求棄却〕（神戸簡判平3・6・27判タ820号213頁）／334

(2) 落語会で居眠りした原告を会場から退出させた行為が不法行為にあたるとして慰謝料を請求した事例〔請求棄却〕（飯田簡判平11・4・21判タ1004号185頁）／341

(3) 花泥棒呼ばわりされたことに伴う名誉毀損による不法行為に基づく損害賠償請求事例〔請求棄却〕（東京簡判平16・11・16（平成16年（ハ）10863号）裁判所ＨＰ）／348

(4) 借室漏水による同借室使用不可に伴う不法行為に基づく①その間のホテルでの食事代，②バルコニーに置いて枯れた観葉植物購入代，③慰謝料，④保険でてん補されなかった衣類家具備品代の請求事例〔一部認容（慰謝料5万円のみ認容）〕（東京簡判平17・2・8（平成16年（少コ）3304号（通常移行））裁判所ＨＰ）／354

(5) 売買契約解除に基づくチケット代返還・慰謝料請求事案においてチケット代払戻しの根拠がないとして請求を棄却した事例〔請求棄却〕（東京簡判平17・3・18（平成17年（少コ）457号（通常移行））裁判所ＨＰ）／358

(6) 店舗駐車場での車上荒らしについての商法594条の寄託に基づく損害賠償請求事例〔請求棄却〕（東京簡判平17・7・19（平成17年（ハ）5837号）最高裁ＨＰ）／361

第2章　損害賠償関係紛争解決のための手段　　365
第1節　相談窓口等……367
第1　弁護士・司法書士への相談……367
第2　弁護士会の紛争解決センター……367
　　【表】紛争解決センターについて……369

第3　公害苦情相談窓口，都道府県公害審査会……………………………375
　第4　労働関係相談窓口等……………………………………………………375
　　1　男女雇用機会均等法による紛争解決制度……375
　　　(1)　事業主の講ずべき措置　375
　　　(2)　調　停　376
　　2　労働委員会……376
　　3　個別労働紛争解決制度……376
　　　(1)　総合労働相談コーナー　376
　　　(2)　都道府県労働局長による助言・指導　377
　　　(3)　紛争調整委員会によるあっせん　377
第2節　民事調停手続……………………………………………………………378
　第1　民事調停の申立て………………………………………………………378
　　【書式】調停申立書……379
　　【書式】調停申立書〔不法行為（傷害）〕……382
　　【記載例】調停申立書〔不法行為（傷害）〕記載例……386
　第2　民事調停の管轄（申立裁判所）………………………………………390
　第3　調停調書の効力…………………………………………………………391
　第4　調停不成立の場合の訴訟の提起………………………………………391
第3節　労働審判…………………………………………………………………392
　第1　労働審判の概要…………………………………………………………392
　第2　労働審判の申立て………………………………………………………392
　　1　労働審判事件の管轄……392
　　　(1)　労働審判事件の事物管轄　392
　　　(2)　労働事件の土地管轄　393
　　2　労働審判の申立て……393
　　　(1)　労働審判申立書の記載事項　393
　　　(2)　申立手数料等の納付　393
　　　(3)　申立書及び証拠書類の写しの提出　394
　第3　労働審判委員会…………………………………………………………394
　第4　労働審判手続における調停……………………………………………394
　第5　労働審判…………………………………………………………………394
第4節　訴訟手続…………………………………………………………………396

[Ⅰ 訴訟手続一般]……396
第1 訴訟手続の種類・選択……396
1 訴訟手続……396
2 督促手続の選択……396
3 通常訴訟手続の選択……397
4 少額訴訟手続の選択……397
第2 訴訟事件の管轄─訴訟事件の申立裁判所……398
1 事物管轄─訴えを提起する第1審裁判所……398
  (1) 通常訴訟の事物管轄─通常訴訟の第1審裁判所　398
  (2) 少額訴訟の事物管轄─少額訴訟の審理裁判所　398
  (3) 訴訟物の価額〔訴額〕の算定　398
    ア　訴訟物の価額〔訴額〕の算定　398
    イ　数個の請求を併合する場合の訴訟物の価額〔訴額〕　398
    ウ　謝罪広告など回復処分を請求する場合の訴額　399
    エ　差止請求の訴額　399
2 土地管轄─訴えを提起する裁判所の場所……400
  (1) 被告の普通裁判籍（住所等）所在地を管轄する裁判所への訴え提起　400
  (2) 義務履行地管轄裁判所　400
    ア　金銭債務の義務履行地管轄裁判所　400
    イ　債務不履行による損害賠償債務の義務履行地　400
    ウ　不法行為に基づく損害賠償債務の義務履行地　400
    エ　債権譲渡があった場合の義務履行地管轄裁判所　401
  (3) 関連裁判籍（民事訴訟法7条）　401
3 管轄の合意……401
  (1) 合意管轄の意義　401
  (2) 管轄合意の要件（民事訴訟法11条）　401
  (3) 管轄合意の態様　402
    ア　管轄合意の態様　402
    イ　専属的管轄合意と応訴管轄　402
    ウ　管轄合意の効力　402
    エ　管轄合意についての意思表示の瑕疵　403
4 応訴管轄……403
  (1) 応訴管轄（民事訴訟法12条）　403

(2) 法定管轄原因が認められない訴状の取扱い　403
　　(3) 本案の弁論　403
　　　ア　本案の弁論の意義　403
　　　イ　答弁書等の擬制陳述と本案の弁論　404
　5　遅滞を避ける等のための移送（民事訴訟法17条）……404

第3　訴えの提起……………………………………………………………404
　1　訴え提起の方式……404
　2　訴訟における主張・立証の構造等……405
　3　証拠の収集……406
　　(1) 書証等の提出　406
　　(2) 損害賠償関係訴訟の主な証拠　406
　　　ア　損害関係の証拠　406
　　　イ　債務不履行に基づく損害賠償請求における元の契約関係の証拠
　　　　406
　【書式】訴状……407

[Ⅱ　債務不履行に基づく損害賠償請求訴訟]………………………………409
第1　債務不履行に基づく損害賠償請求の請求原因…………………………409
第2　債務不履行に基づく損害賠償請求の抗弁………………………………409

[Ⅲ　不法行為に基づく損害賠償請求訴訟]…………………………………409
第1　一般不法行為に基づく損害賠償請求の請求原因………………………409
　1　不法行為に基づく損害賠償請求における請求原因の要件事実……409
　2　損害額の主張立証責任……410
第2　一般不法行為に基づく損害賠償請求の抗弁……………………………410
　1　違法性阻却事由の抗弁……410
　2　責任阻却事由の抗弁等……411
　3　過失の評価障害事実の抗弁……411
　4　過失相殺の抗弁……411
　5　消滅時効，除斥期間の抗弁……412
　　(1) 消滅時効，除斥期間　412
　　(2) 消滅時効の要件事実　412
　　(3) 除斥期間の要件事実　412
第3　使用者等責任に基づく損害賠償請求……………………………………413
　1　使用者等責任に基づく損害賠償請求における請求原因……413

2　使用者等責任に基づく損害賠償請求における抗弁……413
第4　動物の占有者等の責任に基づく損害賠償請求……………………415
　　1　動物の占有者等の責任に基づく損害賠償請求における請求原因……415
　　2　動物の占有者等の責任に基づく損害賠償請求における抗弁……415

事項索引……417
条文索引……421
判例索引……423

序章

ある者がある者に対し，損害が発生したとして，損害賠償を請求することがある。その損害賠償請求に関する事件で，たとえば交通事故に基づく損害賠償，建物等の建築請負に基づく損害賠償などの事件については，それについて解説したものが多数あると思われるが，それ以外の身近な損害賠償の事件に関して解説したものは，それほど多くないのではないかと思われる。しかし，身近な生活の中でも，いろいろな紛争に伴う損害賠償を請求する事件が発生することはあり，それらの損害賠償請求事件について，分析して解説したものがあれば，役に立つのではないかと思われるところであり，本書は，そのような意図の下に作成したものである。

　本書では，損害賠償請求事件のうち，裁判所に係属することが多い事件で，身近な問題であり，誰にでも起こりうる損害賠償請求事件ついて，分析して解説をしているつもりである。

　損害賠償を請求する場合には，何らかの契約関係等にある者同士で請求する債務不履行に伴う損害賠償請求と，そのような何らかの契約関係等にかかわらず請求する不法行為に伴う損害賠償請求とがある。

　本書では，まず，第1章で，損害賠償請求について，「第1節　債務不履行に伴う損害賠償請求」と「第2節　不法行為に伴う損害賠償請求」に分けて解説し，それを前提に，第3節で「身近な損害賠償関係事件」として，身近で誰にでも起こりうる損害賠償の事件の事例について個別に，裁判例を整理しながら，解説する。具体的には，「第1　消費者信用取引における損害賠償請求」，「第2　不動産売買・賃貸借における損害賠償請求」，「第3　物損事故に伴う特別な損害賠償請求」，「第4　相隣関係と損害賠償請求」，「第5　職務に関連する行為における使用者に対する損害賠償請求」，「第6　訴え提起と不法行為に伴う損害賠償請求」，「第7　暴行等に伴う損害賠償請求」，「第8　その他の損害賠償請求」に分けて解説する。そして，そのうえで，それらの損害賠償請求についての紛争を解決するための手続について，「第2章　損害賠償関係紛争解決のための手続」として解説する。具体的には，「第1節　相談窓口等」，「第2節　民事調停手続」，「第3節　労働審判」，「第4節　訴訟手続」について解説する。「第4節　訴訟手続」では，Ⅰで「訴訟手続一般」について解説し，Ⅱで「債務不履行に基づく損害賠償請求訴訟」について解説し，Ⅲで「不

法行為に基づく損害賠償請求訴訟」について解説する。

第1章
損害賠償請求について

第1節 債務不履行に伴う損害賠償請求について

第1 債務不履行とは

1 債務不履行

　契約関係等にある債権者・債務者間で,「債務者が債務の本旨に従った履行をしない」こと（民415条参照），言い換えれば，債務者がその責めに帰すべき事由によって，債務を履行しないことを，**債務不履行**という。☆

> ☆　債務不履行は，主として契約上の債務について問題となるが，それに尽きるものではなく，一切の債権関係にある債務について成立するものである（川井「民法概論3〔2版補訂〕」65頁）。

2 履行不能が自己の責めに帰すべからざることの主張立証責任

　債務者が債務不履行責任を免れるためには，履行不能が自己の責めに帰すべからざることを主張・立証することを要する（最判昭34・9・17民集13巻11号1412頁・判時204号21頁，最判昭52・3・31裁判集民事120号341頁・判時851号176頁）（「改訂紛争類型別の要件事実」11頁）。

3 債務不履行責任と不法行為責任

(1) 債務不履行責任と不法行為責任の競合

　ある行為が債務不履行責任と不法行為責任の両方の成立要件を満たす場合に，①その両方を行使することができる〔請求権競合説〕，②いずれか一方の請求権が優先する〔法条競合説〕などの説があるが，判例及び多数説は請求権競合

説をとっている。

(2) 債務不履行（履行拒絶）と不法行為

　債務の不履行によって債権者に発生した損害については，法は，原則として，債務者に債務不履行責任を負わせることにより債権者を救済することを予定していると解される。民法419条によれば，金銭を目的とする債務の履行遅滞による損害賠償の額は，法律に別段の定めがある場合を除き，約定又は法定の利率により，債権者はその損害の証明をする必要がないとされているが，その反面として，たとえそれ以上の損害が生じたことを立証しても，その賠償を請求することはできず，債権者は，金銭債務の不履行による損害賠償として，債務者に対し弁護士費用その他の取立費用を請求することはできないと解されている（最判昭48・10・11裁判集民事110号231頁・判時723号44頁）ことからすれば，金銭債務の債務者の履行拒絶が不法行為に該当するといえるためには，履行拒絶行為自体が公序良俗に違反するとみるべき事情が存するなど高度の違法性が認められる例外的な場合に限られると解するのが相当である（東京地判平24・1・25判時2147号66頁・金判1400号54頁）。

第2　債務不履行に伴う損害賠償請求

1　債務不履行に伴う損害の種類

(1) 通常損害と特別損害

　債務不履行に対する損害賠償の請求は，これによって通常生ずべき損害〔**通常損害**〕の賠償をさせることをその目的とするとされている（民416条1項）。そして，特別の事情によって生じた損害〔**特別損害**〕であっても，当事者がその事情を予見し，又は予見することができたときは，債権者は，その賠償を請求することができるとされている（民416条2項）。

(2) 積極損害，消極損害，慰謝料

　債務不履行に伴う損害には，債務不履行によって債権者が支出を余儀なくさ

れた**積極損害**と，債務不履行がなかったならば得たであろう得べかりし利益の喪失〔**逸失利益**〕という**消極損害**とがある。

精神的損害である**慰謝料**は，不法行為の場合と異なり，債務不履行にあっては，認められない場合が多いが，不法行為との競合が問題となるような事案においては肯定されることもある。

(3) 債務不履行に伴う損害賠償としての弁護士費用

我が国は，訴訟について弁護士強制主義がとられておらず，弁護士費用は訴訟費用に含まれないため，損害賠償に要する弁護士費用を損害の一部として損害賠償請求することができるかどうかについて問題となる。判例は，不法行為に基づく損害賠償請求訴訟に要する弁護士費用については肯定する（最判昭44・2・27民集23巻2号441頁・判タ232号276頁・判時548号19頁）。これに対し，金銭債務の不履行による損害賠償請求訴訟に要する弁護士費用については，「民法419条によれば，金銭を目的とする債務の履行遅滞による損害賠償の額は，法律に別段の定めがある場合を除き，約定または法定の利率により，債権者はその損害の証明する必要がないとされるが，その反面として，たとえそれ以上の損害が生じたことを立証しても，その賠償を請求することはできないものというべく，したがって，債権者は，金銭債務の不履行による損害賠償として，債務者に対し弁護士費用その他の取立費用を請求することはできないと解するのが相当である。」として，否定している（最判昭48・10・11裁判集民事110号231頁・判時723号44頁）（滝澤「民事法の論点」59頁・65頁）。

ただ，金銭を目的としない債務の不履行による損害賠償請求（金銭債権）について，その債務不履行が不法行為も構成するような場合においては，相当と認められる額の範囲内の弁護士費用は債務不履行により通常生ずべき損害に含まれるとするのが相当である（名古屋高金沢支判昭53・1・30判タ362号320頁・判時889号57頁，東京地判平17・7・29判タ1228号262頁）。そして，労働者が，使用者の安全配慮義務違反を理由とする債務不履行に基づく損害賠償を請求するため訴えを提起することを余儀なくされ，訴訟追行を弁護士に委任した場合には，その弁護士費用は，事案の難易，請求額，認容された額その他諸般の事情を斟酌して相当と認められる額の範囲内のものに限り，上記安全配慮義務違反と相

当因果関係に立つ損害というべきであるとされている（最判昭44・2・27民集23巻2号441頁・判タ232号276頁・判時548号19頁，最判平24・2・24判タ1368号63頁・判時2144号89頁）（滝澤「民事法の論点」66頁）。

(4) 債務不履行に伴う損害賠償としての取立て費用

債権取立てに要した費用の賠償が求められる場合があるが，基本的には，消極に解されている（最判昭48・10・11裁判集民事110号231頁・判時723号44頁）（滝澤「民事法の論点」61頁②）。☆

> ☆ 東京地判昭55・11・28判時1003号113頁（債務者負担とされる，民法485条にいう弁済の費用は，運送費，荷造費，為替料，関税など，債務を履行するために要する費用を意味し，債権取立てのための費用は，弁済費用に含まれないと判示），同旨―東京高判昭45・6・24下民集21巻5・6号994頁。

2 過失相殺

(1) 過失相殺の主張の要否

債務不履行に基づく損害賠償における債権者側の過失相殺（民418条）については，判例は，当事者による過失相殺の主張がなくとも，裁判所は，それを裁判の基礎とすることができるとしている（民法418条の過失相殺―最判昭43・12・24民集22巻13号3454頁・判タ230号170頁・判時547号37頁，民法722条2項の過失相殺―最判昭41・6・21集20巻5号1078頁・判タ194号83頁・判時454号39頁，最判平20・3・27判タ1267号156頁・判時2003号155頁）。ただ，過失相殺の基礎となる債権者の過失に該当する事実については，弁論主義が適用されると考えるべきである（最判昭43・12・24民集22巻13号3454頁・判タ230号170頁・判時547号37頁（民法418条の過失相殺））（「民訴法講義案〔再訂補訂版〕」126頁イ，伊藤「民訴法〔4版〕」297頁，村田ほか「要件事実論30講〔3版〕」78頁オ）。

(2) 金銭債務の履行遅滞に伴う損害賠償における過失相殺

民法419条は，債務者の金銭債務の履行遅滞によって債権者がどのような損害を被っても，その賠償を求めることを制限し，法定利率ないし約定利率の範囲内でしか賠償を認めないが，その趣旨からして，その制限された範囲内の損

害であれば，これをさらに減縮することは許されないと解されなくもなく，過失相殺の規定の適用を否定する裁判例もある（大阪地判昭39・6・10下民集15巻6号1344頁・判タ163号196頁，東京高判昭55・9・29判タ429号112頁・金判623号16頁）（滝澤「民事法の論点」62頁(5)）。

第2節 不法行為に伴う損害賠償請求について

第1 不法行為について

1 不法行為とは

不法行為とは，故意又は過失によって，他人の権利又は法律上保護される利益を侵害した者が，これによって損害を賠償する責任を負う制度である（民709条）。契約関係等にある当事者間で損害が生じた場合に，その損害を賠償させる制度として，債務不履行に伴う損害賠償の制度があるが，不法行為に伴う損害賠償制度は，そのような契約関係等を前提としない損害賠償制度である。

2 不法行為の要件

不法行為の要件としては，①被害者側の被侵害利益（権利又は法律上保護される利益）の存在，②①に対する加害者側の加害行為，③②について故意又は過失があること，③被害者側の損害の発生，④②のと④との間の因果関係の存在である。

ここでは，侵害結果が発生しても，過失がなければ責任を負わないという過失責任の原則がとられている。

第2 不法行為に伴う損害賠償請求

1 不法行為による損害賠償

　故意又は過失によって，他人の権利又は法律上保護される利益を侵害した者は，これによって生じた損害を賠償する責任を負う（民709条）。

2 不法行為による損害賠償の対象となる損害の分類

　不法行為による損害賠償の対象となる損害は，(1)財産的損害と(2)精神的損害（慰謝料）に分類され，さらに，(1)の財産的損害は，ア積極的損害とイ消極的損害に分類される。

財産的損害	積極的損害	積極的な形で現実に支出された費用（入院費，弁護士費用等）
	消極的損害	不法行為がなければ得られたであろう利益，得べかりし利益，逸失利益，休業損害
精神的損害	慰謝料	生命・身体・自由・名誉等の精神的損害に対する賠償

　損害は，そのほかに，人の生命・身体等に対する侵害によって生じた**人的損害**〔**人損**〕とその他の**物的損害**〔**物損**〕に区別することができ，それぞれ，積極的損害及び消極的損害が考えられる。交通事故における損害賠償であれば，物的損害における積極的損害としては修理費，代車費用等，物的損害における消極的損害としては休車損，評価損〔格落ち損〕等，がそれぞれ考えられる。物的損害〔物損〕に伴う慰謝料は，一般的には認められない（「交通事故訴訟・損害賠償額算定基準上2014」214頁11，「三訂注解交通損害賠償算定基準(上)」420頁，「大阪地裁交通損害賠償算定基準〔3版〕」11頁(6)・66頁(6)，岡口「要件事実マニュアル2巻〔4版〕」506頁3）が，被害者のその物に対する特別な愛情が侵害されたようなときや，その物損が被害者の精神的平穏を著しく害するような場合には，慰謝料が認められることがあるとされている（「三訂注解交通損害賠償算定基準(上)」421頁）。

> ☆ 物損事故に伴う特別な損害賠償請求→本章**第3節第3**（102頁）参照。

3 慰謝料について

(1) 慰謝料の本質

　慰謝料は，精神的苦痛による損害等の被害者（請求者）の損害のてん補としての賠償と考えられている。我が国の不法行為に基づく損害賠償制度は，民事責任と刑事責任との分化を前提として，加害者に生じた損害を金銭的に評価し，加害者にこれを賠償させることにより，被害者が被った不利益を補てんして，不法行為がなかったときの状態に回復させることを目的とするものであると考えられ（最大判平5・3・24民集47巻4号3039頁・判夕853号63頁・判時1499号49頁），損害てん補の範囲を超えて，加害者に対する制裁や，将来における同様の行為の抑止，すなわち一般予防を目的とするものではないとされている（最判平9・7・11民集51巻6号2573頁・判夕958号93頁・判時1624号90頁）。☆

> ☆ 最判平9・7・11民集51巻6号2573頁・判夕958号93頁・判時1624号90頁（外国判決のうち，補償的損害賠償及び訴訟費用に加えて，見せしめと制裁のために被上告会社に対し懲罰的損害賠償としての金員の支払を命じた部分は，我が国の公の秩序に反するから，その効力を有しないとした。）。

(2) 財産的利益に関する慰謝料について

　財産的利益に関する契約締結等についての意思決定に関し，仮に相手方からの情報提供や説明に何らかの不十分，不適切な点があったとしても，特段の事情がない限り，これをもって，不法行為，債務不履行等の慰謝料請求における，慰謝料請求権発生を肯定しうる違法行為と評価することはできない（最判平15・12・9民集57巻11号1887頁・判夕1143号243頁・判時1849号93頁（不法行為，債務不履行及び契約締結上の過失に基づく慰謝料請求の理由がないとした。））。

(3) 慰謝料等の額自体について擬制自白

　不法行為に基づいて慰謝料等を請求する場合，慰謝料等の法的評価を含む事実については，評価の基礎となる事実についてのみ擬制自白が成立し，慰謝料

等の額自体についての擬制自白は成立しないと考えられている（菊井ほか「全訂民訴法Ⅰ」803頁，「注解民訴法(3)〔2版〕」528頁，「注釈民訴法(3)」296頁）。☆

> ☆　東京地判昭40・10・18下民集16巻10号1570頁・判時434号48頁，福岡地判昭45・9・30判タ261号337頁，徳島地判昭48・3・27判タ306号251頁，静岡地沼津支判平2・12・20判タ745号238頁（原告が意に反してキスをした職場の上司（被告）に対して不法行為に基づき慰謝料500万円を請求し，被告が欠席して擬制自白が成立した事案において，裁判所は，100万円の慰謝料を認め，その余の慰謝料請求を棄却した。），大阪地判平11・12・13判タ1050号165頁・判時1735号96頁，大阪地判平12・12・22判タ1115号194頁（原告がストーカー行為をした被告に対し不法行為に基づき慰謝料500万円を請求し，被告が欠席して擬制自白が成立した事案において，裁判所は，300万円の慰謝料を認め，その余の請求を棄却したが，訴訟費用は全部被告の負担とした。），東京地判平18・11・7判タ1242号224頁（擬制自白が成立している者についての慰謝料請求を一部棄却した。）。

(4)　慰謝料額算定基準

　慰謝料の額は，当事者双方の社会的地位，職業，資産，加害の動機及び態様，被害者の年齢，学歴等諸般の事情を参酌して（最判昭40・2・5裁判集民事77号321頁），裁判官が，各場合における諸般の事情を斟酌し，自由心証をもって算定すべきものであるから，その認定根拠が示される必要はない（大判明43・4・5民録16輯273頁）（内田「民法Ⅱ〔3版〕」426頁）。

4　損害額の認定

　損害が生じたことが認められる場合において，損害の性質上その額を立証することが極めて困難であるときは，裁判所は，口頭弁論の全趣旨及び証拠調べの結果に基づき，相当な損害額を認定することができる（民訴248条）。☆

> ☆　最判昭39・6・24民集18巻5号874頁・判タ166号106頁・判時376号11頁（逸失利益について，裁判所は，被害者側の提出するあらゆる証拠資料に基づき，経験則とその良識を十分に活用して，できうる限り蓋然性のある額を算出すべきであり，また，その蓋然性に疑いがあるときは，被害者側にとって控えめな算定方法（たとえば，収入額につき疑いがあるときはその額を控えめに，支出額につき疑いがあるときはその額を多めに計算し，また遠い将来の収支の額に懸念があるときは算出の基礎たる期間

を短縮するなどの方法）を採用するなどし，算定不可能として一概にその請求を排斥し去るべきではないとした。）。

5 弁護士費用

弁護士費用は，事案の難易，請求額，認容された額，その他諸般の事情を斟酌して相当と認められる額の範囲内のものに限り，不法行為と相当因果関係に立つ（最判昭44・2・27民集23巻2号441頁・判タ232号276頁・判時548号19頁，最判昭57・1・19民集36巻1号1頁・判タ463号123頁・判時1031号120頁）（「例題解説交通損害賠償法」36頁，「大阪地裁交通損害賠償算定基準〔3版〕」67頁）。

6 因果関係——相当因果関係，民法416条の不法行為への適用

民法416条（損害賠償の範囲）は，債務不履行，不法行為を問わず規定していると解し，不法行為における損害賠償の範囲についても民法416条が類推適用されると解されている（大判大15・5・22民集5巻386頁，最判昭48・6・7民集27巻6号681頁・金法690号37頁）。したがって，不法行為による損害賠償の範囲は，通常生ずべき範囲の損害の全部と，特別事情によって生じた損害のうち，加害者が加害行為の際に発生が予見できた範囲に限定される（加藤ほか「要件事実の考え方と実務〔2版〕」348頁・349頁，「例題解説交通損害賠償法」270頁）。

7 過失相殺，被害者側の過失（民722条2項）——過失相殺の主張の要否

不法行為による損害賠償における被害者側の過失相殺（民722条2項）については，判例は，当事者による過失相殺の主張がなくとも，裁判所は，それを裁判の基礎とすることができるとしている（民法418条の過失相殺—最判昭43・12・24民集22巻13号3454頁・判タ230号170頁・判時547号37頁，民法722条2項の過失相殺—最判昭41・6・21民集20巻5号1078頁・判タ194号83頁・判時454号39頁，最判平20・3・27判タ1267号156頁・判時2003号155頁）。ただ，過失相殺の基礎となる債権者の過失に該当する事実については，弁論主義が適用されると考えるべきである（最判昭43・12・24民集22巻13号3454頁・判タ230号170頁・判時547号37頁（民法418条の過失相殺））（「民訴法講義案〔再訂補訂版〕」126頁イ，伊藤「民訴法〔4版〕」297頁，村

田ほか「要件事実論30講〔3版〕」78頁オ)。

8　相殺禁止

(1)　不法行為に基づく損害賠償請求権を受働債権とする相殺の禁止

不法行為に基づく損害賠償請求権を受働債権とする相殺は禁止されている（民509条）（岡口「要件事実マニュアル2巻〔4版〕」404頁)。

(2)　不法行為に基づく損害賠償請求権を自働債権とする相殺

不法行為の被害者の方から不法行為に基づく損害賠償請求権を自働債権とし，不法行為に基づかない債権を受働債権として相殺することは，民法509条の禁止するところではない（最判昭42・11・30民集21巻9号2477頁・判タ216号118頁・判時509号30頁)（「例題解説交通損害賠償法」38頁)。

(3)　双方が不法行為に基づく損害賠償請求権である場合の相殺

受働債権・自働債権の双方が不法行為に基づく損害賠償請求権である場合にも，民法509条の相殺禁止の規定の適用があるかが問題となるが，2つの損害賠償請求権が異なる事実から発生した場合には，相殺しえないことに争いはないとされている（大判昭3・10・13民集7巻780頁)（「例題解説交通損害賠償法」38頁・39頁，四宮和夫「現代法律学全集10－ⅱ不法行為」（青林書院，1985）643頁)。

また，双方の過失による同一の事故で損害を被った場合〔交叉的不法行為〕の場合も，相殺が禁じられている（最判昭49・6・28民集28巻5号666頁・判タ311号140頁・判時745号49頁，最判昭54・9・7裁判集民事127号415頁・判タ407号78頁・判時954号29頁)（「和解条項実証的研究〔補訂版〕」55頁，岡口「要件事実マニュアル1巻〔4版〕」621頁)。

(4)　相殺契約

相殺契約をすることは認められており，たとえば，訴訟上の和解において，不法行為に基づく損害賠償請求権を受働債権として相殺することを内容とする和解をすることも認められる（内田「民法Ⅲ〔3版〕」256頁，「和解条項実証的研究〔補訂版〕」55頁，岡口「要件事実マニュアル1巻〔4版〕」621頁)。

9 不法行為における損害額の算定

不法行為における損害額は，以下のように算定する。

> 算定損害額
> ＝損害額合計（弁護士費用を除く）×〔１－被害者の過失割合・訴因減額割合〕
> －損害てん補額＋弁護士費用

＊ 「大阪地裁交通損害賠償算定基準〔３版〕」112頁。

10 不法行為債務の遅延損害金

　不法行為債務は，期限の定めのない債務であり，履行の請求の時から遅滞となるのが原則である（民412条３項）が，不法行為に基づく損害賠償債務は，人的損害，物的損害を問わず，不法行為の時から催告を待たずに，当然に遅滞に陥る（大判明43・10・20民録16輯719頁，最判昭37・９・４民集16巻９号1834頁，最判平７・７・14交民集28巻４号963頁）。弁護士費用についても，他の損害と同様に不法行為時から履行遅滞に陥る（最判昭58・９・６民集37巻７号901頁・判タ509号123頁・判時1092号34頁）。したがって，付帯請求としての遅延損害金の発生日は不法行為時となる（最判平７・７・14交民集28巻４号963頁）（加藤ほか「要件事実の考え方と実務〔２版〕」345頁，別冊判タ16号19頁(7)，「例題解説交通損害賠償法」36頁，岡口「要件事実マニュアル２巻〔４版〕」394頁２）。

11 使用者等の責任 （民715条）☆

> ☆ 職務に関連する行為における使用者に対する損害賠償請求→本章**第３節第５**（222頁）参照。

(1) 使用者等の責任

　ある事業のために他人〔被用者〕を使用する者〔使用者〕は，被用者がその事業の執行について第三者に加えた損害を賠償する責任を負うとされている（民715条１項本文）。ただし，使用者が被用者の選任及びその事業の監督について相当の注意をしたとき，又は相当の注意をしても損害が生じたであろうと

きには，その責任を負わないとされている（民715条1項ただし書）。使用者に代わって事業を監督する者についても，これらと同様の責任を負うとされている（民715条2項）。

(2) **職務執行関連性**

使用者等が民法715条1項・2項で第三者に対して責任を負うのは，被用者が「その事業の執行について」損害を加えた場合である（民715条1項）。この「職務執行関連性」の要件については，「被用者の職務執行行為そのものには属しないが，その行為の外形から観察して，あたかも被用者の職務の範囲内に属するものとみられる場合も包含する」とされており，その外観から判断する外観理論が採用されている（最判昭40・11・30民集19巻8号2049頁・判タ185号92頁・判時433号28頁）。

(3) **使用者等から被用者に対する求償**（民715条3項）

使用者等が，民法715条1項・2項に基づいて，第三者に対する損害賠償責任を履行した場合，使用者等から当該被用者に対する求償権の行使を妨げないとされている（民715条3項）。ただ，この使用者等からの被用者に対する求償については，その範囲について，制限をされるのが通常である（最判昭51・7・8民集30巻7号689頁・判タ340号157頁・判時827号52頁）。

(4) **使用者等の損害賠償責任と被用者自身が負う損害賠償責任の関係**
　　——不真正連帯債務

この使用者等の損害賠償責任（民715条）と被用者自身が負う損害賠償責任（民709条）とは，不真正連帯債務の関係となる（大判昭12・6・30民集16巻1285頁，最判昭46・9・30裁判集民事103号569頁・判タ269号194頁・判時646号47頁）。

12　土地の工作物等の占有者及び所有者の責任（民717条）

土地の工作物の設置又は保存に瑕疵があることによって他人に損害を発生させたときは，その工作物の占有者は，被害者に対して損害賠償責任を負う（民717条1項本文）。ただし，占有者が，損害の発生を防止するのに必要な注意を

していたときは，所有者がその損害を賠償しなければならない（民717条1項ただし書）。この土地の工作物に関する責任は，竹木の栽植又は支持に瑕疵がある場合も同様となる（民717条2項）。これらの損害賠償について，損害の原因について他にその責任を負う者がいるときは，損害を賠償した者は，その責任を負う者に対して求償権を行使することができる（民717条3項）。

「土地の工作物」とは，土地に接着して人工的に作り出された物をいう。建物に組み込まれたエレベーター（東京地判昭30・5・6下民集6巻5号889頁・判時57号11頁），エスカレーター，風呂釜，プロパンガス容器・ゴムホース等（最判平2・11・6裁判集民事161号91頁・判タ774号132頁・判時1407号67頁）も土地の工作物として認められている。☆

> ☆ 大阪地判平6・8・19判タ873号200頁・判時1525号95頁（本章**第3節第3・2**(3)オ（140頁）参照）は，マンション備付けの消火器が投下され隣家の屋根が損傷した事例において，当該消火器に土地の工作物性を認め，マンション所有者に民法717条の土地の工作物責任を認めた。

瑕疵とは，その物がその種類に応じて通常備えているべき性質・設備を欠いていることである（最判昭45・8・20民集24巻9号1268頁・判タ252号135頁・判時600号71頁）。

13 動物の占有者等の損害賠償責任

(1) 動物の占有者等の責任（民718条）

動物の占有者は，その動物が他人に加えた損害を賠償する責任を負うとされている（民718条1項本文）。当該占有者は，動物の種類及び性質に従い相当の注意をもってその管理をしたときは，その責任を負わないとされている（民718条1項ただし書）。これは，被害者保護の観点から，過失責任の主張立証責任が，加害者側に転換されているのである。占有者に代わって動物を管理する者も，同様に責任を負うとされている（民718条2項）。被害者側としては，過失の立証ができるのであれば，民法709条に基づく損害賠償請求をすることもできる。

この動物の占有者等の責任は，無過失責任に近づいているといわれている（内田「民法Ⅱ〔3版〕」482頁）。☆

第2節　不法行為に伴う損害賠償請求について
第2　不法行為に伴う損害賠償請求

☆　飼主は民法718条1項ただし書の「相当の注意」を尽くしたとされた事例→東京地判平19・3・30判時1993号48頁。

　この動物の占有者等の責任は，飼犬等が，他人の飼犬等に襲いかかり，当該他人やその飼犬に損害が発生した場合に適用されている（春日井簡判平11・12・27判タ1029号233頁（飼犬同士の事故）（**第3節第3・2(2)ア**（113頁）参照），名古屋地判平18・3・15判時1935号109頁（飼犬同士の事故）（**第3節第3・2(2)ウ**（125頁）参照），大阪地判平21・2・12判時2054号104頁（飼猫が飼犬に噛み殺された事故）（**第3節第3・2(2)オ**（130頁参照））。また，近隣者が，ペットの鳴声や糞尿の悪臭で損害を被ったとして，この責任を問うことが考えられる（**第3節第4・2(1)ア**（158頁以下）（横浜地判昭61・2・18判タ585号93頁・判時1195号118頁（同(ア)（158頁）参照），民法718条に基づく請求）参照）。

(2)　動物・ペットの飼主の義務

　民法上，「所有者は，法令の制限内において，自由にその所有物の使用，収益及び処分をする権利を有する。」とされており（民法206条），ペットは，民法上「動産」と扱われるので，ペットの所有者である飼主は，法令上の制限を受けることになる。
　そのペットに関する法律として，「動物の愛護及び管理に関する法律」がある。同法7条1項では，「動物の所有者又は占有者は，命あるものである動物の所有者又は占有者としての責任を十分に自覚して，その動物をその種類，習性等に応じて適正に飼養し，又は保管することにより，動物の健康及び安全を保持するように努めるとともに，動物が人の生命，身体若しくは財産に害を加え，生活環境の保全上の支障を生じさせ，又は人に迷惑を及ぼすことのないように努めなければならない。」とされている。そして，同条7項では，「環境大臣は，関係行政機関の長と協議して，動物の飼養及び保管に関しよるべき基準を定めることができる。」とされ，これを受けて，「家庭動物等の飼養及び保管に関する基準」（平成14年5月28日環境省告示第37号）が定められている。また，動物の愛護及び管理に関する法律9条では，地方公共団体は，動物の健康及び安全を保持するとともに，動物が人に迷惑を及ぼすことのないようにするため，

条例で定めるところにより，動物の飼養及び保管について，動物の所有者又は占有者に対する指導その他の必要な措置を講ずることができるとされており，これを受けて，都道府県や政令指定都市等の条例で，動物の飼主による動物の適正な飼養などについて定めている。たとえば，「東京都動物の愛護及び管理に関する条例」(平成18年3月9日条例第4号)では，7条で「動物飼養の遵守事項」を定め，その中で，適正に飼養又は保管することができる施設を設けること(4号)，汚物及び汚水を適正に処理し，施設の内外を常に清潔にすること(5号)，公共の場所並びに他人の土地及び物件を不潔にし，又は損傷させないこと(6号)，異常な鳴き声，体臭，羽毛等により人に迷惑をかけないこと(7号)，逸走した場合は，自ら捜索し，収容すること(8号)などが定められ，9条で「犬の飼い主の遵守事項」を定め，原則として，「犬を逸走させないため，犬をさく，おりその他囲いの中で，又は人の生命若しくは身体に危害を加えるおそれのない場所において固定した物に綱若しくは鎖で確実につないで，飼養又は保管をすること」(1号)，「犬に適切なしつけを施すこと」(3号)などが定められている。これらのものが，ペットの飼主の義務を考えるうえでの基準となり，ペットの飼い主としては，ペットの鳴声や糞尿悪臭等により，近隣の住民等に迷惑をかけない法令上の義務があると解される。

　また，マンション等の集合住宅では，ペットの飼育について取決めをしていることも多いと思われ，そのような取決めがある場合は，その取決めに従う義務もある。

14　差止請求

　不法行為に基づく損害賠償請求をする場合に，差止請求をすることがある。この差止請求について，民法上明文の根拠はなく，その法的根拠については，不法行為説，物権的請求権説，人格権説，環境権説などいろいろな考え方がある。

　最初は，不法行為を根拠に差止めを肯定する見解が提唱されたが，この不法行為説は民法709条の故意・過失が要求されることになる。その後，物権的請求権を根拠に差止めを認めるとする見解が唱えられる。この説は，絶対権であり排他性を有する物権に基づく差止請求・予防請求を認めるもので，土地建物

第2節　不法行為に伴う損害賠償請求について
第2　不法行為に伴う損害賠償請求

の所有権の円滑な行使が侵害された場合，その侵害行為の是正や予防を求めるものである（名古屋地判昭42・9・30下民集18巻9・10号964頁・判タ213号237頁・判時516号57頁）。この理論は，所有権同士の衝突から生じる相互の権利制約である相隣関係的な権利内在的制約（民法第2編物権第3章所有権第2款相隣関係（209条～238条）参照）のうえでの救済方法として差止請求権を捉え，「受忍限度」を超えたか否かを基準に差止請求が認められるかどうかを決する方向に進んだ。ただ，この物権的請求権説については，物権侵害が認められない場合にはどうするのか，土地建物所有者が被害者でない場合にはどうするのかが問題となった。また，相隣的な生活妨害とは異なる企業活動に伴う公害によって侵害されるのは人の健康であり，物への侵害として処理するのはおかしいとの批判が生じてきて，その後人格権説が登場することになる。この説は，人格権を生命・健康を人間が本来有する状態で維持しうる権利と理解し，人格権の侵害を個人の人格に本格的に付帯する個人の生命，身体，精神及び生活に関する利益の侵害と捉え，このような侵害に対して，人格権に基づいて差止めを認めるものである。その後，憲法13条の幸福追求権や憲法25条の生存権を基に，「よりよき環境を享受し，これを支配し，かつ，人間が健康で快適な生活を求める権利」としての環境権を根拠に差止請求を考える環境権説が唱えられるようになったが，この説に対しては環境権の権利性そのものに対する批判もある☆。最高裁は，人格権に基づき出版の差止めを認めた（最判平14・9・24裁判集民事207号243頁・判タ1106号72頁・判時1802号60頁（人格権に基づく小説の出版差止めを認容））。☆

> ☆　潮見「基本講義債権各論Ⅱ〔2版〕」165頁12.2参照。
> ☆　札幌地判平3・5・10判時1403号94頁は，カラオケボックスからの騒音被害において，カラオケ装置の使用差止めについて，被告の過失を問題とせず，建物を所有しない原告についても，人格権に基づいて，認めた（本章**第3節第4・2**(1)イ(イ)（169頁）参照）。

　差止めは，その相手方の活動を制限するものであり，その利益を著しく制限するものであるため，損害賠償請求は認容されても，差止請求は認容されない場合も多い（最判平7・7・7民集49巻7号2599頁・判タ892号152頁・判時1544号39頁（国道の騒音等による損害賠償を一部認容し，騒音等侵入差止請求を棄却した原審の判断を維持した。），浦和地判平7・6・30判タ904号188頁（闘犬の吠える声による慰謝料，闘

犬の撤去等を求めた事例で、慰謝料は認容されたが、闘犬の撤去は棄却された。）（本章**第3節第4・2(1)ア(エ)**（164頁）参照））。

15　名誉毀損における原状回復（民723条）

(1)　謝罪広告の意義

　他人の名誉を毀損した者に対しては、裁判所は、被害者の請求により、損害賠償に代えて、又は損害賠償とともに、名誉を回復するのに適当な処分を命ずることができる（民723条）。この「名誉を回復するための適当な処分」として、通常は、新聞紙上等に謝罪広告を掲載するという方法がとられている。

　民法723条が、名誉を毀損された被害者の救済処分として、損害の賠償のほかに、それに代えて又はそれとともに、原状回復処分を命じることを規定している趣旨は、その処分により、加害者に対して制裁を加えたり、また、加害者に謝罪等をさせることにより被害者に主観的な満足を与えたりするためではなく、金銭による損害賠償のみではてん補されえない、毀損された被害者の人格的価値に対する社会的、客観的な評価自体を回復することを可能ならしめるためであると解され、このような原状回復処分をもって救済するに適するのは、人の社会的名誉が毀損された場合であり、かつ、その場合に限られると解されている（最判昭45・12・18民集24巻13号2151頁・判タ257号139頁・判時619号53頁）。

　謝罪広告を命ずる要件としては、①名誉毀損行為が悪質で違法性が強いこと、②判決によって謝罪広告を強制することがその名誉を回復するために相当であることなどがあげられている。裁判例では、謝罪広告等の名誉回復処分を認容することには比較的慎重であり、認容する場合も掲載新聞等や広告文言等を必要最低限にとどめていることが多いと思われる（小池一利「損害賠償と回復処分」（竹田稔＝堀部政男編「名誉・プライバシー保護関係訴訟法　新・裁判実務大系(9)」（青林書院、2001）108頁）。

(2)　謝罪広告を命ずる判決等の執行方法

　謝罪広告を新聞紙等に掲載すべきことを命ずる判決等は、その広告の内容が単に事態の真相を告白し陳謝の意を表明するにとどまる程度のものである限り、憲法19条の良心の自由に反するものではない。また、謝罪広告を判決等で命

じられたのにこれ従わないときは，代替執行が可能である（最大判昭31・7・4民集10巻7号785頁・判タ62号82頁・判時80号3頁）。

第3節 身近な損害賠償関係事件について

第1 消費者信用取引における損害賠償請求

1 消費者信用取引における損害賠償請求

(1) 違法な取立てに伴う損害賠償請求
　ア　違法な取立てによる債務者側からの損害賠償請求
　消費者信用取引においては，暴力，脅迫等を伴った違法な取立てがあった場合に，債務者側からの慰謝料請求が認められる場合がある。
　イ　貸金業者による債権取立て行為の規制
　貸金業者による債権の取立て行為については，貸金業法21条（取立て行為の規制）で規制がなされており，貸金業を営む者又は取立てについて委託された者は，取立てにあたって，人を威迫し，又は私生活もしくは業務の平穏を害するような言動をしてはならないとして，同条1項各号，それを受けた貸金業法施行規則19条（取立て行為の規制）及び「貸金業者向けの総合的な監督指針」（平成26年2月・金融庁）Ⅱ－2－19（取立て行為規制）で規制がされている。
　規制されている主な行為で，債務者側からの慰謝料請求がされるものとして，以下のものがある。
　　㋐　正当な理由がないのに，社会通念に照らし不適当と認められる午後9時から午前8時までの時間帯に，債務者等に電話をかけ，もしくはファクシミリ送信し，又は債務者等の居宅を訪問すること（貸金21条1項1号，貸金規19条1項）
　この場合の「正当な理由」として，金融庁の監督指針では，①債務者等の自

第3節　身近な損害賠償関係事件について
第1　消費者信用取引における損害賠償請求

発的な承諾がある場合，②債務者等と連絡をとるための合理的方法が他にない場合を挙げている（金融庁貸金監督指針Ⅱ－2－19⑵②イ）。

　(イ)　**債務者等が弁済し，又は連絡し，もしくは連絡を受ける時期を申し出た場合において，その申出が社会通念に照らし相当であると認められないことその他正当な理由がないのに，午後9時から午前8時までの時間帯に，債務者等に電話をかけ，もしくはファクシミリ送信し，又は債務者等の居宅を訪問すること**（貸金21条1項2号，貸金規19条1項）

　(ウ)　**正当な理由がないのに，債務者等の勤務先その他の居宅以外の場所に電話をかけ，電報を送達し，もしくはファクシミリ送信し，又は債務者等の勤務先その他の居宅以外の場所を訪問すること**（貸金21条1項3号）

　この場合の「正当な理由」として，金融庁の監督指針では，以下の場合をあげている（金融庁貸金監督指針Ⅱ－2－19⑵②ロ）。

①　債務者等の自発的な承諾がある場合
②　債務者等と連絡をとるための合理的方法が他にない場合
③　債務者等の連絡先が不明な場合に，債務者等の連絡先を確認することを目的として債務者等以外の者に電話連絡をする場合
　なお，この場合においても，債務者等以外の者から電話連絡をしないよう求められたにもかかわらず，更に電話連絡をすることは「人の私生活もしくは業務の平穏を害するような言動」に該当するおそれが大きい。

　(エ)　**債務者等に対し，債務者等以外の者から金銭の借入れその他これに類する方法により貸付けの契約に基づく債務の弁済資金を調達することを要求すること**（貸金21条1項6号）

　(オ)　**債務者以外の者に対し，債務者等に代わって債務を弁済することを要求すること**（貸金21条1項7号）

　(カ)　**債務者等が，貸付債務の処理を弁護士・司法書士等に委託し，又はその処理のため必要な裁判所における民事事件に関する手続をとり，弁護士等又は裁判所から書面によりその旨の通知があった場合において，正当な理由がないのに，債務者等に対し，電話をかけ，電報を送達し，もしくはファクシミリ送信し，又は訪問する方法により，当該債務を弁済することを要求し，これに対し債務者等から直接要求しないように求められたにもかかわらず，更にこれ**

らの方法で当該債務を弁済することを要求すること（貸金21条1項9号）
　　ウ　使用者責任の追及
　　貸金業者の従業員が，貸金業法21条（取立て行為の規制）に違反するなどして，違法な債権取立て行為を行った場合，貸金業者に対し，民法715条の使用者責任を追及することになる（松山地判平19・9・21消費者法ニュース74号118頁（2(1)ア(ｱ)（35頁参照），大阪高判平11・10・26判タ1031号200頁・判時1703号144頁（2(1)ア(ｲ)（36頁）参照），大阪地判平10・1・29判タ974号158頁・判時1643号166頁（2(1)イ(ｱ)（38頁）参照），大阪高判平10・7・9金判1054号46頁（2(1)イ(ｲ)（40頁参照），東京地判平13・6・11判タ1087号212頁（2(1)ウ(ｴ)（51頁）参照））。

(2)　取引履歴等開示拒否に伴う損害賠償請求
　　ア　貸金業者の取引履歴等開示義務違反に基づく損害賠償請求
　　貸金業法は，罰則をもって貸金業者に業務帳簿の作成・備付け義務を課すことによって，貸金業の適正な運営を確保して貸金業者から貸付けを受ける債務者の利益の保護を図るとともに，債務内容に疑義が生じた場合は，これを業務帳簿によって明らかにし，平成18年法律第115号改正法施行（平成22年6月18日施行）前の貸金業法43条のみなし弁済をめぐる紛争を含めて，貸金業者と債務者との間の貸付に関する紛争の発生を未然に防止し又は生じた紛争を速やかに解決することを図ったものと解される。このような貸金業法の趣旨に加えて，一般的に，債務者は，債務内容を正確に把握できない場合には，弁済計画を立てることが困難となったり，過払金があるのにその返還を請求できないばかりか，更に弁済を求められてこれに応ずることを余儀なくされるなど，大きな不利益を被る可能性があるのに対し，貸金業者が保存している業務帳簿に基づいて債務内容を開示することは容易であり，貸金業者に特段の負担は生じないことに鑑みると，貸金業者は，債務者から取引履歴の開示を求められた場合には，その開示要求が濫用にわたると認められるなど特段の事情のない限り，貸金業法の適用を受ける金銭消費貸借契約の付随義務として，信義則上，保存している業務帳簿（保管期間を経過して保存しているものを含む。）に基づいて取引履歴を開示すべき義務を負うものと解すべきである。そして，貸金業者がこの義務に違反して取引履歴の開示を拒絶したときは，その行為は，違法性を有し，不法

行為を構成するものというべきである（最判平17・7・19民集59巻6号1783頁・判タ1188号213頁・判時1906号3頁）。

この最高裁平成17年7月19日判決では，債務者は，債務整理を弁護士に依頼し，貸金業者に対し，弁護士を通じて，半年近く，繰り返し取引履歴の開示を求めたが，貸金業者がこれを拒絶し続けたので，債務者は，その期間債務整理ができず，結局，本件訴訟を提起するに至ったというのであるから，貸金業者の上記開示拒否行為は違法性を有し，これによって債務者が被った精神的損害については，過払金返還請求が認められることによって損害がてん補される関係には立たず，不法行為による損害賠償が認められなければならないとした。

貸金業法19条（帳簿の備付け）の趣旨等から開示請求を受けた貸金業者は開示のための事務処理に必要な時間経過後速やかに開示すべき義務があり，当該貸金業者が開示を遅らせた行為は特段の事情がない限り借主・受任弁護士に対し不法行為を構成すると解され，債務者ごとに帳簿の作成が義務づけられていること等に照らすと，開示事務処理のために1か月以上必要であるとは考えがたい（東京地判平13・6・11判タ1087号212頁）。そして，取引履歴は，コンピュータによって管理・保管されているのが実情であるから，特段の事情がない限り，開示請求を受けてから1週間から10日程度が経過すれば，不開示として不法行為が成立すると考えてもいいのではないかと思われる（須藤典明・判タ1306号(2009) 19頁）。

以上のことから，貸金業者が契約上の付随義務である取引履歴開示義務に違反すると，不法行為責任を負う（最判平17・7・19民集59巻6号1783頁・判タ1188号213頁・判時1906号3頁）ほか，債務不履行責任を負う場合もあると解されている（「福田剛久・最高裁判例解説民事篇平成17年度(下)」481頁，岡口「要件事実マニュアル4巻〔4版〕」20頁(2)）。

イ 帳簿の閲覧・謄写

この最高裁平成17年7月19日判決を踏まえ，平成18年法律第115号改正法により，貸金業法19条の2（帳簿の閲覧）が新設され，同法19条により保存が義務づけられている帳簿について，貸金業者が債務者等から閲覧・謄写の請求を受けた場合，当該請求者が当該請求を行った者の権利の行使に関する調査を目的とするものでないことが明らかであるときを除き，当該請求を拒むことが

できないと規定された。この貸金業者の閲覧・謄写に応じる義務は、法定の保存期間の経過に関係なく、保存されている帳簿は閲覧・謄写の対象となる。この規定は、平成19年12月19日から施行されている（平成18年法律第115号改正法附則1条本文）（大森「Q&A新貸金業法の解説〔改訂版〕」50頁Q31）。

　なお、債務者等は、個人情報の保護に関する法律25条1項によって、取引履歴等の開示を求めることもできると解される（「福田剛久・最高裁判例解説民事篇平成17年度(下)」482頁、岡口「要件事実マニュアル4巻〔4版〕」20頁）。

ウ　帳簿の閲覧・謄写請求の拒絶

　貸金業法19条の2は、帳簿の閲覧・謄写を拒絶できる理由を、「当該請求が当該請求を行った者の権利の行使に関する調査を目的とするものでないことが明らかであるとき」としている。これにあたるものとして、以下のものが想定される（大森「Q&A新貸金業法の解説〔改訂版〕」52頁Q33）。

① 請求者に対し過去に過払金の返還が行われ、かつ、過払金債務が存在していないことについて争いがなく、他に特段の事情がない場合
② 同一の請求者が同じ内容の請求を何度も繰り返すような場合

(3)　消費者信用誤情報に伴う損害賠償請求

ア　消費者信用誤情報に伴う損害賠償請求の根拠

　銀行、信販会社、貸金業者等の与信業者は、消費者の借入れ、延滞、破産等の信用情報を信用情報機関に登録し、これを与信審査に利用している。この信用情報に誤った情報が登録されると、その者の名誉、信用が毀損されるとともに、新たな与信を拒否され、場合によっては経済活動に致命的な損害を受けることがありうる。そこから、消費者信用誤情報に伴って、損害賠償請求することがありうる。

　損害賠償請求の根拠としては、不法行為に基づくものが多いと思われるが（大阪地判平2・5・21判時1359号88頁（2(3)ア（64頁）参照）、大阪地判平2・7・23判時1362号97頁（2(3)イ（67頁）参照））、裁判例では、クレジット契約に基づきその消費者信用情報を信用情報会社に提供したクレジット会社に対し、クレジット契約上あるいは信義則上の義務に違反するとして、債務不履行に基づいて損害賠償を請求するものもある（大阪地判平2・7・23判時1362号97頁（2(3)イ（67頁）

参照))。

イ　消費者信用誤情報に伴う損害賠償請求の相手方

損害賠償請求の相手方としては、クレジット契約に基づきその消費者信用情報を信用情報会社に提供したクレジット会社を相手方とする場合（大阪地判平2・7・23判時1362号97頁（2⑶イ（67頁）参照））と、その消費者信用情報を管理する信用情報会社を相手方とする場合（大阪地判平2・5・21判時1359号88頁（2⑶ア（64頁）参照）、大阪地判平2・7・23判時1362号97頁（2⑶イ（67頁参照））がある。

ウ　消費者信用誤情報に伴う謝罪広告（民723条）の請求

☆　名誉毀損における原状回復（民723条）→本章**第2節第2・15**（24頁）参照。

アで述べたように、信用情報に誤った情報が登録されると、その者の名誉、信用が毀損されるとともに、新たな与信を拒否され、信用誤情報を提供された者が事業者である場合などは、場合によっては経済活動に致命的な損害を受けることがありうる。そのため、消費用信用誤情報に伴う訴訟においては、損害賠償を請求するほか、名誉・信用を回復する措置として、謝罪広告を求める事例もある（大阪地判平2・5・21判時1359号88頁（2⑶ア（64頁）参照））。ただ、金銭賠償を原則とする民法の下においては、民法723条に基づく名誉回復処分としての謝罪広告は、金銭賠償によっては損害をてん補しがたい名誉毀損行為に対する救済の一つとして原状回復処分を認めたものであり（最判昭45・12・18民集24巻13号2151頁・判タ257号139頁・判時619号53頁）、謝罪広告を認める時点においてもなお名誉毀損の状態が継続しており、かつ金銭賠償のみによっては救済方法として不十分であるなど名誉回復処分の必要性がある場合でなければ謝罪広告を命ずることはできないとし、訂正情報を関係会社に流して通知し、信用回復の措置がなされており、現在は名誉毀損の状態はなく、誤報の事実が新聞で報道され、既に原告の名誉回復がある程度なされており、現時点において原告の名誉毀損の状態が続いているとは認めがたく、名誉回復処分の必要性があるとはいえないとして、謝罪広告の請求を棄却した裁判例がある（大阪地判平2・5・21判時1359号88頁（2⑶ア（64頁）参照））。

2 消費者信用取引における慰謝料等請求事例

表）消費者信用取引における慰謝料等請求事例一覧表

(1) 貸金業者による債権取立て行為に伴う損害賠償請求事例

ア 自宅への訪問等事例

事 例	裁判例	認容内容
(ア) 債務者の意向を無視した自宅への押しかけ等に伴う貸金業法21条違反・民法715条の使用者責任に基づく不法行為による慰謝料等請求事例	松山地判平19・9・21消費者法ニュース74号118頁	慰謝料30万円，弁護士費用3万円認容
(イ) 金融業者社員の夜間債務者宅への訪問及び第三者への借金申込みによる当該金融業者の使用者責任（民715条1項）に伴う損害賠償請求事例	大阪高判平11・10・26判タ1031号200頁・判時1703号144頁	慰謝料30万円，弁護士費用5万円認容

イ 債務者以外の者への弁済要求等事例

事 例	裁判例	認容内容
(ア) 債務者の子への返済要求及び返済のための貸付による不法行為に伴う使用者責任（民715条）に基づく損害賠償請求事例	大阪地判平10・1・29判タ974号158頁・判時1643号166頁（控訴審－大阪高判平10・7・9金判1054号46頁（(イ)参照））	慰謝料20万円，弁護士費用5万円認容
(イ) 債務者の子への返済要求及び返済のための貸付による不法行為に伴う使用者責任（民715条）に基づく損害賠償請求事例	大阪高判平10・7・9金判1054号46頁（原審－大阪地判平10・1・29判タ974号158頁・判時1643号166頁（(ア)参照））	請求棄却
(ウ) 保証人ではない債務者の父への過誤による督促書面送付の不法行為に伴う損害賠償請求事例（原告X_1は債務者本人，原告X_2はその父）	札幌地判平11・3・24判タ1056号224頁	原告X_1・X_2について，それぞれ慰謝料50万円認容

ウ 弁護士等受任後の債務者本人等への接触事例

事 例	裁判例	認容内容

第3節　身近な損害賠償関係事件について
第1　消費者信用取引における損害賠償請求

	事　例	裁判例	認容内容
(ア)	多重債務清算の弁護士への依頼後の給料差押えによる不法行為に基づく慰謝料請求事例	富山地判平4・10・15判時1463号144頁	慰謝料10万円認容
(イ)	弁護士への債務整理受任後の債務者の給料差押えに伴う不法行為に基づく精神的損害等請求事例	東京高判平9・6・10判タ966号243頁・判時1636号52頁	慰謝料30万円，弁護士費用10万円を認容し，貸金債務と相殺
(ウ)	弁護士への債務整理受任後の債務内容の不開示及び連帯保証人の給料に対する仮差押えの不法行為に伴う損害賠償請求事例	札幌地判平10・12・18判タ1042号176頁	慰謝料50万円認容
(エ)	弁護士への債務整理委任後の債務者本人への架電・取引履歴不開示に伴う不法行為（使用者責任）に基づく損害賠償請求事例（原告会社X_1は被告から借入れをした主債務者，原告X_2は連帯保証人，原告X_3は債務整理を受任した弁護士）	東京地判平13・6・11判タ1087号212頁	原告X_1について弁護士費用30万円を認容し，原告X_2について慰謝料60万円，弁護士費用10万円を認容し，原告X_3について慰謝料80万円を認容
(オ)	弁護士への債務整理受任後の債務者本人への取立てに伴う不法行為（使用者責任）に基づく弁護士の慰謝料請求事例	福岡地判平12・9・25判タ1060号191頁	慰謝料90万円認容

(2)　貸金業者の取引履歴等開示義務違反による損害賠償請求事例

	事　例	裁判例	認容内容
ア	貸金業者の取引履歴等開示義務違反による不法行為に伴う損害賠償請求事例	最判平17・7・19民集59巻6号1783頁・判タ1188号213頁・判時1906号3頁	棄却原審破棄差戻し
イ	債務整理の委任を受けた債務者代理人弁護士からの取引履歴開示請求に対し個人情報保護法を根拠に委任状及び印鑑証明書等の提出を求めて取引履歴を開示しなかったことが不法行為にあたるとして慰謝料及び弁護士費用の支払を求めた事例	東京高判平19・1・25金法1805号48頁	慰謝料10万円，弁護士費用5万円認容

ウ	保証人からの保証以前の主債務取引履歴等開示請求に対する債権者の拒否に伴う不法行為に基づく慰謝料請求事例	大阪高判平19・6・8消費者法ニュース73号53頁	慰謝料（弁護士費用含む。）15万円認容
エ	貸金業者の取引履歴廃棄の主張を排斥して取引履歴不開示による不法行為に基づく慰謝料請求事例	名古屋地判平19・8・17消費者法ニュース74号112頁	慰謝料30万円認容

(3) 消費者信用誤情報に伴う損害賠償請求事例

	事 例	裁判例	認容内容
ア	信用情報会社の破産誤報による経済的信用・名誉が毀損されたことに伴う不法行為に基づく謝罪広告・損害賠償等請求事例	大阪地判平2・5・21判時1359号88頁	謝罪広告棄却、慰謝料200万円、弁護士費用20万円認容
イ	クレジット会社が消費者の誤ったブラック情報を信用情報会社に報告したことよる債務不履行・不法行為に基づく慰謝料等請求及び信用情報会社が消費者に不利益な情報を消費者に通知しなかったことによる不法行為に基づく慰謝料等請求事例（被告Y₁は原告が利用したクレジット会社、被告Y₂は被告Y₁から原告の情報提供を受けた信用情報会社）	大阪地判平2・7・23判時1362号97頁	被告Y₁に対し慰謝料10万円、弁護士費用1万円を認容し、被告Y₂に対する請求は棄却

(1) **貸金業者による債権取立て行為に伴う損害賠償請求事例**
　ア　自宅への訪問等事例

> (ア) 債務者の意向を無視した自宅への押しかけ等に伴う貸金業法21条違反・民法715条の使用者責任に基づく不法行為による慰謝料等請求事例〔一部認容（慰謝料30万円、弁護士費用3万円認容）〕（松山地判平19・9・21消費者法ニュース74号118頁）

■事　案
(1) 原告は、平成16年当時、年収は600万円を超えていたが、借金がかさみ、消費者金融業者から借入れをした金銭を他の消費者金融業者に対する支払に充てている状態であった。原告の給料は妻が管理し、原告は妻から小遣いのような形で月10万円程度を受け取り、これで借金の返済をしていた。原告は、被告からの借入れについては、支払日に遅れながらも毎月4万ないし5万円程度を継続して支払っていたが、7月28日に5万円の支払はしたが、8月分の支払はできず、9月8日に1万円を支払っただけであった。
(2) 被告は、原告に対し、支払期限が過ぎている旨の督促書面を出し、その後、至急入金するようにとの督促書面、法的手続を開始する旨の督促書面を出した。そして、被告は従業員をして、支払を督促する電話を、原告の携帯電話、自宅、勤務先（被告名は告げていない。）に頻繁にかけた。原告は、10月14日から11月2日まで被告従業員からの携帯電話への電話に出ず、被告従業員の留守番電話に対しても連絡を取ることがなかった。
(3) 11月26日から12月2日にかけて行われた被告従業員の原告に対する電話による取立て行為は、被告従業員が、一方的かつ高圧的に、長時間にわたって、金策、支払を求めるものであり、原告の意向を考慮することなく原告宅に押し掛け、原告の妻や母を巻き込む暴力的な言動での取立てであり、暗に第三者からの借入れによる弁済を要求する趣旨であった。

■請　求
貸金業法21条違反・民法715条の使用者責任に基づく不法行為による慰謝料及び弁護士費用請求（額不明）

■争　点

被告従業員の取立て行為による不法行為の成否，被告の使用者責任の成否

■判示事項

(1)　上記■事案(2)・(3)の被告従業員の行為は，貸金業法21条1項に違反する点があることが認められ，同条項に違反する行為は，債務者等に対する不法行為を構成すると評価するのが相当である。そして，被告従業員による上記各不法行為は，被告の業務としてなされたものであるから，被告は，民法715条により使用者責任を負う。

(2)　以上によれば，原告の請求は，慰謝料30万円及び弁護士費用3万円をもって不法行為と相当因果関係のある損害と認め，33万円及びこれに対する最終の不法行為の日である平成16年12月2日から支払済みまで民法所定年5分の割合による遅延損害金の支払を求める限度で理由があるから認容する。

■控訴・確定不明

(イ)　金融業者社員の夜間債務者宅への訪問及び第三者への借金申込みによる当該金融業者の使用者責任（民715条1項）に伴う損害賠償請求事例〔一部認容（精神的慰謝料30万円，弁護士費用5万円認容）〕（大阪高判平11・10・26判タ1031号200頁・判時1703号144頁）

■事　案

(1)　原告（控訴人）は，平成7年4月から被告（被控訴人）からの借入返済を繰り返し，同年7月ころから遅滞がちとなり，同年11月8日から，何回か，被告従業員による自宅への訪問，電話による督促を受けていた。

(2)　被告従業員は，平成8年11月28日午後8時ないし8時30分ころ，原告に債務の返済を求めるために，原告自宅を訪問し，原告をアパート玄関まで引きずり出し，原告の胸ぐらを掴んで絞め上げ，「どうなってんか。借りてこい。」などと大声でいい，原告のシャツのボタンがはじけ飛んだ。

(3)　原告は，その後，被告従業員に酒屋に連れて行かれ，同商店で金を借り

るようにいわれ，借金の申込みをしたが，断られた。被告従業員は，頼み方が悪いといって，原告に土下座するようにいい，原告の後頭部を押さえつけ，原告のふくらはぎを蹴った。原告が同商店を出ると，被告従業員は，原告にマンション内を回り金を借りてくるように要求し，原告がこれを断ると，原告の顔を平手で殴ったため，原告は，近くの派出所に行き，その経緯を話し，同年12月1日ころ，同署に被害届を提出した。

■請　求

被告に対し，被告従業員の違法な取立てによる使用者責任（民715条1項）に基づき，損害賠償550万円（慰謝料500万円及び弁護士費用50万円）及びこれに対する不法行為時である平成8年11月28日から支払済みまで民法所定年5分の割合による遅延損害金の支払を求めた。

■争　点

(1)　原告が被告従業員から違法な取立てを受けたか否か

(2)　その損害額

■判示事項

(1)　被告従業員の■事案(1)・(2)の取立て行為は，貸金の回収目的でしたものとはいえ，夜間原告を，その意に反してその自宅より連れ出し，原告にとり初対面の第三者に対し，借金の申込みをさせて原告の名誉を侵害し，暴行を加えることにより不法に身体に危害を加えたものであって，債権回収行為として社会通念上許されるべき範囲を逸脱した違法な行為であるというべく，また，当該行為は，被告の業務の執行につきなされたものであるから，被告は，被告従業員の使用者として民法715条により原告の受けた損害を賠償すべき義務がある。

(2)　原告が被った精神的損害は30万円をもって相当と認められる。被告従業員の不法行為と相当因果関係のある弁護士費用としては，5万円が相当である。

(3)　したがって，被告は原告に対し，民法715条の使用者責任に基づき，上記損害金合計35万円及びうち30万円に対する不法行為の日である平成8年11月28日から支払済みまで民法所定年5分の割合による遅延損害金を支払うべき義務がある。

(4) 主　文
　① 被控訴人（被告）は，控訴人（原告）に対し，35万円及びうち30万円に対する平成8年11月28日から支払済みまで年5分の割合による金員を支払え。控訴人のその余の請求を棄却する。
　② 訴訟費用は第1，第2審を通じ，これを10分し，その1を被控訴人の，その9を控訴人の負担とする。
　③ この判決は，①につき金員の支払を命ずる部分に限り仮執行をすることができる。

■確定

イ　債務者以外の者への弁済要求等事例

(ア) 債務者の子への返済要求及び返済のための貸付による不法行為に伴う使用者責任（民715条）に基づく損害賠償請求事例〔一部認容（慰謝料20万円，弁護士費用5万円認容）〕（大阪地判平10・1・29判タ974号158頁・判時1643号166頁）（控訴審―大阪高判平10・7・9金判1054号46頁（後記(イ)参照））

■事　案
(1) 原告の母は，昭和62年ころ家出をし，原告とは平成5年1月ころから音信不通であった。
(2) 原告は，平成3年3月に高校卒業後仕事を始め，平成5年当時の収入は月額約15万円，年収約200万円であった。原告が働き始めてから原告の母が訪ねてきてお金を貸してほしいと懇請し，平成3年6月ころから，貸金業者から借り受け原告の母に融通するようになった。原告は，被告や被告以外の貸金業者から借入れをするようになった。
(3) 原告の母は，貸金業者である被告から，平成3年3月以降合計33万2000円を借り受け，遅滞がちながら平成5年1月までその返済を続けていたが，その翌月から返済をしなくなった。最終返済時における原告の母の残元金は約16万円であった。

第3節　身近な損害賠償関係事件について
第1　消費者信用取引における損害賠償請求

(4) 被告従業員は，原告に対し，被告から貸付を受けて原告の母の債務を支払うよう働きかけ，原告が難色を示すと，「債権の管理が別の場所にいってしまい，原告の母親を探せなくなる」「金利を下げてあげる。」等と述べ，平成5年6月28日，同年12月28日の2回にわたり，原告に対し，各10万円，合計20万円を貸し付け，その後原告からその母親の債務合計20万4000円（平5・6・28―2万6000円，12・28―2万8000円，平6・7・29〜平7・10・2―各1万円×15回）の返済を受けた。

■請　求
(1) 原告は，被告の従業員が原告に対し，原告の母の債務の返済を求め，貸付を受けるよう働きかけた行為は不法行為にあたるとして，被告に対し，民法715条の使用者責任に基づき，損害賠償（各返済額20万4000円，慰謝料200万円，弁護士費用（着手金）10万円，合計230万4000円）を求めた。
(2) 被告は，原告に対し，230万4000円及びうち2万6000円に対する平成5年6月29日から，うち2万8000円に対する同年12月29日から，うち15万円に対する平成7年10月3日から，うち210万円に対する平成8年3月28日から，各支払済みまで年5分の割合による金員を支払え。

■争　点
(1) 被告の従業員が原告に対し原告の母の債務の返済を求めて貸付を受けるよう働きかけた行為の不法行為による被告の民法715条に基づく損害賠償責任の有無
(2) 原告は，被告の不法行為によってどのような損害を受けたか

■判示事項
(1) 被告従業員の，原告に対する■事案(4)の働きかけ行為は，言辞巧みに原告を誘導し，その支払を了解させたものであり，昭和58年9月30日大蔵省銀行局長通達（蔵銀2602号）第2の3(1)ニ（法律上の支払義務のない者に対する支払請求等の禁止)☆1の精神に違背し，各貸付の勧誘は，各返済の働きかけと一体としてなされたもので，同通達第2の1(2)イ（顧客の必要とする以上の金額の借入れの勧誘禁止)☆2に違背するものであり，被告従業員は，原告に経済的余裕がないことを知りながら，上記各勧誘行為をしたものであり，単に取締法規に違反するのみならず，社会的相当性を逸脱し，不法行為を構成

し，当該被告従業員の当該不法行為は，被告の事業の執行につきなされたものであるから，被告はその使用者責任を免れない。

> ☆1　現貸金業法21条（取立て行為の規制）1項7号「債務者等以外の者に対し，債務者等に代わって債務を弁済することを要求すること」に引き継がれている。
> ☆2　現貸金業法13条の2（過剰貸付け等の禁止），金融庁貸金監督指針（平26・2）Ⅱ-2-13過剰貸付けの禁止に引き継がれている。

(2)　原告は，被告に対する各返済額に相当する20万4000円の財産的損害を受けた。原告の被告従業員からの不法行為による精神的苦痛を慰謝する慰謝料の額は20万円と認めるのが相当である。原告の訴訟提起・追行のための弁護士費用のうち5万円を被告従業員の不法行為と相当因果関係のある損害と認めるのが相当である。

(3)　主　文

① 　被告は，原告に対し，45万4000円及びうち〔返済額である〕2万6000円に対する〔返済日の後の日である〕平成5年6月29日から，うち〔返済額である〕2万8000円に対する〔返済日の後の日である〕同年12月29日から，うち〔返済額である〕15万円に対する〔各返済日の後の日である〕平成7年10月3日から，うち〔慰謝料及び弁護士費用である〕25万円対する〔不法行為の日の後の日であり被告に対する訴状送達の日の翌日である〕平成8年3月28日から，各支払済みまで年5分の割合による金員〔遅延損害金〕を支払え。

② 　原告のその余の請求を棄却する。

③ 　訴訟費用はこれを5分し，その4を原告の負担とし，その余を被告の負担とする。

④ 　この判決は，原告の勝訴部分に限り，仮に執行することができる。

■控訴

(イ)　債務者の子への返済要求及び返済のための貸付による不法行為に伴う使用者責任（民715条）に基づく損害賠償請求事例〔請求棄却〕（大阪高判平10・7・9金判1054号46頁）（原審―大阪地判平10・1・29判タ974号158

第3節　身近な損害賠償関係事件について
第1　消費者信用取引における損害賠償請求

頁・判時1643号166頁（前記(ア)参照））

■事　案
前記(ア)と同様。
■請　求
前記(ア)と同様。
■争　点
前記(ア)と同様。
■判示事項
(1) 原告（被控訴人）が母の被告（控訴人）に対する債務を返済したことは，いずれも，自らは母の債務を返済する法的義務がないことを知りつつも，母のことで他人に迷惑をかけたくないという道義心から出たものであり，この間，被告従業員の勧誘や働きかけがあったとはいえ，当該債務の返済は任意性に欠けるところはなく，被告従業員が原告を威迫し，困惑させたと認めるべき形跡は見あたらず，被告従業員の言動をもって支払義務のない者に対する支払請求と評価すべき事情もない。
(2) 原告は，自身も被告や他の貸金業者に負債があり，原告の母の債務については，被告から貸付を受け，その借受金の中からこれを実行したものであるが，被告従業員は，通達や社内の貸付に関する基準あるいは原告の返済状況を意識し，当該基準の限度内で原告に対する貸付を行ってきたものであり，貸金業者の従業員として，借主に対し，自らの負債を増加させて他人の負債を減少させることを思いとどまらせるべき義務はないから，当該貸付が通達にいう過剰貸付に該当するものではない。
(3) よって，原告の請求は，その余の点について判断するまでもなく，理由がないからこれを棄却し，原判決中原告（被控訴人）の本訴請求を認容した部分は失当であるから，これを取り消し，原告（被控訴人）の請求を棄却する。訴訟費用は，第1，2審を通じて，原告（被控訴人）の負担とする。
(4) 主　文
　① 原判決中，控訴人敗訴部分を取り消す。
　② 被控訴人の請求を棄却する。

③　訴訟費用は，第1，2審を通じて，被控訴人の負担とする。

■上告

(ウ)　保証人ではない債務者の父への過誤による督促書面送付の不法行為に伴う損害賠償請求事例（原告X_1は債務者本人，原告X_2はその父）〔認容（原告X_1・X_2について，それぞれ慰謝料50万円認容）〕（札幌地判平11・3・24判タ1056号224頁）

■事　案

(1)　独身女性である原告X_1は，平成8年10月，ココ山岡宝飾店で，被告とのクレジット契約を利用して，買戻特約付でダイヤネックレスを代金103万円で購入し，原告X_1は，被告に対し，分割手数料を含めた立替金138万8440円を60回分割で支払うことを約した。契約書には，連帯保証人欄の「連帯保証人」の印刷文字を二本線で抹消したうえ，参考と付記して，原告X_2の氏名，住所，電話番号などが記入されていた。

(2)　ココ山岡宝飾店は，平成9年1月破産宣告を受け，原告X_1としては，当該ダイヤネックレスの買戻しの履行を受けられなくなったため，ココ山岡被害対策弁護団に対策を一任し，原告X_1の委任を受けた弁護士は，同年5月，被告に対し，ココ山岡宝飾店との売買契約の解除，詐欺による取消しを理由として，支払拒絶の通知をした。原告X_1は，同年9月以降の分割金の支払を停止した。

(3)　被告では，債務者が割賦金の支払を遅滞した場合，本社のコンピュータシステムにより，金融機関から未入金のデータが送付されると自動的に，1回目は債務者本人にあてて督促書面を発送し，2回目以降は債務者本人及び保証人にあてて督促書面を発送するという仕組みをとっていた。

(4)　平成9年11月1日ころ，原告X_1の父である原告X_2に対し，被告から「支払遅延のお知らせ」と題する督促書面が郵送された。その書面には，原告X_1がココ山岡で利用したクレジットの支払がない分を連帯保証人として支払うよう督促する趣旨の記載がされていた。原告X_1は，同月2日ころ，

第3節　身近な損害賠償関係事件について
第1　消費者信用取引における損害賠償請求

原告X_2から電話で被告から督促書面が送付された旨の連絡を受け，弁護士に連絡をし，同弁護士は，電話で被告支店の管理課長に原告X_2は保証人となっていない督促書面を送付した理由を尋ねたところ，同課長は，コンピュータのデータに原告X_2が保証人として登録されていることを確認したが，同弁護士には調べてみると答えた。同課長は，本社保管の契約書を同日ファックスで送信を受け，連帯保証人欄の「連帯保証人」の印刷文字を二本線で抹消したうえ，参考と付記して，原告X_2の氏名，住所，電話番号などが記入されていることを確認した。

(5)　平成9年11月13日，原告X_1の依頼を受けた弁護士が，被告の調査の結果を確認するために被告支店に電話をしたところ，前記課長が原告X_2は保証人ではなかったと答えたので，同弁護士はそれを書面で回答してほしい旨要請したが，同課長は本社と相談しなければ出せないといって要請を断った。その後も，同課長は，原告X_2が保証人として登録されているコンピュータの入力データを訂正しないでいたため，同月27日付で，被告から原告X_2に対し，「督促状」と題する書面が送付され，同書面にはクレジットの支払がない分の支払を督促し，3日以内に支払がない場合は，法的手続をとる旨記載されていた。

(6)　被告は，平成9年12月9日，原告X_2が保証人として入力されていたのものを抹消して訂正した。

■請　　求

原告らは，被告の原告X_2に対する支払督促は，法的責任のない者に対して執拗に債務の弁済を強要する違法かつ悪質な取引行為であり，これによって多大な精神的苦痛を被ったとして，不法行為に基づき，被告に対し，各自50万円及びこれに対する平成10年3月27日（訴状送達の日の翌日）から支払済みまで年5分の割合による金員の損害賠償を請求した。

■争　　点

(1)　原告X_1の保証人ではない債務者の父原告X_2への督促書面の送付の不法行為該当性
(2)　原告らに対する慰謝料の有無

■判示事項

(1) 原告X_2が保証人として登録されたことは，事務処理上の過誤と理解することができる。被告支店の課長は，原告X_1から依頼を受けた弁護士からの電話を契機として，原告X_2が保証人でないのに督促書面が送付されたことを確認したのに，コンピュータへの登録を抹消しないまま放置し，原告X_2に2回目の督促書面が送付されることになった。

(2) 実際には保証人でない者に対して督促書面を送付するようなことは，とりわけ被告のような大手の信販会社にとっては，あってはならないことである。

(3) 被告には，保証人でない原告X_2に対し，事務処理上の過失により1回目の督促書面を送付し，被告支店課長の重大な過失により2回目の督促書面を送付した不法行為があったといわなければならない。

(4) これにより原告ら親子の精神的苦痛に対しては，それぞれ50万円の慰謝料を認めるのが相当である（原告請求全部を認容）。

(5) 主　文
　① 被告は，原告X_1に対し，50万円及びこれに対する平成10年3月27日から支払済みまで年5分の割合による金員を支払え。
　② 被告は，原告X_2に対し，50万円及びこれに対する平成10年3月27日から支払済みまで年5分の割合による金員を支払え。
　③ 訴訟費用は被告の負担とする。
　④ この判決は仮に執行することができる。

■控訴（後認容）

ウ　弁護士等受任後の債務者本人等への接触事例

(ｱ) 多重債務清算の弁護士への依頼後の給料差押えによる不法行為に基づく慰謝料請求事例〔一部認容（慰謝料10万円認容）〕（富山地判平4・10・15判時1463号144頁）

■事　案
　原告は，原告訴訟代理人を通じて，多重債務の清算を企図し，同弁護士は，

第3節　身近な損害賠償関係事件について
第1　消費者信用取引における損害賠償請求

被告に対し，平成2年12月26日付の書面をもって，原告が破産状態にあることを通知し，貸付金明細を明らかにするよう求め，本人への直接の連絡を遠慮してほしい旨の通知をした。同弁護士は，被告からの明細書を検討したうえで，同3年1月21日付の書面で，同月15日現在での原告の被告に対する残元本債務が利息制限法の利率で計算すると36万9243円であるとして，この金額を前提とした和解による解決を求める旨の通知をした。被告は，これについて本社と検討して回答すると返答しながら，公正証書により同年3月25日に原告の給料を差し押さえた。原告は，同月29日に退職に追い込まれることをおそれ，被告の主張する75万9804円を送金した。

■請　求

原告は，被告に対し，不法行為に基づく慰謝料請求として，55万円及びこれに対する不法行為の日の後であり，かつ，訴状送達の日の翌日である平成3年4月16日から支払済みまで民法所定の年5分の割合による金員の支払を求める。

(なお，本件で，原告は，原告から被告への貸金返還について，不当利得返還請求権に基づいて過払金の返還も求めているがその点についての記載は省略する。)

■争　点

多重債務清算を依頼された弁護士からの和解案提示後の給料差押えの不法行為該当性

■判示事項

(1)　訴訟代理人弁護士の和解案が著しく不合理であることの事情も認められない本件において，被告の公正証書による給料の差押えは，大蔵省銀行局長通達（蔵銀2602号）の「債務処理に関する権限を弁護士に委任した旨の通知，又は，調停その他裁判手続をとったとの通知を受けた後に，正当な理由なく支払い請求をした。」☆に該当し，違法な行為であると認められる。そして，当該被告の差押えは，原告の会社における信用を損なうものであるから，当該差押えが貸金業法21条1項に該当するかどうかにかかわらず，不法行為になるものといわなければならない。これによって，原告が精神的損害を被ったことは明らかであり，原告の精神的苦痛を慰謝するには，10万円が相当である。

> ☆　債務処理等の弁護士等への依頼等後の債務者等への直接要求の禁止は，平成15年法律第136号改正法（平成16年1月1日施行）により貸金業法21条1項6号に規定され，平成18年法律第115号改正法（平成19年12月19日施行）で同項9号に移行されている。

(2)　よって，本件請求は，不法行為に基づく損害賠償請求権のうち10万円及びこれに対する訴状送達の日の翌日である平成3年4月16日から支払済みまで民法所定の年5分の割合による遅延損害金の支払を求める限度で理由があるから，これを認容する。

■確定

(イ)　弁護士への債務整理受任後の債務者の給料差押えに伴う不法行為に基づく精神的損害等請求事例〔一部認容（慰謝料30万円，弁護士費用10万円を認容し，貸金債務と相殺）〕（東京高判平9・6・10判タ966号243頁・判時1636号52頁）

■事　案

(1)　第1審原告は，平成5年6月30日，貸金業者である第1審被告から，①利息損害金年39.785％，②平成5年7月から平成9年12月まで4万円宛の元利均等返済，③毎月23日支払，④一部でも遅滞したときは当然の期限の利益を失う等の約定で，100万円を借り受けた。

(2)　上記貸金に関して作成された執行証書には，利息年15％，損害金30％等と記載されていたが，同公正証書作成嘱託用に当事者が署名した委任状には，上記(1)の内容の貸金についての債務弁済につき公正証書作成の嘱託をする趣旨のほか，利息制限法の制限利率内に引き直して公正証書を作成することを承諾する旨の記載があった。

(3)　原告は，平成5年7月から平成6年6月まで，約定期限から数日の遅れはあっても毎月4万円を支払ったが，平成6年7月25日の期限の支払をしなかった。

(4)　原告は，多額の債務を負担したため，弁護士に債務の整理を依頼し，同

第3節　身近な損害賠償関係事件について
第1　消費者信用取引における損害賠償請求

弁護士から，平成6年7月28日付で，被告を含む債権者に対し受任通知をし，債務内容の調査協力，解決案の検討及び直接の権利行使の自制を依頼した。

(5)　被告は，債務者の執行証書に基づいて給料差押えの申立てをし，裁判所は平成6年8月5日債権差押え命令をし，同月15日までに同命令は原告勤務先に送達された。その後，原告代理人が，同月17日までに利息制限法の制限利率で計算した残債務を支払い，被告は同月22日当該債権差押命令申立てを取り下げた。

(6)　原告は，平成6年8月25日，執行証書に基づく債務は消滅したとして請求異議及び不法行為に基づく損害賠償請求の訴え（本件訴訟）を提起した。

■請　求

原告は，被告から借り受けた100万円が弁済済みであるとして，当該貸金について作成された公正証書（執行証書）に基づく強制執行不許を求め，かつ，既に原告から債務整理に関し委任を受けた弁護士が受任通知をしているにもかかわらず，被告が原告の給料債権を差し押さえたことは不法行為を構成するとして，被告に対し，その損害賠償（40万円（慰謝料30万円，弁護士費用10万円）及びこれに対する平成6年8月6日から支払済みまで年5分の割合による金員）を求めた。

■争　点

貸金業者である被告による原告の給料差押えの不法行為該当性
（債権取立て行為に伴う損害賠償請求に関連する争点のみを取り上げる。）

■判示事項

(1)　原告から債務整理の依頼を受けた弁護士が，原告の債権者に対し，受任通知並びに債務内容の調査協力，解決案の検討及び直接の権利行使の自制を依頼した。その依頼を受けた被告は，これに何らの対応をすることなく，執行証書（公正証書）に基づいて，原告の給料の差押えに及んだものと推認される。しかも，被告は，受任通知を受けてから数日後に，これまで1年間毎月ほぼ期限どおりに弁済してきた債務者が1回の分割弁済金の支払を怠ったことを理由として，原告の給料債権の差押えをしたものである。債務名義を有する債権者が強制執行に出ることは権利行使として一般的に是認されることであるが，権利行使といえども，社会通念上相当な態様と方

法で行わなければならないことはいうまでもない。

(2)　多額の債務を負担し，その弁済が困難となった債務者が，経済的更生を図るために弁護士に債務の整理を依頼し，その依頼を受けた弁護士が債務整理に着手した場合に，その弁護士と連絡をとることなく，財産の差押え等の強制執行を行うことは，特段の事情のない限り，法律に従った手続で経済的更生を図ろうとする債務者の利益を害するものということができる。このような見地から考えると，貸金業者は，債務者との関係において，当該債務者が依頼した弁護士からの受任通知及び協力依頼に対しては，正当な理由のない限り，これに誠実に対応し，合理的な期間は強制執行等の行動に出ることを自制すべき注意義務を負担しているものであり，故意又は過失によりこの注意義務に違反し，債務者に損害を被らせたときは，不法行為責任を負うものと解するのが相当である。

(3)　被告は，原告代理人である弁護士の受任通知及び協力依頼を受けたのに，これに対し，何らの誠実な対応をとることなく，わずか1週間の短期間内に，原告が1回の分割弁済金の支払を怠ったことを理由に，原告の給料差押えに及んだものであり，被告にこのような措置に出る正当な根拠が存在したことを窺わせる証拠はなく，むしろ，弁護士に依頼したことに対する対抗措置として当該差押えに及んだものと疑われてもやむをえない状況にあるといわざるをえない。被告は，このような場合の貸金業者としての前記注意義務に違反したものであり，当該違反行為をするについて，少なくとも過失があったものというべきである。

(4)　原告は，給料差押え，勤務先での信用の毀損により，精神的損害を被り，その慰謝料は30万円を下らない。また，弁護士費用10万円も被告の給料差押えに起因する損害というべきである。そして，当該不法行為債権40万円と原告の被告に対する貸金債務との相殺によって，本件不法行為債権は，残り29万7925円及びこれに対する遅延損害金の限度で残存する。

(5)　主　文

①　執行証書に基づく強制執行は，これを許さない。

②　第1審被告は，第1審原告に対し，29万7925円及びこれに対する平成6年8月15日〔不法行為の日—差押えが原告の勤務会社に送達された日〕から

支払済みまで〔民法所定〕年5分の割合による金員〔遅延損害金〕を支払え。
③ 第1審原告のその余の請求を棄却する。
④ 訴訟費用は，第1，2審を通じてこれを10分し，その1を第1審原告の，その余を第1審被告の負担とする。
⑤ この判決の主文②は，仮に執行することができる。

■確定

⑼ 弁護士への債務整理委任後の債務内容の不開示及び連帯保証人の給料に対する仮差押えの不法行為に伴う損害賠償請求事例〔一部認容（慰謝料50万円認容）〕（札幌地判平10・12・18判タ1042号176頁）

■事　案
⑴ 被告は，昭和63年10月から，A会社との間で手形貸付取引を続けてきた。原告は，平成6年8月，取引先であるA会社の代表者から委託されて，被告との間で，A会社の被告に対する債務を極度額400万円の限度で連帯保証する旨の契約を締結した。
⑵ A会社は，平成8年7月，手形不渡りを出して事実上倒産し，同年8月破産宣告を受けたが，被告は，A会社倒産前から，原告に対し，再三にわたり保証債務の履行を求めてきたので，原告は，平成8年7月，B弁護士に対し，保証債務の整理を委任した。
⑶ B弁護士は，被告に対し，原告の債務整理を受任した旨通知するとともに，貸付・返済の取引明細の資料等の送付を求めたが，被告は，A会社との貸付・返済の取引明細を明らかにせず，平成8年9月，原告の給料債権の仮差押えをしたため，原告の債務整理が進まず，平成9年6月，原告は勤務先を退職せざるをえなくなった。

■請　求
原告は，被告の仮差押えは，貸金業法21条等に反し，法が禁止する不法行為にあたるとして，被告に対し，慰謝料200万円及びこれに対する訴状送達の日の翌日である平成9年6月28日から支払済みまで年5分の割合による遅

延損害金を請求した。

なお，被告は，原告に対し，連帯保証契約の履行として，極度額400万円の支払の反訴を提起している。

■争　点

弁護士への債務整理委任後の債務内容の不開示及び連帯保証人の給料に対する仮差押えの不法行為該当性

(債権取立て行為に伴う損害賠償請求に関連する争点のみを取り上げる。)

■判示事項

(1)　被告は，本件貸付が過払いになっているにもかかわらず，原告の給料仮差押えをしているから，本件仮差押えは違法であり，貸金業者である被告には過失があると認めるのが相当である。

(2)　貸金業法及びこれに基づく通達「貸金業者の業務運営に関する基本事項」によれば，貸金業者は，保証人より債務整理の委託を受けた弁護士から，主債務者の債務内容について開示を求められたときは，その内容を開示する義務があると解すべきである。☆1☆2

> ☆1　取引履歴等開示拒否に伴う損害賠償請求→本章本節第1・1(2)（28頁）参照。
> ☆2　貸金業者の取引履歴等開示義務違反による損害賠償請求事例→本章本節第1・2(2)（56頁以下）参照。

(3)　被告は，原告の委任を受けたB弁護士から，A会社の債務内容の開示を求められながら，これを開示せず，原告に対する給料仮差押えをしたのであるから，正当な理由なくして支払請求をしたものであり，被告の仮差押えは，この点でも違法であり，被告には過失があったものと認められ，被告の不法行為責任が認められる。

(4)　原告の請求は，慰謝料50万円及びこれに対する不法行為の日以降で訴状送達の日の翌日である平成9年6月28日から支払済みまで年5分の割合による遅延損害金の支払を求める範囲で理由がある。

(5)　主　文

　①　被告は，原告に対し，50万円及びこれに対する平成9年6月28日から支払済みまで年5分の割合による金員を支払え。

② 原告のその余の請求を棄却する。
③ 被告の反訴請求を棄却する。
④ 訴訟費用は，本訴・反訴を通じてこれを4分し，その1を原告の負担とし，その余を被告の負担とする。
⑤ この判決は，第①項について，仮に執行することができる。

■控訴（後和解）

(エ) 弁護士への債務整理委任後の債務者本人への架電・取引履歴不開示に伴う不法行為（使用者責任）に基づく損害賠償請求事例（原告会社X_1は被告から借入れをした主債務者，原告X_2は連帯保証人，原告X_3は債務整理を受任した弁護士）〔原告X_1・X_2：認容（原告X_1について弁護士費用30万円を認容し，原告X_2について慰謝料60万円，弁護士費用10万円を認容），原告X_3：一部認容（慰謝料80万円認容）〕（東京地判平13・6・11判タ1087号212頁）

☆1 取引履歴等開示拒否に伴う損害賠償請求→本章本節第1・1(2)（28頁）参照。
☆2 貸金業者の取引履歴等開示義務違反による損害賠償請求事例→本章本節第1・2(2)（56頁）参照。

■事　案
(1) 原告会社X_1は，被告から平成11年3月24日，310万5470円を借り受け，原告X_2は，この債務につき被告に対し連帯保証した。原告会社X_1は，その後，被告に対し，貸金債務の一部を弁済した。
(2) 原告会社X_1及び原告X_2は，平成12年10月16日，弁護士である原告X_3に対し，債務整理を委任した。原告X_3は，同日午後被告に対しファクシミリで，債務整理に関し原告会社X_1及び原告X_2から委任を受けた旨の受任通知をし，原告会社X_1と被告との取引履歴を開示するよう要請し，原告会社X_1及び原告X_2に対し直接交渉を行わないよう通知した。
(3) 被告従業員Aは，原告X_2に対し，平成12年10月17日午前中電話をし，「弁護士事務所からファックスが届いた。直接やりとりをしたい。ジャン

プ分の利息を入金しろ。」等と伝え，同月19日午前中電話をし，「こっちで(生命)保険は処理していいんだな。ジャンプ分はどうするのか。自宅に訪問したいんだ。」等と申し出た。同日午前，原告X_3は，被告に対し，ファクシミリで，被告従業員Aが原告X_2と直接交渉したことを抗議し，原告会社X_1と被告との間の取引履歴を開示するよう要請した。原告X_3は，同年11月6日，被告に対し，ファクシミリで，再度同取引履歴開示を要請した。被告従業員Aは，同日，原告X_3に電話をかけ，翌日取引履歴を開示する旨約束したが，同年11月8日，原告X_3に対し，「担当者が代わったので開示するには1年位かかる」旨伝えた。同年11月9日，原告X_3は，被告に対し，ファクシミリで，再度取引履歴開示を要請し，被告のAは，同年11月20日，原告X_3の事務所を訪問し，同日中に原告会社X_1と被告との取引履歴を原告X_3に開示した。

■請　求

原告主債務者会社X_1，連帯保証人X_2及び債務整理受任弁護士X_3は，被告貸金業者に対し，弁護士X_3からの受任通知後の債務者への直接請求及び取引履歴不開示が不法行為（使用者責任）を構成するとして，以下の損害賠償を求めた。

① 被告は，原告会社X_1に対し，30万円（弁護士費用30万円）及びこれに対する平成12年12月1日から支払済みまで年5分の割合による金員を支払え。

② 被告は，原告X_2に対し，70万円（精神的苦痛に対する慰謝料60万円，弁護士費用10万円）及びこれに対する平成12年12月1日から支払済みまで年5分の割合による金員を支払え。

③ 被告は，原告X_3に対し，100万円（精神的苦痛に対する慰謝料100万円）及びこれに対する平成12年12月1日から支払済みまで年5分の割合による金員を支払え。

■争　点

(1) 被告従業員Aの原告X_1，X_2，X_3に対する不法行為の成否
(2) 原告らの損害の有無及びその額

■判示事項

第3節　身近な損害賠償関係事件について
第1　消費者信用取引における損害賠償請求

(1) 債権者が，債務者に対して取立て等債権の行使を行うことは一般的に適法であるが，それが社会的相当性を逸脱した場合には債務者に対する不法行為を構成すると解すべきである。そして，金融監督庁が定めたガイドラインは，貸金業法の運用の適正を確保するために，貸金業者の取立行為の規制，取引関係の正常化などの観点から，貸金業者がしてはならない行為等を個別的に規定したものであり，これを遵守しない場合には監督官庁の行政指導の対象となるものである。また，貸金業者としても，このガイドラインは遵守すべきものと一般に理解されているものである（弁論の全趣旨）。そうであるならば，貸金業者が，このガイドラインで禁止されている行為を行った場合は，その行為は原則として社会的相当性を逸脱したものとして，不法行為を構成するとみるべきである。よって，被告の原告X_2との直接交渉は，原告会社X_1及び原告X_2との関係で不法行為を構成する。☆

> ☆　債務処理等の弁護士等への依頼等後の債務者等への直接要求の禁止は，平成15年法律第136号改正法（平成16年1月1日施行）により貸金業法21条1項6号に規定され，平成18年法律第115号改正法（平成19年12月19日施行）で同項9号に移行されている。

(2) 多くの貸金業者から多額の借入れをなし，それらが返済不能となったいわゆる多重債務者問題が，社会問題となっていることは周知の事実である。このような多重債務者はもとより，一般に債務者は，自己の債務の整理を弁護士に依頼することができ，これは債務者が経済的更生を図るために必要な行為であって，債務者の法的権利である。一方，これを受任した弁護士は，債権者に対し受任通知を出し，以後の交渉を弁護士が行うことを連絡し，債務の内容についての回答及び資料の開示を求め，債務者の弁済計画を作成し，これを元に債権者と交渉することが債務整理を受任した弁護士の職務上の義務であるところ，貸金業者が，債務者が弁護士に委任したことを知りながら直接取立てを行うことは，債務者から債務整理を受任した弁護士の前記職務を事実上不可能にするものであり，弁護士活動を妨害するものであることは明らかであるから，債務整理を受任した弁護士である原告X_3に対しても不法行為を構成する。

(3) 貸金業法19条から直ちに開示義務は肯定できないが，同条の趣旨，債権

者債務者間の取引の正常化等のためにガイドラインが規定されていること，及び，取引経過は債権者債務者間の法律関係における最も基本的な資料であり，これが弁護士の前記活動のための最も基本的な資料となることに鑑みれば，取引経過の開示要求を受けた貸金業者は，原則として，その開示のための事務処理に必要な時間経過後速やかに開示すべき義務があるというべきである。そして，開示の遅延は，債務者にとり正当な法的解決を得られることの遅延につながり，債務者から委任を受けた弁護士にとっては正当な業務活動の遅延につながるものであることは明らかであるから，取引経過の開示要求を受けた貸金業者がその開示を遅らせた行為は，特段の事情のない限り，債務者に対しても同人から債務整理の委任を受けた弁護士に対しても不法行為を構成するものと解するのが相当である。☆

> ☆ 貸金業者の取引履歴等開示義務違反による不法行為に伴う損害賠償責任を認めた最判平17・7・19民集59巻6号1783頁・判タ1188号213頁・判時1906号3頁を受け，平成18年法律第115号（平成19年12月19日施行）により，貸金業者の帳簿の閲覧謄写義務が規定された（貸金19条の2）（本章本節**第1・1⑵イ**（29頁）参照）。

　原告X_3が取引履歴の開示を要求したのが10月16日であり，被告Yが最終的に取引履歴を開示したのは11月20日である。たとえコンピュータ管理がなされておらず，担当者が交代したばかりであるとしても，この開示のための事務処理に1か月以上必要であるとは考えがたく，被告が，約1か月以上も開示を遅らせたことについて，被告にこれを正当化する特段の理由があったとは到底認めることはできない。よって，被告Y従業員Aの取引履歴開示遅滞は，原告会社X_1，原告X_2に対し不法行為を構成するのみならず，原告X_3に対しても不法行為となるものである。

(4) 被告従業員Aによる直接交渉及び取引履歴開示遅延は，いずれも原告らに対する不法行為を構成し，Aの使用者である被告は，原告らに対して使用者責任を負う。

(5) 以上により，以下(6)の損害を認める。

(6) 主　文

　① 被告は，原告会社X_1に対し，30万円及びこれに対する平成12年12月1日から支払済みまで年5分の割合による金員を支払え。

第3節　身近な損害賠償関係事件について
第1　消費者信用取引における損害賠償請求　　　　　　　　　　　55

② 被告は，原告X₂に対し，70万円及びこれに対する平成12年12月1日から支払済みまで年5分の割合による金員を支払え。
③ 被告は，原告X₃に対し，80万円及びこれに対する平成12年12月1日から支払済みまで年5分の割合による金員を支払え。
④ 原告X₃のその余の請求を棄却する。
⑤ 訴訟費用は，原告会社X₁及び原告X₂と被告との間に生じた分はすべて被告の負担とし，原告X₃と被告との間に生じた分は，これを5分し，その1を原告X₃の負担とし，その余は被告の負担とする。
⑥ この判決は仮に執行することができる。
■確定

(オ) 弁護士への債務整理受任後の債務者本人への取立てに伴う不法行為（使用者責任）に基づく弁護士の慰謝料請求事例〔認容（慰謝料90万円認容）〕
（福岡地判平12・9・25判タ1060号191頁）

■事　案
(1) A, Bから負債の任意整理を受任した弁護士である原告は，依頼者A，Bの債権者である貸金業者被告に受任通知を出す（Aにつき平成9年11月5日，Bにつき平成10年2月23日）などして，個別請求や取立て等を差し控えるように要求した。
(2) 被告の従業員が，①Aに暴力的な言辞を用いて脅迫し，また，②Bに暴力的な言辞を用いて脅迫したうえ，Bの義母に原告から承諾を得た等と虚偽の事実を告げて同女から債権回収をしようと企てた。
(3) 被告は，平成12年2月22日，貸金業者の登録を取り消された。
■請　求
(1) 貸金業者である債権者被告の従業員による依頼者への暴力的な直接取立て行為によって，弁護士として有する，依頼者が直接取立てから解放されるように努力すべき職務の遂行を妨害されない利益を侵害されたとして，被告に対し，各不法行為（■事案(2)①・②, ■判示事項(2)①・②参照）（使用者責

任）につき45万円ずつの損害賠償（慰謝料）請求した。
(2) 被告は，原告に対し，90万円及びこれに対する平成10年7月12日から支払済みまで年5分の割合による金員を支払え。

■争　点
(1) 弁護士業務（任意整理）の保護法益性
(2) 不法行為（使用者責任）の成否

■判示事項
(1) 債務の任意整理を受任した弁護士にとって貸金業者による直接取立ての中止は，単に委任者との信頼関係の維持にとどまらず，弁護士としての重い社会的責任を果たすために不可欠の要件であって，受任弁護士は，直接取立てが行われないことにより職務を円滑に遂行することができる法的利益を有しており，貸金業者は，当該利益を侵害しないように配慮すべき義務を負っているというべきである。
(2) 証拠によれば，原告主張の事実（①被告従業員は原告の受任通知後も相保証人を訪問して相保証人を同道してAの自宅を訪れて相保証人を激しい剣幕で罵ってAをおびえさせ，Aが原告に電話し，原告が当該従業員に退去を要求すると，「ふざけるな。馬鹿野郎。金を払うまで出ていかん。」などとすごんで，原告を怒鳴りつけた。②被告従業員は，原告の受任通知後も，弁護士に依頼したことを理由にBを脅し，執拗に電話をかけ続け，直接交渉を迫り，借入返済明細書の交付を電話で要求した原告に対し，提出を拒絶し，原告を脅し，Bの義母の自宅に押しかけ，原告の承諾を得たとの虚偽の事実を告げ，同女から貸金の回収をしようと企てた。）を全部認めることができ，被告の従業員の行為は，被告の事業の執行につき原告に対しなされた故意の違法な行為であり，原告の受任弁護士としての法的利益を侵害したものであるから，被告は，使用者責任を負うものである。
(3) 被告が原告に対し賠償すべき慰謝料としては，各不法行為につき45万円とするのが相当である（原告の請求全部認容）。

■確定

(2) **貸金業者の取引履歴等開示義務違反による損害賠償請求事例**☆

第3節　身近な損害賠償関係事件について
第1　消費者信用取引における損害賠償請求

☆　弁護士への債務整理受任後の債務者本人への架電・取引履歴不開示に伴う損害賠償請求事例（東京地判平13・6・11判タ1087号212頁）（本章本節**第1・2**(1)ウ(エ)（51頁）参照）

ア　貸金業者の取引履歴等開示義務違反による不法行為に伴う損害賠償請求事例〔棄却原審破棄差戻し〕（最判平17・7・19民集59巻6号1783頁・判タ1188号213頁・判時1906号3頁）

■事　案
(1)　貸金業法3条の登録を受けた貸金業者である被告（被控訴人・被上告人）は，平成4年2月26日から平成14年10月10日まで，原告（控訴人・上告人）に金銭を貸し付け，原告から弁済を受けた。この貸付の約定利率は，利息制限法1条1項所定の制限利率を超過している。
(2)　A弁護士は，平成14年10月，原告から債務整理を依頼され，同年11月1日付通知書で，被告に対し，原告の代理人となる旨通知するとともに，原告と被告との間の過去の全取引履歴の開示を要請した。被告は，取引履歴をまったく開示しなかった。A弁護士は，同月25日，同年12月10日，平成15年1月10日にも，被告に対し，債権届を至急提出すること及び取引履歴の開示を求めたが，被告は，取引履歴をまったく開示しなかった。A弁護士は，同年4月4日にも，電話で被告に対し取引履歴の開示を求めたが，被告は，「みなし弁済を主張する。和解交渉はするが，取引履歴の開示はできない。」と答えた。同月15日，16日にも，A弁護士と被告担当者の間で電話でやりとりがあったが，結局同月18日，本件訴訟（過払金返還請求及び取引履歴開示要求に応じなかったことによる債務整理の遅れによる不法行為による慰謝料請求）を提起した。
(3)　被告は，第1審において，原告との間の全取引履歴を開示した。過払金返還請求については，第1審で認容され，被告は，不服申立てをしなかった。
(4)　原審（控訴審）は，慰謝料請求を棄却した。

■請　求

代理人弁護士からの全取引履歴開示要請に対し，被告が開示しなかったため，原告の債務整理が遅延し，訴え提起を余儀なくされたことによる，不法行為に基づく慰謝料30万円及び訴状送達の日の翌日である平成15年４月25日から支払済みまで民法所定の年５分の割合による遅延損害金の請求

■争　点

取引履歴開示要請に対し，貸金業者が開示しなかったため，債務者の債務整理が遅延し，訴え提起を余儀なくされたことによる，不法行為に基づく慰謝料請求権の成否

■判示事項

(1)　貸金業法は，罰則をもって（貸金49条５号），貸金業者に対し，その営業所又は事業所ごとに，その業務に関する帳簿を備え，債務者ごとに，貸付の契約について，契約年月日，貸付の金額，貸付の利率，弁済金の受領金額，受領年月日等を記載し，これを保存すべき義務を課している（貸金19条，貸金規16条）が，これは，貸金業の適正な運営を確保して債務者の利益の保護を図るとともに，債務内容に疑義が生じた場合は，これを業務帳簿によって明らかにし，貸金業法43条☆１項の定めるみなし弁済をめぐる紛争を含めて，貸金業者と債務者との間の貸付に関する紛争の発生を未然に防止し又は生じた紛争を速やかに解決することを図ったものと解するのが相当である。

> ☆　平成18年法律第115号改正法施行（平成22年６月18日施行）前の貸金業法43条を指す。

(2)　以上のような貸金業法の趣旨に加えて，一般に，債務者は，債務内容を正確に把握できない場合には，弁済計画を立てることが困難となり，過払金があるのにその返還を請求できないばかりか，更に弁済を求められてこれに応ずることを余儀なくされるなど，大きな不利益を被る可能性があるのに対し，貸金業者が保存している業務帳簿に基づいて債務内容を開示することは容易であり，貸金業者に特段の負担は生じないことに鑑みると，貸金業者は，債務者から取引履歴の開示を求められた場合には，その開示要求が濫用にわたると認められるなど特段の事情のない限り，貸金業法の

適用を受ける金銭消費貸借契約の付随義務として，信義則上，保存している業務帳簿（保存期間を経過して保存しているものを含む。）に基づいて取引履歴を開示すべき義務を負うものと解すべきである。そして，貸金業者がこの義務に違反して取引履歴の開示を拒絶したときは，その行為は，違法性を有し，不法行為を構成するものというべきである。

(3) 本件では，原告の取引履歴開示要求に上記特段の事情があったことはうかがわれず，原告は，債務整理を弁護士に依頼し，被告に対し，弁護士を通じて，半年近く，繰り返し取引履歴の開示を求めたが，被告がこれを拒絶し続けたので，原告は，その間債務整理ができず，結局，本件訴訟を提起するに至ったのであるから，被告の上記開示拒絶行為は違法性を有し，これによって原告が被った精神的損害については，過払金返還請求が認められることにより損害がてん補される関係には立たず，不法行為による損害賠償が認められなければならない。

(4) 以上により，原告の被告に対する請求を棄却すべきものとした原審の判断には，判決に影響を及ぼすべきことが明らかな法令違反があり，原判決は破棄を免れない。そして，慰謝料額について更に審理を尽くさせるため，本件を原審に差し戻す。

(5) 主　文
① 原判決を破棄する。
② 本件を大阪高等裁判所に差し戻す。

■破棄差戻し

イ　債務整理の委任を受けた債務者代理人弁護士からの取引履歴開示請求に対し個人情報保護法を根拠に委任状及び印鑑証明書等の提出を求めて取引履歴を開示しなかったことが不法行為にあたるとして慰謝料及び弁護士費用の支払を求めた事例〔一部認容（慰謝料10万円，弁護士費用5万円認容）〕（東京高判平19・1・25金法1805号48頁）

■事　案

(1) 原告債務者（被控訴人）は，平成17年7月1日，法律援助センターで相談し，同月9日，原告代理人に対し債務整理を委任した。
(2) 原告代理人（被控訴人代理人）は，原告から債務整理の委任を受け，同日付「受任通知」を，A社を含む貸金業者5社に対し，原告代理人は弁護士であること，原告から債務整理を受任したこと，今後原告に連絡や取立てをしないでほしいこと，原告との間の取引履歴を完済分も含め最初からすべて開示してほしいこと等を通知した。A社を除く貸金業者4社は，原告代理人に対し，同年7月19日までに，取引履歴を開示した。
(3) A社は，原告代理人に対し，平成17年8月22日付けの書面で，取引履歴の開示は個人情報にあたり，個人情報取扱事業者は開示等の求めに関して求める者が代理人であることの確認方法を定めることができるとして，債務整理に関する委任状の写し及び債務者の印鑑登録証明書又は身分証明書の写しの提出を求めた。
(4) 原告は，求められた委任状等の提出を拒否し，A社がその後も取引履歴を開示しなかったので，同年10月20日，本件訴えを提起した。被告A社管財人（控訴人）は，本件訴訟が原審継続中の平成18年1月13日に，原告に送付した準備書面で，原告に関する取引履歴を開示した。

■請　求
　原告債務者は，弁護士である原告代理人に委任してA社に対し債務整理のため取引履歴の開示を求めたところ，A社は個人情報保護法等の規定を根拠に原告代理人の代理権を確認するため必要であるとして委任状及び印鑑登録証明書又は身分証明書の提出を求めて取引履歴の開示をしなかったことが，不法行為にあたるとして，被告A社管財人に対し，損害賠償（慰謝料20万円及び弁護士費用10万円の合計30万円とこれに対する遅延損害金）の支払を求めた。

■争　点
　A社が原告に対し，個人情報保護法等の規定を根拠として，委任状及び印鑑証明書又は身分証明書の提出がないとして取引履歴の開示をしなかったことが不法行為にあたるか

■判示事項
(1) 原告からの開示請求を受けたのが個人情報保護法が施行されて間もなく

であり，また，これに対し被告が回答をした当時，ガイドライン改正案が発表されていたとしても，それだけでは，弁護士からの開示請求に対し，代理人が委任を受けたことの確認方法として，委任状及び本人の印鑑証明書又は身分証明書の提出を求めたことについて正当な理由があるとはいえない。したがって，本件において，A社には，原告代理人からされた本件取引履歴開示要求について，これを拒絶すべき特段の事情があったとはいえず，A社が，委任状等を要求して本件取引履歴の開示を拒み，平成18年1月に至るまで開示しなかったことには違法性があるというべきである。また，被告は，そのような前記事実関係を認識することができたのに，これを十分に検討しないで，取引履歴の開示に応じなかったというのであり，A社には少なくとも過失があったというべきである。したがって，被告は，原告に対し，取引履歴開示義務違反により，民法709条の不法行為責任を負うというべきである。
(2) 原告の被った精神的苦痛に対する慰謝料は10万円が相当であり，弁護士費用は5万円が相当である。
(3) 原告の請求のうち，合計15万円及びこれに対する不法行為の後である平成17年10月27日から支払済みまで年5分の割合による遅延損害金の支払を求める限度で理由があるとした原判決は相当であるから，本件控訴を棄却する。
(4) 主　文
　① 本件控訴を棄却する。
　② 控訴費用は控訴人の負担とする。
■確定

ウ　保証人からの保証以前の主債務者取引履歴等開示請求に対する債権者の拒否に伴う不法行為に基づく慰謝料請求事例〔一部認容（慰謝料（弁護士費用含む。）15万円認容）〕（大阪高判平19・6・8消費者法ニュース73号53頁）

■事　案
　被告（被控訴人）はＡとの間で，平成９年９月ころ，貸主被告，借主Ａとする金銭消費貸借取引があった。被告は，平成11年２月８日，Ａに対し100万円を貸し渡し（以下「本件貸金」という。），同日，原告（控訴人）は連帯保証をした（以下「本件保証」という。）。
　原告は，原告代理人弁護士に債務整理を委任し，同代理人を通じて，平成17年10月20日，被告とＡとの本件保証以前からの取引履歴の開示を請求したが，被告から開示されないので，平成18年２月14日，本件訴訟を提起した。
■請　求
　取引履歴不開示による不法行為に基づく慰謝料請求（額不明）
■争　点
(1)　原告保証に係る主債務者Ａの債務の取引履歴の開示について
(2)　原告が保証していない主債務者Ａの債務の取引履歴の開示について
■判示事項
(1)　原告が債務整理を行うためには，原告の被告に対する過払いの事実や残債務の把握をする必要があり，そのためには，本件保証以前からの取引についてＡが被告に過払いをしておれば，その過払いは特段の事情がある場合には本件貸金の元本に充当される可能性があり，Ａの被告に対する過払金は原告の過払金額や残債務額に影響を及ぼすから，本件保証以前からの取引についてＡの被告に対する過払いの事実を把握する必要があるというべきである。
(2)　原告は，取引履歴開示請求をしたが，約４か月が経過しても，被告から取引履歴の開示を受けられなかったため，本訴を提起したというのであるから，その開示が濫用にわたるなど特段の事情の認められない本件においては，被告の開示拒絶行為は違法性を有し，原告の被った精神的苦痛に対し不法行為によって損害賠償義務を負う。
(3)　被告は，Ａとの関係で守秘義務があり，同人の承諾がないまま取引履歴を開示することは許されない旨主張するが，原告は，Ａの被告に対する債務の保証人であり，同債務について直接の利害関係を有する者であるから，

被告は，原告からのＡの取引履歴の開示請求に対して開示を拒絶できず，この限りでは守秘義務を負わないというべきである。
(4) 原告の請求は，被告に対し，弁護士費用相当分を含めて15万円及びこれに対する取引履歴開示請求から相当期間経過後の平成17年10月30日から支払済みまで民法所定の年５分の割合による遅延損害金の支払を求める限度において理由があるが，その余は失当として棄却すべきである。
■上告・確定不明

エ　貸金業者の取引履歴廃棄の主張を排斥して取引履歴不開示による不法行為に基づく慰謝料請求事例〔一部認容（慰謝料30万円認容）〕（名古屋地判平19・8・17消費者法ニュース74号112頁）

■事　案
　原告債務者は，平成２年11月21日から平成５年７月３日まで被告債権者との間にリボルビング式金銭消費貸借取引（第１取引）があったと主張する。平成11年９月20日から平成17年２月17日まで原告債務者と被告債権者の間に同様の取引（第２取引）があり，その経緯については争いがない。原告は第１取引によって生じた過払金を第２取引と一連計算すべきと主張し，被告は，第１取引と第２取引は別個の取引であり，第１取引によって生じた過払金について消滅時効を援用する。
■請　求
　過払金返還及び取引履歴不開示による不法行為に基づく慰謝料請求（額不明）
■争　点
　取引履歴の存否及びそれが存する場合の不開示における不法行為に基づく慰謝料の額
■判示事項
(1)　会員番号が同一であること，被告債権者は第１取引完済後も原告債務者に対し何度か借入れの勧誘を行っていること，被告債権者は第２取引開始時に原告債務者の新たな勤務先への在籍確認以外に実質的審査を行ってい

ないことなどから，第1取引と第2取引は継続した一連の金銭消費貸借取引であるとし，第1取引と第2取引を一連計算すべきであるとした。
(2) 被告は貸金業者であるから第1取引の取引履歴を作成しているはずであり，それを廃棄したと認めるに足りる証拠はないから，原告主張の推定計算と異なるのであれば，取引履歴を提出して反証すべきである。被告は取引履歴等の文書提出を命ずる決定が確定したにもかかわらず，第1取引の取引履歴を提出しないので，その不提出の不利益は被告が負うべきであり，第1取引の取引経過については，原告主張のとおり認めるのが相当である。
(3) 被告は，平成18年8月3日に開示したとおり，平成11年9月20日以降の取引履歴を保有しながら，原告側から受任通知・開示請求を受けた後の平成18年6月12日時点では平成14年6月12日からの取引履歴しか開示せず，第1取引の取引履歴については現在に至るも開示しないのであり，これらの点は被告が信義則上負担している取引履歴開示義務に違反するものであり，原告は，被告の違法な取引履歴一部不開示により，正確な過払金の額を把握することができず，債務整理の方針を決めることができない立場に置かれたことが認められ，これによる精神的苦痛は30万円をもって相当とし，取引履歴不開示による不法行為に基づく慰謝料30万円及びこれに対する訴状送達の日の翌日である平成18年10月21日から支払済みまで年5％の割合による遅延損害金を求める限度で原告の請求を認めた（過払金元金156万1494円の事例）。

■控訴・確定不明

(3) 消費者信用誤情報に伴う損害賠償請求事例

ア 信用情報会社の破産誤報による経済的信用・名誉が毀損されたことに伴う不法行為に基づく謝罪広告・損害賠償等請求事例〔謝罪広告棄却，損害賠償一部認容（慰謝料200万円，弁護士費用20万円認容）〕（大阪地判平2・5・21判時1359号88頁）

■事　案

第3節　身近な損害賠償関係事件について
第1　消費者信用取引における損害賠償請求　　　　　　　　　　　　　65

(1) 原告は，機械の製作，修理及び販売を業とするＡ会社の代表取締役であり，学校法人の評議員，理事等の立場にもあった。被告は，消費者信用取引における個人情報の収集，保管，照合，調査を業とし，加盟店契約を締結している消費者金融機関に個人の信用情報を提供するものである。
(2) 被告は，昭和59年11月ころ，原告に関する個人信用情報として，原告破産の情報を登録し，昭和62年6月から同年10月までの間に被告の会員である5社の金融機関に7回にわたって提供した。
(3) Ａ会社は，昭和62年7月ころ，新工場を建設し新規操業を開始し，新規操業に必要なリース契約について与信業者から契約を拒絶された。また，Ａ会社は，新工場に必要な電話，ファックスについてのリース契約，運送用の車両のローン契約について，いずれも拒絶された。原告が，リース契約の際，その理由を問い質したところ，Ａ会社代表取締役である原告が破産宣告を受けているためであり，その情報の提供者が被告であることが判明した。
(4) 被告は，原告から，昭和62年10月2日に，信用情報の開示請求及び本件情報が事実に反する旨の申入れを受けたことから，(2)の本件情報が誤りであることを発見し，原告側に連絡し本件情報を削除し，本件情報を利用した被告の会員に対し情報削除の通知をした。
(5) 原告は，昭和63年11月24日本件訴訟を提起した。本件訴え提起は，朝日新聞，毎日新聞及び読売新聞に掲載され，原告が被告に他人の破産情報を原告のものとして誤って流されて金融機関から融資を断られたこと，原告が本件訴訟を被告に提起したこと，被告がミスを認めて本件情報を削除したことが報道された。

■請　求
　原告は，被告の(2)の誤った情報の登録・提供により名誉，信用を毀損されたものであり，被告の行為は，原告に対する不法行為を構成するとして，以下の請求をする。
　① 被告は，原告に対し，本判決確定の日から7日以内に大手各新聞の各朝刊の全国版社会面に，謝罪広告を1回掲載せよ。
　② 被告は，原告に対し，1100万円（慰謝料1000万円，弁護士費用100万円）

及びこれに対する不法行為の後である昭和63年11月29日から支払済みまで年5分の割合による遅延損害金を支払え。

■争　点
(1)　謝罪広告の当否
(2)　被告の原告に対する信用及び名誉の毀損の有無及び慰謝料等の額

■判示事項
(1)　金銭賠償を原則とする民法の下においては，民法723条に基づく名誉回復処分としての謝罪広告は，金銭賠償によっては損害をてん補しがたい名誉毀損行為に対する救済の一つとして原状回復処分を認めたものと解釈すべきであるから，謝罪広告を認める時点においてもなお名誉毀損の状態が継続しており，かつ金銭賠償のみによっては救済方法として不十分である等名誉回復処分の必要性がある場合でなければ謝罪広告を命ずることはできないというべきである。

(2)　誤情報に気がついた被告会社は，その訂正情報を，誤報を流した関係会社に通知して，信用回復の措置をとっており，現在は名誉毀損の状態はなく，本件訴え提起直後に，三大日刊紙にこの誤報の事実が報道され，既に原告の名誉回復がある程度なされているから，現時点において原告の名誉毀損の状態が継続しているとは認めがたく，名誉回復処分の必要性があるとはいえない。

(3)　本件は，個人の名誉・信用に関わる情報をその人の関知しないところで営利事業として売買する会社が，過誤により誤情報を流したというものであり，その行為は，個人の経済活動に致命傷を与えかねないものであり，被告の責任は重大であるから，本件情報が誤りであると判明した後の被告の対応措置及び原告との交渉過程，その他本件証拠上認められる諸般の事情を考慮すれば，本件不法行為によって原告が受けた精神的損害に対する慰謝料としては，200万円が相当であり，弁護士費用は20万円とするのが相当である。

(4)　原告の本訴請求は，被告に対し220万円（慰謝料200万円及び弁護士費用20万円）及びこれに対する不法行為の日の後である昭和63年11月29日から支払済みまで民法所定年5分の割合による遅延損害金の支払を求める限度で理

由があるから，これを認容し，その余は理由がないから棄却する。
(5) 主 文
① 被告は，原告に対し，220万円及びこれに対する昭和63年11月29日から支払済みまで年5分の割合による金員を支払え。
② 原告のその余の請求を棄却する。
③ 訴訟費用は，これを10分し，その9を原告の負担とし，その余を被告の負担とする。
④ この判決は，第①項に限り仮に執行することができる。

■確定

イ　クレジット会社が消費者の誤ったブラック情報を信用情報会社に報告したことによる債務不履行・不法行為に基づく慰謝料等請求及び信用情報会社が消費者に不利益な情報を消費者に通知しなかったことによる不法行為に基づく慰謝料等請求事例（被告Y₁は原告が利用したクレジット会社，被告Y₂は被告Y₁から原告の情報提供を受けた信用情報会社）〔クレジット会社に対する請求：一部認容（慰謝料10万円，弁護士費用1万円認容），信用情報会社に対する請求：棄却〕（大阪地判平2・7・23判時1362号97頁）

■事　案
(1) 原告は，昭和58年6月，ビデオデッキを購入した際，被告Y₁から融資を受け，これを毎月分割支払をしてきた。その際の契約書には，信用情報が信用情報機関に登録され取引判断に利用されることに同意する条項があった。
(2) 被告Y₁は，昭和61年6月，クッレジット情報会社被告Y₂に対し，誤って，(1)の取引について，Y₁従業員の処理の手違いにより1回目の支払が遅延したのに，延滞後完済として報告した。同年10月原告の妻が被告Y₁にクレジットの利用の申込みをしたところ拒否された。

■請　求
(1) 原告は，被告Y₁が被告Y₂に対して誤ったブラック情報を報告したこと

は，クレジット契約上あるいは信義則上の義務に違反するとし，債務不履行により，あるいは，原告から被告Y_2に情報を報告するとの同意を得ず，かつ，原告に何ら延滞後完済の事実がないことを知っていたか，わずかな注意をすればこれを知りえたのにこれを怠ったとして，不法行為により，慰謝料等550万円（慰謝料500万円，弁護士費用50万円）及びうち500万円に対する訴え変更申立書送達の翌日あるいは不法行為後の平成元年12月20日から支払済みまで民法所定の年5分の割合による遅延損害金の支払を求めた。

(2) 原告は，被告Y_2が消費者に不利益な情報を登録した場合には消費者に対し通知を発する信義則上あるいは条理上の義務があるのにこれを怠った過失があるとして，不法行為により，慰謝料等550万円（慰謝料500万円，弁護士費用50万円）及びうち500万円に対する訴え変更申立書送達の翌日あるいは不法行為後の平成元年12月20日から支払済みまで民法所定の年5分の割合による遅延損害金の支払を求めた。

(3) 被告両名は，民法719条1項により連帯責任を負う。

■争　点
(1) クレジット会社が消費者の誤ったブラック情報を信用情報会社に報告したことによる債務不履行あるいは不法行為責任の有無
(2) 信用情報会社が消費者に不利益な情報を消費者に通知しなかったことによる不法行為責任の有無

■判示事項
(1) 原告がビデオデッキを購入した際の契約書には，信用情報が信用情報機関に登録され取引判断に利用されることに同意する条項があり，原告は，当該契約における取引事実に基づく信用情報を被告Y_2に提供し，被告Y_2加盟会員によりその情報が利用されることを承諾していたことが認められ，被告Y_1が当該契約に基づく正確な信用情報を被告Y_2に提供する限り，何ら違法ではない。

(2) 被告Y_1には，被告Y_2に原告の信用情報を提供するにあたり，信義則上，クレジット契約に付随して，正確を期し，誤った情報を提供するなどして原告の信用を損なわないように配慮する保護義務があり，それに違反すれば債務不履行（不完全履行）責任を負うと解するのが相当である。被告Y_1は，

被告Y₁従業員の手違いで昭和58年7月5日に第1回分割払金の口座振替がされるように社内処理せず，昭和59年7月3日に原告に無断で口座振替の手続を取って上記分割払金を受け取ったことが，被告Y₂の規定する延滞後完済にあたらないのに，被告Y₂に原告に延滞後完済の事実があったとの情報を報告し，その後原告の妻のクレジット契約申込みに際し，当該被告Y₂からの原告の延滞後完済の情報により当該申込みを断ったのであるから，保護義務違反の債務不履行責任がある。

(3) 消費者信用情報について消費者に不利益な情報を登録した場合，被告Y₂が消費者にその旨通知すべき義務があったとはいえない。したがって，被告Y₂に対する不法行為責任の主張は理由がない。

(4) 本件誤情報の照会は11回であること，本件誤情報は誤情報登録の事実を申し出た昭和61年10月22日から約8日間で抹消されていることなどから被告Y₁の不法行為によって原告が受けた精神的苦痛に対する慰謝料としては，10万円が相当であり，弁護士費用は1万円が相当である。

(5) 主　文
　① 被告Y₁は，原告に対し，11万円〔慰謝料10万円，弁護士費用1万円〕及びうち10万円に対する平成元年12月20日〔訴え変更申立書送達の翌日〕から支払済みまで〔民法所定〕年5分の割合による金員〔遅延損害金〕を支払え。
　② 被告Y₁に対するその余の請求及び被告Y₂に対する請求を棄却する。
　③ 訴訟費用は，原告に生じた費用の100分の1と被告Y₁に生じた費用の50分の1を被告Y₁の負担とし，原告に生じたその余の費用と被告Y₂について生じた費用を原告の負担とする。
　④ この判決は，第①項に限り仮に執行することができる。

■確定

第2　不動産売買・賃貸借における損害賠償請求

1　不動産売買・賃貸借における損害賠償

(1)　不動産売買における損害賠償☆

☆　相隣関係における利益侵害→本章本節第4・1（143頁）参照。

　宅地建物取引業者が関わる不動産の売買において、当該宅地建物取引業者側が買主側の予定した利用に関わる情報を提供しなかったことにより、買主側が当初予定したとおりの利用ができなくなったとして、買主が、宅地建物取引業者に対し、損害賠償を請求する事例がある。

　宅地建物取引業法においては、35条において、宅地建物取引業者は、宅地建物取引の相手方等に対し、その者が取得・賃借しようとしている宅地建物に関し、その契約が成立するまでの間に、同条等に定める重要事項について、これらを記載した書面を交付して説明しなければならないと定めている。そして、その義務は契約上の付随義務にあたるとして、当該宅地建物取引業者側が買主側の予定した利用に関わる情報を提供しなかったことにより、買主側が当初予定したとおりの利用ができなくなった場合に、買主が、宅地建物取引業者に対し、債務不履行による損害賠償を請求する事例がある（東京高判昭52・3・31判時858号69頁・判夕355号283頁、東京地判平11・2・25判時1676号71頁（**2**(1)ア（74頁）参照））。

(2)　不動産賃貸借における明渡しと自力救済の禁止

　ここでは、不動産賃貸借の目的不動産明渡しに伴う損害賠償事例を取り扱うが、ここで取り扱うのは、賃貸借契約書に賃貸人側の自力救済条項があり、それに基づいて、裁判等によることなく、賃借人の承諾を得ずに行われた、目的不動産の明渡しに伴う、賃借人側からの損害賠償請求事例である。

　私力の行使は、原則として法の禁止するところである〔自力救済の禁止〕が、法律の定める手続によったのでは、権利に対する違法な侵害に対抗して現状を

維持することが不可能又は著しく困難であると認められる緊急やむをえない特別の事情が存する場合においてのみ，その必要の限度を超えない範囲内で，例外的に許されるものと解されている（最判昭40・12・7民集19巻9号2101頁・判タ187号105頁・判時436号37頁）。

(3) 家賃等の悪質な取立て行為の禁止等

　近年，民間賃貸住宅の賃貸借契約にあたって，高齢化・少子化，家族関係の希薄化，個人志向の高まり等を背景に，確保が困難となっている連帯保証人に代わり，家賃債務保証業者の利用が急増している状況にあった。そして，家屋の賃貸借における家賃の滞納等に伴い，家賃保証会社が滞納家賃の代払いをした後の求償権を行使するにあたり，賃貸住宅の鍵の交換や深夜に及ぶ督促等の家賃等の悪質な取立て行為（大阪地判平22・5・28判時2089号112頁（**2**(2)ウ(ｱ)（99頁）参照））や，賃貸住宅への立入り，動産の搬出・処分等の違法・不適切な追出し行為（東京地判平24・9・7判時2171号72頁（**2**(2)ア(ｴ)（84頁参照））（上記(2)参照）を行う事例が，平成19年，平成20年と急増し，社会問題となっていた☆。これについて，平成22年3月に，家賃等の悪質な取立て行為の禁止等の措置を講じた「賃借人の居住の安定を確保するための家賃債務保証業の業務の適正化及び家賃等の取立て行為の規制等に関する法律案」が国会に提出されたが，同法案は，平成23年12月，廃案となった。

> ☆　全国の消費生活センター等に寄せられた家賃債務保証をめぐる消費者トラブルに関する相談件数は，平成18年度89件，平成19年度172件，平成20年度495件と急増していた。

2 不動産売買・賃貸借における損害賠償請求事例

表）不動産売買・賃貸借における損害賠償請求事例一覧表

(1) 不動産売買における損害賠償請求事例

	事 例	裁判例	認容内容
ア	マンション販売業者に対する南側隣地への建物建築計画の告知義務違反による債務不履行ないし不法行為に基づく損害賠償請求事例	東京地判平11・2・25 判時1676号71頁	購入価格の2％の慰謝料認容

(2) 不動産賃貸借における損害賠償請求事例

ア 不動産賃貸借契約の自力救済条項等に基づく明渡しに伴う損害賠償事例

	事 例	裁判例	認容内容
(ア)	賃借人の賃貸人及び同人の顧問弁護士に対する自力救済・借室内財産処分行為に伴う不法行為に基づく財産的損害・慰謝料等請求事例（被告賃貸人Y₁、賃貸人の顧問弁護士Y₂）	浦和地判平6・4・22 判タ874号231頁	被告らに対し財産的損害各自250万円、精神的慰謝料各自60万円（合計各自310万円）、原告の過失割合3割とし、各自217万円の損害を認容し、弁護士費用各自50万円を認容
(イ)	賃借人の賃貸物件管理会社及び同社従業員に借室立入りを指示した同社取締役に対する借室入室妨害行為に伴う不法行為に基づく慰謝料等請求事例（賃借物件管理会社Y₁、同社従業員に借室への立入りを指示した同社取締役被告Y₂）	札幌地判平11・12・24 判タ1060号223頁・判時1725号160頁	被告らに対し慰謝料各自10万円、錠取替費用各自1万7850円、弁護士費用各自2万円を認容
(ウ)	賃借人の立入承諾特約に伴う管理会社に対する立入り・使用妨害行為による不法行為に基づく慰謝料等請求事例（原告賃借人X₁の被告管理会社Yに対する上記甲事件に原告賃貸会社X₂の被告賃借人	東京地判平18・5・30 判時1954号80頁	甲事件：原告賃借人X₁の被告管理会社Yに対する慰謝料5万円を認容（乙事件：原告賃貸

	X₁への未払賃料・修理費請求の乙事件が併合されている。）		会社X₂の被告賃借人X₁への未払賃料のみを認容）
(エ)	保証会社による賃借人の占有排除・借室内動産処分行為に伴う保証会社に対する不法行為に基づく及び保証会社代表者に対する会社法429条1項に基づく財産的損害・慰謝料等請求事例（被告Y₁は原告賃借人と賃料等債務保証委託契約を締結した保証会社，被告Y₂は当該保証会社代表者）	東京地判平24・9・7判時2171号72頁	被告らに対し，財産的損害各自30万円，精神的慰謝料各自20万円，弁護士費用各自5万円を認容

イ　建物賃貸人の鍵交換行為に伴う損害賠償事例

	事　例	裁判例	認容内容
(ア)	賃貸人による鍵交換行為による賃借人の閉め出しに伴う不法行為に基づく賃料相当損害金・慰謝料等請求事例	大阪簡判平21・5・22判タ1307号183頁・判時2053号70頁	賃料相当損害金4万0687円，日用品等の出費5万1000円，慰謝料50万円，代理人費用6万円を認容
(イ)	賃貸人による鍵交換行為による賃借人の閉め出しに伴う不法行為に基づく賃料相当損害金・慰謝料等請求事例	大阪地判平21・11・13消費者法ニュース83号63頁（(ア)の控訴審）	賃料相当損害金4万0687円，日用品等の出費5万1000円，慰謝料50万円，代理人費用6万円を認容

ウ　家賃等の悪質な取立て行為に伴う損害賠償事例

	事　例	裁判例	認容内容
(ア)	家賃保証会社従業員の高圧的な電話での取立て行為・玄関ドアへの督促書面の貼付行為の不法行為に伴う使用者責任に基づく家賃保証会社に対する慰謝料・損害金名目で取り立てられた金員・代理人費用の損害賠償請求事例	大阪地判平22・5・28判時2089号112頁	慰謝料5万円，損害金名目で取り立てられた金員5000円，代理人費用1万円を認容

(1) 不動産売買における損害賠償請求事例

☆ 相隣関係における利益侵害による損害賠償請求事例→本章本節**第4・2**（150頁）参照

ア　マンション販売業者に対する南側隣地への建物建築計画の告知義務違反による債務不履行ないし不法行為に基づく損害賠償請求事例〔一部認容（購入価格の2％の慰謝料認容）〕（東京地判平11・2・25判時1676号71頁）

■事　案
(1)　マンションの建設・販売会社である被告は，本件マンションを建設，分譲・販売し，原告らは，平成6年6月から7月にかけて，被告の販売代理店を介して被告から本件マンションを購入した。
(2)　本件マンションの南側隣接地には，その所有者A社が建物建設計画を有しており，平成6年6月ころ，被告に対し，書面により，本件マンションに南側土地に社宅を建築する計画があることを告知し，本件マンションの購入者から苦情・損害賠償請求を行わないことを重要事項説明書に明記し，その趣旨を徹底すること等を申し入れた。A社は，平成6年12月ころ，子会社Bに対して，当該南側土地を譲渡し，B社が平成7年6月に建設工事を開始し，平成8年2月ころA社使用の社宅が完成した。
(3)　本件マンションは，平成7年8月ころ完成し，同年10月ころまでに原告らに引き渡された。

■請　求
本件マンション23戸の購入者（18戸）である原告らが，被告に対し，本件マンションの南側土地に建物の建設計画があることを知りながら本件マンションを販売し，日照阻害等の損害を与えたとし，債務不履行ないし不法行為に基づき，購入代金の1割に相当する慰謝料を請求した。

■争　点
被告が本件マンションの南側隣接に建物建築計画が存在することを知りながらこれを秘匿して原告らに本件マンションを販売したか，それに基づく被告の損害賠償責任の有無

■判示事項
(1) 証拠によれば，被告は，A社から，本件マンションに南側土地に社宅を建築する計画があることの告知を受け，本件マンションの購入者から苦情の申立てを行わないことを重要事項説明書に明記し，その趣旨を徹底すること等の申入れを受けながら，A社に対してその点について重要事項説明書に明記して販売した等の虚偽の返答をし，本件マンションの引渡し後，原告らが当初期待していた日照，通風，観望等の利益のほとんどを享受することができなくなったことが認められる。
(2) 新築マンションを分譲販売する業者は，宅地建物取引業法35条，45条等の趣旨や信義則等に照らし，売買契約に付随する債務として，購入しようとする相手方に対し，購入の意思決定に重要な意義をもつ事項について，事実を知っていながら，故意にこれを秘匿して告げない行為をしてはならない義務を負っており，これに違反して損害を与えた場合には，重要事項告知義務の不履行として，これを賠償する責任がある。
(3) 本件では，被告は，建物の建設計画を告知することが可能であり，告知するにつき何ら支障がなかったにもかかわらず，あえてこれを秘匿し，本件マンションを販売したもので，当該告知義務を怠ったものというべきであり，売買契約に付随する債務の不履行として，これによって原告らが被った損害を賠償する責任がある。
(4) 原告らは，被告の前記告知義務違反により，少なくとも当分の間隣接地が緑地であり続けるであろうとの期待を裏切られ，日照，通風，観望等を享受することができる利益を失い，相当の精神的苦痛を被ったことが認められ，原告らの当該精神的苦痛に対する慰謝料の額は，購入価格の2％にあたる金額と認めるのが相当である。

■控訴

(2) 不動産賃貸借における損害賠償請求事例
　ア　不動産賃貸借契約の自力救済条項等に基づく明渡しに伴う損害賠償事例
　　不動産賃貸借契約の自力救済条項に基づく明渡しに伴って損害が発生したと

して，賃借人が賃貸人等に対し損害賠償を請求した事例として，以下のものがある。

(ア) 賃借人の賃貸人及び同人の顧問弁護士に対する自力救済・借室内財産処分行為に伴う不法行為に基づく財産的損害・慰謝料等請求事案（被告賃貸人Y_1，賃貸人の顧問弁護士Y_2）〔一部認容（被告らに対し財産的損害各自250万円，精神的慰謝料各自60万円（合計各自310万円），原告の過失割合3割とし，各自217万円の損害を認容し，弁護士費用各自50万円を認容）〕（浦和地判平6・4・22判タ874号231頁）

■事　案

建物賃貸借において，「賃借人が本契約の各条項に違反し賃料を1か月以上滞納したときまたは無断で1か月以上不在のときは，敷金保証金の有無にかかわらず本契約は何らの催告を要せずして解除され，賃借人は即刻室を明渡すものとする。明渡しできないときは室内に遺留品は放棄されたものとし，賃貸人は，保証人または取引業者立会いのうえ随意遺留品を売却処分のうえ債務に充当しても異議なきこと。」という条項（以下「本件条項」という。）がある賃貸借契約が締結された。その後，原告賃借人が賃料の支払を滞納し，原告賃借人自身が不在であり原告賃借人の内妻に確認しても原告賃借人の所在がわからないため，被告賃貸人Y_1が，賃貸借契約の連帯保証人Aに滞納賃料の支払と貸室荷物の引取りを求めたが拒否された。そのため，被告賃貸人Y_1，賃貸人の顧問弁護士被告Y_2，連帯保証人Aらが，平成2年6月1日，貸室に集まり，連帯保証人Aに対し，「本件賃貸借契約は，本件条項により本日解除され，明渡が完了したことを確認する。本件貸室内の遺留品は，本日，同建物において廃棄処分した。」旨記載された明渡確認書への署名を求めたところ，連帯保証人Aは被告賃貸人Y_1が保管すべきと抗議したが，被告賃貸人Y_1の顧問弁護士被告Y_2が「法的に問題ない。連帯保証人Aには迷惑がかからない。」と言ったのでやむをえず立会人，保証人として署名押印した。被告賃貸人Y_1の顧問弁護士被告Y_2は，遺留品の目録を作ることや室内の写真を撮ること等の指示をしなかったため，そのようなことがなされることなく，

第3節　身近な損害賠償関係事件について
第2　不動産売買・賃貸借における損害賠償請求

原告賃借人の遺留品が運び出され廃棄された。その後，原告賃借人は貸室に戻ってきたが，鍵が替わっていたので中には入れなかった。

■請　求

　被告ら（賃貸人Y_1，賃貸人の顧問弁護士Y_2）の原告（賃借人X）貸室内に入っての原告所有家財・衣類等廃棄行為による，原告の被告らに対する不法行為による損害賠償請求権に基づく，各自1933万0700円（被告らによる廃棄処分当時の貸室内の原告所有物品の財産的損害1263万0700円，精神的損害500万円，弁護士費用170万円）及びうち1763万0700円（原告所有物品の財産的損害1263万0700円，精神的損害500万円）に対する不法行為の日（被告らが貸室内へ立ち入り，貸室内の原告所有物品の廃棄をした日）である平成2年6月1日から支払済みまで民法所定の年5分の割合による遅延損害金の請求

■争　点

(1)　被告らの貸室内の原告所有物品の廃棄処分行為の違法性
(2)　原告の損害の有無

■判示事項

　■事案のような状況において，原告が■請求のような請求をした事案において，裁判所は，以下のように判示した。

(1)　被告らの貸室内の原告所有物品の廃棄処分について

　「自力救済は，原則として法の禁止するところであり，ただ，法律の定める手続きによったのでは権利に対する違法な侵害に対して現状を維持することが不可能又は著しく困難であると認められる緊急やむを得ない特別の事情が存する場合において，その必要の限度を超えない範囲内でのみ例外的に許されるに過ぎない。

　従って，……本件廃棄処分が本件条項にしたがってなされたからといって直ちに適法であるとはいえない。」

　「原告は6か月余も連絡先不明のまま賃料を滞納しているが，法律に定める手続き，すなわち訴訟を提起し，勝訴判決に基づき強制執行をすることができるのであり，右手続きによっては被告Y_1〔賃貸人〕の権利を維持することが不可能又は著しく困難であると認められる緊急やむを得ない特別の事情があったと認めることはできない。」

「他に，右特別事情を認めるに足りる主張，立証はない。」

「被告らは，違法である本件廃棄処分が行われることを十分承知していたのであり，……本件貸室の本件廃棄処分当時の状況及び前記認定のとおり被告Y₂〔賃貸人の顧問弁護士〕自身は一度も本件貸室内を確認していないことに鑑みれば，少なくとも被告らが本件条項若しくは自力救済により適法であると判断した点に過失が認められる。」

「従って，被告らは民法709条に基づき原告の被った後記損害を賠償する責任を負うというべきである。

なお，被告Y₁〔賃貸人〕は，顧問弁護士である被告Y₂に任せていたといっても，本件廃棄処分当日本件貸室に入って中の状況を確認しているなど……本件廃棄処分に至るまでの被告Y₁の関与の程度に鑑みれば，被告Y₂が適法であると判断したことを信じたということのみで，同人に過失がなかったということはできない。」

(2) 原告の損害について

それらを前提に，単身成人の保有する家財の標準的価額（保険会社の「住宅，家財等の簡易評価基準」）に原告の個人的生活事情を加味して財産的損害を250万円とし，精神的慰謝料を60万円として（合計310万円），原告が連絡先不明のまま6か月賃料を滞納したこと，内縁の妻や連帯保証人に適切な指示をしなかったことなどから，原告の過失割合を3割とし，217万の損害を認め，弁護士費用は50万円を認め，原告の被告らに対する，各自267万円及びこれに対する不法行為の日である平成2年6月1日から支払済みまで民法所定の年5分割合による遅延損害金の支払を求める限度で認容した。

(3) 主　文

① 被告らは原告に対し，各自267万円及びこれに対する平成2年6月1日から支払済みに至るまで年5分の割合による金員を支払え。

② 原告のその余の請求を棄却する。

③ 訴訟費用はこれを2分し，その1を被告らの負担とし，その余を原告の負担とする。

④ この判決は，第①項に限り仮に執行するこができる。ただし，被告らにおいて200万円の担保を供するときは，供した被告に対する仮執行を

免れることができる。

■控訴

(イ) 賃借人の賃貸物件管理会社及び同社従業員に借室立入りを指示した同社取締役に対する借室入室妨害行為に伴う不法行為に基づく慰謝料等請求事例（賃借物件管理会社Y_1，同社従業員に借室への立入りを指示した同社取締役被告Y_2）〔一部認容（被告らに対し慰謝料各自10万円，錠取替費用各自1万7850円，弁護士費用各自2万円を認容）〕（札幌地判平11・12・24判タ1060号223頁・判時1725号160頁）

■事案

札幌市に所在する建物の賃貸借契約において，「賃借人が賃借料の支払を7日以上怠ったときは，賃貸人は，直ちに賃貸物件の施錠をすることができる。また，その後7日以上経過したときは，賃貸物件内にある動産を賃借人の費用負担において賃貸人が自由に処分しても，賃借人は，異議の申立てをしないものとする。」旨の特約条項（以下「本件特約」という。）がある賃貸借契約が締結され，原告賃借人が，同賃貸物件の仲介業者兼管理会社被告Y_1に対し，同賃貸物件（以下「本件居室」という。）において雨漏りがしてカビが発生したと管理会社被告Y_1に苦情を述べたが管理会社被告Y_1はカビによる被害の弁償には応じられない旨回答した。そこで，原告賃借人は賃料の支払を停止したところ，管理会社被告Y_1は，指定日時（平成10年12月4日午後3時）までに未払賃料を支払わないときは本件居室の扉をロックする旨記載された督促及びドアロック予告通知書を2度交付したが，原告賃借人はその後も賃料の支払を留保したので，管理会社被告Y_1は，原告賃借人に対し，指定日時までに連絡がない場合は何らの勧告をすることなくドアロックをして本件居室への立入りを禁止する旨の記載がされた最終催告書を交付して未払賃料の支払を求めた。原告賃借人は同催告にも応じなかったところ，原告賃借人外出中の指定日（平成10年12月4日）に，管理会社被告Y_1取締役被告Y_2の指示を受けた従業員Aが賃貸物件内に立ち入り，居室内の水を抜き，ストーブのスイッ

チを切るなどし，本件居室の鍵を取り替えた（以下「本件行為」という。）。その後，原告賃借人は本件居室内に立ち入るために鍵を取り替えたが，管理会社被告Y₁の取締役被告Y₂は，原告賃借人側に未払賃料を支払わなければ再度鍵を取り替えると述べた。

■請　求

　原告（賃借人）が，被告ら（賃借物件管理会社Y₁，同管理会社の本件貸室内への従業員の立入りを指示した取締役Y₂）に対し，被告管理会社Y₁は，その従業員をして原告居室内に不法に侵入させ，同室のガス及び水道を使用できなくし，同室の鍵を取り替えて原告が同室に入室することができないようにさせた，被告Y₂は，被告管理会社Y₁の取締役等として，被告管理会社Y₁従業員に当該行為をするように教唆したとして，それぞれ不法行為による損害賠償請求権に基づいて，各自111万7850円（慰謝料100万円，錠取替費用1万7850円，弁護士費用10万円）及びこれに対する平成10年12月6日から支払済みまで年5分の割合による支払を求めた。

■争　点

(1)　被告らの本件行為の適法性
(2)　原告の損害

■判示事項

(1)　本件特約（自力救済条項）の有効性について

　「本件特約は，賃貸人側が自己の権利（賃料債権）を実現するため，法的手続によらずに，通常の権利行使の範囲を超えて，賃借人の平穏に生活する権利を侵害することを内容とするものということができるところ，このような手段による権利の実現は，近代国家にあっては，法的手続によったのでは権利の実現が不可能又は著しく困難であると認められる緊急やむを得ない特別の事情が存する場合を除くほか，原則として許されないものというほかなく，本件特約は，そのような特別の事情がない場合に適用される限りにおいて，公序良俗に反し，無効であるといわざるを得ない。」

　「被告Y₁の再三にわたる催告にまったく応じない原告方の電話が留守番電話になっていることが多かったというだけでは，本件行為の当時，……特別の事情があったということは到底できない。その他，右特別の事情があった

ことを認めるに足りる証拠はない。」

「右によれば、本件特約は、本件において適用する限り無効というほかなく、したがって、仮に原告が賃貸人との間で本件特約についての合意をしたとの事実が認められるとしても、本件行為が本件特約に基づいて行われたこと理由として違法性を欠くとの被告らの主張は、失当である。」

(2) 被告Y_1（管理会社）の管理責任について

「水道管の破裂等の危険な事象が生じ得る現実のおそれがある場合に、管理業者が、右危険の回避のため、必要かつ相当な範囲で措置を講ずることは、一般に許容されるというべきである。」

「本件行為の当時、本件居室について、水道管の破裂等の危険な事象が生じ得る現実のおそれは、客観的に存在しなかったし、被告Y_1においてそのようなおそれがあると考えるような事情も存在しなかったということができるから、本件行為は、被告Y_1の管理責任を果たすために必要な行為であったということはできないといわざるを得ない。したがって、本件行為の相当性について判断するまでもなく、これが被告Y_1の管理責任を果たすためのものとして違法性を欠くということはできない。」

(3) 損害賠償責任

「以上によれば、本件行為は、原告の平穏に生活する権利を侵害するものであって、これについて、特に違法性を欠くべき事情も認めることができないから、結局、被告らは、本件行為によって原告に生じた損害を賠償する責任がある。」

(4) 原告の損害

慰謝料の額は10万円をもって相当とすべきであり、錠取替費用1万7850円も損害となり、弁護士費用は2万円が相当である。

(5) 主　文

① 被告らは、原告に対し、連帯して13万7850円及びこれに対する平成10年12月6日から支払済みまで年5分の割合による金員を支払え。

② 原告のその余の請求をいずれも棄却する。

③ 訴訟費用は、これを8分し、その7を原告の負担とし、その余は被告らの負担とする。

④　この判決は，第①項に限り，仮に執行することができる。

■控訴

(ｳ)　賃借人の立入承諾特約に伴う管理会社に対する立入り・使用妨害行為による不法行為に基づく慰謝料等請求事例（原告賃借人X_1の被告管理会社Yに対する上記甲事件に原告賃貸会社X_2の被告賃借人X_1への未払賃料・修理費請求の乙事件が併合されている。）〔一部認容（甲事件：原告賃借人X_1の被告管理会社Yに対する慰謝料5万円を認容（乙事件：原告賃貸会社X_2の被告賃借人X_1への未払賃料のみ認容））〕（東京地判平18・5・30判時1954号80頁）

■事　案

　甲事件原告賃借人X_1は，平成15年12月20日，乙事件原告賃貸会社X_2からマンションの1室（以下「本件建物」という。）を賃借した（以下「本件賃貸借契約」という。）。本件賃貸借契約書には「賃借人が賃料を滞納した場合，賃貸人は，賃借人の承諾を得ずに本件建物に立ち入り適当な処置をすることができる」旨の条項（以下「本件立入条項」という。）が，賃借人X_1が差し入れた承諾書には「1か月以上賃料及び共益費（管理費）を滞納した場合，契約解除（借家一時使用中止も含む）を行う事を承諾致します」旨の条項（以下「本件使用中止条項」という。）が，それぞれある（以上の条項を「本件特約」という。）。

　本件建物の被告管理会社Yは，賃貸会社X_2の委任を受けたうえ，平成17年7月22日ころ，賃料の滞納が2か月分に及んでいるとして，賃貸借契約を直ちに解除する旨の内容証明郵便を送付し，その後同年8月29日と30日の2回にわたり，管理会社Y従業員は，賃借人X_1不在中に本件建物の扉に施錠具を取り付け，本件建物に立ち入り，窓の内側に侵入防止のための施錠具を取り付けるなどして（以下「本件立入り等」という。），賃借人X_1が本件建物を使用できないようにした。

　賃借人X_1は，平成17年9月10日，本件建物を，管理会社Yに対して明け渡したが，同月の日割賃料3万6666円を支払っていない。賃借人X_1が明け渡した本件建物についての室内壁紙の張り替え及びクリーニング費用の見積

額は20万0592円である。

■請　求

(1) 賃借人の管理会社に対する請求（甲事件）

　甲事件原告賃借人X₁は，被告管理会社Yに対し，本件立入り等は不法行為にあたるとして，Yの従業員が窃取した住居内の現金18万円相当額及び慰謝料100万円及びこれらの合計118万円に対する不法行為後の日である平成17年9月1日から支払済みまで民法所定の年5分の割合による遅延損害金の支払を求めた。

(2) 賃貸人の賃借人に対する請求（乙事件）

　乙事件原告賃貸会社X₂は，乙事件被告賃借人X₁に対し，未払賃料3万6666円及び汚損修理費用20万0592円及びこれらの合計23万7258円に対する訴状送達の日の翌日である平成18年4月26日から支払済みまで商事法定利率年6分の割合による遅延損害金の支払を求めた。

■争　点

(1) 管理会社Y従業員による本件立入等の適法か
(2) 本件立入り等によって賃借人X₁が被った精神的苦痛に対する慰謝料の額
(3) 管理会社Y従業員が本件立入り等の際賃借人X₁が本件建物内に保管していた現金18万円を窃取したか否か
(4) 賃借人X₁は，賃貸借契約書の破損・汚損箇所修復費用負担条項に基づき，修復工事費を負担する義務があるか

■判示事項

(1) 賃借人X₁の管理会社Yに対する請求（甲事件）

　本件立入条項，本件使用中止条項は，賃借人X₁に対して賃料の支払や本件建物からの退去を強制するために，法的手続によらずに，賃借人X₁の平穏に生活する権利を侵害することを認容することを内容とするものであり，このような手段による権利の実現は，法的手続によったのでは権利の実現が不可能又は著しく困難であると認められる緊急やむを得ない特別の事情がある場合を除くほかは，原則として許されないというべきであって，本件特約は，そのような特別の事情があるとはいえない場合に適用されるときは，公

序良俗に反して無効であるというべきである。

　管理会社Ｙの従業員による本件立入り等は，賃借人X₁の本件建物において平穏に生活する権利を侵害する違法な行為というべきであり，本件立入り等は，管理会社Ｙの業務の執行としてなされたものであるから，管理会社Ｙは，民法715条に基づき，本件立入り等によって生じた賃借人X₁に生じた損害を賠償する責任がある。管理会社Ｙの従業員の現金18万円窃取を理由とする損害賠償を求める請求は理由がなく，管理会社Ｙに対し慰謝料5万円及びそれに対する不法行為後の日である平成17年9月1日から支払済みまで年5分の割合による遅延損害金の支払を求める限度で，賃借人X₁の請求を認容する。賃借人X₁のその余の請求を棄却する。

(2) 賃貸人の賃借人に対する請求（乙事件）

　賃借人X₁に対して本件建物壁紙張り替え費用及びクリーニング代相当額の支払を求める部分は理由がない。未払賃料3万6666円及びこれに対する訴状送達の日の翌日である平成18年4月26日から支払済みまで商事法定利率年6分の割合による遅延損害金を求める限度で認容する。賃貸会社X₂のその余の請求を棄却する。

(3) 訴訟費用・仮執行

　① 訴訟費用は，賃借人X₁に生じた費用の36分の1と管理会社Ｙに生じた費用の20分の1を管理会社Ｙの，賃借人X₁に生じた費用の36分の5と賃貸会社X₂に生じた費用の6分の5を賃貸会社X₂の，その余を賃借人X₁の各負担とする。

　② 甲事件及び乙事件のその余の請求を棄却した項を除き，仮に執行することができる。

■確定

(エ) 保証会社による賃借人の占有排除・借室内動産処分行為に伴う保証会社に対する不法行為に基づく及び保証会社代表者に対する会社法429条1項に基づく財産的損害・慰謝料等請求事例（被告Y₁は原告賃借人と賃料等債務保証委託契約を締結した保証会社，被告Y₂は当該保証会社代表者）〔一部

第3節　身近な損害賠償関係事件について
第2　不動産売買・賃貸借における損害賠償請求

認容（被告らに対し，財産的損害各自30万円，精神的慰謝料各自20万円，弁護士費用各自5万円を認容）〕（東京地判平24・9・7判時2171号72頁）

■事　案

　原告賃借人は，平成21年7月7日，賃貸会社とマンションの居室（以下「本件居室」という。）の賃貸借契約（以下「本件賃貸借契約」という。）を締結してその引渡しを受けた。本件賃貸借契約には，「賃貸人又は賃貸人の指定する者は，火災による延焼を防止する必要がある場合あるいは，その他緊急の必要がある場合においては，あらかじめ賃借人の承諾を得ることなく，本物件に立ち入ることができる。」との緊急時管理行為の条項がある。原告賃借人は，その際，被告保証会社Y_1との間で，原告賃借人が本件賃貸借契約上負担する賃料等債務について保証委託契約（以下「本件保証委託契約」という。）を締結した。本件保証契約には「被告保証会社及び連帯保証人は原告賃借人の安否及び本物件の利用状況を確認するために緊急と認められる場合，本物件の合鍵を賃貸人から借り受けて賃貸人及びその代理人とともに本物件に立ち入ることができる」との条項がある。

　原告賃借人は，賃料の支払を初回から怠り，被告保証会社Y_1は平成21年8月28日，賃貸人管理会社に同年8月分の賃料を代位弁済し，その後も原告賃借人の賃料滞納は続き，被告保証会社Y_1は，同年11月分から平成22年7月分まで毎月の賃料の代位弁済をした。

　被告保証会社Y_1は，原告賃借人に対し代位弁済に係る求償金の支払を求め，本件居室への訪問，原告賃借人の携帯電話への架電，郵便による催告，連帯保証人である原告賃借人の父親への電話での催促をした。

　平成22年1月までは，被告保証会社Y_1の代位弁済に係る求償金の支払は辛うじて行われていた。

　平成22年1月20日の入金を最後に，原告賃借人は，賃貸人管理会社への賃料支払及び被告保証会社Y_1に対する求償金の支払を一切しなくなった。被告保証会社Y_1は，本件居室への訪問，原告賃借人の携帯電話への架電，原告賃借人の連帯保証人である父親への支払を求めるなどした。被告保証会社Y_1は，同年5月16日には本件居室ドアに「安否確認による室内立入りの通

知」と題する被告保証会社Y_1名の書面を挟んだ。被告保証会社Y_1は，同年7月11日には，賃貸人管理会社とともに本件居室を訪れ，合鍵を使って開錠し，室内の状況を確認した。室内の大型冷蔵庫内部には虫がわき，ペット飼育禁止に違反して犬1頭が放置されていた。被告保証会社Y_1は，「緊急避難に係わる室内立入りの通知」と題する被告保証会社Y_1名の書面をドアの内側に貼った。同書面には，本件保証委託契約の条項に基づいて本件居室を開錠したこと，同月13日15時までに連絡がない場合自主退去及び室内残留物の所有権放棄をしたものと判断し処分する旨が記載されていた。

同年7月19日，被告保証会社Y_1は，業者に依頼して，本件居室内の物品（以下「本件物品」という。）の搬出及び処分をし，賃貸人管理会社において鍵の付け替えをした。原告賃借人が仕事から帰宅したところ，本件居室の鍵が付け替えられており，室内に入れない状態となっていた。原告賃借人が，同日，被告保証会社Y_1担当者に連絡をとったところ，本件物品はすべて搬出したこと，業者に依頼して焼却処分する予定であることを告げられた。原告賃借人は，その後，平成22年12月に新しい住居が見つかるまで，サウナの仮眠室や原告賃借人所有自動車の中で夜を過ごす日が続いた。原告賃借人は，同年9月2日，被告保証会社Y_1に57万7794円を支払い，被告保証会社Y_1が代位弁済した賃料に係る求償債務は完済となった。

■請　求

被告保証会社Y_1の本件居室への立入り，ドアの鍵の付け替え，本件物品を持ち去り処分した行為は，刑事罰の対象となるものであり，原告賃借人のプライバシー権，居住権等を侵害する違法な行為であり，不法行為を構成する。被告保証会社代表者Y_2は，被告保証会社Y_1が業務として日常的にこのような違法行為を行っていたところ，これを止めるような指示をしなかった点で，取締役としての職務を行うについて悪意又は重大な過失があったというべきであり，会社法429条1項に基づく責任を負う。

以上により，被告らが賠償すべき損害は以下のとおりとなる。

(1)　財産的損害

本件物品の総額は，火災保険の家財簡易評価表によると270万円を下らない。

(2)　精神的損害

原告賃借人は，平成22年7月19日から同年12月末まで，サウナ仮眠室や原告所有自動車の中で寝泊まりする生活を強いられ，処分された本件物品を買い直すまで生活必需品を欠くことになり，日常生活に重大な支障が生じた。これによる原告賃借人の精神的苦痛を慰謝する賠償額は100万円を下らない。

(3) 弁護士費用

原告は，上記損害を回復するために弁護士に依頼して本件訴訟を提起せざるをえず，被告らの不法行為等と相当因果関係のある弁護士費用の額は37万円が相当である。

(4) よって，原告は，被告らに対し，被告保証会社Y₁に対しては不法行為に基づく損害賠償として，被告保証会社代表者Y₂に対しては会社法429条1項に基づき，連帯して407万円及びこれに対する不法行為の日である平成22年7月19日から支払済みまで民法所定の年5分の割合による遅延損害金の支払を求める。

■争　点
(1) 被告保証会社Y₁の不法行為責任
(2) 損害額
(3) 被告保証会社代表者Y₂の責任

■判示事項
(1) 被告保証会社Y₁の不法行為責任について

① 平成22年7月11日に被告保証会社Y₁が本件居室に立ち入ったこと自体は，原告の安否が不明といわざるをえない中での状況確認のための緊急やむをえない措置（緊急避難）として，違法性を欠くというべきである。よって，同日の本件居室への立入りについて，被告保証会社Y₁の不法行為の成立は認められない。

② 同年7月19日，被告保証会社Y₁が本件居室に立ち入り，業者に依頼して本件物品を搬出して処分した行為が不法行為の客観的要件を充足することは明らかである。本件は客観的には無断退去の事案ではなかったことが明らかであり，被告保証会社Y₁において，無断退去であると判断することに足りる必要にして十分な調査がされていたということもできないので，被告保証会社Y₁には，少なくとも過失があったというべ

きである。
③　被告保証会社Y_1は，原告賃借人からの保証委託を受けて本件賃貸借契約上の賃料等債務を連帯保証している保証会社にすぎないのであって，原告賃借人に対し，代位弁済に係る求償権を行使することはできても，本件居室からの退去，明渡しを求めることができる立場にあるわけではない。そうすると，実力をもって原告賃借人の占有を排除する行為は，そもそも，被告保証会社Y_1の権利を実現するものではなく，この点で，およそ「自力救済」といえるものですらない。
④　被告保証会社Y_1は，保証会社としてのリスクをコントロールするため，保証限度額を設定するなどの措置を講ずることも可能だったはずであり，仮に，当初の予想を超えるような悪質な賃借人に直面することとなったとしても，賃貸人に働きかけて，賃貸借契約の解除及び明渡しに係る権能を発動するよう求めるのが筋であって，そのような方策を取ることができないほど緊急性があったとは認められない。
⑤　以上によれば，被告保証会社Y_1は，平成22年7月19日の本件居室への立入り，本件物品の搬出及び処分につき，不法行為に基づく損害賠償責任を免れない。被告保証会社Y_1は，鍵の付け替えについても，少なくとも賃貸人管理会社との共同不法行為責任を免れない。

(2)　損害額について

①　財産的損害

比較的価値あるものは，本件居室入居同時6万円程度で購入した洗濯機，約6万円で購入した冬用の新品のウェットスーツ，約8万円で購入後かなりの年数が経ったダウンジャケット，飼犬は後に原告賃借人に回収されたこと，などの事実から，その損害額を30万円と認めた。

②　新たな住居を見つけるまでの生活等に伴う精神的慰謝料20万円

③　弁護士費用5万円

④　以上により，原告賃借人の被告保証会社Y_1に対する請求は，55万円及びこれに対する不法行為の日である平成22年7月19日から支払済まで民法所定の年5分の割合による遅延損害金の支払を求める限度で理由がある。

(3) 被告保証会社代表者Y₂の責任について

① いわゆる「追出し」行為が社会的に問題となり，その後の行政指導もあり，業界を挙げて対策の強化に乗り出していた本件当時の状況を考えると，家賃等債務の保証を業として行う被告保証会社Y₁においては，実力をもって賃借人の占有排除を行うような業務執行については，特に慎重な法令遵守が求められていたというべきであり，被告保証会社代表取締役Y₂においては，この点について違法な業務執行が行われないように会社内の業務執行態勢を整備すべき職務上の義務を負っていたというべきである。ところが，被告保証会社Y₁においては慎重な法令遵守の要求に応えるだけの業務執行態勢が整備されていなかったといわざるをえない。この点について，被告保証会社Y₁代表者Y₂には，代表取締役としての任務懈怠があり，かつ，この任務懈怠については，故意又は重大な過失があるというべきである。そして，この任務懈怠行為と原告賃借人の損害との間の相当因果関係も認めることができる。

② よって，原告賃借人の被告保証会社代表者Y₂に対する請求は，(2)④と同額の限度で，これを認容する。

(4) 主　文

① 被告らは，原告に対し，連帯して，55万円及びこれに対する平成22年7月19日から支払済みまで年5分の割合による金員を支払え。

② 原告のその余の請求をいずれも棄却する。

③ 訴訟費用は，これを7分し，その6を原告の負担とし，その余を被告らの負担とする。

④ この判決は，原告勝訴部分に限り，仮に執行することができる。

■確定

イ　建物賃貸人の鍵交換行為に伴う損害賠償事例

(ア) 賃貸人による鍵交換行為による賃借人の閉め出しに伴う不法行為に基づく賃料相当損害金・慰謝料等請求事例〔一部認容（賃料相当損害金4万0687円，日用品等の出費5万1000円，慰謝料50万円，代理人費用6万円を認

容）〕（大阪簡判平21・5・22判タ1307号183頁・判時2053号70頁）

■事　案

　原告賃借人は，被告賃貸人から，マンションの居室（本件建物）を平成20年2月に，翌月分を当月末に支払う約定で賃借した。原告賃借人は，同年5月ころから登録派遣の仕事が減り，収入が減った。原告賃借人は，同年7月分までの賃料は期限に10日ないし19日遅れて支払っていた。原告賃借人は，同年8月20日まで同年8月分の賃料を支払わなければ鍵を取り換える旨催告されたが，その日までに8月分の賃料を支払わなかった。被告賃貸人は，8月29日，本件建物の鍵を交換し，賃料の支払を受けた9月26日に元の鍵に戻すまで（29日）原告を閉め出した。また，原告賃借人は，同年10月分の賃料も期限までに支払わなかったところ，被告賃貸人は，同年10月31日にも本件建物の鍵を交換し，同年11月4日に元の鍵に戻すまで（5日）原告賃借人を当該建物から閉め出した。

■請　求

　原告賃借人は，■事案の鍵交換により，本件建物から閉め出されたことで，居住権が侵害され，損害を被ったとして，被告賃貸人に対し，不法行為に基づいて，締め出された期間の逸失利益32万8000円，慰謝料100万円，代理人費用7万2000円の合計140万円及びこれに対する訴状送達の日の翌日（平成20年12月16日）から支払済みまで民法所定の年5分の割合による遅延損害金の支払を請求した。

■争　点

(1) 鍵交換実施日及び本件建物使用ができなかった期間
(2) 鍵交換の違法性
(3) 本件鍵交換によって原告が被った損害

■判示事項

(1) 被告側の社内記録等に基づいて，被告の主張どおり，鍵交換実施日は平成20年8月29日と同年10月31日であり，鍵を元に戻した日は平成20年9月26日と同年11月4日とし，建物使用ができなかった期間は合計で34日であると認定する。

(2) 賃貸人が賃貸建物の鍵を交換し賃借人を当該建物から締め出し間接的に未払賃料の支払を促そうとした行為について，自力救済の問題ではなく，その賃貸人の行為は通常許される権利行使の範囲を著しく超えるもので，賃借人の平穏に生活する権利を侵害する行為であり，賃借人に対する不法行為を構成する。

(3) 賃貸建物を使用できなかった賃料相当損害金4万0687円（29日分。2回目の閉め出し期間について賃料支払義務は発生していない。），日用品等の出費5万1000円（1日1500円×34日）及び慰謝料50万円，代理人費用6万円の合計65万1687円及びこれに対する平成20年12月16日から支払済みまで年5分の割合による遅延損害金の範囲で原告の請求を認める。

(4) 主　文
① 被告は，原告に対し，65万1687円及びこれに対する平成20年12月16日から支払済みまで年5分の割合による金員を支払え。
② 原告のその余の請求を棄却する。
③ 訴訟費用はこれを100分し，その46を被告の負担とし，その余を原告の負担とする。
④ この判決は，第①項に限り，仮に執行することができる。

■控訴

平成21年5月22日判決言渡
平成20年（ハ）第42609号　慰謝料等請求事件

判　　決

主　　文

1　被告は，原告に対し，65万1687円及びこれに対する平成20年12月16日から支払済みまで年5分の割合による金員を支払え。
2　原告のその余の請求を棄却する。
3　訴訟費用はこれを100分し，その46を被告の負担とし，その余を原告の負担

とする。
　4　この判決は，第1項に限り，仮に執行することができる。

事実及び理由

第1　請　求
　被告は，原告に対し，140万円及びこれに対する平成20年12月16日から支払済みまで年5分の割合による金員を支払え。
第2　事案の概要
　本件は，建物賃借人である原告が，賃貸人である被告に対し，賃料未払いを理由に玄関の鍵を取り替えられたという不法行為によって損害を被ったと主張して，民法709条に基づいて，慰謝料，逸失利益の賠償，代理人費用の合計140万円及びこれに対する訴状送達日の翌日である平成20年12月16日から支払済みまでの民法所定の年5分の割合による遅延損害金の支払請求をした事案である。
　1　争いのない事実及び証拠により容易に認められる事実（証拠によって認定した事実は末尾に証拠番号を付記した。）
　　(1)　原告は昭和46年生まれの男性であり，被告は自らの所有する不動産の賃貸等を業とする不動産会社である（甲1）。
　　(2)　平成20年2月23日，原告と被告は，以下のとおりの賃貸借契約を締結した。
　　　賃貸人　　　被告
　　　賃借人　　　原告
　　　連帯保証人　A（以下，「A」という。）
　　　目的物件　　被告所有の大阪市城東区（以下略）所在△△△○○○号室（以下，「本件建物」という。）
　　　期間　　　　平成20年2月23日から平成22年2月22日まで
　　　賃料月額　　4万3500円
　　　（内訳）　　家賃　　　　3万4000円
　　　　　　　　　共益費　　　7000円
　　　　　　　　　水道使用料　2500円
　　　支払日　　　毎月末日限り翌月分を支払う
　　　遅延損害金　賃料の支払いを遅延したときは，遅延損害金として5000円を期日までに支払わなければならない。
　　(3)　原告は，上記賃貸借契約を締結したころにはアスベスト除去等を業務とする会社の正社員であり20万円ほどの月収があった。平成20年3月末に同社

第3節　身近な損害賠償関係事件について
第2　不動産売買・賃貸借における損害賠償請求

を退社し，派遣登録（主に引越作業）をしたが，仕事が減り，同年5月ころからは収入が月7万円から8万円程度となった。被告は平成21年4月から生活保護を受けている。（以上，甲12，原告本人）

(4) 事実経過

ア　平成20年5月19日，原告は被告に対し，5月分の賃料4万3500円と1年分の町内会費3600円の合計4万7100円を，約定より19日間遅れて支払った。すると，被告は，6月分の賃料4万3500円に加えて遅延損害金5000円を支払うように原告に要求した。

イ　同年7月10日，原告は7月分の賃料4万3500円を，約定より10日遅れて支払った。すると，被告は，前回と同様に遅延損害金5000円を支払うように原告に請求した。

ウ　原告が同年7月末日までに8月分の賃料を支払わなかったところ，被告から原告に督促の電話がかかり，原告が「少し待って下さい。」と頼んだら，被告は，「（8月）20日までに払って下さい。払わないと鍵を交換しますよ。」と答えた。

エ　被告は，同年8月，原告の留守中に，本件建物玄関の鍵を取り替え（実際に鍵交換をしたのは，被告の従業員のBとCである一証人D），（以下，「8月鍵交換」という。），原告は，自宅に入ることができなかった。

オ　原告は被告に対し，同年9月26日に，延滞賃料等5万8000円を支払い，同日，被告が鍵を元に戻したので，被告は約1か月ぶりに自宅に戻ることができた。

カ　原告は，同年9月末までに，被告から請求されていた5万7500円（内訳，前月までの未払い残高9000円，10月分賃料4万3500円，遅延損害金5000円）を支払わなかった。

キ　被告は，同年10月，再び本件建物玄関の鍵を取り替え（以下，「10月鍵交換」という。），原告は，本件建物を使用することができなかった。

ク　原告は，司法書士に相談し，数日後に鍵を元に戻してもらって本件建物に戻り，それ以降現在に至るまで，本件建物に居住している（甲12，原告本人，弁論の全趣旨）。

ケ　原告は，同年10月から現在に至るまでの本件建物の賃料を支払っていない（原告本人，弁論の全趣旨）。

2　争点及び当事者の主張
(1) 鍵交換の実施日及び本件建物使用ができなかった期間
（原告）

8月鍵交換は，平成20年8月25日に行われ，鍵が元に戻されたのが同年9月26日だった。
　　10月鍵交換は，同年10月21日に行われ，鍵が元に戻されたのが同月29日だった。
　　したがって，鍵交換によって原告が本件建物を使用できなかった期間は，合計で32日＋9日＝41日間である。
（被告）
　　8月鍵交換を実施したのは，同年8月29日で，鍵を元に戻したのが同年9月26日である。
　　10月鍵交換を実施したのは，同年10月31日で，鍵を元に戻したのが同年11月4日である。
　　したがって，鍵交換によって原告が本件建物を使用できなかった期間は，合計で29日＋5日＝34日間である。
(2)　鍵交換の違法性
（原告）
　　被告が玄関の鍵を交換して原告を本件建物から閉め出した行為は，原告の居住権の侵害であり，不法行為を構成する。
（被告）
　　原告は賃料滞納の常習者であり，賃貸人である被告との信頼関係を著しく悪化させてきた。鍵交換は，本人や保証人に連絡の上，保証人から「本人と連絡が取れないので，一度部屋を閉めて欲しい。」という要望を受けて行ったものである。鍵交換については，再三警告を行っており，賃料を支払わなければ実施されることは十分予見できたはずである。
(3)　本件鍵交換によって原告が被った損害
（原告）
　ア　逸失利益　　　32万8000円
　　　被告の2回の閉め出し行為によって，原告が本件建物から閉め出された期間は，合計41日間である。この間，原告は快適な自宅を使用することができず，劣悪な状態に置かれた。これにより原告が受けた損害は，1日あたり8000円を下らず，8000円×41日＝32万8000円となる。
　イ　慰謝料　　　100万円
　　　被告の加害行為によって，原告は，計り知れない多大の精神的苦痛を被った。この精神的苦痛に対する慰謝料は100万円を下ることはない。
　ウ　代理人（弁護士，司法書士）費用　　　7万2000円

原告は一般市民であり，本件事案の性質からして，原告自身が本件訴訟を追行することは著しく困難であり，また代理人による訴訟提起によらなければ被告が容易に損害賠償に応じないことも明らかである。したがって，代理人費用のうち少なくとも7万2000円は，被告の加害行為と相当因果関係のある損害として被告に負担させるべきである。

（被告）

損害の計算に関しては争う。

第3 争点に対する判断

1 鍵交換の実施日及び本件建物使用ができなかった期間について

原告の主張する鍵交換実施日及び本件建物使用ができなかった期間は，原告の記憶に基づくものであるが，原告自身が認めているとおり（甲12，原告本人），その記憶は必ずしも正確ではない。一方，被告の主張する鍵交換の実施日及び原告が建物使用をすることができなかった期間は，被告側の賃料督促経過報告書等の社内記録に基づくもの（乙1，証人D）なので，信用することができる。したがって，被告の主張のとおり，鍵交換実施日は，8月鍵交換が平成20年8月29日で，10月鍵交換が同年10月31日であり，鍵を元に戻したのが平成20年9月26日と同年11月4日なので，建物使用ができなかった期間は合計で34日間であると認定する。

2 鍵交換の違法性について

(1) 被告は，鍵を交換し原告を本件建物から閉め出すことによって，間接的に未払賃料の支払を促そうとしたものと推認されるが，被告のこうした行為は通常許される権利行使の範囲を著しく超えるもので，原告の平穏に生活する権利を侵害する行為であり，原告に対する不法行為を構成するのは明らかである。

(2) 私人が司法手続によらずに自己の権利を実現するいわゆる自力救済は原則として禁止されており，例外的に事態の急迫性や損害回復の困難性等を要件として認められる場合があり得ると解されるが，本件の場合は，そのような自力救済として許される場合であるかどうかを検討するまでもなく，違法な行為であるというべきである。

まず，被告は原告に対する未払賃料債権を有していたが，被告が例えば原告の財産を直接に取り上げて弁済に充当するというような自力執行をしたわけではなく，鍵交換・ロックアウトという圧力をかけて間接的に未払賃料を支払わせようとしたものなので，自力救済の問題ではなく，権利の催告の方法としての相当性の問題であるということ，次に，被告は，本件建物の賃貸

借契約を解除しているわけではないので，被告は原告に対し建物の明け渡しを求める権利を有せず，被告がロックアウトによって事実上原告の建物占有権を排除しているのは単なる建物の不法侵奪にすぎず，やはり自力救済の問題ではないからである。
　(3)　被告は，鍵の交換は，連帯保証人Ａの要望を受けて実施したと主張するが，同人の陳述書（甲13）によると，同人の側から積極的に要請したものではなく，被告の従業員Ｂからの度重なる督促電話に疲れ切って「そうなら仕方がないですね。」と応えたにすぎないことが認められる。仮に，Ａのこの応答が鍵交換の要請ないし同意と認めることができたとしても，被告の鍵交換の違法性の判断に影響を及ぼすものではない。そもそも，Ａには，原告が「部屋を使えない状態に（甲13のＢの言葉）」する権限はないので，Ａが同意したとしても，原告に鍵交換の権利が発生するわけではないからである。
3　建物賃貸及び管理業者としての被告の行為の違法性について
　(1)　証人Ｄの証言によれば，以下の事実が認められる。
　　被告は，本件建物以外にも，何か所かの自社所有あるいは管理物件の建物の管理をしている（全部で460室分）が，賃借人が賃料を滞納した場合の対処法として，日常的に鍵交換を実施していた。被告は従業員に対し，特に鍵交換作業の研修のようなことは行っていなかったが，従業員は，物件明渡時鍵交換作業をすることによって鍵交換の技術を身につけていった。鍵交換は，物件担当従業員の個人的判断で行われるのではなく，被告会社の方針で，業務の一環として実施されていたものである。本件の２回の鍵交換も，実施したのは被告の従業員のＢとＣであるが，事前に被告会社宛に鍵交換の申請書を提出し，社内で協議した上で行われたものである。被告は鍵交換によって，賃借人とトラブルを起こしたり，損害賠償請求をされたことがあった。しかし，賃借人を相手に建物明渡等の民事訴訟を起こしたことはなかった。
　(2)　また，ＢとＣは鍵交換の際に本件建物内に立ち入っているものと推認される（甲13）。
　(3)　建物賃貸や管理を業とする被告のこのような法律無視の鍵交換や住居侵入行為は，国民の住居の平穏や居住権を侵害する違法な行為として厳しく非難されなければならない。
4　原告の損害
　　被告の不法行為によって，原告が被った損害は以下のとおりである。
　(1)　逸失利益等

第3節　身近な損害賠償関係事件について
第2　不動産売買・賃貸借における損害賠償請求

　原告が被告に対し，快適な自宅を使用することができなかったことによる損害として逸失利益の名目で被告に対して賠償請求している損害は，被告の2回の閉め出し行為によって原告が被ったすべての損害から精神的苦痛に対する慰謝料を除いた損害であると解することができる。

　被告の閉め出し行為によって，原告が本件建物の使用ができなかった期間は，前記認定のとおり，合計34日間であり，原告は，その内の9月分の賃料を支払っている（そもそも使用収益のできなかった期間の建物使用の対価なので支払う必要はなかったのであるが）。そうすると，原告が本件建物から閉め出されたことにより，まずその間の賃料相当額の損害が発生しているといえる。その損害額は，4万3500円÷31日＝1403円→1403円×29日＝4万0687円である。なお，2回目の5日間の閉め出し期間については賃料支払義務が発生していない（その間の賃料相当額も支払っていない）ので，賃料相当額の損害も発生しない。

　次に，閉め出されたことによって，閉め出されなければ必要のなかった費用を原告が出捐しているものと推認される。原告は，1回目に閉め出されたときは，当初，1泊1800円の西成のあいりん地区のホテルサンプラザに泊まり，3日後に同地区にある1泊1400円の福祉マンション（丸昌アパート）に移り，2回目の閉め出しの際には，最初の2日間は友人宅に泊めてもらったが，その後は同福祉マンション等に泊まった（甲12，原告本人，弁論の全趣旨）。福祉マンション等の一日当たりの宿泊費は本件建物の賃料と大差はないともいえるが，自分の部屋に置いてある着替えや日用品等が使用できないので，当然その分の出費が必要となるものと推認されるので，1日当たり1500円の出費を，閉め出し行為と相当因果関係のある損害と認める。その分の損害額は，1500円×34日＝5万1000円である

(2)　慰謝料

　原告は，平成20年8月29日の夜，帰宅したところ，突然，玄関の鍵が取り替えられていて（8月鍵交換）自宅に入ることができず，数千円在中の財布，携帯電話及び煙草のみを所持しているだけの着の身着のままで路頭に放り出された。そして，その後の10月鍵交換による閉め出しと合わせて34日間もの長期間にわたって，原告は，平穏に生活する権利を侵害され，西成区のドヤ街から仕事に通うなど，不自由な生活を余儀なくされ，多大な精神的苦痛を被ったことが認められる（以上，甲7ないし12，原告本人）。

　原告の精神的苦痛に対する慰謝料の額として，上記事実に加え，不動産賃貸業者である被告が日常的にこうした不法行為を繰り返していたことをも考慮し

て，50万円を認める。
　(3)　代理人費用
　　事案の難易，認容額等を考慮すると，被告の不法行為と相当因果関係のある損害としての代理人費用は，6万円とするのが相当である。
5　結　論
　　以上によれば，原告の請求は，逸失利益等9万1687円，慰謝料50万円，代理人費用6万円の合計65万1687円及びこれに対する平成20年12月16日から支払済みまで年5分の割合による遅延損害金の支払を求める限度で理由があるのでこれを認容し，その余の請求は理由がないので棄却する。
　　　大阪簡易裁判所民事第7係
　　　　　　裁　判　官　　　篠　田　隆　夫

(ｲ)　賃貸人による鍵交換行為による賃借人の閉め出しに伴う不法行為に基づく賃料相当損害金・慰謝料等請求事例〔原判決（一部認容）維持（賃料相当損害金4万0687円，日用品等の出費5万1000円，慰謝料50万円，代理人費用6万円を認容）〕（大阪地判平21・11・13消費者法ニュース83号63頁（(ｱ)の控訴審判決））

■事　案
　(ｱ)に同じ。
■請　求
　(ｱ)に同じ。
■争　点
　(ｱ)に同じ。
■判示事項
　「本件居室の所有者かつ賃貸人である被控訴人による本件各鍵交換は，法律の定める手続によらずに，一方的に本件居室の賃借人である原告の居住を妨げる違法な行為であることが明らかである。
　控訴人は，本件各鍵交換以前に本件居室の賃料を滞納しているが，このような事情は，本件各鍵交換の違法性を阻却すべき事情とは認められない。」と

して，原判決を維持した。
■上告・確定不明

ウ　家賃等の悪質な取立て行為に伴う損害賠償事例

(ア)　家賃保証会社従業員の高圧的な電話での取立て行為・玄関ドアへの督促書面の貼付行為の不法行為に伴う使用者責任に基づく家賃保証会社に対する慰謝料・損害金名目で取り立てられた金員・代理人費用の損害賠償請求事例〔一部認容（慰謝料5万円，損害金名目で取り立てられた金員5000円，代理人費用1万円を認容）〕（大阪地判平22・5・28判時2089号112頁）

■事　案
(1)　原告は，平成19年7月26日，Aとの間で，家賃1か月8万5000円（共益費込み），毎月末日限り翌月分支払等との約定で本件居室の賃貸借契約を締結し，原告の父とともに同居室に居住していた。原告は，同日，本件居室のあるマンション管理会社である本件賃貸借契約の仲介業者の紹介により，被告との間で，本件賃貸借契約に基づき原告がAに対して負う債務につき保証委託契約を締結し，被告は，同日，原告のAに対する本件賃貸借契約に基づく債務につき，連帯保証した。
(2)　被告は，平成20年9月10日，同月分の家賃の支払が確認できなかったので，Aに対し，本件連帯保証契約に基づき8万5000円を支払った。
(3)　原告は，被告に連絡し，同月16日まで，同月25日までと，2度支払猶予を申し入れた。被告回収担当者は，同年9月25日，原告からの家賃の支払が確認できず，原告携帯電話に電話をしてもつながらなかったので，本件居室を訪問し，原告及びその父が不在であったことから，玄関ドアに督促状等との表題の付された立替家賃に5000円を加算した9万円の支払を督促する書面を貼り付けた。
(4)　その後，原告は，4万5000円を支払い，10月分の家賃を支払い，9月分の残額を支払った。

■請　求

家賃を滞納していた借家人である原告が，原告の委託に基づき原告の家賃支払債務を保証していた家賃保証会社である被告の従業員から違法な取立て行為等を受けたなどとして，被告に対し，使用者責任に基づき，損害賠償金110万5000円（慰謝料100万円，損害金名目で取り立てられた金員5000円，代理人費用10万円）及びこれに対する訴状送達の翌日である平成20年12月14日から支払済みまで民法所定年5分の割合による遅延損害金の支払を求める。

■争　点
(1) 被告従業員による不法行為の有無
(2) 損害額

■判示事項
(1) 本件居室前の通路を通行する他の入居者が督促状等という表題が付された書面を見ることにより，本件居室の入居者である原告が，家賃等の支払を遅滞し，債権者から取立てを受けている旨認識し，又は容易に推知しうるといえるから，本件貼付書面を玄関に貼り付けることは，他人に知られることを欲しないことが明らかな家賃等の支払状況というプライバシーに関する情報を不特定の人が知りうべき状態に置き，もって原告の名誉を毀損するものであるというべきであって，社会通念上相当とされる限度を超える違法な取立て行為というべきである。

(2) 被告従業員の高圧的な口調でかつ自ら賃貸借契約の解除権を有しているかのごとく述べ，未払立替賃料8万5000円を超える9万円の請求をした行為は，社会通念上相当とされる限度を超えるものであって，不法行為を構成するというべきである。

(3) 損害額
  ① 慰謝料　5万円
  ② 損害金名目で取り立てられた金員　5000円
  ③ 代理人費用　1万円

(4) 主　文
  ① 被告は，原告に対し，6万5000円及びこれに対する平成20年12月14日から支払済みまで年5分の割合による金員を支払え。

② 原告のその余の請求を棄却する。
③ 訴訟費用はこれを20分し，その1を被告の，その余を原告の各負担とする。
④ この判決は，第①項に限り，仮に執行することができる。

■確定

第3 物損事故に伴う特別な損害賠償請求

1 物損事故に伴う特別な損害賠償請求

(1) 物損に関連する慰謝料

　一般に，物的損害〔物損〕に対する慰謝料は認められない（「交通事故訴訟・損害賠償額算定基準上2014」214頁11，「三訂注解交通損害賠償算定基準(上)」420頁，「大阪地裁交通損害賠償算定基準〔3版〕」11頁(6)・66頁(6)，岡口「要件事実マニュアル2巻〔4版〕」506頁3）。

　物損であっても，被害者のその物に対する特別の愛情が侵害されたようなときや，その物損が被害者の精神的平穏を著しく害するような場合には，慰謝料が認められることがある。ただ，この場合でも，被害者の個人の極めて特殊な感情まで保護されるわけではなく，結局は，一般人の常識に照らして判断される（「三訂注解交通損害賠償算定基準(上)」421頁）。

(2) ペットに関する損害

ア　ペットの治療費等

　一般に，不法行為によって物が毀損した場合の修理費等については，そのうちの不法行為時における当該物の時価相当額に限り，これを不法行為との間に因果関係がある損害とすべきものであるとされている。

　損害賠償請求する際の損害は，人的損害〔人損〕と物的損害〔物損〕に分けられ，動物であるペットに関して生じた損害は，人に関する損害ではないので，物的損害〔物損〕として扱われる。

　しかし，愛玩動物（ペット）のうち家族の一員であるかのように扱われているものが，不法行為によって負傷した場合の治療費等については，生命をもつ動物の性質上，必ずしも当該動物の時価相当額に限られるとすべきではなく，そのペットの当面の治療費や，その生命の確保・維持に必要不可欠なものについては，時価相当額を念頭に置いたうえで，社会通念上，相当と認められる限度で，不法行為との間に因果関係のある損害にあたると解すべきである。

イ　ペットに関する慰謝料

　近時，犬などの愛玩動物（ペット）は，飼い主との間の交流を通じて，家族の一員であるかのようになり，飼い主にとってかけがえのない存在となっていることが少なくない。そして，そのような動物が不法行為によって，死亡したり，死亡にも匹敵する重い傷害を負って，飼い主が精神的苦痛を受けたときは，それは社会通念上，合理的な一般人の被る精神的損害ということができ，このような場合は，財産的損害の賠償によっては慰謝されることのできない精神的苦痛があるものとみることができる。したがって，このような場合，財産的損害に対する損害賠償のほかに，慰謝料を請求することができると解される。

(3)　ペット同士の事故における損害賠償請求の根拠☆

> ☆　動物の占有者等の損害賠償責任→本章**第2節第2・13**（20頁）参照。

　ペット同士の事故により，ペットに怪我・死亡等の損害が生じた場合，不法行為に基づいて損害賠償を請求するには，民法718条の動物の占有者等に責任に基づいて請求することができる。

　動物の占有者は，その動物が他人に加えた損害を賠償する責任を負うとされている（民718条1項本文）。当該占有者は，動物の種類及び性質に従い相当の注意をもってその管理をしたときは，その責任を負わないとされている（民718条1項ただし書）☆。これは，被害者保護の観点から，過失の主張立証責任が，加害者側に転換されているのである。占有者に代わって動物を管理する者も，同様に責任を負うとされている（民718条2項）。被害者側としては，過失の立証ができるのであれば，民法709条に基づく損害賠償請求をすることもできる。

　この動物の占有者等の責任は，無過失責任に近づいているといわれている（内田「民法Ⅱ〔3版〕」482頁）。

> ☆　飼主は民法718条1項ただし書の「相当の注意」を尽くしたとされた事例→東京地判平19・3・30判時1993号48頁。

　この動物の占有者等の責任は，飼犬等が，他人の飼犬等に襲いかかり，当該他人やその飼犬に損害が発生した場合に適用されている（春日井簡判平11・12・

27判タ1029号233頁（飼犬同士の事故）（**2**(2)ア（113頁）参照），名古屋地判平18・3・15判時1935号109頁（飼犬同士の事故）（**2**(2)ウ（125頁）参照），大阪地判平21・2・12判時2054号104頁（飼猫が飼犬に噛み殺された事故）（**2**(2)オ（130頁）参照））。

(4) 土地の工作物等の占有者及び所有者の責任について☆

> ☆ 土地の工作物等の占有者及び所有者の責任（民717条）→**本章第2節第2・12**（19頁）参照。

民法717条の土地の工作物等の占有者及び所有者の責任の対象となる「土地の工作物」については，通常，土地に接着して人工的に作り出された物というとされている（本章**第2節第2・12**（19頁）参照）が，マンション備付けの消火器が投下され隣家の屋根が損傷した事例において，当該消火器に土地の工作物性を認め，マンション所有者に民法717条の土地の工作物責任を認めた裁判例がある（大阪地判平6・8・19判タ873号200頁・判時1525号95頁（**2**(3)オ（140頁）参照））。

2 物損事故に伴う特別な損害賠償請求事例

表）物損事故に伴う特別な損害賠償請求事例一覧表

(1) 車両損害に対する慰謝料請求事例

	事 例	裁判例	認容内容
ア	車両（メルセデスベンツ）所有会社及び使用者による同車両に衝突した車の運転手の使用者に対する民法715条に基づく慰謝料等請求事例（車両（メルセデスベンツ）所有会社 X_1，同車使用者 X_2）	東京地判平元・3・24 交民集22巻2号420頁	修理費を認め，その他慰謝料等については請求棄却
イ	貨物自動車とクラッシックカー（ホンダS800オープン42年式）の事故においてクラッシックカーの所有者が貨物自動車運転手の使用者に対し民法715条に基づき修理費・慰謝料・弁護士費用を請求した事例	神戸地判平3・5・28 交民集24巻3号606頁	修理費として時価270万円及び弁護士費用27万円を認め，慰謝料請求を棄却

(2) ペットに関する治療費・葬儀費用・慰謝料請求事例

	事 例	裁判例	認容内容
ア	飼犬同士の事故による死亡に伴う民法709条及び718条に基づく飼犬の代価・慰謝料請求事例	春日井簡判平11・12・27判タ1029号233頁	飼犬の時価8万円，慰謝料3万円，治療費12万3500円の合計23万3500円から過失相殺20％を差し引き（18万6800円），支払を受けている治療費分12万3500円を差し引いた6万3300円を認容
イ	ペットに関する不法行為に基づく火葬費用・慰謝料請求事例（AとペットにB運転の車が追突し，Aとペットが死亡し，Aの夫原告 X_1 及びAの子原告 X_2・X_3 が，亡Bの相続人父（その後死亡しその	東京高判平16・2・26 交民集37巻1号1頁	原告 X_1 について被告らに対し火葬費用2万7000円，慰謝料5万円を認め，自賠責保険か

	事例	裁判例	認容内容
	妻（亡Ｂの母被告Y₁）及び子被告Y₂・Y₃が相続）母に損害賠償請求）		らのてん補額を控除して認容
ウ	飼犬同士の事故による死亡に伴う民法718条1項本文及び709条に基づく飼犬の購入代金・治療費・火葬代・慰謝料等請求事例（原告X₁～X₃は飼主で，原告X₁が飼犬と散歩中に本件事故に遭った）	名古屋地判平18・3・15判時1935号109頁	原告らについて合計飼犬の治療代金1万4900円，死亡診断書作成費8000円，火葬代1万7850円を認容し，原告X₁について自身の治療費1万9100円，慰謝料30万円を認容し，原告X₂・X₃について慰謝料各10万円を認容し，弁護士費用（原告X₁：3万円，原告X₂・X₃：各1万5000円）を認容
エ	自動車事故に伴う運転手に対する民法709条に基づく及び使用者に対する民法715条に基づくペットの治療費・慰謝料請求事例（原告X₁・X₂は飼主で，被告Y₁が自動車の運転手，被告会社Y₂はその使用者）	名古屋高判平20・9・30交民集41巻5号1186頁	原告X₁・X₂について治療費等それぞれ6万8250円，慰謝料それぞれ20万円とし，1割の過失相殺をし，それぞれ24万1425円の損害，弁護士費用それぞれ2万5000円を，被告ら各自に対し認容
オ	ペット同士の事故における民法718条1項本文に基づく慰謝料請求事例	大阪地判平21・2・12判時2054号104頁	慰謝料20万円認容

(3) 不動産被害に対する慰謝料請求事例

	事例	裁判例	認容内容
ア	車が突入して建物1階部分及び営業用什器等を損壊したことについて民法709条	大阪地判平元・4・14交民集22巻2号476頁	建物・什器備品等の損壊による損害

	により建物・什器備品等の損壊による損害・休業損害・減収損害・慰謝料・弁護士費用等を請求した事例		390万6036円，店舗休業による損害11万3192円，運送業休業による損害4万7778円，慰謝料30万円を認容してそれらの損害てん補105万円の支払を認め，弁護士費用30万円を認容し，営業再開後の減収損害，その他の損害を棄却
イ	2台の対向車が衝突してその一方車両である2トントラックにより建物への衝突・損壊を受けた建物所有者が一方車両運転手の使用者2名（被告Y_1・Y_2）に対し民法715条に基づき，他方車両運転手（被告Y_3）に対し民法709条に基づき，建物修復費，慰謝料，ホテル宿泊費，賃料相当損害金，弁護士費用をそれぞれ請求（一部請求）した事例	大阪地判平5・12・17交民集26巻6号1541頁	被告ら各自に対し，建物修復費436万8745円，慰謝料50万円及び弁護士費用50万円の支払を認容し，ホテル宿泊費，賃料相当損害金を棄却
ウ	車が原告ら共有の2階建居宅・店舗に衝突して店舗部分が全壊したことに伴い，車の運転者に対し不法行為に基づき，車の運転者の父に対し重畳的債務引受けによる自賠責法3条の類推適用及び民法709条に基づき，それぞれ，建物修理代，什器備品代，営業損害，従業員の給料，慰謝料，弁護士費用を請求した事例	横浜地判平6・5・24交民集27巻3号643頁	請求棄却（建物修理代1338万0750円，什器備品代241万2260円，営業損害42万4482円と認定し，従業員給料の損害を認めず，慰謝料30万円として，合計損害1651万7492円に対し，被告らから700万円，損害保険金1974万1794円，合計2674万1794円のてん補

			を受けており，残損額額はなく，弁護士費用も認められない。）
エ	建物・庭の被害に関する損壊車両の運転手に対する民法709条に基づく及び使用者に対する民法715条に基づく補修費・慰謝料等請求事例（被告会社Y_2の職務執行中の被告Y_1の運転する車が，民家に激突し，当該民家所有者が死亡し，その相続人である妻X_1，子X_2〜X_4が損害賠償請求した。）	岡山地判平8・9・19 交民集29巻5号1405頁	被告らに対し各自，建物・庭の補修代465万9720円，慰謝料50万円，弁護士費用50万円を認め，それらの損害を相続したとして，原告X_1について1/2の額，原告X_2〜X_4について各1/6の額を認容
オ	マンション廊下備付消火器落下による屋根の損壊に伴う当該マンション所有者に対する民法717条に基づく慰謝料請求事例	大阪地判平6・8・19 判タ873号200頁・判時1525号95頁	屋根等の修理代合計10万8665円，慰謝料20万円，弁護士費用5万円を認容

(1) 車両損害に対する慰謝料請求事例

> ア　車両（メルセデスベンツ）所有会社及び使用者による同車両に衝突した車の運転手の使用者に対する民法715条に基づく慰謝料等請求事例（車両（メルセデスベンツ）所有会社X_1，同車使用者X_2）〔修理費用を認め，その他慰謝料等については請求棄却〕（東京地判平元・3・24交民集22巻2号420頁）

■事　案

　昭和63年5月6日，被告被用者の業務執行中のAが運転する被告車（普通乗用自動車）が後退する際に自車後方の安全をまったく確認しないまま後退したところ，原告会社X_1所有の原告車（メルセデスベンツ500SL）の右扉に被告車後部を衝突させ，原告車を破損した。

　原告車両は原告X_2が仕事に使っていたものであり，修理期間に約1か月かかり，その間原告X_2はタクシーを使って仕事に行った。

■請　求

　原告らは，被告に対し，民法715条に基づき，原告会社X_1につき86万6613円（修理費用53万1330円，評価損25万6500円，弁護士費用7万8783円）及び原告X_2につき66万円（車両（メルセデスベンツ500SL）損害に対する慰謝料60万円，弁護士費用6万円）並びに当該各金員に対する本件事故発生日の後である昭和63年5月7日から支払済みまで民法所定の年5分の割合による遅延損害金の各支払を求める。

■争　点

(1)　Aの過失の有無及び過失相殺の有無
(2)　原告会社X_1の損害及び原告X_2の損害

■判示事項

(1)　Aには，被告車を後退させる際右後方の安全を確認しなかった過失があり，当該過失により本件事故に至ったことが明らかである。
(2)　原告会社X_1の損害
　　① 修理費用

証拠によれば，原告会社X_1は原告者の修理代として53万1330円を支払い，同額の損害を被ったことが認められる。

② 評価損

自動車が事故によって破損し，修理しても技術上の限界等から回復できない顕在的又は潜在的な欠陥が残存した場合には，被害者は，修理費のほか当該技術上の減価等による損害賠償を求めうるというべきであるが，原告車は，本件事故により，修理後技術上の欠陥が残存したことを認めるに足りる証拠はないので，原告会社X_1の評価損を認めることができない。

③ 弁護士費用

本件訴訟前，被告は本件事故につき修理費用全額を賠償する旨を原告らに申し出ていたにもかかわらず，原告らは修理費のほか評価損及び慰謝料を被告に請求したことから訴訟に至ったことが認められ，本件訴訟に伴う弁護士費用は本件事故と相当因果関係にある損害ということはできず，弁護士費用の請求は失当である。

(3) 原告X_2の損害

① 慰謝料

不法行為によって財産的権利が侵害された場合であっても，財産以外に別途に賠償に値する精神上の損害を被害者が受けたときには，加害者は被害者に対し慰謝料支払の義務を負うものと解すべきであるが，通常は，被害者が財産的損害のてん補を受けることによって，財産的侵害に伴う精神的損害も同時にてん補されるものといえるのであって，財産的権利を侵害された場合に慰謝料を請求しうるには，目的物が被害者にとって特別の愛着を抱かせるようなものである場合や，加害行為が害意を伴うなど相手方に精神的打撃を与えるような仕方でなされた場合など，被害者の愛情利益や精神的平穏を強く害するような特段の事情が存することが必要であるというべきである。

本件では，原告X_2は原告車（メルセデスベンツ500SL）を仕事に使用し，修理期間中（約1か月間）はタクシーを利用して仕事をせざるをえなかったことが認められるものの，原告X_2に特段の事情が存したことを認めるに足りる証拠はなく，原告X_2の精神的苦痛は財産的損害の賠償とは別に慰

謝料を認めるべき程度には至らないものというべきであるから，原告X₂の慰謝料請求は失当である。
　② 弁護士費用
　前記①の慰謝料請求が認められない以上，これが認容されることを前提とする弁護士費用の請求が理由のないことは明らかである。
(4) 過失相殺
　本件事故の際，Bが原告車を運転していたことは当事者間に争いがない。Bは，原告車を整備点検のため原告会社X₁から預かったC会社の経営者であることが認められ，B及びC会社は原告会社X₁と身分上，生活関係上一体をなすものということはできないので，Bの過失を理由に過失相殺を主張することは許されず，他に原告会社X₁に斟酌すべき過失を認めるに足りる証拠はないから，過失相殺の主張は理由がない。
(5) 主　文
　① 被告は，原告会社X₁に対し，53万1330円及びこれに対する昭和63年5月7日から支払済みまで年5分の割合による金員を支払え。
　② 原告会社X₁のその余の請求及び原告X₂の請求をいずれも棄却する。
　③ 訴訟費用は原告らの負担とする。
　④ この判決は，第①項に限り，仮に執行することができる。
■控訴・確定不明

イ　貨物自動車とクラッシックカー（ホンダS800オープン42年式）の事故においてクラッシックカーの所有者が貨物自動車運転手の使用者に対し民法715条に基づき修理費・慰謝料・弁護士費用を請求した事例〔一部認容（修理費として時価270万円及び弁護士費用27万円を認め，慰謝料請求を棄却）〕
（神戸地判平3・5・28交民集24巻3号606頁）

■事　案
　平成元年1月26日，普通貨物自動車が駐車中の原告クラッシックカー（ホンダS800オープン42年式）に衝突し，原告車は，道路脇溝に落下し全損となっ

た。貨物自動車の運転手の使用者は被告である。

■請　求
(1)　普通貨物自動車と衝突したクラシックカーの所有者である原告が，同貨物自動車の運転手の使用者（被告）に対し，民法715条に基づき，損害賠償（原告車修理代352万1155円，原告車破損に伴う慰謝料100万円，弁護士費用46万3000円）を請求した。
(2)　被告は，原告に対し，498万4155円及びうち452万1155円に対する平成元年1月27日から，うち46万3000円に対する平成3年5月29日（1審判決言渡日の翌日）から，いずれも支払済みまで年5分の割合による金員を支払え。

■争　点
原告車破損に伴う慰謝料の有無

■判示事項
(1)　関係販売会社が原告車に近似する車両を店舗で販売する場合，その小売価格が250万円から270万円であること，原告は，本件事故前，原告車を日々丹念に手入れし磨き上げていたこと（原告車の事故前における外観・機能は販売会社の小売りにも耐えうるものと推認できる。）が認められる。そうすると，原告車の時価は270万円と推認され，本件損害としての修理費は270万円と認めるのが相当である。
(2)　財産権の侵害により，仮に原告に何らかの精神的苦痛もしくは損害が生じたとしても，特段の事情の認められない本件においては，財産権の侵害による財産的損害がてん補されれば，精神的苦痛・損害も同時にてん補されたと見るのが相当である。よって，原告主張の慰謝料は，これを肯定することはできない。原告は，原告車両に特別の愛着心をもっていたことが推認できるが，特別の愛着心に対する侵害とそれによる精神的苦痛は通常生ずべき損害とは認めがたく，特別の愛着心の存在をもって特別の事情に該当するということはできない。
(3)　弁護士費用　27万円
(4)　主　文
　　①　被告は，原告に対し，297万円及び270万円に対する平成元年1月27日から，うち27万円に対する平成3年5月29日から，いずれも支払済み

まで年5分の割合による金員を支払え。
② 原告のその余の請求を棄却する。
③ 訴訟費用は，これを5分し，その2を原告の，その3を被告の各負担とする。

■控訴・確定不明

(2) ペットに関する治療費・葬儀費用・慰謝料等請求事例

> ア 飼犬同士の事故による死亡に伴う民法709条及び718条に基づく飼犬の代価・慰謝料請求事例〔一部認容（飼犬の時価8万円，慰謝料3万円，治療費12万3500円の合計23万3500円から過失相殺20％を差し引き（18万6800円），支払を受けている治療費分12万3500円を差し引いた6万3300円を認容）〕（春日井簡判平11・12・27判タ1029号233頁）

■事　案
(1) 原告の母は，平成11年7月24日午後7時ころ，原告の飼犬に手綱をつけて公園を散歩していたところ，3匹の犬を連れて散歩中の被告に出会い，被告が右手に手綱をもっていた犬が突然原告の飼犬の方へ走り出し，被告が前のめりに転びそうになって手綱を離した。そして，被告の当該犬は原告の飼犬の左胸部に咬みついた。
(2) 被告は，すぐに原告の飼犬に咬みついた犬の手綱を掴み，3匹の犬を連れて公園を出て行った。その間，原告の母は，被告に「どこの人？」と尋ねたが，被告は何も答えなかった。原告の飼犬は，5分ほど放心状態で動かなかった。原告の母は，近所の人が通りかかったので，3匹の犬を連れたおじいさんは誰かと尋ねたところ被告だとわかった。そのうち，原告の飼犬は動き出し，普通に排泄をしたので帰宅した。
(3) 帰宅後，原告の母は，町内の人の紹介で獣医Aに電話をすると，「（普通に歩けるのなら）大丈夫だから，近くに往診に行くから，ついでに寄ります。」とのことであった。午後7時過ぎから8時までのころ，原告らが被告宅に行った際，被告の妻が，「かかりつけの獣医につれていってもいい」といい，

原告はA先生に診てもらうといって帰宅した。
(4) 原告の飼犬は，7月26日A獣医が往診し，午後8時A犬猫病院へ入院，胸部咬傷のため胸郭内に膿が溜まり肺炎を併発しており，手術をしたが，翌27日午前3時50分死亡した。
(5) A犬猫病院の治療費12万3500円（葬儀費用2万5000円を含む。）を被告が支払った。

■請　求
(1) 被告には，飼犬を散歩させる際，手綱をしっかりもち，飼犬が他人に危害を加えないよう注意すべき義務があるにもかかわらず，これを怠り，漫然と散歩させた過失がある。
(2) 原告は，被告に対し，民法709条及び718条による損害賠償として，38万円（飼犬の代価18万円，慰謝料20万円）及びこれに対する事故の日である平成11年7月24日から支払済みまで民法所定年5％の割合による遅延損害金の支払を求める。

■争　点
(1) 被告の過失の有無，原告側の過失の有無
(2) 原告の損害

■判示事項
(1) ■事案(1)〜(5)の事実を証拠によって認定。
(2) 被告は，事故当時66歳であったが，視力や聴力が通常人より落ちていたにもかかわらず，一度に中型犬3匹を連れて散歩をしていた。いずれも手綱をつけてはいたが，本件のような事故を予見し周囲に注意を払い，自分の犬が他人や他の犬などに突然飛びかかろうとしたときに犬の動作を十分制御できる態勢をとっていなければならないのにこれを怠り，漫然と散歩し，かつ，被告の飼犬が走り出した時，手綱を離してしまい原告の飼犬の傷害を未然に防止することができなかった被告の過失は大きい。
(3) 原告の母は，事故発生前に3匹の犬を連れている被告を認めたのであるから，万一の場合を予見警戒し，被告の犬が襲ってくる前に原告の飼犬を引き寄せ抱き上げるなどの措置をとるべきであった。原告の飼犬は，平成8年散歩中に他の犬に咬まれ獣医の治療を受けたことがあるのであるから，

突然の出来事ではあるが、手綱をつけた小型軽量な犬を連れた原告側にも危険を避けうる余地はあったと思われ、この点に過失があったといわなければならない。

　また、原告の飼犬受傷後の措置については、不幸にも事故の発生が土曜日の夕方であったこと、傷を受けた直後の原告の飼犬は自分で歩ける症状であったこと、A獣医の指示により往診を待ったことなどを考慮すれば原告の対処はやむをえないようにみえる。しかし、原告の飼犬の症状は次第に悪化していったのだろうから、遅くとも月曜日の午前にはA獣医なり他の獣医の診療を求めるなど、救命のために適切な対応がなされるべきであった。

(4)　そうすると、双方の過失割合は、原告に20％、被告に80％と認めるのが相当である。

(5)　原告の飼犬は、本件当時8歳前後と推定でき、老犬期に入っていたこと、血統書の存否がわからないこと、飼育の状況等を考慮すると、時価は8万円をもって相当とする。

　原告とその家族は、長年にわたり原告の飼犬を朝夕散歩させ、時には傍らでともに食事させるなど、愛撫飼育してきたが、突然の事故を目の当たりにし治療の効なく死亡したのであるから、かなりの精神的打撃を受けたことは首肯できる。しかし、本件は被告の過失の度合が大きいとはいえ、犬同士の本能的行動によるものであること、その他、証拠によって認められる本件に関する一切の事情を考慮し、原告の受けるべき慰謝料額は3万円をもって相当とする。

(6)　そうすると、原告の飼犬の時価8万円、慰謝料3万円、治療費12万3500円の合計23万3500円から過失相殺により20％を差し引くと被告の賠償額は18万6800円となり、原告の被った損害のうち治療費12万3500円は、被告が全額支払済みであるから、これを差し引くと、原告が被告に請求しうる損害額の合計は6万3300円となる。

(7)　主　文
　① 　被告は、原告に対し、6万3300円及びこれに対する平成11年7月24日〔事故の日〕から支払済みまで〔民法所定の〕年5％の割合による金員〔遅

延損害金〕を支払え。
② 原告のその余の請求を棄却する。
③ 訴訟費用は，これを2分し，それぞれを各自の負担とする。
④ この判決は，①項に限り，仮に執行することができる。

■確定

平成11年12月27日判決言渡
平成11年（ハ）第182号　損害賠償請求事件

判　　　決

主　　　文

1　被告は，原告に対し，金6万3300円及びこれに対する平成11年7月24日から支払済みまで年5パーセントの割合による金員を支払え。
2　原告のその余の請求を棄却する。
3　訴訟費用は，これを2分し，それぞれを各自の負担とする。
4　この判決は，1項に限り，仮に執行することができる。

理　　　由

第1　請求の趣旨
　被告は，原告に対し，金38万円及びこれに対する平成11年7月24日から支払済みまで年5パーセントの割合による金員を支払え。
第二　請求原因の要旨
　本件は，次の事故により原告が被った損害の賠償請求である。
（事故の態様）
一　平成11年7月24日午後7時ころ，原告の飼い犬（ポメラニアン種・雄・7歳・呼び名「ゲンキ」，以下ゲンキという）を原告の母親長江スミ子が原告宅前の霜畑公園で散歩させていたところ，3匹の飼い犬を連れていた被告に遭遇した際，そのうちの1匹が突然被告の手綱を離れてゲンキに襲いかかり，その左側胸部に咬みつき，ゲンキは，その傷が原因で同月27日死亡した。
（事故の原因）

二　右事故の原因は，被告には飼い犬を散歩させる際，手綱をしっかり持ち，飼い犬が他人に危害を加えないよう注意すべき義務があるにもかかわらず，これを怠り，漫然と散歩させた過失による。

（原告の損害）

三　1　原告の飼い犬の代価　　18万円
　　2　慰謝料　　　　　　　　20万円
　　　　合計　　　　　　　　　38万円
　　3　治療費　　　　　　　　12万3500円は平成11年8月19日受領済み

（結論）

四　よって原告は被告に対し，民法709条及び718条による損害賠償として，38万円及びこれに対する事故の日である平成11年7月24日から支払済みまで民法所定の年5パーセントの割合による遅延損害金の支払を求める。

第三　被告の答弁及び主張

一　請求棄却の判決を求める。

二　原告主張の事故が発生し，それが原因で原告の飼い犬が死亡したことは認めるが，原告にも相応の過失責任がある。

三　原告の損害は争う。

（事故の態様）

四　1　被告は，当日の午後4時ころ，いずれも体長60〜70センチ，体高30〜40センチの3匹の犬の散歩に霜畑公園へ行き，右手に1匹左手に2匹，それぞれ手綱をつけて持っていた。左手の手綱は，手元は1本で先が2つに分かれている。

　　2　藤棚の辺りへ来たとき，12〜3メートル先に原告の母が立っていて，そのまわりを手綱をつけていないゲンキが走り回っていた。そのうちゲンキは，こちらに向かってキャンキャン吠え立てた。そのとき，被告の右手の犬プチ（以下プチという）が突然そちらへ向かって走り出し，被告は前のめりに転びそうになり，おもわず手綱を離した。プチはそのままゲンキのところへ行き，2匹の犬はじゃれ合っているように見えた。

　　3　そのうち，原告の母はゲンキを抱きかかえて公園を出ていき，被告も再びプチの手綱をつかみ散歩を続けた。従って，その時点ではプチがゲンキを咬んだことは全く気づかず，原告の母もそのようなことは全く言わなかった。

　　4　プチがゲンキを咬んだことは，当日午後7時30分ころ，原告及び原告の母が被告の自宅へ来て話したので初めて知った。

（因果関係）

五　1　被告は，相当の注意義務をもって手綱をつけ犬を散歩させていた。
　　2　原告は，比較的小型のゲンキを散歩させる以上，他の犬に遭遇すること及び犬同士の喧嘩も予想されるので，手綱をつけて危険が発生した場合は直ちに引き寄せ，抱きかかえるなどして被害を未然に防ぐべき注意義務があるのに，手綱をつけず放し飼いの状態で遊ばせていたのであり，これが本件事故の最大の原因である。

　　　犬を連れていたのは原告自身でなく，その母親であるが，このことは原告自身の責任を軽減すべき事情にならない。
　　3　原告は，事故後直ちにゲンキを病院へ連れていき，獣医の手当てを受けさせ被害病状の悪化を防止すべきであった。当日は土曜日であったが，事故は午後4時ころであり獣医の治療を受けることは可能であった。

　　　午後7時30分ころ，原告らが被告自宅へ来た際，被告は「こちらでその犬を病院へ連れていくから獣医に診てもらいましょう」と申し入れたが原告は「明日，先生に往診してもらうようにしたから，その必要はない」と断った。原告が被告の申し出を受けて，すぐに治療を受けさせればこのような結果にならなかったと思われる。

　　　結局，原告は7月26日夕方になって，ようやく中村犬猫病院へ連れていったが既に手遅れで手術の甲斐もなく死亡した。事故後直ちに治療を受けさせていれば死を免れた可能性は高かった。
　　4　要するにゲンキの死について，その責任の大半は原告自身にある。

（損害）

六　1　原告は，ゲンキの購入代金が18万円（以前の請求では22万円と主張していた）であるとして請求するが，その犬がそのような高価であるとは思われず，一般的に高価な犬は血統書など相当な証拠があるはずである。しかも平成3年か4年に購入したというなら既に7歳か8歳になっており購入当初の価値があるとは思えない。犬の代価に関する請求の根拠はない。
　　2　本件の事実関係においては，原告が慰謝料を請求できるような筋合いではない。

（訴訟外の和解）

七　被告は，原告の損害の一因が被告にあることを否定するものではなく，法律上の責任額を超えるゲンキの治療代全額の12万3500円を既に支払い，原告との間に訴訟外の和解が成立しているので，それ以上の請求を受けるべきいわれはない。

第四　原告の反論

第3節　身近な損害賠償関係事件について
第3　物損事故に伴う特別な損害賠償請求　　　　　　　　　　119

（事故の態様）
一　原告の母が，ゲンキを連れて帰宅したのは午後7時ころであり，事故の発生時刻は午後6時半過ぎである。ゲンキには手綱をつけていたので，原告の母のまわりを走り回っていないし，吠え立てたこともない。

　　被告の連れていた犬は2匹が中型犬，1匹が大型犬であった。それを見て喧嘩になるといけないと思い北の方へ引っ張って行った。しかし，直ぐに被告が連れていた3匹が吠え立て，そのうちの大型犬が被告の手綱を振り切ってゲンキのところへ来て，いきなりガブリと咬みつきゲンキを放り投げた。原告の母は自身の危険も感じ足で追い払おうとした。その間に被告が他の犬に引っ張られて来た。ゲンキを咬んだ犬の手綱は2つ繋いで長かったので被告は手綱をすぐに掴めた。「おじいさん，どこの人？」と尋ねたが被告は何も答えず，南の通路から公園の外へ出ていってしまった。

　　ゲンキは5分ほど放心状態で動かなかった。そこへ近所のおばさんが通りかかったので，あの3匹の犬を連れたおじいさんは誰かと尋ねたところ松本さんだと知った。やがて，ゲンキは動きだし，普通に排泄を済ませたので帰宅した。

（因果関係）
二　大型ないし中型の犬を，一度に3匹も両手に手綱を握り老人が連れ歩くことが「相当の注意義務」を果たしていたとはいえない。近隣の話では，被告はいつも大きな3匹の犬を連れて散歩しているが，高齢で体力的に無理があり，その管理は危ないと評判になっていた。今は1匹と2匹の2回に分けて散歩しているようである。以前，被告がハスキー犬を飼っていたころも，力の強い犬におじいさんが引っ張られるのを見て，危ないと評判であった。

　　原告の母は，ゲンキに手綱をつけていた。

　　ゲンキには掛かりつけの獣医があったが，当日が土曜日であり午後7時近かったので諦めていたところ，原告の母が同町内の安藤方へ行き，中村医院を紹介してもらい，安藤宅で電話してもらったら「（普通に歩けるのなら）大丈夫だから，近くへ往診に行くから，ついでに寄ります」とのことだったので中村先生にお願いして帰宅した。

　　午後8時ころ，原告らが被告宅へ行った際，被告は風呂に入っているとのことで被告の妻が応対した。同人は「うちの掛かりつけの獣医に連れていってもいいけれど，息子がおらんで土日は無理だわ」と言うので原告は「それなら中村先生に診てもらいます」と言って帰宅した。7月26日の夕方に中村獣医が往診しゲンキを病院へ連れて行った。その後，手術をしたが，その甲斐なく死亡したのであって，原告はゲンキの救命のため万全の対応をしている。

（損害・訴訟外の和解）
三　いずれも被告の主張を争う。
第五　当裁判所の判断
（事故の態様・被告の過失について）
一　証拠（証人洞崎正幸，同長江スミ子の各証言，被告本人尋問の結果，甲１ないし５及び乙１ないし３）並びに弁論の全趣旨によれば，本件事故の態様は，次のとおりであったと認めることができ，この認定に反する被告本人の供述部分及び乙２の記載部分は，前記証拠に照らし，直ちに信用することができない。
 1　原告の母である訴外長江スミ子（以下，スミ子という）は，本件事故当日の午後７時ころ，ゲンキに手綱をつけて霜畑公園を散歩していたところ，３匹の犬を連れて散歩中の被告に出会い，そのうちの被告が右手に手綱を持っていたプチが突然ゲンキの方へ走り出し，被告は前のめりに転びそうになって手綱を離した。プチはゲンキの左胸部に咬みついた。
　　被告は，すぐにプチの手綱を掴み，やがて３匹を連れて公園を出て行ったが，その間，「おじいさん，どこの人？」と尋ねたが被告は何も答えなかった。ゲンキは５分ほど放心状態で動かなかった。そこへ近所の人が通りかかったので，あの３匹の犬を連れたおじいさんは誰かと尋ねたところ松本さんだと知った。そのうちにゲンキは動きだし，普通に排泄を済ませたので帰宅した。
 2　帰宅後スミ子は，同町内の安藤の紹介により中村獣医に電話してもらったら「（普通に歩けるのなら）大丈夫だから，近くへ往診に行くから，ついでに寄ります」とのことだった。
　　午後７時過ぎから８時までのころ，原告らが被告宅へ行った際，被告の妻が応対し，うちの掛かりつけの獣医に連れていってもいいけれど云々と言い，原告は中村先生に診てもらいますと言って帰宅した。
 3　ゲンキは７月26日中村獣医が往診し，午後８時中村犬猫病院へ入院，胸部咬傷のため胸郭内に膿が溜まり肺炎を併発しており，２時間15分を要した手術をしたが，翌27日午前３時50分死亡した。
 4　原告は，平成11年７月29日被告に対し，ゲンキ購入金として22万円を請求した。
 5　その後，中村犬猫病院の治療費12万3500円（葬祭費用２万5000円を含む）を被告が支払った。
 6　被告は，右の治療費を支払ったことで本件については訴訟外の和解が成立したと主張するが，その事実を認めるに足る証拠はない。
二　被告は，事故発生の時刻は午後４時ころと供述するが，スミ子は毎日朝夕ほぼ

第3節 身近な損害賠償関係事件について
第3 物損事故に伴う特別な損害賠償請求

定時にゲンキを散歩させており，夕方は民放のサスペンス劇場を見てから出かけるのが常であったというし，事故は目撃していないがそのころ同公園を散歩していた人がいるので，事故発生は午後7時ころと認められる。

被告は，スミ子はゲンキに手綱をつけておらず，立っているスミ子のまわりを走り回っていた，プチとゲンキは，じゃれ合っているように見えた，その時点ではプチがゲンキを咬んだことは全く気づかず，スミ子もそのようなことは全く言わなかったというが，被告のこれらの点についての供述は明瞭に見聞した結果でなく曖昧であって採用できない。

被告は，事故当時66歳であったが，視力や聴力が通常人より落ちていたにもかかわらず，一度に中型犬3匹を連れて散歩していた。いずれも手綱をつけてはいたが，本件のような事故を予見し周囲に注意を払い，自分の犬が他人や他の犬などに突然飛びかかろうとしたときに犬の動作を十分制御できる態勢をとっていなければならないのにこれを怠り，漫然と散歩し，かつ，プチが走り出したとき，手綱を離してしまいゲンキの傷害を未然に防止することが出来なかった被告の過失は大きい。

一方，スミ子は原告の母親でゲンキの占有補助者といえるが，事故が発生する前に3匹の犬を連れている被告（これまでに出会ったことのない人と犬であった）を認めたのであるから，万一の場合を予見警戒し，プチが襲ってくる前にゲンキを引き寄せ抱き上げるなどの措置をとるべきであった。平成8年散歩中に他の犬に咬まれたことがあり獣医に治療を受けたことがあるというのであるから，突然の出来事ではあるが，手綱をつけた小型，軽量な犬を連れた原告側にも危険を避けうる余地はあったと思われ，この点に過失があったといわなければならない。

また，ゲンキ受傷後の措置については，原告らが被告宅へ行った時刻に食い違いがあるほか，治療先をめぐる双方の応答内容も明確に認定しがたいが，不幸にも事故の発生が土曜日の夕方であったこと，傷を受けた直後のゲンキは自分で歩ける症状であったこと，中村獣医の指示により往診を待ったことなどを考慮すれば原告の対処は止むを得ないようにみえる。

しかし，ゲンキの症状は次第に悪化していったのだろうから，遅くとも月曜日の午前には中村獣医なり他の獣医の診察を求めるなど，救命のために適切な対応がなさるべきであった。

そうすると，双方の過失割合は，原告に20パーセント，被告に80パーセントと認めるのが相当である。

(原告の損害について)

三　証人洞崎は，ゲンキを平成２年か３，４年にペットショップから総額18万円で購入したが首輪など付属品は２万円くらいだったと思う，半年ほどして家庭の事情から飼育できなくなったので原告に無償で譲渡した，血統書があり当初は額に入れて飾っていた，原告は血統書は要らないと言った，後日金庫に移したが空き巣に金庫ごと盗まれた，最近ペットショップを通じ血統書の再発行を交渉したがリストがなく番号がわからないので出せないと言われた，その際ゲンキのような犬の時価をきいたら少なくとも８万円くらいということだった，と証言する。

　スミ子は，平成２年，夫と２人で瀬戸市に住んでいたころゲンキを貰った，平成７年夫が死亡し，以後は現住所で原告である息子と住み，その間ずっとゲンキを飼育し，玄関先で寝起きさせて毎日朝夕の２回散歩させていた，息子が貰ってきたので生年月日は知らないし血統書のこともわからない，年に１度の予防接種は必要かも知れないが受けていない，遺体の処理と葬儀は総て獣医に任せたのでよくわからない，私たちはゲンキを長年家族同様に可愛がってきたので悲しくてならないと述べている。

　これらを総合すると，ゲンキは本件当時８歳前後と推定できる。一般に犬の平均寿命は12〜３年といわれているから，ゲンキは既に老犬期に入っていたこと，血統書の存否がわからないことに加えて，原告が譲渡を受けた経緯と原告方での飼育の状況などを考慮すれば，小型室内愛玩犬であるポメラニアン種は人気があるとはいえ，ゲンキの時価は８万円をもって相当と認める。

　現在の社会現象として少子化，核家族化，高齢化が進むとともに家庭で飼われている犬や猫などは，ペット（愛玩動物）からコンパニオン・アニマル（伴侶動物）へ変化したといわれている。

　原告とその家族は，長年にわたりゲンキを朝夕散歩させ，ときには傍らで共に食事させるなど愛撫飼育してきたが，突然の事故を目の当たりにし治療の効なく死亡したのであるから，かなりの精神的打撃を受けたことは首肯できる。しかし，本件は被告の過失の度合いが大きいとはいえ，犬同士の本能的行動によるものであること，その他，証拠によって認められる本件に関する一切の事情を考慮し，原告の受けるべき慰謝料額は３万円をもって相当とする。

　そうすると，ゲンキの時価８万円と慰謝料３万円，治療費12万3500円の合計23万3500円から過失相殺により20パーセントを差し引くと被告の賠償額は金18万6800円となる。

　原告の被った損害のうち治療費12万3500円は，被告が全額を支払済みであることは当事者間に争いがないから，これを差し引くと原告が被告に請求し得る損害額の合計は６万3300円となる。

(結論)
四　原告の請求は，以上認定の合計６万3300円及びこれに対する事故の日である平成11年７月24日から支払済みまで民法所定の年５パーセントの割合による遅延損害金の支払いを求める限度で理由があるが，これを超える部分は理由がない。

　　　春日井簡易裁判所
　　　　　裁　判　官　　　宇　野　隆　男

イ　ペットに関する不法行為に基づく火葬費用・慰謝料請求事例（AとペットにB運転の車が追突し，Aとペットが死亡し，Aの夫原告X₁及びAの子原告X₂・X₃が，亡Bの相続人父（その後死亡し，その妻（亡Bの母被告Y₁）及び子被告Y₂・Y₃が相続）母に損害賠償請求）〔一部認容（原告X₁について被告らに対し火葬費用２万7000円，慰謝料５万円を認め，自賠責保険からのてん補額を控除して認容）〕（東京高判平16・２・26交民集37巻１号１頁）

■事　案
　平成11年10月８日，縁石線による・車道の区別のある道路の縁石線と車道外側線の間を，愛犬を連れて歩行していた被害者Aが，酒気帯び・居眠りのBが運転する自動車に追突され，被害者Aと愛犬が死亡した。

■請　求
　被害者Aの相続人である被害者Aの夫原告（控訴人）X₁及び子２人原告（控訴人）X₂・X₃が，加害者の亡Bの相続人父（その後死亡し，その妻（亡Bの母被告（被控訴人）Y₁）及びその子被告（被控訴人）Y₂・Y₃が相続）母に対し，被害者の逸失利益・死亡慰謝料等とともに，被害者の夫原告X₁が愛犬死亡による慰謝料30万円と火葬費用を，被害者の子２人原告X₂・X₃が愛犬死亡による慰謝料各10万円ずつ及びそれらに対する自賠責保険金支払日の翌日（平成13年11月７日）から支払済みまで民法所定の年５分の割合による遅延損害金を，それぞれ請求する。☆

☆　本件では，原告ら（控訴人ら）は，亡Bに飲酒させたバーの店員被告（被控訴人）Y_4に対しても，損害賠償請求をしているが，被告Y_4は，亡Bが自動車を運転して帰宅することは今までの来店状況に照らして十分予見できたと思われるが，最後にワインを提供した時点では，その後どの程度の時間経過後に亡Bが自動車を運転するか未確定であり，自動車運転開始時点での酔いの程度まで予見することはできず，運転開始時点で飲酒の影響によって事故を起こす危険があると判断したときは，運転手が自己の責任で代行運転を頼むなり，その場で仮眠をとるなどして運転を控えるべきであり，そのような運転手の合理的行動を期待できない特段の事情がある場合はともかく，通常の場合は，そこまで飲食店側がいちいち配慮して酒の提供を拒絶する義務があるとは思われず，被告Y_4が上記ワインを提供した時点で，被告が飲酒の影響及び前日の仕事の疲労と明け方まで起きていたこと等から前方注視が困難であったのに，運転を中止するなどせずそのままの状態で運転を継続した重大な過失による無謀運転を行って事故を起こすことまで予見することは困難であるとして，本件事故前に被告Y_4が亡Bに酒を提供した行為は，不法行為又はその幇助に該当するとは認められず，被告Y_4に対する請求は理由がないとして，被告Y_4に対する原告らの請求を棄却した原審（1審）と同様に，その請求は全部理由がなく棄却すべきとして，控訴を棄却した。

■争　点
(1)　過失相殺
(2)　損害の算定

■判示事項
(1)　過失相殺
　加害者亡Bの不法行為責任に基づく損害については，被害者であるAについて過失相殺するのは相当ではない。
(2)　損害の算定
　犬の飼い主として被害者の夫原告X_1についての犬の火葬費用2万7000円，慰謝料5万円の損害及びそれらに対する自賠責保険金支払日の翌日（平成13年11月7日）から支払済みまで民法所定の年5分の割合による遅延損害金を認め，自賠責保険てん補額を控除して認容し，被害者の子2人原告X_2・X_3については犬の飼い主とは認められないとして慰謝料請求を認めなかった原審の判断を維持した。

☆ 本件では，その他に，被害者亡Aの逸失利益・慰謝料・葬儀費用・弁護士費用について，請求の一部を認容している。

■上告・確定不明

ウ　飼犬同士の事故による死亡に伴う民法718条1項本文及び709条に基づく飼犬の購入代金・治療費・火葬代・慰謝料等請求事例（原告X₁～X₃は飼主で，原告X₁が飼犬と散歩中に本件事故に遭った）〔一部認容（原告らについて合計飼犬の治療代金1万4900円，死亡診断書作成費8000円，火葬代1万7850円を認容し，原告X₁について自身の治療費1万9100円，慰謝料30万円を認容し，原告X₂・X₃について慰謝料各10万円を認容し，弁護士費用（原告X₁：3万円，原告X₂・X₃：各1万5000円）を認容）〕（名古屋地判平18・3・15判時1935号109頁）

■事　案
(1) 原告ら3名は，平成11年11月23日，ミニチュアダックス種雄5歳を購入し，自宅建物内で飼っていた。被告は，平成14年1月，雑種犬を貰い受け，自宅敷地内で飼っていた。
(2) 平成17年5月5日午前10時ころ，原告X₁によって日課の散歩に連れ出された原告ら3名の飼犬と，鎖に繋ごうとした被告の手をかいくぐって被告宅から外に飛び出した被告の飼犬が遭遇し，被告飼犬が原告ら飼犬に襲いかかり，原告ら飼犬の首・腹部に噛みつき，原告ら飼犬は腹部深部に至る咬傷などの傷により当日午後1時50分ころ死亡した。その際，止めに入った原告X₁が転倒し加療2週間を要する顔面挫傷，左右指咬創，右膝挫創等の傷害を負った。

■請　求
(1) 原告らが，被告に対し，飼っていた飼犬を被告所有の犬にかみ殺されたことにより，民法718条1項本文及び民法709条に基づき，損害賠償（原告ら飼犬の購入代金15万3157円，原告X₁の治療費1万9100円，原告ら飼犬の診療代金1万4900円，死亡診断書作成費8000円，原告飼犬の火葬代金1万7850円，慰謝料（原告

X_1―80万円，原告X_2及びX_3―各25万円），弁護士費用30万円）を求める。
(2) 被告は，原告らに対し，181万3007円及びこれに対する平成17年5月5日から支払済みまで年5％の割合による金員を支払え。☆

> ☆ 181万3007円は，■請求(1)の原告らの個別の慰謝料額を含む原告らの請求総額であるが，(2)については，判決の「請求」の表示に従って記載した。

■争　点
(1) 民法718条1項ただし書の免責の成否
(2) 損害

■判示事項
(1) 被告のような高齢（77歳）の女性が，飼犬（中型成犬）を鎖に繋ごうとする際に飼犬がその手をくぐり抜けることは予見可能の範囲内であり，そのような事態が発生しても，飼犬が自宅敷地から外に出ないように注意を払わなければならないのに，被告はこの注意を怠ったために，本件事故が発生した。民法718条1項ただし書にいう「相当な注意」とは，通常払うべき程度の注意義務を意味し，被告が本件で払うべきであった注意は，通常払うべき程度の範囲内にとどまる。

したがって，被告が，民法718条1項ただし書の規定する相当の注意をもって被告飼犬の管理をしたことを理由とする，被告免責の主張は採用することができない。

よって，被告は，原告らに対し，民法718条1項本文に基づいて，損害賠償の責任を負う。

(2) 原告らの損害は，以下のとおりである。
① 原告に共通の損害
(i) 飼犬の死亡時の流通価格として購入代金の3分の1である5万円
(ii) 飼犬の治療代金1万4900円，死亡診断書作成費8000円，火葬代1万7850円
(iii) 合計9万0750円（1人あたり3万0250円）
② 原告X_1の治療費1万9100円，慰謝料30万円
③ 原告X_2及びX_3の慰謝料各10万円

第3節　身近な損害賠償関係事件について
第3　物損事故に伴う特別な損害賠償請求

④　弁護士費用（上記金額の約1割）
　　原告X₁—3万円，原告X₂及びX₃—各1万5000円
(3)　主　文
①　被告は，原告X₁に対し，37万9350円及びこれに対する平成17年5月5日から支払済みまで年5分の割合による金員を支払え。
②　被告は，原告X₂に対し，14万5250円及びこれに対する平成17年5月5日から支払済みまで年5分の割合による金員を支払え。
③　被告は，原告X₃に対し，14万5250円及びこれに対する平成17年5月5日から支払済みまで年5分の割合による金員を支払え。
④　原告らのその余の請求を棄却する。
⑤　訴訟費用は，これを5分し，その3を原告らの負担とし，その余を被告の負担とする。
⑥　この判決は，①ないし③項に限り，仮に執行することができる。

■確定

エ　自動車事故に伴う運転手に対する民法709条に基づく及び使用者に対する民法715条に基づくペットの治療費・慰謝料請求事例（原告X₁・X₂は飼主で，被告Y₁が自動車の運転手，被告会社Y₂はその使用者）〔一部認容（原告X₁・X₂について治療費等それぞれ6万8250円，慰謝料それぞれ20万円とし，1割の過失相殺をし，それぞれ24万1425円の損害，弁護士費用それぞれ2万5000円を，被告ら各自に対し認容）〕（名古屋高判平20・9・30交民集41巻5号1186頁）

■事　案
　平成17年9月25日，被告（控訴人）Y₁の運転する大型貨物自動車が原告（被控訴人）X₁の運転（原告（被控訴人）X₂が同乗）する普通乗用自動車に追突し，原告車が別車両の後部に衝突し，原告車の後部座席に乗っていた飼犬（6万5000円で購入）（犬の体を固定する器具を装着していなかった。）が第2腰椎圧迫骨折に伴う後肢麻痺の傷害を負った。

■請　求

　飼犬の飼主である原告X_1・X_2各自が，被告Y_1に対し民法709条に基づき，被告Y_1の使用者である被告（控訴人）会社Y_2に対し民法715条に基づき，連帯して990万5706円（治療費145万2310円，将来の治療費14万1750円，入院雑費，介護用具代等29万0918円，将来の雑費13万5000円，交通費14万8280円，将来の交通費9万6930円，通院・自宅付添看護費228万円，将来の通院・自宅付添看護費246万円，慰謝料200万円，弁護士費用90万0518円）及びこれに対する不法行為の結果発生後である平成17年9月25日から支払済みまで民法所定年5分の割合による遅延損害金の支払を求める。

■争　点

(1)　本件交通事故と相当因果関係のある損害の範囲
(2)　被害者側（原告側）の過失

■判示事項

(1)　飼犬の治療費等

　飼犬が傷害を負ったことによる損害の内容及び金額は，飼犬が物（民法85条）にあたることを前提にして，これを定めるのが相当である。このことは，原告らが，飼犬を我が子のように思って愛情を注いで飼育していたことによって，左右されるものではない。一般に不法行為によって物が毀損した場合の修理費等については，そのうちの不法行為時における当該物の時価相当額に限り，これを不法行為との間に相当因果関係のある損害とすべきものとされている。

　しかしながら，愛玩動物のうち家族の一員であるかのように遇されているものが不法行為によって負傷した場合の治療費等については，生命をもつ動物の性質上，必ずしも当該動物の時価相当額に限られるとすべきではなく，当面の治療や，その生命の確保，維持に必要不可欠なものについては，時価相当額を念頭においたうえで，社会通念上，相当と認められる限度において，不法行為との間に因果関係のある損害にあたるものと解するのが相当である。

　原告らは，6万5000円で購入した生後約5か月の飼い犬を，我が子のように愛情を注いで飼育していた。飼い犬の治療費11万1500円はその生命確保・維持に必要不可欠であり，それに車いす制作費2万5000円を加えた合計13

万6500円（原告X₁・X₂の共有持分を各2分の1と認め，各6万8250円ずつ）の治療費等を損害として認めた。

(2) 飼い犬ついての慰謝料

　家族の一員であるかのように飼主にとってかけがえのない存在になっている飼犬が不法行為により重傷を負ったことにより，死亡した場合に近い精神的苦痛を飼主が受けたときは，飼主のかかる精神的苦痛は，主観的な感情にとどまらず，社会通念上，合理的な一般人の被る精神的な損害であるということができ，また，このような場合には，財産的損害の賠償によっては慰謝されることのできない精神的苦痛があるものと見るべきであるから，財産的損害に対する損害賠償のほか，慰謝料を請求することができるとするのが相当である。

　本件については，子供のいない原告らは，飼犬を我が子のように思って愛情を注いで飼育していたものであり，飼犬は，家族の一員であるかのように，原告らにとってかけがえのない存在となっていたものと認められる。飼犬は，本件事故により，後肢麻痺を負い，自力で排尿・排便ができず，日常的かつ頻繁に飼い主による圧迫排尿などの手当を要する状態に陥り，膀胱炎や褥瘡（じゃくそう）などの症状も生じており，飼い犬が死亡した場合に近い精神的苦痛を受けているといえるから，(1)の損害とは別に，慰謝料を請求することができる。その金額は，飼い犬の負傷の内容，程度，介護の内容，程度等を総合すると，原告らそれぞれにつき20万円ずつとするのが相当である。

(3) 過失相殺

　自動車に乗せられた動物は，車内を移動して運転の妨げとなったり，他の車に衝突ないし追突された際に，その衝撃で車外に放り出されたり，車内の設備に激突する危険性が高いと考えられるから，動物を乗せて自動車を運転する者としては，このような危険性を回避し，事故により生ずる損害の拡大を防止するため，犬用シートベルトなど動物の体を固定するための装置を装着させるなどの措置を講ずる義務を負うものと解するのが相当である。原告X₁は，そのような措置を講ずることがなかったのであるから，原告らにも過失があると解するのが相当であり，その過失割合を1割とするのが相当である。

過失相殺後の原告らの損害額は，各原告につき24万1425円ずつとなる。
(4) 弁護士費用
　本件の不法行為と相当因果関係のある弁護士費用は，各2万5000円とするのが相当である。
(5) よって，原審の，原告らに対し，それぞれ，26万6425円及びこれに対する平成17年9月25日から支払済みまでの年5分の割合による金員を超えて金員の支払を命じた部分を取り消す。
　訴訟費用は，第1，2審を通じてこれを20分し，その1を控訴人ら（被告ら）の負担とし，その余を被控訴人ら（原告ら）の負担とする。

■上告・確定不明

オ　ペット同士の事故における民法718条1項本文に基づく慰謝料請求事例
〔一部認容（慰謝料20万円認容）〕（大阪地判平21・2・12判時2054号104頁）

■事　案
(1) 原告（控訴人兼附帯被控訴人）は約18年にわたって猫を所有飼育していた。原告の飼猫は，平成19年8月27日，自宅付近の路上で，繋留から逃れて路上を走り出した被告（被控訴人兼附帯控訴人）の飼犬（紀州犬）に噛み殺された。
(2) 原告は，被告飼犬が原告自宅付近の敷地外へ逃走したことがあることを知っていたのであるから，高齢であり，俊敏さを欠く原告飼猫を原告自宅付近で散歩させる際には，同飼猫をひもでつないだり，抱きかかえたりして，被告飼い犬の原告飼猫に対する攻撃を回避すべきであり，そのような措置を怠った原告には，本件事故による損害の発生について，相当程度の落ち度があるとして，過失相殺による損害賠償額の減額を主張した。

■請　求
　原告は，被告に対し，被告飼犬が原告所有の飼猫を噛み殺した事故について，民法718条1項本文に基づき，慰謝料130万円及びこれに対する不法行為の後である平成20年1月25日から支払済まで民法所定の年5分の割合による遅延損害金の支払を求める。

第3節　身近な損害賠償関係事件について
第3　物損事故に伴う特別な損害賠償請求

■争　点
(1)　不法行為（民法718条1項）の成立
(2)　慰謝料請求
(3)　過失相殺

■判示事項
(1)　不法行為の成否について

　■事案(1)の事実によれば，本件事故は，被告が占有する飼犬が原告所有の飼猫を死亡させたものであり，これにより動産である飼猫について有する原告の財産権が侵害されたことが認められ，被告は民法718条1項本文の不法行為責任を負う。

　確かに，老齢である雑種の原告飼猫には市場価値はないが，愛玩動物が飼育者によって愛情をもって飼育され，単なる動産の価値以上の価値があるものとして，その飼育者（所有者）によって認識され，そのことが社会通念として受け入れられていることは公知の事実といって差し支えなく，特定の飼育者によって長年飼育された愛玩動物に市場での流通性がないため市場価値がないといわざるをえないとしても，そのことから直ちにその愛玩動物には財産的価値がないと結論づけることは失当というべきである。原告の飼猫についてその財産的価値が皆無とまではいえない以上，原告飼猫を死亡させた本件事故は，原告の財産権を侵害するものであるから，被告は，民法718条1項本文の不法行為責任を負うべきである。

(2)　慰謝料請求について

　本件事故は，原告が家族同然に扱い，通常の飼猫では考えられないほどに飼主と深い交流関係があったと認められる飼い猫が，原告の目の前で被告飼い犬によって無惨にも噛み殺されたというものであるから，原告飼猫が死亡した本件事故により原告が受けた精神的衝撃は極めて深刻なものと考えられ，本件事故直後に被告が原告に対し適切な対応をしなかったこと（被告は，本件事故直後に本件事故現場に現れた際，被告飼犬が原告飼猫にかみつき，原告飼猫が瀕死の状態となっていることを知りえたのに，原告飼猫を医療機関に連れて行こうともせず，簡単な謝罪だけでその場を離れ帰宅した。）も合わさって，本件事故によって原告が受けた精神的苦痛は甚大であったと認められる。原告飼猫の財産的価値が皆

無に近いとしても、原告は本件事故によって慰謝料の支払をもっててん補されるべき精神的損害を受けたことは明らかというべきであり、民法718条1項本文に基づいてする慰謝料の請求には理由があり、その額は、本件に現れた一切の事情を斟酌して、これを20万円とするのが相当である。
(3) 過失相殺の成否
　原告が飼猫を抱きかかえていなかったとしても、被告の過失に比べて注意義務違反の程度は極めて軽微であり、過失相殺をするのは相当でない。
(4)　被告は、原告に対し、20万円及びこれに対する平成20年1月25日から支払済みまで年5分の割合による金員を支払え。
■上告

(3)　不動産被害に対する慰謝料請求事例

> ア　車が突入して建物1階部分及び営業用什器等を損壊したことについて民法709条により建物・什器備品等の損壊による損害・休業損害・減収損害・慰謝料・弁護士費用等を請求した事例〔一部認容（建物・什器備品等の損壊による損害390万6036円、店舗休業による損害11万3192円、運送業休業による損害4万7778円、慰謝料30万円を認容してそれらの損害てん補105万円の支払を認め、弁護士費用30万円を認容し、営業再開後の減収損害、その他の損害を棄却）〕（大阪地判平元・4・14交民集22巻2号476頁）

■事　案
　昭和62年3月16日午前1時10分ころ、被告運転の車両が原告所有の建物に突入し、建物1階部分及び営業用什器等を損壊した。
■請　求
　原告は、被告に対し、民法709条により、以下の合計1113万8043円及び弁護士費用を除く1013万8043円に対する不法行為の後である昭和62年3月17日から支払済みまで民法所定年5分の割合による遅延損害金の支払を求める。
　(1)　建物及び什器備品等の損壊による損害　　702万5043円
　(2)　店舗休業による営業損害　　31万5000円

(3) 営業再開後の減収による損害　　48万円
(4) 運送業休業による損害　　27万円
(5) その他の損害（加害車両の引き出し費用等）　4万8000円
(6) 慰謝料　　200万円
(7) 弁護士費用　　100万円

■争　点
慰謝料の有無及び額

■判示事項
(1) 建物及び什器備品等の損壊による損害　　390万6036円
(2) 店舗休業による損害　　11万3192円
(3) 営業再開後の減収による損害
　　これを認めるに足りる的確な証拠はない。
(4) 運送業休業による損害　　4万7778円
(5) 慰謝料
　　本件事故は店舗兼居宅として使用されている本件建物に被告運転の加害車両が突入したものであり，まかり間違えば人命の危険も存したうえ，家庭の平穏を侵害されたことによる有形・無形の損害は，財産的損害のてん補のみによって償いきれないものがあるというべきである。そのほか諸般の事情を勘案すれば，原告が本件事故によって受けた精神的苦痛を慰謝するに足りる慰謝料として，30万円を認めるのが相当である。
(6) 損害のてん補　　105万円
(7) 弁護士費用　　30万円
(8) 被告は原告に対し，(1)～(5)の合計額から(6)の既払金を控除し，これに(7)の弁護士費用を加えた361万7006円及び弁護士費用を除く331万7006円に対する本件事故の日の後である昭和62年3月17日から支払済みまで民法所定年5分の割合による遅延損害金を支払う義務があり，原告の本訴請求はその限度で理由があるから認容する。

■控訴・確定不明

> イ　2台の対向車が衝突してその一方車両である2トントラックにより建物への衝突・損壊を受けた建物所有者が一方車両運転手の使用者2名（被告Y₁・Y₂）に対し民法715条に基づき，他方車両運転手（被告Y₃）に対し民法709条に基づき，建物修復費，慰謝料，ホテル宿泊費，賃料相当損害金，弁護士費用をそれぞれ請求（一部請求）した事例〔一部認容（被告ら各自に対し，建物修復費436万8745円，慰謝料50万円及び弁護士費用50万円の支払を認容し，ホテル宿泊費，賃料相当損害金を棄却）〕（大阪地判平5・12・17交民集26巻6号1541頁）

■事　案

　平成元年9月5日午前5時55分ころ，A車とB車が接触事故を起こし，原告所有の事務所兼住居にA車（2トントラック）が衝突し，原告所有建物を損壊した。

■請　求

　2台の対向車両（A車，B車）による交通事故の結果，その一方車両（A車）である2トントラックに衝突され，その所有建物を損壊された原告は，交通事故を起こした一方車両（A車）運転手の使用者被告Y₁・Y₂に対し民法715条に基づき，他方車両（B車）の運転手被告Y₃に対し民法709条に基づき，建物修復費1287万8460円，慰謝料200万円，ホテル宿泊費3万0700円，賃料相当損害金97万5000円，弁護士費用150万円のうち1387万8460円及びこれに対する平成元年9月6日から支払済みまで年5分の割合による金員を請求する。

■争　点

　損害額

■判示事項

(1)　建物修復費

　消費税を加算し総額436万8745円を認定した。

(2)　慰謝料

　本件事故は，平穏であるべき住居で原告及び同人の妻が睡眠中，明け方に

2トントラックが衝突したというものであり，その事故状況に加え，その修復等による生活の不便などを勘案すると，その精神的苦痛に対しては慰謝料50万円をもって慰謝するのが相当である。

(3) ホテル宿泊費

領収書のみでは，必ずしも本件事故による原告の宿泊費であったか明らかでなく，損害として認定することはできない。

(4) 賃料相当損害金

原告が本件建物の1階部分を店舗あるいは事務所として賃貸予定であったことは認められるが，本件建物完成後，本件事故まで2年余りにわたってまったく賃借人がいなかったことも明らかであり，得べかりし利益として賃料収入を認めることはできない。

(5) 弁護士費用を除く損害額は486万8745円となる。

(6) 弁護士費用　50万円

(7) 原告の本訴請求は，被告らに対し，各自536万8745円及びこれに対する不法行為の日の翌日である平成元年9月6日から支払済みまで民法所定年5分の割合による遅延損害金を認める限度で理由がある。

(8) 主　文

① 被告らは，原告に対し，各自536万8745円及びこれに対する平成元年9月6日から支払済みまで年5分の割合による金員を支払え。

② 原告のその余の請求をいずれも棄却する。

③ 訴訟費用は，これを5分し，その2を被告らの，その余を原告の負担とする。

④ この判決は，原告勝訴部分に限り，仮に執行することができる。

■控訴・確定不明

ウ　車が原告ら共有の2階建居宅・店舗に衝突して店舗部分が全壊したことに伴い，車の運転者に対し不法行為に基づき，車の運転者の父に対し重畳的債務引受けによる自賠責法3条の類推適用及び民法709条に基づき，それぞれ，建物修理代，什器備品代，営業損害，従業員の給料，慰謝料，

弁護士費用を請求した事例〔請求棄却（建物修理代1338万0750円，什器備品代241万2260円，営業損害42万4482円と認定し，従業員給料の損害を認めず，慰謝料30万円として，合計損害1651万7492円に対し，被告らから700万円，損害保険金1974万1794円，合計2674万1794円のてん補を受けており，残損害額はなく，弁護士費用も認められない。）〕（横浜地判平6・5・24交民集27巻3号643頁）

■事　案
(1) 原告らX_1・X_2は，2階建居宅・店舗を持分2分の1で共有し，平成4年5月9日午後9時15分ころ，被告Y_1運転の車が同原告ら共有建物に衝突し，1階美容室部分が全壊の状態となった。
(2) 被告Y_2は，本件事故の翌日平成4年5月10日原告ら宅を訪れて本件事故の謝罪をし，同月17日にも原告ら宅を訪れ，原告X_1に対し，保険金で足りない分は借金してでも支払うなどと述べ，税理士としての経験を活かし損害額を積算するなどした。

■請　求
　車が原告らX_1・X_2共有の2階建居宅・店舗に衝突して店舗部分が全壊したことに伴い，原告らは，車の運転者被告Y_1に対し不法行為に基づき，Y_1の父である被告Y_2に対し重畳的債務引受けによる自賠責法3条の類推適用及び民法709条に基づき，被告らに対し，連帯して，1431万7215円（建物修理代2009万6134円，什器備品代278万5000円，営業損害892万7875円，従業員の給料451万円，慰謝料300万円，弁護士費用174万円，損害のてん補2674万1794円）及びうち1344万7215円に対する本件事故の日の後である平成5年4月11日から支払済みまで民法所定年5分の割合による遅延損害金の支払を求める。

■争　点
(1) 被告Y_1の父被告Y_2の重畳的債務引受けの有無
(2) 損害額

■判示事項
(1) 被告Y_2の責任
　被告Y_2は，原告X_1に対し，被告Y_1の支払能力や損害額が保険限度額を

超えた場合の対応策について具体的に述べ，原告らと示談交渉に積極的に関与してきたものであり，このような経緯からすれば，被告Y_2は，単に，父親としての道義的責任を感じたため，誠意をもって対応する旨謝罪したにとどまらず，平成4年5月17日，原告らに対し，被告Y_1の本件事故に基づく損害賠償債務について，重畳的債務引受けをする旨の意思表示をしたものと認めるのが相当である。したがって，被告Y_2は，被告Y_1と連帯して，原告らの被った損害を賠償する責任がある。

(2) 本件建物修理代

本件原告ら建物の修理に要する費用については，1565万円と認めるのが相当である。本件建物の耐用年数を35年（経年減価率0.029），本件修復工事により延長する耐用年数を5年とし，本件建物修理代の損害額は1338万0750円（1565万円×（1－0.029×5））となる。

(3) 本件美容室の什器備品代

本件美容室の什器備品　　241万2260円

(4) 営業損害

3か月間の営業不能による得べかりし利益は42万4482円となる。

(5) 従業員の給料

本件事故後，原告らが本件美容室の従業員に対し，給料を支払った事実を認めるに足りる証拠はなく，支払う必要性を認めるべき証拠もない。したがって，原告らのこの点の主張は採用することはできない。

(6) 慰謝料

被告Y_1運転の加害車が夜間原告らが居住する本件建物に衝突し，その結果，修復をしなければ使用不可能な程度に損壊され，原告らの経営する本件美容室の休業を余儀なくされたこと等の事実に本件に現れたその他の諸般の事情を総合すると，原告らの精神的苦痛に対する慰謝料は30万円をもって相当と認める。

(7) (2)～(6)によれば，原告らの総損害額は1651万7492円となり，原告らが，被告らから700万円，損害保険金1974万1794円，合計2674万1794円の支払を受け，本件事故の損害のてん補としていることは自認するところであり，結局，原告らの損害は既にすべててん補されて残損害額はないことに

(8) 弁護士費用

認めることができない。

(9) 原告らの請求は，いずれも理由がないからこれを棄却する。

■控訴・確定不明

エ　建物・庭の被害に関する損壊車両の運転手に対する民法709条に基づく及び使用者に対する民法715条に基づく補修費・慰謝料等請求事例（被告会社Y_2の職務執行中の被告Y_1の運転する車が，民家に激突し，当該民家所有者が死亡し，その相続人である妻X_1，子X_2～X_4が損害賠償請求した。）〔認容（被告らに対し各自，建物・庭の補修代465万9720円，慰謝料50万円，弁護士費用50万円を認め，それらの損害を相続したとして，原告X_1について1/2の額，原告X_2～X_4について各1/6の額を認容）〕（岡山地判平8・9・19交民集29巻5号1405頁）

■事　案

(1) 被告Y_1が被告会社Y_2の職務執行中の平成6年4月27日午前3時30分ころ，大型貨物自動車の運転操作を誤り，原告x方の納屋に激突し，建物及び庭を損壊した。訴え提起後の平成7年6月17日，原告xは死亡し，xの妻X_1，xの子X_2，X_3，X_4は，原告xの相続人として原告xの地位を承継した。

(2) 被告会社Y_2は，平成6年5月10日から同月27間での間，一応の応急的補修工事をした（既補修工事費491万円）が，補修は不完全な状態であった。

(3) 被告らは，建物及び庭に生じた損傷部分は，被告会社Y_2において既に補修済みであるから，原告xに生じた損害はてん補されており，建物の補修に関しては，補修費用が時価を上回る場合はその時価（交換価値）を損害賠償すれば足りると主張する。

■請　求

被告Y_1が被告会社Y_2の職務執行中，大型貨物自動車の運転操作を誤り，

x方に激突して建物・庭を損壊したため損害を被ったとして，xの相続人である原告Xらは，被告Y₁に対し民法709条に基づき，被告会社Y₂に対し民法715条に基づき，それぞれ建物及び庭を損壊したために被った損害565万9720円（建物及び庭に生じた損害の未補修部分を補修するのに必要な費用465万9720円，精神的慰謝料50万円，弁護士費用50万円）及び平成6年4月27日から年5分の割合による金員の賠償を求める。

■争　点

損害額

■判示事項

(1)　建物・庭の補修代

被告会社Y₂は，建物・庭の補修工事をしたが，当該補修工事は一応の応急的なものであり，補修は不完全な状態である。当該未補修部分を補修するのに必要な費用は，一級建築士の原告X₂作成の見積書どおり，465万9720円をもって相当と解する。

(2)　慰謝料

本件事故による建物や庭の被害の程度，その他本件に表れた諸般の事情を考慮すると，本件事故によってxが受けた精神的苦痛に対する慰謝料は，50万円が相当である。

(3)　弁護士費用

本件事案の内容等を考慮すると，本件事故と相当因果関係のある弁護士費用相当の損害額は，50万円と認めるのが相当である。

(4)　主文（原告らの請求どおり認容）

①　反訴被告らは連帯して，反訴原告X₁に対し282万9860円，同X₂に対し94万3286円〔1円未満切り捨て〕，同X₃に対し94万3286円〔1円未満切り捨て〕，同X₄に対し94万3286円〔1円未満切り捨て〕，及び右各金員に対する平成6年4月27日から支払済みまで年5分の割合による金員を支払え。

②　訴訟費用は反訴被告らの負担とする。

③　この判決は仮に執行することができる。

■控訴・確定不明

オ　マンション廊下備付消火器落下による屋根の損壊に伴う当該マンション所有者に対する民法717条1項に基づく慰謝料請求事例〔一部認容（屋根等の修理代合計10万8665円，慰謝料20万円，弁護士費用5万円を認容）〕（大阪地判平6・8・19判タ873号200頁・判時1525号95頁）

■事　案
(1)　被告所有の15階建賃貸用マンションと原告所有建物（木造2階建）は接着して隣接しており，同マンションの廊下は閉鎖されていない「オープン式廊下」であった。被告は，移動式消火器を各階廊下に，プラスチック製保管台の上に壁に沿って裸のままで立て掛けておく状態で備え付けていた。
(2)　被告所有マンションの13階の廊下に設置されていた消火器が，2回にわたり（平成3年7月23日午前1時30分ころ，平成4年3月23日午後11時45分ころ），何者かによって当該廊下から投下され，原告所有建物の屋根瓦・屋根板を損壊した。
(3)　その後，被告は，消火器の設置方法を，各部屋ごとに廊下に面して設置してある「パイプスペース（メーターボックス）」内に収納し，その扉に消火器の表示をしておく方法に変更した。
(4)　原告は，原告所有建物の屋根瓦等損壊の損害を被ったとして，被告に対し，平成4年6月4日付内容証明郵便で同損害の請求をし，同請求の意思表示は同月5日に被告に到達した。

■請　求
　住宅密集地の高層マンションの高層階から物を落下させたなら人命に関わる重大な結果が発生する危険性があるから，当該マンションについて落下物がないよう適切に設計・管理をしなければならないにもかかわらず，消火器をオープン式廊下に裸で設置する方法をとり，落下というイタズラ行為に無防備であったのは，民法717条1項により土地工作物の設置又は保存に瑕疵あるものに該当するとして，原告は，被告に対し，屋根等の修理代及び慰謝料合計70万8665円（屋根等の修理代①4万1200円，②6万7465円，就寝中の深夜に生命の危険を感じたことによる慰謝料40万円，弁護士費用20万円）及びうち50万8665円

(屋根等の修理代10万8665円，慰謝料40万円)に対する請求の意思表示が到達した日の翌日である平成4年6月6日から支払済みまで民法所定年5分の割合による遅延損害金を請求する。

■争　点
(1)　消火器は民法717条の「土地の工作物」にあたるか
(2)　消火器の設置保存の瑕疵の存否
(3)　損害額

■判示事項
(1)　消火器は民法717条の「土地の工作物」にあたるか
　消火器は，それ自体は動産であるが，建物や設備等の防火対象物に設置されて初めて消火器のもつ本来の機能を発揮するものであり，本件建物は，高層マンションであり，防火に特に注意を払わなければならず，消防法17条の防火対象物に該当し，消防用設備の設置及び維持が義務づけられているから，建物内に消防用設備（消火器）を設置することによって初めて安全な建物としての機能，効果を発揮することができる。すなわち，本件消火器とその防火対象物である被告所有マンションとは，互いに一体化したとき，それぞれ本来の機能を最も発揮するものといえるから，本件消火器は防火対象物である被告所有マンションに設置されることによって，被告所有マンションの一部として土地の工作物となったものといえ，本件消火器の設置方法が不適切な場合には土地の工作物の設置・保存に瑕疵があることになる。

(2)　消火器の設置保存の瑕疵の存否
　消火設備の設置方法の適否は，建物の立地条件，種類，構造，用途，イタズラによる危険性の有無・程度等を総合的に検討し，「作動され易いが，イタズラされ難い」要請に合致した設置方法がとられるか否かによって判断されなければならず，本件のような高層賃貸用マンションでオープン式廊下の場合，物を投下するというイタズラ行為がなされうることは極めて容易に予想されることであるから，容易に投下されない工夫をすべきであるにもかかわらず，消火用ボックスとかパイプスペースに収納する方法をとらず，持ち運びに安直な移動式消火器をオープン式廊下の壁に沿って裸のまま立て掛けておいた設置方法は，本件マンションの立地条件，構造等に照らして適切な設

置方法であったとはいえず，土地の工作物の設置・保存に瑕疵があったものと認めるのが相当である。
(3) 損害額
  ① 屋根等の修理代として，(i)4万1200円，(ii)6万7465円が認められる。
  ② 2回にわたり深夜就寝中に居住建物の屋根に物体を落下させ，身体の危険を感じさせる精神的苦痛を与えたことによる慰謝料は20万円が相当である。
  ③ 弁護士費用は5万円が相当である。
  ④ 合計　　35万8665円
(4) 主　文
  ① 被告は，原告に対し，35万8665円及びうち30万8665円に対する平成4年6月6日から支払済みまで年5分の割合による金員を支払え。
  ② 原告のその余の請求を棄却する。
  ③ 訴訟費用は，これを2分し，その1を原告の負担とし，その余を被告のそれぞれ負担とする。
  ④ この判決は，①項に限り，仮に執行することができる。

■控訴

第4　相隣関係と損害賠償請求

1　相隣関係における利益侵害☆

☆　不動産売買における損害賠償→本章本節**第2・1**(1)（70頁）参照。

(1)　近隣者の利益侵害による損害賠償請求

　近隣に住む者同士が，騒音，振動，悪臭，日照侵害，眺望侵害等によって，利益侵害があったとして，不法行為に基づく損害賠償を請求する事件がある。

　なお，飼い犬等鳴き声による近隣者の騒音被害については，民法718条の動物の占有者等の責任を追及する事例もある（横浜地判昭61・2・18判タ585号93頁・判時1195号118頁（**2**(1)ア(ｱ)（158頁）参照））。

(2)　受忍限度
ア　受忍限度の判断基準

　これについては，近隣の騒音等の被害については，第三者に対する関係において，違法な権利侵害ないし利益侵害になるかどうかは，侵害行為の態様，侵害の程度，被侵害利益の性質と内容，騒音等発生場所の地域環境，侵害行為の開始とその後の継続の経過及び状況，その間にとられた被害防止に関する措置の有無及びその内容，効果等の諸般の事情を総合的に考察して，被害が一般社会生活上受忍限度を超えるものかどうかによって決すべきであるとされている（最判平6・3・24裁判集民事172号99頁・判タ862号260頁・判時1501号96頁）。

イ　受忍限度と公的規制基準

　騒音等については公的規制基準があるが，公的基準違反が受忍限度違反と必ずしもリンクするものではないとされているが，騒音関係の裁判例においては，公的基準に照らして受忍限度違反を判断している裁判例もある。☆

☆　東京地判昭48・4・20判時701号31頁（隣家からのクーラーの騒音が，東京都公害防止条例の第2種住居地区における規制基準及び公害対策基本法9条に基づく環境基準を超えるなどとして，慰謝料15万円の支払を命じた。）（2⑴イ㈠（167頁）参照）。

☆　札幌地判平3・5・10判時1403号94頁（カラオケボックスからの騒音について，騒音が受忍限度を超え差止めをなしうるか否かを判断するにあたっては，公的な諸基準に照らし判断する必要があるとして，午前0時以降はカラオケ音のみで公害基本対策法・札幌市公害防止条例等における基準を上回り，カラオケボックスは，純然たる娯楽施設であり公共性が強いわけではなく，青少年の健全な育成に否定的側面があり，睡眠という人間にとって不可欠の営みの妨害があり，休息の場としての住宅機能にも影響が出ていること考慮し，午前0時以降のカラオケボックス営業には受忍限度を超える違法性があり，これに対し直接，差止めを含む何らかの規制を加えることはやむをえないとして，午前0時からの午前4時までの営業の差止めと原告らに対する損害賠償（慰謝料）20万円又は30万円を認めた。）（2⑴イ㈡（169頁）参照）。

　日照に関しても，建築基準法等の公的規制基準に合致するか否かが，そのまま受忍限度を超えるか否か，慰謝料発生等の判断基準となるのではなく，加害行為の性質・程度，被害の内容・程度・態様，地域性，環境等を総合的に判断することになる。☆

☆　大阪地判平8・9・25判時1602号104頁（隣地建物所有者原告Xらが，建築主被告Y₁及び建築請負業者被告Y₂らの建物建築（建築基準法の日影規制の対象外）により，受忍限度を超える日照被害を受けたとして，不法行為に基づく慰謝料を請求した事案において，「日影規制に関する法令は建物建築に関する行政上の取締監督基準を示すものであり，当該建物の建築主と第三者との間の私法関係を規制するものではないから，公法上の日影規制に適合しているからといって直ちに私法上も適法であり不法行為を構成しないとはいえない」として，建築主被告Y₁に対する原告らの慰謝料請求を認容した（50万円（＋弁護士費用5万円）及び25万円（＋弁護士費用2万円））。）。

　ウ　臭気〔悪臭〕の受忍限度

　飲食店から発生する臭気が近隣住民との間で争いの原因とすることは少なくないと思われる。その臭気を悪臭と感じるものの種類や程度には個人差があると思われ，臭気自体が，天候，風向・風速等の気象条件によって変わってくるものであり，受忍限度の判断については，何を基準にするかなど，その判断には難しい点が伴っている。☆

第3節　身近な損害賠償関係事件について
第4　相隣関係と損害賠償請求

☆　焼き鳥店の臭気についての近隣住民からの同焼き鳥店及びその親会社に対する人格権及び所有権に基づく妨害排除又は妨害予防請求権としての臭気の差止め及び不法行為に基づく損害賠償（慰謝料）請求事例において，第1審（神戸地判平13・10・19判タ1098号196頁・判時1785号64頁（**2**(2)ア（199頁）参照））は差止請求を含め請求の一部認容をしたのに対し，第2審（控訴審）（大阪高判平14・11・15判時1843号81頁（**2**(2)イ（202頁）参照））はいずれの請求も棄却した。

　平成8年4月施行の悪臭防止法の改正法（平成7年法律第71号）により，複合臭等の問題があるため，代表的悪臭原因物質を規制対象とする規制によっては十分な規制効果が見込まれない区域に対し，嗅覚測定法による規制を行うこととされた（悪臭防止法4条2項）。都道府県知事は，市町村長の意見を聴いたうえで，自然的，社会的条件から判断して必要に応じ規制地域内の区域を区分し，当該区分された区域ごとに具体的な基準値を設定する（同法4条2項・5条）。嗅覚測定法による規制の指標として，臭気指数（気体又は水に係る悪臭の程度に関する値であって，総理府令で定めるところにより，人間の嗅覚でその臭気を感知することができなくなるまで気体又は水の希釈をしたときの希釈倍数を基礎として算定されるもの）を用いることとされた（同法2条2項）。これを採用する自治体も増加している。これによれば，臭気は，飲食店の発するものも含めて，その種類を問わず規制の対象とされることになった。臭気指数は，人間の感じ方に近い数値であるとされていることから，訴訟の受忍限度を判断する場合においても，臭気被害の対象となった地域の測定値が重要な資料となると思われる。ただ，臭気指数を基本にして受忍限度を判断する場合，その臭気の種類によって，人の感じ方が違うとも思われ，それを考慮すべきかどうか，判断が難しいと思われる。

(3)　被侵害利益
　ア　被侵害利益の法的根拠
　生活妨害に基づく損害賠償請求における被侵害利益については，人格権等の侵害として構成されることが多いようである。
　イ　眺望利益の法的保護性
　一定の場所からの眺望は，当該地域における眺望が，眺望を享受する者に一個の生活利益としての価値を形成していると客観的に認められる場合であれ

ば，当該眺望利益が法的保護に値する利益といえるとされているが，当該利益の侵害行為については，社会的相当性を逸脱し，眺望利益が受忍限度を超えて侵害された場合には，違法性が認められると考えられる（東京高決昭51・11・11下民集27巻9〜12号779頁・判タ348号213頁・判時840号60頁，横浜地横須賀支判昭54・2・26下民集30巻1〜4号57頁・判タ377号61頁・判時917号23頁（2⑷ア（216頁）参照），長野地上田支判平7・7・6判時1569号98頁（2⑷イ（220頁）参照），大阪高判平10・11・6判時1723号56頁）。

ウ　景観利益の法的保護性

　良好な景観に近接する地域内に居住し，その恵沢を日常的に享受している者は，良好な景観が有する客観的な価値の侵害に対して密接な利害関係を有するものというべきであり，これらの者が有する良好な景観の恵沢を享受する利益〔景観利益〕は，法律上保護に値するものと解されている。ある行為が，景観利益に対する違法な侵害にあたるといえるためには，少なくとも，その侵害行為が刑罰法規や行政法規の規制に違反するものであったり，公序良俗違反や権利の濫用に該当するものであるなど，侵害行為の態様や程度の面において社会的に容認される行為としての相当性を欠くことが求められると解されている（最判平18・3・30民集60巻3号948頁・判タ1209号87頁・判時1931号3頁）。☆

> ☆　東京地判平21・1・28判タ1290号184頁は，良好な景観の恵沢を享受する利益には，建物等の土地工作物の外壁の色彩も含まれるとした。

⑷　賃借人の騒音等による相隣居住者の損害についての区分所有者・賃貸人の責任

　区分所有建物の占有者である賃借人が当該建物から発生する騒音等により相隣居住者に精神的苦痛を与える等して慰謝料等の損害を発生させた場合に，当該区分所有建物の所有者である賃貸人に対して損害賠償を請求する事例がある。これについては，建物の区分所有等に関する法律6条1項により，区分所有者は，建物の使用等に関し，区分所有者の共同の利益に反する行為をすることが禁止されており，同項は，区分所有者以外の専有部分の占有者に準用されているから（同条3項），賃貸人と賃借人は，それぞれが他の居住者に迷惑をかけないように占有部分を使用する義務を負っているということができ，もっぱら賃

借人が専有部分を占有している場合でも，賃貸人はその義務を履行すべきであり，賃借人の選定において十分な注意を払うべきであり，賃貸後は，賃借人の使用状況に相当の注意を払い，賃借人が他の居住者に迷惑をかけるような状況を発見したのであれば，直ちに是正措置を講ずるべきであり，その是正措置（賃貸借契約の解除を含む。）をとりさえすれば，その違法な使用状態が除去されるのに，あえて，賃貸人がその状況に対し何らの措置をとらずに放置し，そのために他の居住者に損害が発生した場合も，賃借人の違法な使用状態を放置したという不作為の方法行為を構成するとした裁判例がある（東京地判平17・12・14判タ1249号179頁（**2**(1)ウ(カ)（191頁）参照））。

(5) **相隣関係紛争における損害の範囲**

隣接者同士の騒音・悪臭等に伴う損害賠償請求においては，慰謝料や騒音・悪臭等を原因として病気になったとしてその治療費等を請求する場合が多い。

裁判例の中には，マンションの上の階からの騒音に基づく損害賠償請求事例で，専門家による騒音測定費用・報酬64万0500円を，客観的騒音の測定は，騒音に伴う損害賠償請求事例では，不法行為立証のため不可欠であるなどとして，不法行為と相当因果関係がある損害と認めた事例がある（東京地判平24・3・15判時2155号71頁（**2**(1)ウ(ク)（196頁）参照））。

(6) **慰謝料額算定基準**☆

☆ 慰謝料額算定基準→本章**第2節第2・3**(4)（15頁）参照。

慰謝料の額は，様々な事情を考慮して，算定されるのであるが，相隣関係の紛争では，訴訟に至るまで，原被告間で交渉することが多いと思われ，その交渉における被告の対応に誠意がないような場合には，その点も考慮して，慰謝料の額を定めるとした裁判例もある（東京地判平19・10・3判タ1263号297頁・判時1987号27頁（**2**(1)ウ(キ)（194頁）参照））。

(7) 動物の占有者等の責任（民718条）☆

☆ 動物の占有者等の損害賠償責任→本章第2節第2・13（20頁）参照。

動物の占有者は，その動物が他人に加えた損害を賠償する責任を負うとされている（民718条1項本文）。近隣者が，ペットの鳴声や糞尿の悪臭で損害を被ったとして，この責任を問うことが考えられる（横浜地判昭61・2・18判タ585号93頁・判時1195号118頁（2(1)ア(ｱ)（158頁）参照）は，民法718条に基づく請求）。

(8) 差止請求☆

☆ 差止請求→本章第2節第2・14（22頁）参照。

相隣関係における騒音，振動，悪臭等による不法行為に基づく損害賠償請求をする場合に，差止請求することがある。この差止請求について，民法上明文の根拠はなく，その法的根拠についてはいろいろな考え方があるが，最高裁は，人格権に基づき出版の差止めを認めた（最判平14・9・24裁判集民事207号243頁・判タ1106号72頁・判時1802号60頁（人格権に基づく小説出版差止めを認容））。☆

> ☆① 札幌地判平3・5・10判時1403号94頁は，カラオケボックスからの騒音被害において，カラオケ装置の使用差止めについて，被告の過失を問題とせず，建物を所有しない原告についても，人格権に基づいて，認めた（2(1)イ(ｲ)（169頁）参照）。
> ② 東京地判平14・4・24判時1832号128頁は，人格権に基づきスーパーマーケットの冷暖房室外機等からの東京都公害防止条例の基準を超える騒音侵入禁止の差止請求を認めた（2(1)イ(ｳ)（172頁）参照）。

差止めは，その相手方の活動を制限するものであり，その利益を著しく制限するものであるため，損害賠償請求は認容されても，差止請求は認容されない場合も多い（最判平7・7・7民集49巻7号2599頁・判タ892号152頁・判時1544号39頁（国道の騒音等による損害賠償を一部認容し，騒音等侵入差止請求を棄却した原審の判断を維持した。），浦和地判平7・6・30判タ904号188頁（闘犬の吠える声による慰謝料，闘犬の撤去等を求めた事例で，慰謝料は認容されたが，闘犬の撤去は棄却された。）（2(1)ア(ｴ)（164頁）参照））。

第3節　身近な損害賠償関係事件について
第4　相隣関係と損害賠償請求

(9)　建物等の収去・撤去請求

　日照・眺望被害の事例においては，人格権や物権的権利に基づいて，日照・眺望侵害の原因となった建築物の収去・撤去の請求がされることがある（東京高判平14・11・18判時1815号87頁（人格権に基づく日照障害建築物の一部撤去請求（**2**(3)ア（213頁）参照）），横浜地横須賀支判昭54・2・26下民集30巻1～4号57頁・判タ377号61頁・判時917号23頁（人格権又は物権的権利に基づく眺望阻害建物2階部分の収去請求（**2**(4)ア（216頁）参照）））。これについては，違法建築物については，収去・撤去の方向で考えることができるが，違法建築物でないものであっても，違法の有無，被害の程度，収去・撤去に要する費用の額（東京高判平14・11・18判時1815号87頁（**2**(3)ア（213頁）参照）），損害賠償での他への転居による被害回復の可能性（横浜地横須賀支判昭54・2・26下民集30巻1～4号57頁・判タ377号61頁・判時917号23頁（**2**(4)ア（216頁）参照））等を考慮し，収去・撤去を認容するかどうか判断することになると思われる。☆

> ☆　東京地判平10・10・16判タ1016号241頁（違法建築物については，厳然とした態度をもって臨むべきであるが，被告ら（原告建物の隣接建物所有居住者）が請負業者の不当な説明と勧誘に触発されて増改築工事をし，当該工事が建築基準法違反であるとは思わなかったこと，違反の程度が客観的に見て必ずしも大きくなく，撤去工事が技術的にみて困難であり，工事費用が多額にのぼると予想されるので，金銭賠償を命ずることで足り，違法部分の撤去を求めることまで命ずる理由はないとした。）。

　建築の差止めや建物の撤去等が認められるためには，損害賠償請求が認められる場合より高度の違法性が要求されており（東京高判平14・11・18判時1815号87頁（**2**(3)ア（213頁）参照）），損害賠償で対応できるものは損害賠償で対応し，損害賠償は認められても，建築の差止めや建物の撤去等は認められない事例も多いと思われる（前記(8)（148頁）参照）（東京高判平14・11・18判時1815号87頁（人格権に基づく日照障害建築物の一部撤去請求を棄却し損害賠償請求を一部認容（**2**(3)ア（213頁）参照）），横浜地横須賀支判昭54・2・26下民集30巻1～4号57頁・判タ377号61頁・判時917号23頁（人格権又は物権的権利に基づく眺望阻害建物2階部分の収去請求を棄却し損害賠償請求を認容（**2**(4)ア（216頁）参照））。

2 相隣関係における利益侵害による損害賠償請求事例☆

表）相隣関係における利益侵害による損害賠償請求事例一覧表

☆ 不動産売買における損害賠償請求事例→本章本節第2・2(1)(74頁)参照

(1) 騒音等紛争事例

ア 飼犬の騒音等被害事例

事　例	裁判例	認容内容
(ア) 犬の鳴声に伴う飼主に対する民法718条による慰謝料請求事例（原告X_1・X_2は被告隣地に転居してきた者）	横浜地判昭61・2・18 判タ585号93頁・判時1195号118頁	原告X_1・X_2について慰謝料各30万円を認容
(イ) 飼犬の騒音・悪臭による不法行為に基づく慰謝料請求事例（原告X_1・X_2夫婦及び息子X_3は被告建物の一部を賃借）	京都地判平3・1・24 判タ769号197頁・判時1403号91頁	原告らX_1・X_2について慰謝料各10万円を認容
(ウ) 飼犬の鳴声による近隣住民の不法行為に基づく賃料相当損害金及び慰謝料請求事例（原告X_2所有の共同住宅の1室に原告X_2は弟原告X_3と共に住み，原告X_2の子原告X_1は当該共同住宅の1室をAに賃貸し，被告Yら（Y_1及びその子Y_2・Y_3）は当該共同住宅と道を挟んだ建物に居住）	東京地判平7・2・1 判時1536号66頁	原告X_1について被告らに対し賃料相当損害金各自32万円，原告X_1・X_2について被告らに対し慰謝料それぞれ各自30万円を認容
(エ) 闘犬の吠える声による不法行為に基づく得べかりし利益・慰謝料，人格権に基づく闘犬の撤去及び日照・通風等被害による騒音対策の工作物撤去請求事例（原告が居住する家の隣地を賃借する被告会社Y_2の代表者被告Y_1が，同賃借地において闘犬5頭等を飼育していた。）	浦和地判平7・6・30 判タ904号188頁	被告Y_1に対し慰謝料30万円を認容，被告会社Y_2に対し地上から2mを超える部分の工作物の撤去を認容，闘犬の撤去は棄却

イ 隣接する建物間の騒音被害事例

事　例	裁判例	認容内容
(ア) 隣家からのクーラーの騒音による不法行為に基づく慰謝料請求事例	東京地判昭48・4・20 判時701号31頁	慰謝料15万円認容

第3節　身近な損害賠償関係事件について
第4　相隣関係と損害賠償請求

(イ)	カラオケボックスからの騒音による人格権に基づくカラオケ装置使用禁止及び不法行為に基づく慰謝料請求事例（被告はカラオケボックスの営業をする者，原告X_1〜X_9はその近隣居住者（原告X_1（原告X_2〜X_4は同居の親族），原告X_5（原告X_6は同居の親族），原告X_7（原告X_8・X_9は同居の親族）は建物所有者））	札幌地判平3・5・10判時1403号94頁	原告X_5・X_7・X_9について午前0時〜午前4時のカラオケ装置の使用禁止，原告X_5について慰謝料30万円，原告X_7・X_9について慰謝料各20万円を認容
(ウ)	ビル2階居住者ら（所有者原告X_1，妻原告X_2，娘原告X_3〜X_5）が同ビル1階のスーパーマーケットの冷暖房室外機の騒音・振動により人格権を侵害されたとして，スーパー経営者（被告Y_1）・所有者賃貸人（被告Y_2〜Y_4）に対し損害賠償（慰謝料）を求め，スーパー経営者に対し騒音差止め，室外機の移設及び防音・振動設備の設置を求めた事例	東京地判平14・4・24判時1832号128頁	被告Y_1に対する室外機の移設，防音壁，防振ゴムの設置請求については棄却し，騒音による慰謝料については，使用した部屋での安眠を妨害された原告X_3〜X_5については1日200円，原告X_1・X_2については1日100円として，口頭弁論終結日までの慰謝料を認め，将来の損害金については保護要件を欠くとして却下
(エ)	ビル所有・居住の原告が隣接するビルを賃借して居酒屋を経営する被告に対し，同ビル壁に設置された排気ダクト・エアコンの室外機の騒音，熱風，臭気，美観喪失によって，所有権・人格権が侵害されたとして，その撤去及び損害賠償（慰謝料）を求めた事例	東京地判平15・2・17判時1844号74頁	騒音等により慰謝料について，1日につき3000円，営業開始日から訴え提起日まで48万9000円（訴状送達翌日から民法所定年5分の遅延損害金），口頭弁論終結日ま

			で108万9000円を認め，ダクト・室外機等設置による美観侵害は受忍限度内にあり，その後の将来の給付の訴えの部分は理由がないとし，ダクト・室外機の撤去請求は認められないとした。
ウ　マンション等における騒音等被害事例			
	事　例	裁判例	認容内容
(ア)	マンション居室をフローリング床にしたことに伴う生活音による不法行為に基づく慰謝料・個室減価損害請求事例（原告X₁はマンション1室を所有して妻原告X₂とともに居住し，被告はその直上階の所有者で妻子と同居）	東京地判平6・5・9判時1527号116頁	フローリング床を敷設したこと又は被告らの居室での振る舞いが不法行為を構成するとはいえないとして請求棄却
(イ)	マンションの上階の床変更による騒音被害による人格権侵害に基づく床の復旧工事及び不法行為に基づく慰謝料請求事例（原告X₁・X₂はマンション1階1室を区分所有・居住する者であり，被告はその真上の階に家族とともに居住する者）	東京地八王子支判平8・7・30判時1600号118頁	復旧工事について請求棄却，原告らについて慰謝料各75万円を認容
(ウ)	マンションの上下階における騒音等紛争における管理組合総会での発言による名誉毀損による不法行為に基づく謝罪広告・損害賠償請求の本訴と不法行為に基づく騒音の差止め・損害賠償請求の反訴事例（原告（反訴被告）と被告（反訴原告）はマンションの上下階に居住する者であり，被告（反訴原告）は管理組合総会で騒音被害について述べる等した。）	東京地判平9・4・17判タ971号184頁	本訴：謝罪広告請求棄却，慰謝料50万円認容，反訴：請求棄却

第3節　身近な損害賠償関係事件について
第4　相隣関係と損害賠償請求

(エ)	マンション居室改装工事における騒音・振動による不法行為に基づく修理代・ホテル宿泊代・慰謝料等請求事例（原告X₁～X₄はマンションに居住する者，その真上の階に入居することとなった亡A（相続人被告Y₃・Y₄）が，同部屋の改装工事をし，被告Y₁はその工事の設計監理をし，被告Y₂が工事を施工した。）	東京地判平9・10・15判タ982号229頁	被告Y₁・Y₂に対し，原告X₁について各自給湯管等の修理代5万1000円，原告X₂について慰謝料各自20万円，原告X₃・X₄について慰謝料各自それぞれ10万円を認容，被告Y₃・Y₄に対する請求は棄却
(オ)	マンションの真上の居室からの音によって精神的苦痛を受けたとして不法行為に基づき慰謝料・引越費用等を請求した事例〔少額訴訟〕	東京簡判平14・12・6（平成14（少コ）第2457号）裁判所HP	受忍限度内として請求棄却
(カ)	区分所有建物での飲食店経営者の同建物の他の店舗の賃借人（被告Y₁）の騒音等による同賃借人及び賃貸人である区分所有者（被告Y₂・Y₃）に対する共同不法行為に基づく損害賠償（営業利益損害，店舗改修工事費，暖房器具，備品及び店舗設備費，原状回復費用，慰謝料）請求事例	東京地判平17・12・14判タ1249号179頁	営業利益損害（慰謝料額算定で考慮），店舗改修工事費，暖房器具，備品及び店舗設備費，原状回復費用について請求を棄却し，慰謝料100万円について，被告らの連帯支払を認容
(キ)	マンションの階上の住戸からの子供の走る音等が受忍限度を超えるとして子供の父親に対する不法行為に基づく慰謝料等請求事例	東京地判平19・10・3判タ1263号297頁・判時1987号27頁	慰謝料30万円，弁護士費用6万円を認容
(ク)	マンションの階上の部屋からの子供による騒音の不法行為による所有権ないし人格権に基づく騒音の差止め及び不法行為に基づく損害（慰謝料，治療費，騒音測定費用）賠償請求事例（原告X₁はマン	東京地判平24・3・15判時2155号71頁	原告X₁についてPM9～翌AM7の40dB（A）を超える部分，AM7～PM9の53dB（A）を超え

	ション1階居室を所有して原告X₂と共に居住し，被告はその真上の居室に家族（子供を含む。）と共に居住）		る部分の原告建物への騒音到達差止めを認容，原告らについて慰謝料各30万円，原告X₂について治療費・薬代2万4890円，原告X₁について騒音測定費用64万0500円を認容

(2) 悪臭等紛争事例

	事例	裁判例	認容内容
ア	フランチャイズチェーンの焼き鳥店の発する臭気について近隣住民（原告X₁〜X₃）が同焼き鳥店（被告Y₁）及びその親会社（被告Y₂）に対し人格権及び所有権に基づく妨害排除又は妨害予防請求権として一定限度以上の臭気の差止めと不法行為に基づく損害賠償（慰謝料）を求めた事例	神戸地判平13・10・19判タ1098号196頁・判時1785号64頁（控訴審下記イ）	被告らに対し，原告それぞれについて，①一定限度以上の臭気の差止めを認め，②慰謝料については排気ダクトが3階屋根まで延長されたとき以降の分各自月1万円の連帯支払を認容
イ	上記アと同様	大阪高判平14・11・15判時1843号81頁（原審上記ア）	請求棄却
ウ	野良猫の糞尿の悪臭による被害等についての餌付した住民らに対する不法行為に基づく損害賠償及び謝罪広告請求事例（原告X₁は，被告Y₁から2階建建物の1階店舗を賃借し居酒屋を営み，原告X₁の子である原告X₂は当該店舗から20mの距離に建物を新築して原告X₁・X₂が居住し，被告Y₂・Y₃夫婦は原告ら宅南側に面した住宅に居住し，同住宅南側に	神戸地判平15・6・11判時1829号112頁	①糞尿被害による慰謝料：原告らについて被告Y₁・Y₄に対しそれぞれ各自20万円，②名誉毀損による慰謝料：原告らについて被告らに対しそれぞれ各自30万円，③

第3節　身近な損害賠償関係事件について
第4　相隣関係と損害賠償請求

は前記店舗が接しており，同店舗西隣には被告Y₄が所有する建物が存在し，被告Y₁・Y₄夫婦が居住していた。）

被告Y₁・Y₃の犬の騒音による慰謝料：原告らについて被告Y₁・Y₃に対しそれぞれ各自5万円，④被告Y₃の音楽・言葉による騒音による慰謝料：原告らについて被告Y₃に対し各5万円，⑤被告Y₃の路上での非難行為による慰謝料：原告らについて被告Y₃に対し各5万円，⑥被告Y₁・Y₃の行為による営業妨害による慰謝料：原告X₁について被告Y₁・Y₃に対し各自10万円，⑦弁護士費用：原告らにつき各5万円（嘆願書関係名誉毀損につき被告らに対しそれぞれ各自3万円，その余の名誉毀損につき被告Y₁・Y₃・Y₄に対しそれぞれ各自2万円を認容，謝罪広告をしなければ原告らの人格的価値に対する社会的・客観的評価を回復できないとは

	事例	裁判例	認容内容
			いえないとして謝罪広告請求は棄却
エ	タウンハウスの区分所有者（被告）が複数の猫に継続的に餌やりを行ったことなどにより糞尿等に伴う被害を生じさせたことは区分所有者の共同の利益に反し，管理組合規約に違反するとして原告管理組合が区分所有法57条1項又は管理組合規約に基づき及び原告らタウンハウス居住者が人格権に基づき当該タウンハウスの敷地及び被告区分所有建物内での猫への餌やりの差止め並びに原告らが不法行為に基づく慰謝料（原告管理組合を除く。）及び弁護士費用の支払を求めた事例	東京地立川支判平22・5・13判時2082号74頁	原告管理組合の規約違反に基づく土地建物内での猫への餌やり禁止，原告ら居住者らの人格権に基づく土地での猫への餌やり禁止，原告らの不法行為に基づく損害賠償（原告ら居住者：慰謝料3万円～13万円，弁護士費用6千円～2万6千円，原告管理組合：弁護士費用30万円）を認容

(3) 日照被害による損害賠償等請求事例

	事例	裁判例	認容内容
ア	被告Y_1及びその子被告Y_2所有居住の日影規制の対象外の建物を原因とする日照被害による，主位的に人格権に基づく妨害排除として被告ら所有建物の一部撤去，予備的に不法行為に基づく慰謝料請求事例（原告X_1は被告ら所有居住建物の北側に隣接する建物に居住，原告X_2は原告X_1の妻で原告X_1所有建物に居住，原告X_3・X_4は原告X_1・X_2の子で，原告X_3は原告X_1所有建物に居住し，原告X_4は2年の予定で原告X_1所有建物から他に転居）	東京高判平14・11・18判時1815号87頁	主位的建物一部撤去の請求は棄却し，予備的慰謝料請求について，被告ら各自に対し，原告X_1について100万円，原告X_2について50万円，原告X_3について30万円，原告X_4について20万円を認め，原告X_1は被告Y_1から50万円を受領しているからこれを控除し，原告X_1・X_2についてそれ

			ぞれ50万円，原告X₃について30万円，原告X₄について20万円を認容

(4) 眺望利益侵害による損害賠償等請求事例

	事例	裁判例	認容内容
ア	眺望阻害建物建築による人格権ないし物権的権利に基づく建物2階部分の収去の主位的請求及び民法723条に基づく謝罪広告・民法709条に基づく損害賠償の予備的請求をした事例（原告X₁・X₂は共有地上の平家建居宅に居住し，被告は同居宅の南側隣地に2階建建物を建築した。）	横浜地横須賀支判昭54・2・26下民集30巻1〜4号57頁・判タ377号61頁・判時917号23頁	主位的請求―2階部分の建物収去請求：損害賠償を得れば他に移転するか精神的損害の回復が可能であるとして請求棄却，予備的請求―謝罪広告：原告らの社会的評価が低下したとは認められないとして請求棄却，慰謝料：原告X₁・X₂について各100万円を認容
イ	隣接する別荘建築による眺望阻害に伴う不法行為に基づく損害賠償請求事例	長野地上田支判平7・7・6判時1569号98頁	被告の建築行為が社会的相当性を逸脱しているとはいえないとして請求棄却

(1) 騒音等紛争事例

ア 飼犬の騒音等被害事例

㈦ 犬の鳴声に伴う飼主に対する民法718条による慰謝料請求事例（原告X₁・X₂は被告隣地に転居してきた者）〔認容（原告X₁・X₂について慰謝料各30万円を認容）〕（横浜地判昭61・2・18判タ585号93頁・判時1195号118頁）

■事 案

原告（被控訴人）X₁，X₂が転居してきたとき，被告（控訴人）は，既に，隣地でセパード1匹と雑種犬を飼っていた。原告らが転居してきてから，被告方のセパードが時折かなり大きな声で鳴き，その声が原告ら方まで聞こえてきた。その後，被告方でスピッツを飼うようになり，その甲高い鳴声が聞こえるようになった。

被告方のセパードは，被告方が留守のときは一晩中でも吠え続けて原告らを悩ませ，マルチーズも甲高い声で鳴き続け，その程度は異常であった。

そのため，原告らは精神衰弱状態となり，原告X₂は失神することもあった。

■請 求

原告X₁，X₂は，被告に対し，被告飼犬が鳴くことにひどく悩まされ，精神的苦痛を受けたとして，民法718条1項に基づき，慰謝料各30万円及び訴状送達の翌日（昭和54年6月27日）から支払済みまで年5分の割合による金員の支払を求める。

■争 点

(1) 被告は，飼犬保管上の注意義務を尽くしていたか
(2) 原告への危険への接近の法理の適用
(3) 被告の飼犬の鳴声は受忍限度内にあったか

■判示事項

(1) 被告の飼犬保管上の注意義務について

原告X₁，X₂夫婦の隣に住む被告Yの飼育するセパード等の鳴声は，一般家庭における犬とは大きく異なり，長時間にわたり，連日深夜早朝に及ぶなど極めて異常なものであったから，被告Yは，飼犬に対し，飼育上の配慮を

第3節　身近な損害賠償関係事件について
第4　相隣関係と損害賠償請求

すべき注意義務を尽くしていたとはいえない。
(2) 原告の危険への接近について
　原告X₁，X₂が近隣に居住するようになってから飼犬の鳴声の被害が著しくなったなどの特段の事情があり，危険への接近の法理による免責は認められない。
(3) 受忍限度について
　被告Yの飼犬の鳴声は極めて異常であるから，原告X₁，X₂において受忍すべき限度内にあるとは到底いうことができない。
(4) 以上により，原告X₁，X₂の請求は理由があり，原告X₁，X₂の請求を全面的に認めた原判決は相当である。
■確定

(イ)　飼犬の騒音・悪臭による不法行為に基づく慰謝料請求事例（原告X₁・X₂夫婦及び息子X₃は被告建物の一部を賃借）〔一部認容（原告らX₁・X₂について慰謝料各10万円を認容）〕（京都地判平3・1・24判タ769号197頁・判時1403号91頁）

■事　案
　被告の建物の一部を，原告（夫婦X₁，X₂及び息子X₃）が賃借していた。
　被告は，小型犬マルチーズを，当該建物の中庭及び被告居住部分で飼育し，昭和55年ころから約半年間中型犬を中庭で飼育したことがあり，糞の後始末は中庭でされたが，糞についても鳴声についても，当該原告から苦情の申入れはなかった。
　被告が飼っていたシェパードは，成長するにつれて鳴声も大きくなり，夜中に鳴き続けることもあったり，原告方の訪問客に激しく吠えたてることがあった。また，子犬の糞の排泄量は多くなかったが，その糞を被告が直ちに除去しないことも多く，悪臭を放つこともしばしばで，蝿が発生したり臭気が漂ったりして，原告クリーニング店の来客に指摘されることもあった。原告側の度々の申入れに対し，被告は，騒音防止及び適切な対応をとらなかっ

た。

■請　求

　原告ら（夫婦X₁，X₂及び息子X₃）は，各自被告に対し，原告クリーニング業の顧客から悪臭について苦情を言われたり，嫌な顔をされたりする被害を被り，また，原告らの日常生活が従前より著しく阻害され，肉体的・精神的に多大な損害を被ったとして，不法行為による損害賠償として，慰謝料50万円及びこれに対する訴状送達の翌日（昭和63年11月16日）から支払済みまで年5分の割合による金員の支払を求める。

■争　点

(1)　被告の飼犬による騒音・悪臭は受忍限度を超え，違法行為にあたるか
(2)　慰謝料額

■判示事項

(1)　被告の飼犬による騒音・悪臭は受忍限度を超え，違法行為にあたるかについて

　一般家庭における飼犬の騒音（鳴声）・悪臭による近隣者に対する生活利益の侵害は，社会通念上受忍限度を超える場合に違法となるが，受忍限度の判定には，生活必需性の強弱（防犯目的の必要性の有無など），近隣住民の立場の互換性，寛容円満な隣人関係の形成の必要性などが考慮されるべきところ，本件では，シェパード犬は被告の愛玩用の飼犬であり，シェパード犬の鳴声による騒音，糞の放置による悪臭や蠅の発生の解消に真摯に努力しなかった点などにおいて飼犬飼育上の違法があった。

　したがって，被告は，本件犬の鳴声による騒音，糞の放置による悪臭・蠅の発生の解消に真摯に努力しなかった飼犬飼育上の違法行為により，本件賃貸部分に居住する原告らが受けた肉体的・精神的損害を賠償する義務がある。

　本件賃貸部分の1階で主として生活し，洋服店・クリーニング店を経営し，中庭に面した部屋で寝起きする原告X₁，X₂が肉体的・精神的損害を受けたことは明らかであるが，原告X₃については，原告X₁，X₂の子であるというほか，年齢，職業，生活内容，被害感情等一切の主張・立証がなく，本件2階の中庭に面しない部屋で寝起きしていることが認められるので，原告X₃の損害については認めるに足りる証拠がない。

(2) 原告X₁，X₂の慰謝料額について

被告が本件加害行為の改善に消極的であった背景には，原告X₁に対する本件賃借部分の明渡し要求又は賃料増額要求が実現しないことによる顕在的又は潜在的な加害意欲が認められること，反面，以前の飼犬の場合には相互に円満に推移した事情，犬に関する口論には同原告に挑発的な言辞が見られること，同原告は被告に対して報復的な行為に出ていること，被告は既に本件犬を他に譲り渡し，今後中庭で犬を飼育しないことを誓約していること，その他諸般の事情を総合すれば，被告が原告X₁，X₂に支払うべき慰謝料額は，各10万円とするのが相当である。

(3) 主　文
① 被告は，原告X₁，X₂各自に対し，10万円及びこれに対する昭和63年11月16日から支払済みまで年５分の割合による金員を支払え。
② 原告X₁，同X₂のその余の請求及び原告X₃の請求をいずれも棄却する。
③ 訴訟費用は，原告X₁，同X₂と被告との間においては，同原告らに生じた費用の２分の１を被告の負担とし，その余を各自の負担とし，原告X₃と被告との間においては全部同原告の負担とする。
④ この判決は，原告らの勝訴部分に限り，仮に執行することができる。

■控訴

―――

(ウ) 飼犬の鳴き声による近隣住民の不法行為に基づく賃料相当損害金及び慰謝料請求事例（原告X₂所有の共同住宅の１室に原告X₂は弟原告X₃と共に住み，原告X₂の子原告X₁は当該共同住宅の１室をAに賃貸し，被告Yら（Y₁及びその子Y₂・Y₃）は当該共同住宅と道を挟んだ建物に居住）〔一部認容（原告X₁について被告らに対し賃料相当損害金各自32万円，原告X₁・X₂について被告らに対し慰謝料それぞれ各自30万円を認容）〕（東京地判平７・２・１判時1536号66頁）

■事　案
(1) 原告X₂所有の共同住宅の１室に，原告X₂は弟の原告X₃とともに居住

し、原告X₂の子である原告X₁は、当該共同住宅の1室をAに賃貸していた（賃貸借期間：平成2年9月1日から2年間（平成4年8月31日に1年間自動更新）、賃料1か月160万円）。被告Yら（Y₁及びその子Y₂、Y₃）は、当該共同住宅と道路を挟んだ建物に居住していた。

(2) 被告Yらが飼育している数匹の犬は、遅くとも平成3年1月から、夜間、早朝を問わず鳴いてうるさいため、原告らは保健所等に再三苦情を申し立てたが、改善されなかった。そのため、Aは、賃貸借期間中であるにもかかわらず、平成5年1月12日、同年3月12日をもって共同住宅の居室の賃貸借契約を解約する旨通告し、他に転居した。

■請　求

原告らは、被告らに対し、飼犬を飼育するにあたり、異常な鳴き方をしないように防止する義務を怠ったとして、不法行為による損害賠償請求権に基づき、原告X₁については賃貸借期間の途中でAから賃貸借契約を解除されたことによる残存期間中の賃料額相当の損害各自898万円（平成5年3月13日〜同年8月31日の賃料）及びこれに対する賃貸借期間終了日の翌日である平成5年9月1日から支払済みまで年5分の割合による遅延損害金の、原告X₂、X₃については精神的損害各自100万円及びこれに対する訴状送達の日の翌日である平成5年7月11日から支払済みまで年5分の割合による遅延損害金の、それぞれ賠償を求める。

■争　点

(1) 被告らの飼犬の鳴声の異常性
(2) 被告らの注意義務違反
(3) 原告らの損害

■判示事項

(1) 被告らの飼犬の鳴声の異常性について

　① 原告ら及び被告らの居住する地域は、夜間静かな環境にあったこと、及び■事案の事実を証拠によって認定

　② 上記認定事実を総合すると、被告らの飼犬は、遅くとも平成3年1月から（被告Y₃の飼犬については平成4年2月から）本件訴えを提起するに至るまで、連日、一定の時間断続的に鳴き続け、その時間が夜間又は朝方

第3節　身近な損害賠償関係事件について
第4　相隣関係と損害賠償請求

にかかることが多かったことが認められ，原告X₂等の対応をことさら過剰なものとみなす事情もうかがえないから，被告らの飼犬の鳴声こそ，近隣の者にとって受忍限度を超えるものであったと認めることができる。

(2) 被告らの注意義務違反について

　住宅地において犬を飼育する以上，その飼主としては，犬の鳴き方が異常なものとなって近隣の者に迷惑をかけないよう，常に飼犬に愛情を持って接し，規則正しく食事を与え，散歩に連れ出し運動不足にせず，日常生活におけるしつけをし，場合によっては訓練士をつける等の飼育上の注意義務があるところ，被告らの飼犬が異常な鳴き方をしたのは，被告らがこのような義務を怠ったからである。

(3) 原告らの損害について

① 原告X₁とAとの間の賃貸借契約には，「賃貸期間中であっても借主は貸主に対し3か月以上の予告期間をもって契約を解除することができ，予告期間が3か月に満たない場合，借主はその不足日数の賃料相当額を貸主に支払い契約を解除することができる」旨の約定があり，Aの退去にあたって，原告X₁がその約定をそのまま適用した場合と比べて得ることができなかった賃料相当額は12日分64万円となり，原告X₁は賃貸物件の管理を他の会社に委託していること等を考慮すると，賃貸借によって原告X₁が得る利益は賃料の半額と認めるのが相当であり，Aの退去によって原告X₁が被った損害は，前記64万円の半額32万円であると認められる。

② 原告X₂，X₃が，被告らの飼犬の鳴き声によって被った精神的損害に対する慰謝料の額は各30万円とするのが相当である。

(3) 主　文

① 被告らは，原告X₁に対し，各自32万円及びこれに対する平成5年9月1日から支払済みまで年5分の割合による金員を支払え。

② 被告らは，原告X₂に対し，各自30万円及びこれに対する平成5年7月11日から支払済みまで年5分の割合による金員を支払え。

③ 被告らは，原告X₃に対し，各自30万円及びこれに対する平成5年7月11日から支払済みまで年5分の割合による金員を支払え。

④ 原告らの被告らに対するその余の請求をいずれも棄却する。
⑤ 訴訟費用は，これを10分し，その9を原告らの負担とし，その余は被告らの負担とする。
⑥ この判決は，第①項ないし第③項に限り，仮に執行することができる。

■確定

㊂ 闘犬の吠える声による不法行為に基づく得べかりし利益・慰謝料，人格権に基づく闘犬の撤去及び日照・通風等被害による騒音対策の工作物撤去請求事例（原告が居住する家の隣地を賃借する被告会社Y_2の代表者被告Y_1が，同賃借地において闘犬5頭等を飼育していた。）〔慰謝料一部認容（被告Y_1に対し慰謝料30万円を認容），工作物撤去一部認容（被告会社Y_2に対し地上から2mを超える部分の工作物の撤去を認容），闘犬の撤去は棄却〕
（浦和地判平7・6・30判タ904号188頁）

■事　案
(1) 被告Y_1は，原告の居住する家の隣地〔本件土地〕（被告Y_1が代表者である被告会社Y_2が賃借し，同社が資材置場，事務所として利用）において闘犬5頭等を飼育していた。原告は，闘犬等の吠える声による騒音に苦情を述べていた。
(2) 平成4年4月ころ，被告会社Y_2の賃借する土地に深夜野犬が侵入し，被告Y_1の闘犬が吠え続ける事件があり，原告は被告らに対し，闘犬による騒音につき強く善処を求めた。被告会社Y_2は，平成4年6月26日，防音対策として，原告土地との境界から21cmのところに高さ5.4m，長さ22mの工作物を設置した。
(3) 原告は，被告会社Y_2が設置した工作物により，原告宅の日照，通風等を阻害するとして，同工作物の撤去を要求したが，被告側は同工作物設置には防音効果があるとして撤去に応じない。

■請　求
原告は，被告Y_1に対し，闘犬の騒音による民法709条に基づく損害賠償として400万円（原告Ｘの洋裁教室の営業ができなくなったことによる得べかりし利益の

第3節　身近な損害賠償関係事件について
第4　相隣関係と損害賠償請求

喪失額245万円，精神的損害による慰謝料165万円）☆及びこれに対する平成5年1月1日から支払済みまで年5分の割合による金員の支払，人格権に基づく闘犬の撤去を求め，被告会社Y₂に対し，工作物により日照・通風頭が阻害されたとして，人格権に基づく当該工作物の撤去を求めた。

> ☆　原告の主たる請求額400万円，原告の主張する得べかりし利益の喪失額245万円，精神的損害による慰謝料165万円は，判決の記載に従った記載をした。

■争　点
(1)　闘犬の騒音の違法・有責性，闘犬撤去請求権の有無
(2)　被告会社Y₂設置の工作物撤去請求権の有無
(3)　闘犬の騒音による原告の損害の有無及び額

■判示事項
(1)　闘犬の騒音の違法・有責性，闘犬撤去請求権の有無について
　①　野犬事件の際には，深夜，長時間にわたり複数の闘犬がかなり激しく吠え続けたのに，夜間管理する者がいない被告ら側は，すぐに対応することができなかったことが認められ，これが原因となって，原告は，闘犬の吠え声に対し敏感になり，被告らの闘犬管理に不信感を強く抱くに至ったものとみることができる。その後も，朝夕はもとより深夜においても，闘犬が吠えることがあり，時には複数がかなり長い時間吠えることから，原告の抱く被害感には相当程度にそれを裏づける客観的な加害事実があるというべきであり，そうであれば，証拠〔略〕により，原告は，これによって，日常生活の安らぎを乱され，ときに安眠を妨げられることがあると認めることができる。
　②　原告は，闘犬の吠え声のために，原告が通院するような病気になり，痴呆状態の原告の夫が夜間飛び出す被害が生じていると主張するが，診断書だけではこれを裏づけるのに十分ではなく，原告本人の供述部分はいまだ信用するに足りず，他にこれを証する証拠はない。
　③　原告は，闘犬の吠え声のため，原告が原告宅で営む洋裁教室に生徒が定着しないで，経済的にも被害を受けていると主張するが，提出証拠のみではそれを裏づけるに足りず，原告本人の供述部分も信用するに足り

ず，他にこれを証するに足る証拠はない。
④ 原告の被害は，被害感は極めて強いが，客観的な被害としては，日常生活の安らぎが乱されており，安眠を妨げられることもある程度の主として精神的な被害にとどまるものであり，身体的な影響や経済的な被害まで認めることはできない。
⑤ 人が密集して居住する都会地においては，各住民が日常生活の利便さや豊かさを求めて行動する結果，互いに近隣住民に対し様々な影響を与えることは不可避であり，影響を受ける側も一定の限度でこれを受忍することが要請されるが，各住民の日常生活の平穏の維持は，最大限に尊重されるべきものである。
⑥ 被告側の対応は，原告の苦情を圧殺することを意図したのではないかと疑われかねないほど，挑発的な不適切なものであり，むしろ原告の被害感を増幅する結果に終わり，本件工作物の設置も，その設置前の経過からすると，客観的にも，もっぱら防音を意図したものとは評価しがたいものであり，紛争当事者たる原告が，むしろ嫌がらせの措置とみるのも無理からぬところがあり，被告Y_1は，被害者である原告の苦情，抗議に対して，総じて真摯に対応してこなかったものというべきである。
⑦ そうであれば，被告Y_1が飼育する闘犬の吠え声は，原告に社会生活上，受忍すべき限度を超えた被害を与えてきたものと判断すべきであり，被告Y_1は，吠え声により原告が被った損害につき，民法709条に従い賠償すべき義務がある。
⑧ 原告に本件土地（被告会社Y_2賃借地）内からの闘犬撤去請求権があるということまではできないといわざるをえない。
(2) 被告会社Y_2設置の工作物撤去請求権の有無について

証拠〔略〕によれば，原告住宅は，東面からの採光を全面的に奪われ，日の出から数時間の日照も阻害され，通風もかなり阻害されていることが認められる。

防音目的で本件工作物を設置することの必要性は薄く，加害目的まで疑われるのであり，その設置により上記のようにかなり大きな被害を原告に与えているのであって，その設置による被害は，原告が一般に社会生活上受忍す

べき限度をはるかに超えているというべきであり，原告は人格権に基づきその撤去を求めうるというべきである。

　ただし，撤去を求めうるのは，その設置により新たに自ら被害を受けた部分に限られるのであり，既存の境界塀の高さを超える地上2ｍを超える部分だけが撤去の対象となるというべきである。
(3) 闘犬の騒音による原告の損害の有無及び額について
　① 洋裁教室経営への影響等の経済的被害は，これを認めるに足りる証拠はないので，被害を前提とする逸失利益分の損害賠償を求める余地はない。
　② 慰謝料請求については，弁論終結時まで約6年間被害が継続してきたことなどを考慮するときは，弁論終結時までの精神的損害に対する慰謝料は30万円が相当である。
(4) 主　文
　① 被告Y_1は，原告に対し，30万円及びこれに対する平成7年4月21日から支払済みまで年5分の割合による金員を支払え。
　② 被告会社Y_2は，別紙物件目録1記載の土地内の別紙図面(1)表示のA・B点間の部分のうち，地上から2.00ｍを超える部分を撤去せよ。
　③ 原告の被告らに対するその余の請求を棄却する。
　④ 訴訟費用は，これを2分し，その1を原告の負担とし，その余を被告らの負担とする。
　⑤ この判決①，②項は，仮に執行することができる。
■控訴

イ　隣接する建物間の騒音被害事例

(ア)　隣家からのクーラーの騒音に対する不法行為に基づく慰謝料請求事例
〔一部認容（慰謝料15万円認容）〕（東京地判昭48・4・20判時701号31頁）

■事　案
(1) 原告は，原告宅の隣に転居してきた金属製造業者である被告に対し，被

告宅2階工作場からの作業音がうるさいので静かにしてもらいたいと要求したことから，被告と不仲になった。
(2) その後，被告が，被告宅にルームクーラーを取り付けたが，その位置が原告宅に面した側であったために，その使用期間である6月25日ころから9月25日ころまで，毎日午前7時30分から午後11時30分までの間，クーラーからの騒音が発生した。

■請　求
(1) 原告は，被告宅のクーラーから発生する騒音のために，睡眠障害，生活上の支障，心悸亢進などの精神的・肉体的苦痛を受けるに至り，そのために転居せざるをえなくなったため，被告に対し慰謝料50万円の賠償を求める。
(2) 被告は原告に対し，50万円及びうち5万円に対する昭和44年2月1日から，うち45万円に対する昭和46年12月8日から，各支払済みに至るまで年5分の割合による金員を支払え。

■争　点
(1) 本件クーラー等から発する作動音の音量
(2) 本件騒音による原告の被害
(3) 本件騒音の違法性
(4) 慰謝料額

■判示事項
(1) 被告のクーラーからの騒音の程度は，東京都公害防止条例の第2種住居地区における規制基準及び公害対策基本法9条に基づく環境基準を超えており，被告は当該クーラーの設置位置を移動し騒音を減少させるとか，安価で効果的な防音装置を取り付けるなどの措置をとらず，クーラーの使用時間を短くするなど，騒音被害減少について努力せず，終始非協力，不誠実な態度をとっていた。
(2) 騒音の程度，その発生期間，被害の状況，本件紛争に至る経緯，原告の防音装置の要請に対する被告の態度など本件に現れた一切の事情を考慮すると，本件クーラーの騒音によって原告の蒙った精神的苦痛に対する慰謝料としては15万円が相当である。

第3節 身近な損害賠償関係事件について
第4 相隣関係と損害賠償請求　　　　　　　　　　169

(3) よって，原告の請求は，被告に対し，15万円及びうち5万円に対する本件第1次慰謝料請求の趣旨を記載した書面が被告に到達した翌日であることが記録上明らかな昭和44年2月1日から，うち10万円に対する請求拡張の準備書面が被告に到達した日の翌日であることが記録上明らかな昭和46年12月8日から，各支払済みに至るまで民法所定年5分の割合により遅延損害金の支払を求める限度で理由があるからこれを認容する。

(4) 主　文
① 被告は原告に対し，15万円及びうち5万円に対する昭和44年2月1日から，うち10万円に対する昭和46年12月8日から，各支払済みに至るまで年5分の割合による金員を支払え。
② 原告のその余の請求を棄却する。
③ 訴訟費用はこれを2分し，その1を原告の，その余を被告の負担とする。
④ この判決は第①項に限り仮に執行することができる。

■控訴

(イ) カラオケボックスからの騒音による人格権に基づくカラオケ装置使用禁止及び不法行為に基づく慰謝料請求事例（原告X_1（原告X_2〜X_4は同居の親族），原告X_5（原告X_6は同居の親族），原告X_7（原告X_8・X_9は同居の親族）は建物所有者）〔一部認容（原告X_5・X_7・X_9について午前0時〜午前4時のカラオケ装置の使用禁止，原告X_5について慰謝料30万円，原告X_7・X_9について慰謝料各20万円を認容）〕（札幌地判平3・5・10判時1403号94頁）

■事　案
(1) 原告X_1〜X_9は，都市計画法第2種住居専用地域に指定された地域に，昭和62〜63年ころから居住している。原告X_1，X_5，X_7は，同地域に建物を所有し，原告X_2〜X_4は原告X_1の，原告X_6は原告X_5の，原告X_8，X_9は原告X_7の，それぞれ同居の親族である。
(2) 被告は，平成元年8月，建築確認のおりる前に，住民との話合いや連絡

もないまま、原告X_5ら及びX_7らの居宅から1・5mほどの背中合わせの場所に、カラオケボックスを設置して営業を始めた。
(3) カラオケ騒音、出入りする車の始動音、嬌声（きょうせい）等がうるさく、原告X_5、X_7、X_9は、それらの騒音により睡眠を妨げられ、原告X_5は通院加療を受けるようになった。

■請　求

原告X_1〜X_9は、被告に対し、建物所有権（原告X_1、X_5、X_7）及び人格権に基づき、午後10時から翌午前4時までのカラオケボックス内でのカラオケ装置の使用禁止と損害賠償（慰謝料）各30万円及びこれに対する訴状送達日の翌日（平成元年12月12日）から支払済みまで年5分の割合による金員の支払いを求める。

■争　点

(1) カラオケボックスからの騒音が受忍限度を超えカラオケ装置の使用禁止を請求しうるか
(2) 原告らの慰謝料請求権の有無及び額

■判示事項

(1) 原告らが先に平穏に生活していた第2種住居専用地域である住宅街に被告Yがカラオケボックスの営業を始め、原告らの反対を押し切って深夜営業を続行し、被告Yのカラオケボックスの営業に伴う騒音により原告X_5、X_7、X_9の睡眠を妨害しているのであるから、被告のカラオケボックスの営業が、原告X_5、X_7、X_9の人格権及び原告X_5、X_7の建物所有権の内容である休息の場としての住宅の機能に影響を及ぼしているといえる。カラオケボックスからの騒音について、騒音が受忍限度を超え差止めをなしうるか否かを判断するにあたっては、公的な諸基準に照らし判断する必要があり、午前0時以降は、カラオケ音のみで公害基本対策法・札幌市公害防止条例等における基準を上回り、カラオケボックスは、純然たる娯楽施設であり公共性が強いわけではなく、青少年の健全な育成に否定的側面があり、睡眠という人間にとって不可欠の営みの妨害があり、休息の場としての住宅機能にも影響が出ていること考慮し、午前0時以降のカラオケボックス営業には受忍限度を超える違法性があり、何らかの設備によって騒音

を防止することが不可能であり，これに対し直接，差止めを含む何らかの規制を加えることはやむをえない。
(2) また，被告は，原告らの住民多数と交渉過程を経て，深夜の営業が同人らの権利・利益を侵害する可能性について予見できたということができ，少なくとも，午前0時以降の営業により同人らの睡眠等を妨げる結果の発生しうることを予想しえたというべきであり，あえて午前0時以降の営業の開始・続行をしたのであるから，過失があるということができ，原告X_5，X_7，X_9に対する慰謝料を支払うべき義務がある。
(3) 以上により，原告X_5，X_7，X_9の請求は，午前0時からの午前4時までのカラオケボックス内でのカラオケ装置の使用禁止と原告X_5につき損害賠償（慰謝料）30万円，原告X_7，X_9につき損害賠償（慰謝料）各20万円及びこれに対する平成元年12月12日から支払済みまで年5分の割合による金員の支払を求める限度でこれを認容し，原告X_5，X_7，X_9のその余の請求及びその余の原告らの請求は失当であるからいずれもこれを棄却する。
(4) 主 文
① 被告は，原告X_5，同X_7，同X_9に対し，午前0時から午前4時までの間，別紙物件目録1記載の建物内においてカラオケ装置を使用し，若しくは第三者をして使用させてはならない。
② 被告は，原告X_5に対し30万円及びこれに対する平成元年12月12日から完済まで年5分の割合による金員を，同X_7，同X_9各自に対し，各20万円及びこれに対する平成元年12月12日から完済まで年5分の割合による金員をそれぞれ支払え。
③ 原告X_5，同X_7，同X_9のその余の請求をいずれも棄却する。
④ 原告X_1，同X_2，同X_3，同X_4，同X_6，同X_8の請求をいずれも棄却する。
⑤ 訴訟費用は，原告X_5，同X_7，同X_9と被告との間では，被告に生じた費用の2分の1と同原告らに生じた費用とをいずれも3分し，その一を同原告らの連帯負担とし，その余を被告の負担とし，その余の原告らと被告との間では，被告に生じた費用の2分の1と同原告らに生じた費用とをいずれも同原告らの連帯負担とする。

⑥　この判決は，第②項に限り仮に執行することができる。
■控訴

(ウ)　ビル2階居住者ら（所有者原告X_1，妻原告X_2，娘原告X_3〜X_5）が同ビル1階のスーパーマーケットの冷暖房室外機の騒音・振動により人格権を侵害されたとして，スーパー経営者（被告Y_1）・所有者賃貸人（被告Y_2〜Y_4）に対し損害賠償（慰謝料）を求め，スーパー経営者に対し騒音差止め，室外機の移設及び防音・振動設備の設置を求めた事例〔損害賠償一部認容，室外機の移設及び防音・振動設備の設置請求棄却（被告Y_1に対する室外機の移設，防音壁，防振ゴムの設置請求については棄却し，騒音による慰謝料については，使用した部屋での安眠を妨害された原告X_3〜X_5については1日200円，原告X_1・X_2については1日100円として，口頭弁論終結日までの慰謝料を認め，将来の損害金については保護要件を欠くとして却下）〕（東京地判平14・4・24判時1832号128頁）

■事　案
(1)　原告X_1は，本件ビル2階の区分所有建物（居住部分）を所有し，平成元年10月30日から，妻原告X_2，娘原告X_3〜X_5と居住している。原告X_4は，平成11年4月27日に原告居住部分から転居した。
(2)　被告Y_2〜Y_4は，本件ビル1階部分を所有し，被告Y_1は，その部分を賃借し，スーパーマーケットとして営業している。被告Y_1は，平成元年11月ころから，業務用冷蔵ケース室外機4台並びに業務用冷暖房室外機3台を設置し，冷蔵ケース室外機については一日中，冷暖房室外機については午前9時30分ころから午後9時30分ころまでの間稼働させている。

■請　求
　ビルの2階に居住する原告ら（所有者原告X_1，その妻原告X_2，娘原告X_3〜X_5）は，同ビル1階のスーパーマーケットの冷蔵ケース及び冷暖房設備の室外機の騒音・振動によって人格権を侵害されたとして，同店舗を賃借して同スーパーを営業する被告Y_1及び同店舗部分の所有者・賃貸人被告Y_2〜Y_4に対し損

第3節　身近な損害賠償関係事件について
第4　相隣関係と損害賠償請求

害賠償（慰謝料）を求め，被告Y₁に対し騒音の差止め，室外機の移設及び防音・防振設備の設置を求める。

■争　点
(1)　本件室外機の騒音・振動による損害賠償責任の有無
(2)　騒音差止め，本件室外機の移設及び防音壁等の設置責任の有無
(3)　損害額

■判示事項
(1)　本件室外機による騒音は，東京都公害防止条例68条の日常生活等に適用される騒音基準，環境基本法16条により定める環境基準のいずれの基準も超えていること，室外機による騒音は毎日継続して発生しており，就寝時間にあたる深夜・早朝も続いていること，このような状態は少なくとも原告らが被告Y₂らに苦情を述べた平成6年ころから継続しており長期期間にわたること，原告X₃は耳栓をして就寝するという生活を強いられていること等の事情が認められ，これらの事情によれば，本件室外機による騒音は，社会生活上受忍すべき限度を超えた違法なものであると認めることができる。
(2)　原告らは，原告ら居住部分において，本件室外機による振動をある程度受けていることが認められるが，原告らは，この振動が社会生活上受忍すべき限度を超えるものであることについての具体的主張を行わないうえ，受忍限度を超えるものであると認めるに足りる証拠は存在せず，本件室外機による振動に関する原告らの主張は理由がない。
(3)　本件室外機の使用者である被告Y₁は，本件室外機の使用にあたり，適切な設置場所の選定，防音施設の設置等，騒音防止に必要な配慮を行い，本件条例基準等の各規制基準を遵守して，原告らの居住部分に受忍限度を超える騒音を侵入させないようにすべき義務があるのに，これを怠った過失があるものと認められる。
(4)　本件ビルは，設計段階から1階に被告Y₁の店舗が入ること及び2階の一部は原告ら居住部分であることが決定していたこと，スーパーの経営のためには冷蔵ケース・冷暖房の設備が不可欠であり，被告Y₁からその旨の申入れがなされていたこと，被告Y₂らには，本件ビルの一部を被告Y₁

に賃貸する際，原告らの居住部分に受忍限度を超えた騒音を侵入させないようにすべき義務があったにもかかわらず，これを怠った過失による責任があるものと認められる。

(5) 被告Y_1は，本件室外機を使用するにあたっては本件条例基準を遵守する義務があるものと認められ，本件条例を超える騒音を原告ら居住部分に侵入させた被告Y_1の行為は，原告らの人格権を侵害するものである。したがって，被告Y_1は，原告らの人格権を不当に侵害することのないように本件条例基準を遵守して，同基準を超える騒音を原告ら居宅部分に侵入させてはならない義務を負うものと認められる。

(6) 本件室外機は，大型で重量も重く，騒音の問題もあることから設置場所は限られるところ，現在地のほかに本件ビル内及びその敷地内においてこれらを設置するのに適した場所は見あたらないことなどの事実によれば，被告Y_1が本件室外機の騒音を防止するためには，現在地において適切な防音壁等を設置する方法で足り，本件室外機を移設しなければ騒音を阻止することができないと認めることはできない。よって，被告Y_1は本件室外機を移設する義務を負うものと認めることはできない。

(7) 原告らは，本件室外機による騒音により，不快感，睡眠妨害等の精神的苦痛を受けてきた事実を認めることができ，原告X_3〜X_5は，安眠を妨害される等の生活を強いられたことが認められる。

　本件室外機の騒音による原告らに支払われるべき慰謝料額は，原告X_3〜X_5についてはそれぞれ一日あたり200円と認めることが相当であり，原告X_1・X_2についてはそれぞれ一日あたり100円と認めるのが相当である。したがって，原告らの口頭弁論終結の日までの間の慰謝料請求は，原告X_1・X_2について各23万6700円及びうち10万9600円（訴え提起日までの分）に対する平成10年9月1日（訴え提起の翌日）からの遅延損害金，原告X_3・X_5については各47万3400円及びうち21万9200円（訴え提起日までの分）に対する平成10年9月1日（訴え提起の翌日）からの遅延損害金，原告X_4については26万7000円及びうち21万9200円（訴え提起日までの分）に対する平成10年9月1日（訴え提起の翌日）からの遅延損害金の各支払を求める限度で理由がある。

第3節　身近な損害賠償関係事件について
第4　相隣関係と損害賠償請求

現段階において，将来の違法性の有無，損害の発生の有無，範囲等を把握することは困難といわざるをえないし，このような損害賠償請求権の成立要件の有無については，原告らにおいて立証責任を負うべき性質のものと認められ，原告X₄を除く原告らの将来の給付の訴えは，その権利保護要件を欠き不適法であるから，却下すべきものと認められる。

(8)　主　文
①　被告らは，連帯して，原告X₁及び同X₂それぞれに対し，23万6700円及びうち10万9600円に対する平成10年9月1日から支払済みまで年5分の割合による金員を，原告X₃及び同X₅それぞれに対し，47万3400円及びうち21万9200円に対する平成10年9月1日から支払済みまで年5分の割合による金員を，原告X₄に対し，26万7000円及びうち21万9200円に対する平成10年9月1日から支払済みまで年5分の割合による金員を支払え。

②　被告Y₁は，午前6時から午前8時までの間，55デシベルを超える，午前8時から午後8時までの間，60デシベルを超える，午後8時から午後11時までの間，55デシベルを超える，午後11時から翌午前6時までの間，50デシベルを超える音量の騒音を別紙図面(2)の赤斜線の部分に侵入させてはならない。

③　原告X₁，同X₂，同X₃及び同X₅の平成14年2月23日以降の損害の賠償を求める訴えは，これを却下する。

④　原告らのその余の請求を棄却する。

⑤　訴訟費用は，これを5分し，その4を原告らの負担とし，その余を被告らの連帯負担とする。

⑥　この判決は，第①項及び第⑤項に限り，仮に執行することができる。

■確定

(エ)　ビル所有・居住の原告が隣接するビルを賃借して居酒屋を経営する被告に対し，同ビル壁に設置された排気ダクト・エアコンの室外機の騒音，熱風，臭気，美観喪失によって，所有権・人格権が侵害されたとして，

その撤去及び損害賠償（慰謝料）を求めた事例〔（騒音等により慰謝料について，1日につき3000円，営業開始日から訴え提起日までの金額（訴状送達翌日から民法所定年5分の遅延損害金），口頭弁論終結日まで108万9000円を認め，ダクト・室外機等設置による美観侵害は受忍限度内にあり，その後の将来の給付の訴えの部分は理由がないとし，ダクト・室外機の撤去請求は認めないとした。）〕（東京地判平15・2・17判時1844号74頁）

■事　案
(1) 原告が所有・居住するビルに隣接するビルで，被告は，従前から1階及び2階を賃借し，飲食店を経営していたが，同所に改装工事を施したうえ，平成13年7月18日から居酒屋を開店した。開店の改装工事の際，店が入るビルに排気ダクトとエアコン室外機を設置した。
(2) 本件ダクトの一部は原告ビルの敷地に突き出しており，本件室外機についてもその一部が原告ビルの敷地に侵入している。

■請　求
ビルの土地建物所有者で同ビルに居住する原告は，隣接するビルを賃借して居酒屋を経営する被告に対し，同ビルの壁に設置された排気ダクト及びエアコン室外機による騒音，熱風，臭気，美観喪失によって，所有権・人格権が侵害されたとして，その撤去及び損害賠償金（慰謝料）（被告居酒屋営業開始日（平成13年7月18日）から訴え提起日（平成13年12月28日）までの163日間分の損害賠償金815万円及びこれに対する訴状送達日翌日（平成14年1月12日）から支払済みまで民法所定年5分の割合による金員並びに平成13年12月29日から本件ダクト及び本件室外機の撤去完了まで1日5万円に割合による損害賠償金）の支払を求める。

■争　点
本件ダクト及び本件室外機の設置・稼働が原告の所有権又は人格権を侵害しているか否か

■判示事項
(1) 本件ダクト，本件室外機及びオレンジ色のホースの設置による原告ビルの美観の侵害は，受忍すべき限度にとどまるというべきである。
(2) 本件ダクト及び本件室外機の一部は，境界を越えて原告ビルの敷地に侵

入していること，本件ダクト及び本件室外機による騒音及び熱風の程度，原告ビル周辺の環境，被告はより大きな利益を上げようとして改装，出店したものであること，原告は原告ビルの4階を住居として使用していること，本件ダクト及び本件室外機の存在は，原告ビルの貸しビルとしての収益にも影響を及ぼすものと推認されることなどを総合勘案すると，本件ダクト及び本件室外機による騒音等は，受忍限度を超えており，原告は，被告に対し，不法行為を理由に慰謝料を請求することができるというべきである。そして，前記の諸事情を考慮すると，その額は，1日につき3000円を認めるのが相当である。

したがって，被告は，原告に対し，本件店舗の営業開始日（平成13年7月18日）から本件訴え提起日（平成13年12月28日）までの計163日間分の既発生損害賠償金48万9000円及びこれに対する本訴状送達日の翌日（平成14年1月12日）から支払済みまで民法所定年5分の割合による金員並びに平成13年12月29日から本件口頭弁論終結日（平成14年12月26日）までの363日間分の既発生損害賠償金108万9000円を支払う義務がある。

しかしながら，今後の被告による改善工事実施の可能性もあり，本件ダクト及び本件室外機の騒音の発生状況，その時点における原告の被害の内容，程度等の事実関係の推移を待たなければ，原告の損害賠償請求権の成否，内容を確定しえないから，将来の給付の訴えにかかる部分は理由がない。

(3) 原告の被害の程度，本件ダクト及び本件室外機の越境の程度はわずかであると考えられること，本件被害場所の地域性，本件ダクト及び本件室外機が撤去されれば，本件店舗の営業は困難となること，被告は，原告及び本件店舗ビル所有者側の了解はいまだ得られていないものの，これまで本件ダクト等の移設等の改善案を示すなどしてビル所有者側及び原告と交渉をしてきた経緯があることなどを総合すると，原告の本件ダクト及び本件室外機の撤去請求までは認められないというべきである。

(4) 主　文

① 被告は，原告に対し，157万8000円及びうち48万9000円に対する平成14年1月12日から支払済みまで年5分の割合による金員を支払え。

② 原告のその余の請求を棄却する。

■控訴

ウ　マンション等における騒音等被害事例

(ア)　マンション居室をフローリング床にしたことに伴う生活音による不法行為に基づく慰謝料・居室減価損害請求事例（原告X₁はマンション1室を所有して妻原告X₂と共に居住，被告はその直上階の所有者で妻子と同居）〔請求棄却〕（東京地判平6・5・9判時1527号116頁）

■事　案

(1)　原告X₁はマンション1室を区分所有し妻原告X₂とともに居住し，被告はその直上階の部屋の区分所有者であり，妻及び子と同居していた。

(2)　被告は，昭和62年7月ころ，被告居室のカーペット仕上げ又は本畳仕上げの床にフローリング工事を施行した。

(3)　被告宅のフローリング工事により，被告宅の足音，椅子の移動音等の生活音が原告X宅に伝播するようになった。

(4)　原告らは，昭和63年12月ころ以降，深夜の時間帯における被告居宅での人の足音や椅子の移動音等が気になるようになり，平成2年1月12日生まれの子が歩行するようになって（平成3年3月ころ）からは，その足音等が気になり，不眠症を訴えるようになった。

(5)　原告X₁は，平成元年1月，同年8月及び平成3年2月ころ，管理人を通じて又は直接に，被告に苦情を申し入れ，善処を求めるなどしたが，事態の変化は見られなかった。

(6)　原告X₁は，平成5年10月7日，原告居宅を第三者に売却した。

■請　求

原告らは，不法行為による損害賠償として，被告に対し，原告らそれぞれにつき慰謝料各100万円，原告X₁につき原告居室の減価による損害賠償345万円及びこれらに対する不法行為後の平成5年3月31日から支払済みまで民

法所定の年5分の割合による遅延損害金の支払を求める。

■争　点
被告居室をフローリング床にしたことによる生活音が受忍限度を超えたか

■判示事項
(1)　マンションのような集合住宅にあっては，その構造上，居宅の騒音等が他の居宅に伝播して平穏な生活を害するといった生活妨害の事態がしばしば発生するが，この場合は，加害行為の有用性，妨害予防の簡便性，被害の程度及び存続期間，その他の双方の主観的，客観的な諸般の事情に鑑み，平均人の通常の感覚ないし感受性を基準として判断し，一定限度までの生活妨害は社会生活上やむをえないものとしてお互いに受忍すべきである一方，受忍の限度を超えた騒音，振動による他人への生活妨害は，権利の濫用として不法行為を構成する。

(2)　本件では，被告宅に敷設したフローリング床の仕様は最低限度のものであって，少なくとも軽量床衝撃音の遮断性が低下したことは容易に推認できるが，被告宅における騒音の発生源は，最小限度の構成の家族による起居，清掃，炊事等の通常の生活音に限られており，騒音の発生する時間帯も比較的短時間であったことに照らすと，本件フローリング床設置が直ちに不当又は違法とすべき理由はなく，また，被告も，原告X_1から苦情を受けた後は，テーブルの下に絨毯を敷き，子供の遊具を制限するなどの必要な配慮をしているのであるから，注意義務に欠けるところはなかったものと解するのが相当である。

■確定

(イ)　マンションの上階の床変更による騒音被害による人格権侵害に基づく床の復旧工事及び不法行為に基づく慰謝料請求事例（原告X_1・X_2はマンション1階1室を区分所有・居住する者であり，被告はその真上の階に家族と共に居住する者）〔復旧工事—請求棄却，慰謝料—一部認容（原告らについて慰謝料各75万円を認容）〕（東京地八王子支判平8・7・30判時1600号118頁）

■事　案

(1) 原告X_1，X_2は，3階建マンションの1階の1室を区分所有・居住し，被告はその真上の部屋に家族とともに居住していた。

(2) 被告は，床にフローリングを敷設した居住者がいることを知り，絨毯張りは掃除が大変で夏場はうっとうしいので，床にフローリングを敷設することにした。被告は，室内改装として届け出たが，組合規約等による事前に損害を受けるおそれのある組合員の承諾を受けている旨の書面による届出はなく，原告らに対しては，フローリングの話しはせず，改装工事を施工する旨説明した。平成5年11月中旬，絨毯張りの床をフローリング床（防音装置（遮音材）は施されていない。）に張り替える工事は完了した。

(3) そのころから，被告建物から発生する歩く音，椅子を引く音，アイロン・鍋等を床に置く音，掃除機が床にぶつかる音等の生活音が断続的に階下に響き，ベッドに横たわると振動も伝わってくる感じがするようになり，原告X_1は，被告方が寝静まるのを待って午前2時以降に就寝し，被告らが起床して歩き出す音で目が覚めるという生活が続いた。

(4) 原告らは，平成5年11月19日，被告に対し，騒音の原因の調査を申し入れた。

(5) 管理組合は，平成6年6月4日開催の定期総会において，原告らの苦情を受け入れて，被告建物の床について，原告ら被告両者による費用折半，施行業者は原告らが選び理事会の承認を得るとの条件で改装工事を施工するよう勧告し，原告ら及び被告はこれを受け入れた。

(6) その後，原告らは，被告が施行したフローリングは防音装置（遮音材）の施されていないものを使用し，防音効果は絨毯張りの場合と比べ4倍以上悪化することが判明し，被告が虚偽の説明をしていたとして，勧告は効力がないとして，勧告は受け入れがたいとした。

■請　求

原告らは，受忍限度を超える騒音被害・生活妨害等があるとして，被告に対し，以下の請求をする。

(1) 人格権侵害に基づいて，被告は，木製床を撤去し，従前の絨毯張りの床へ復旧工事をせよ。

(2) 不法行為に基づいて，被告は，原告らに対し，慰謝料各300万円及びこれに対する平成6年11月27日から支払済みまで年5分の割合による金員を支払え。

■争　点
(1) フローリング床敷設により生活音が階下に響くようになったか，それが受忍限度を超えたか
(2) 原告らの損害の有無及び程度
(3) 差止請求の可否

■判示事項
(1) ■事案の状況を認定し，被告によるフローリング敷設による騒音被害・生活妨害は，約2年半にわたり継続して，従前より4倍以上の防音・遮音悪化の状態でなされたものであり，早朝又は深夜にわたることもたびたびあり，平均人の通常の感受性を基準として判断しても，社会生活上の受忍限度を超え，違法なものとして不法行為を構成するということができる。原告らのこのような精神的苦痛を慰謝するには，原告ら両名に対し各75万円及びこれに対する平成6年11月27日から支払済みまで年5分の割合による金員の支払を認める。
(2) 騒音被害・生活妨害による人格権又は人格的利益の侵害ないし侵害のおそれに基づく妨害排除・予防請求としての差止請求が認められるか否かは，侵害行為を差し止める（妨害排除・予防する）ことによって生ずる加害者側の不利益と差止めを認めないことによって生ずる被害者側の不利益とを，被侵害利益の性質・程度と侵害行為の態様・性質・程度との相関関係から比較衡量して判断される。被告におけるフローリングによる騒音被害・生活妨害は，受忍限度を超えたものであり，当該侵害行為の差止めを認めないことによって生ずる被害者側たる原告らの不利益は決して小さくないというべきである。しかし，フローリングに対する差止めないし差止めによる原状回復については，被告に対し相応の費用と損害をもたらすことは明らかであり，若干の問題はあるものの原告ら及び被告に対し管理組合による勧告（■事案(5)）が有効になされ，原告らもこれをいったんは受け入れた経緯に鑑みると，被告におけるフローリングによる■事案(3)の騒音被害・生

活妨害行為は，直ちに，原告らの差止請求を是認するほどの違法性があるということは困難といわざるをえないので，その請求を棄却する。

(3) 主　文
① 被告は原告らに対し，各75万円及びこれらに対する平成6年11月27日から支払済みまで年5分の割合による金員を支払え。
② 原告らのその余の請求をいずれも棄却する。
③ 訴訟費用はこれを10分し，その1を被告の負担とし，その余を原告らの各負担とする。
④ この判決は第①項に限り，仮に執行することができる。

■控訴（和解）

㈦　マンションの上下階における騒音等紛争における管理組合総会での発言による名誉毀損による不法行為に基づく謝罪広告・損害賠償請求の本訴と不法行為に基づく騒音の差止め・損害賠償請求の反訴事例（原告（反訴被告）と被告（反訴原告）はマンションの上下階に居住する者であり，被告（反訴原告）は管理組合総会で騒音被害について述べる等した。）〔本訴：謝罪広告請求棄却，損害賠償一部認容（慰謝料50万円認容），反訴：請求棄却〕
（東京地判平9・4・17判タ971号184頁）

■事　案

　分譲マンションの6階（602号室）に居住する被告（反訴原告）（以下単に「被告」という。）と7階（701号室）に居住する原告（反訴被告）（以下単に「原告」という。）とは，上下の居住関係にあるが，被告は，平成元年ころからゴロゴロという騒音が階上から聞こえる旨訴え，被告は，当該騒音は原告のゴルフのパター練習音によるものと考え，平成2年9月15日深夜原告方を訪れ問いただしたが，原告が，その場で実際にゴルフ練習機を使用したところ，被告もこの騒音ではないと納得した。

　被告は，その後も3年にわたり管理組合の総会で当該騒音を問題とし，管理組合では，騒音を出さないよう注意する旨の文書を全戸に配布した。被告

は，騒音がなおも発生しているとして，平成4年11月29日の管理組合の総会において，610号室及び801号室は騒音の発生源とは考えられない等と述べ，騒音防止のための善処を求め，理事会では，騒音発生源として原告方である旨明言した。管理組合は，被告に対し，騒音が発生すれば連絡をするように要請し，連絡があれば騒音の検分をすることを約したが，被告からは連絡はなく，被告に対し，これ以上この問題に関し関与はできない旨通知した。

■請　求
(1)　本　訴
　原告は，被告の総会における発言は，一般人なら原告を指すものであることがわかるから，原告の名誉を毀損するとして，不法行為に基づき，被告に対し，①管理事務所脇の掲示板への謝罪広告の掲示，②500万円及びこれに対する平成4年11月29日から支払済みまで年5分の割合による金員の損害賠償を求める本訴を提起した。

(2)　反　訴
　被告は，被告の総会における発言は，原告が騒音の発生源である特定したものではないし，総会等における発言には公然性もないとして争い，原告が騒音を発生させているとして，不法行為に基づき，①午後10時から午前6時までの間におけるゴルフ練習音の発生の差止め，②500万円及び平成6年2月24日から支払済みまで年5分の割合による金員の損害賠償を求める反訴を提起した。

■争　点
(1)　騒音が発生したか
(2)　被告の発言により原告の名誉が毀損されたか

■判示事項
(1)　居住者が出席しようと思えば出席できる管理組合の総会及び理事のほか，管理会社の従業員，管理人の出席する理事会における発言は，公然性があるうえ，発言内容は，原告が管理組合の要請を無視して騒音を発生させ続けている人物であるかのような印象を与えるから，被告の前記発言は原告の名誉を毀損するとして，被告に対し，原告の精神的苦痛を慰謝するため，50万円の支払を命じ，謝罪広告を求める請求は，被告に対し謝罪広告を命

じ，この問題をマンション全体に知らせることは，紛争を再燃させ，新たな紛争を惹起させる可能性も否定できないので，相当ではないとして棄却した。
(2) 原告方から被告の主張するような騒音が発生していたとは認められないとして，被告の反訴を棄却した。
(3) 主　文
① 本訴被告（反訴原告）は，本訴原告（反訴被告）に対し，50万円及びこれに対する平成4年11月29日から支払済みまで年5分の割合による金員を支払え。
② 本訴原告（反訴被告）のその余の請求を棄却する。
③ 本訴被告（反訴原告）の反訴請求をいずれも棄却する。
④ 訴訟費用は，本訴及び反訴を通じてこれを5分し，その1を本訴原告（反訴被告）の，その余を本訴被告（反訴原告）の各負担とする。
⑤ この判決は，主文第①項につき仮に執行することができる。

■確定

(エ) マンション居室改装工事における騒音・振動による不法行為に基づく修理代・ホテル宿泊代・慰謝料等請求事例（原告X_1〜X_4はマンションに居住する者，その真上の階に入居することとなった亡A（相続人被告Y_3・Y_4）が，同部屋の改装工事をし，被告Y_1はその工事の設計監理をし，被告Y_2が工事を施工した。）〔工事の設計管理者及び施行業者に対する請求：一部認容（被告Y_1・Y_2に対し，原告X_1について各自給湯管等の修理代5万1000円，原告X_2について慰謝料各自20万円，原告X_3・X_4について慰謝料各自それぞれ10万円を認容），被告Y_3，Y_4に対する請求：請求棄却〕（東京地判平9・10・15判タ982号229頁）

■事　案

(1) 原告らは，マンション7階に居住していた。同マンションの原告らの居室の真上の8階の部屋に入居することになったAが，昭和63年8月3日

第3節　身近な損害賠償関係事件について
第4　相隣関係と損害賠償請求

から，部屋の改装工事をした。Aは，平成4年8月5日死亡し，被告Y_3，Y_4がAを相続した。

(2)　改装工事に伴う騒音・振動により，原告らは一時ホテルに避難した。

■請　求

原告らは，改装工事を設計監理した一級建築士被告Y_1，工事を施行した工事業者被告Y_2，工事を依頼したAの相続人被告Y_3，Y_4に対し，不法行為に基づき，原告X_1が165万4175円（給湯管の修理代2万8000円，洗面戸棚の修理代2万3000円，避難中の原告らの山荘・ホテルの宿泊代52万0055円，原告らの宿泊先への交通費5万8720円，無人となった原告宅の警備費用2万4400円，慰謝料100万円），原告X_2～X_4が各100万円（慰謝料100万円）の損害賠償及びそれらの各金員に対する不法行為の後である平成元年1月24日から支払済みまで年5分の割合による遅延損害金（被告Y_3，Y_4に対する請求額は各2分の1の額）の連帯支払を求める。

■争　点
(1)　本件工事により受忍限度を超える騒音・振動が発生したか
(2)　本件工事の騒音・振動により原告らが被った損害
(3)　本件工事の騒音・振動についての被告らの責任

■判示事項
(1)　本件工事により受忍限度を超える騒音・振動が発生したか

マンションに改装工事によって発生した騒音・振動が受忍限度を超えるものかどうかは，騒音・振動の程度・態様・発生時間帯，改装工事の必要性，工事期間，騒音・振動の発生のより少ない工法の存否，そのマンション及び周辺の住環境等を総合して判断すべきところ，本件工事による騒音・振動は床衝撃音が主であるが継続的であり，その発生は3か月で昼間に限られること，Aが改装工事の計画をしたことは不当ではないこと，騒音・振動の発生のより少ない工法は存在しなかったことを考慮しても，工事期間のうちダイヤモンドカッターが使用された5日間の騒音及び台所のタイル剥がし工事がされた1日間の騒音は受忍限度を超えるものである。

(2)　本件工事の騒音・振動により原告が被った損害について

損害としては，給湯管等の修理代5万1000円，精神的損害（原告X_1―工事がされているときに在室していることが非常に少ないので慰謝料は認められない。原告X_2

―工事の騒音振動による精神的変化を原因とする頭痛等の症状から20万円。原告X₃―工事の騒音振動による強迫神経症の増悪等から10万円。X₄―工事の騒音振動による神経症から10万円）が認められるが，軽井沢山荘・ホテルへの一時避難のための費用は，騒音の音量，持続期間，総時間等からすると，相当因果関係にない。

(3) 工事の騒音・振動についての被告らの責任について

工事を施行した被告Y₂は受忍限度を超える騒音が発生したので民法709条に基づく不法行為責任を負い，その指示をした被告Y₁も民法719条の共同不法行為責任を負う。Aは注文者であり，注文したことには過失はなく，指図もしていないから，その相続人である被告Y₃，Y₄には責任はない。

(4) 主　文

① 被告Y₁，Y₂は，連帯して，原告X₁対し5万1000円，原告X₂に対し20万円，原告X₃及びX₄に対し各10万円並びに各金員に対する平成元年1月24日から支払済みまで年5分の割合による金員を支払え。

② 原告らの被告Y₁及び被告Y₂に対するその余の請求並びにその余の被告（被告Y₃，Y₄）に対する請求をいずれも棄却する。

③ 訴訟費用は，10分して，その9を原告らの負担とし，その余を被告Y₁及び被告Y₂の負担とする。

④ この判決は，原告らの勝訴部分に限り，仮に執行することができる。

■確定

(オ) マンションの真上の居室からの音によって精神的苦痛を受けたとして不法行為に基づき慰謝料・引越費用等を請求した事例〔少額訴訟〕〔請求棄却〕（東京簡判平14・12・6（平成14年（少コ）第2457号）裁判所HP）

■事　案

以下の事実を本人尋問により，認定。

(1) 原告は，平成11年3月から，被告所有のマンションマンション3階に入居し，現在大学院1年生である。被告は，原告の真上にあたる4階に居住している。平成14年3月上旬から，子供（被告の孫）2人（翌月4月から小学

校1年生と幼稚園児になる女の子）とその母親の3人が一緒に住むことになったが，同月下旬には，3人は別棟に移ることになり，子供らが遊びに，普段の日は午後早めにきて夕方には帰り，休日は午前中や午後に時々来る程度であった。

(2) 午前9時ころ4階の被告の部屋から掃除機の音がし，その後子供が走り回ったり，飛び跳ねたりしていると思われる音が断続的に昼くらいまで聞こえ，夕方から夜間や早朝は，それらの音はまったく出されなかった。音が聞こえたのは1週間のうち5日くらいであり，音がしない日もあった。

(3) 原告は被告に，何回かにわたり苦情をいい改善を申し入れた。原告は，以前と同じような状況を感じ，平成14年9月中旬ころ本件マンションを退去する決意をし，10月2日退去した。

■請求〔少額訴訟〕
マンションに居住していた原告は，真上に住む被告の居室からの騒がしい音により，勉強等に集中できなかった等の時間的損失を被り，精神的苦痛等を受けたとして，被告に対し，不法行為に基づき，慰謝料（慰謝料30万円，新居探しや引越措置に要した費用15万円（1日1万円の15日分）及び新居契約費用40万円（礼金16万円，敷金16万円，仲介手数料8万円）の合計85万円のうち，精神的苦痛による慰謝料30万円）の損害賠償の支払を求める。

■争　点
原告の主張する騒音が，日常生活をするうえでやむをえない範囲の生活音であったか否か

■判示事項
(1) ■事案の事実に他の証拠及び弁論の全趣旨を総合すれば，被告の居室から子供らの騒ぐ声や駆け回る音が発生していたことは明らかであるが，原告がそれらの音を聴く時間帯は，本年3月の平日午前中，4月からは休日くらいで，子供らのいる時間とそれほど重なっておらず，日中の比較的短い時間であること，子供らの騒ぎ回る音とはいっても，原告の健康状態や生活環境を著しく害するほどの異常な騒音とはいえず，また，そのような状態が長い期間継続していたとは思われないこと，そして，被告は普段子供らに対し，騒音をなるべく立てないようにそれなりの注意を与えていた

ことなどが認められ，これに反する証拠はない。
(2)　マンションのような集合住宅においては，他の居住者の迷惑となる行為をしないこと，とりわけ階下や隣の居住者の生活の平穏を害する騒音を発生させないことは，お互いに当然に守るべき最低限のルールである。そして，一般に，他人の権利を侵害するこれら迷惑行為が違法なものとされるには，侵害行為の態様，侵害の程度，侵害される利益の内容等の事情を総合的に判断しなければならないが，社会生活上受忍すべきとされる範囲内である場合には違法性がないことになり，受忍限度を超えているかどうかは，通常人を基準として判断すべきで，異常体質であるなど被害者側の特別の事情は，原則として考慮されないものと考えるのが相当である。
(3)　前記認定の状況では，原告の主張する被告の居室から出される騒音によっては精神的苦痛を感じるのが通常であるとはいえず，社会生活をしていくうえで，受忍限度内のものと認められ，被告の行為が違法性を帯びたものであるとまでは考えられない。
(4)　以上の事実をもとに判断すると，原告の請求は理由がないので，棄却する。

■異議申立て・確定不明

平成14年12月6日判決言渡
平成14年（少コ）第2457号　損害賠償請求事件

判　　　決

主　　　文

1　原告の請求を棄却する。
2　訴訟費用は，原告の負担とする。

事実及び理由

第1　請　求
　被告は，原告に対し，30万円を支払え。

第3節　身近な損害賠償関係事件について
第4　相隣関係と損害賠償請求

第2　事案の概要
　本件は，被告所有のマンション3階に居住していた原告が，4階の真上に住む被告の居室から連日騒がしい音を立てられ，勉強等に集中できなかった等の時間的損失を被り，特に小さな子供の暴れ回ったり跳んだりする騒音による恐怖感や不安感にさいなまれ，精神的苦痛等を受けたとして，被告に対し，不法行為に基づき，慰謝料等の損害賠償の支払を求めた事案である。
　1　請求原因の要旨
　　(1)　原告は，平成11年3月から東京都新宿区ａｂ丁目ｃ番ｄ号所在被告所有の3階のワンルームマンション（以下「本件マンション」という。）に居住していたが，平成14年3月ころから，真上の4階に居住の被告の家族が計3名増え，連日騒がしい音を立て，特に小さな子供の暴れ回ったり跳んだりする騒音が激しかった。
　　(2)　原告は，被告に対し，約4箇月の間10回近くも改善するように苦情を訴えたが，同年9月ころまでの間全く改善されなかったため，原告は，その間勉強等に集中できないなど作業効率低下による時間的損失を被っただけでなく，いつまた騒音が出るかという恐怖感，不安感などにさいなまれ，精神的苦痛を受けた。
　　(3)　そこで，原告はやむなく転居せざるを得ないと判断し，同年10月他に転居した。
　　(4)　よって，被告に対し，不法行為に基づき，上記精神的苦痛による慰謝料30万円，新居探しや引越措置に要した費用15万円（1日1万円で15日分），及び新居契約費用40万円（礼金16万円，敷金16万円，仲介手数料8万円）の合計85万円のうち，精神的苦痛による慰謝料30万円を求める。
　2　被告の主張
　　原告の主張する騒音は，日常生活する上でのやむを得ない範囲の生活音である。被告は，生活音を抑えるように注意していたし，他の居住者からは苦情の申し出は全く出ていない。
第3　当裁判所の判断
　1　原告，被告双方本人尋問の結果によれば，以下の事実が認められる。
　　(1)　原告は，平成11年3月から被告所有の本件マンション3階に一人で入居しており，現在大学院1年の学生である。通常平日は昼過ぎに学校に行き，早くて夜7時ころ，遅いときは同10時ころ帰宅し，土日は大体家にいた。被告は，原告の真上に当たる4階に居住している。平成14年3月上旬から，子供（被告の孫）2人（翌月の4月から小学1年生と幼稚園児になる女の

子）とその母親の3人が一緒に住むことになったが，同月下旬には，3人は別棟に移ることになり，子供らが遊びに，普段の日は午後早めに来て夕方には帰り，休日は午前中や午後時々来る程度であった。
(2) 午前9時ころ4階の被告の居室から掃除機の音がし，その後子供の走り回ったり，飛び跳ねたりしていると思われる音が断続的に昼くらいまで聞こえてきた。夕方から夜間や早朝は，それらの音は全く出されなかった。音が聞こえたのは，一週間のうち五日くらいであり，音がしない日もあった。
(3) 原告は被告に，何回かにわたり苦情を言い改善するように申入れをしてきたが，以前と同じような状況と感じ，平成14年9月中旬ころ本件マンションを退去する決意をし，10月2日退去した。
2 　以上の事実に他の証拠及び弁論の全趣旨を総合すれば，被告の居室から子供らの騒ぐ声や駆け回る音が発生していたことは明らかであるが，原告がそれらの音を聴く時間帯は，本年3月の平日は午前中，4月からは休日くらいで，子供らのいる時間とそれほど重なっておらず，日中の比較的短い時間であること，子供らの騒ぎ廻る音とはいっても，原告の健康状態や生活環境を著しく害するほどの異常な騒音とはいえず，また，そのような状態が長い期間継続していたとは思われないこと，そして，被告は普段子供らに対し，騒音をなるべく立てないようにそれなりの注意を与えていたことなどが認められ，これに反する証拠はない。
3 　ところで，通常本件マンションのような集合住宅においては，他の居住者の迷惑となる行為をしないこと，とりわけ階下や隣の居住者の生活の平穏を害する騒音を発生させないとすることは，お互いに当然に守るべき最低限のルールである。
　そして，一般に，他人の権利を侵害するこれら迷惑行為が違法なものとされるには，侵害行為の態様，侵害の程度，侵害される利益の内容等の事情を総合的に判断されなければならないが，社会生活上受忍すべきとされる範囲内である場合には違法性がないことになり，受忍限度を超えているかどうかについては，通常人を基準として判断すべきで，異常体質であることなど被害者側の特別の事情は，原則として考慮されないものと考えるのが相当である。
4 　そこで，上記の考え方を前提として本件についてみると，前記認定のとおりの状況では，原告の主張する被告の居室から出される騒音によって精神的苦痛を感じるのが通常であるとはいえず，社会生活をしていく上では，受忍限度内のものと認められ，被告の行為が違法性を帯びたものであるとまでは考えられない。

5 以上の事実をもとに判断すると,原告の請求は理由がない。
　　東京簡易裁判所民事第○室
　　　　　裁　判　官　　　　○　○　○　○

㈎　区分所有建物での飲食店経営者の同建物の他の店舗の賃借人(被告Y_1)の騒音等による同賃借人及び賃貸人である区分所有者(被告Y_2・Y_3)に対する共同不法行為に基づく損害賠償(営業利益損害,店舗改修工事費,暖房器具,備品及び店舗設備費,原状回復費用,慰謝料)請求事例〔一部認容(営業利益損害(慰謝料額算定で考慮),店舗改修工事費,暖房器具,備品及び店舗設備費,原状回復費用について請求を棄却し,慰謝料100万円について,被告らの連帯支払を認容)〕(東京地判平17・12・14判タ1249号179頁)

■事　案
(1)　原告は,本件ビルの1階店舗を賃借して,平成13年3月1日,飲食店を開店した。平成14年1月16日,被告Y_2・Y_3は,本件ビルの地下1階店舗を競売で購入し,被告Y_1にライブスタジオとして賃貸し,被告Y_1は,平成15年2月14日,ライブハウスを開店した。
(2)　原告は,平成16年2月末日,本件飲食店の営業をやめ,本件店舗を明け渡した。

■請　求
　飲食店を経営していた原告が,被告Y_2・Y_3が所有する同店舗下の地下を賃借した被告Y_1の経営するライブハウスから発生する騒音,振動及び低周波音により,営業損害等及び精神的な損害を被ったとして,被告らに対し,共同不法行為に基づく損害賠償948万9901円(営業利益損害(平成15年2月14日から平成16年2月末日まで月額15万円の合計188万0355円),退去時の店舗改修工事費・厨房器具・備品及び店舗設備費250万4546円,原状回復費用10万5000円,ライブ演奏から生じる受忍限度を超える騒音等による営業妨害・生活妨害等,肉体的・精神的苦痛に対する慰謝料300万円)及びこれに対する各請求書面送達の日の翌日から支払済みま

で民法所定年5分の割合による遅延損害金の連帯支払を求める。

■争　点
(1) 被告Y_1の経営するライブハウスから受忍限度を超える騒音等が発生し，これについて被告Y_1が不法行為責任を負うか
(2) (1)が肯定された場合，被告やY_2・Y_3が不法行為責任を負うか
(3) 被告らの責任が肯定された場合，騒音等と相当因果関係が認められる原告の損害及びその金額

■判示事項
(1) 東京都は，都民の健康と安全を確保する環境に関する条例136条において，何人も別表第13で掲げる規制基準を超える騒音，振動を発生させてはならないと定める。この基準の適用については，その騒音等の測定場所が，音源の存する敷地と隣地との境界線とされているため，本件のように音源と測定場所が上下関係にある場合にはこの基準によることは想定されていないということもできるが，前記規制基準は，騒音等が受忍限度を超えるかどうかの判断につき，一つの参考数値として考慮するのが相当である。

地下でのライブ演奏が行われているときの本件店舗での振動に関する測定で前記条例の規制基準を超えるものが測定されたことなどの事情を総合的に考慮すると，本件店舗に発生した騒音等は，受忍限度を超える違法なものであったといわざるをえない。
(2) 原告本件店舗が閉店するまで，その効果が出る手段と判断した工事を行わなかったこと等の事情に照らせば，被告Y_1は，本件店舗に生じる騒音等の程度が受忍限度を超えているものであること及びその原因が本件店舗の床構造にあること，したがって，被告Y_1の行った工事では，十分な防音，防振の効果が出ないことを認識し，あるいは認識しえたと認められる。

被告Y_1は，ライブスタジオを運営し，ライブ演奏をさせることにより，本件地下店舗から受忍限度を超えた騒音等を本件店舗に伝播させたものであって，この被告Y_1の行為により，原告は後記損害を被っているということができるから，被告Y_1は，原告に対し，不法行為責任を負うといわざるをえない。
(3) 建物区分所有等に関する法律〔区分所有法〕6条1項は，区分所有者に

対し，建物の使用に関し，区分所有者の共同の利益に反する行為を禁止しているところ，同項は，同条3項において，区分所有者以外の専有部分の占有者に準用されているから，賃貸人と賃借人はそれぞれが他の居住者に迷惑をかけないよう専有部分を使用する義務を負っているということができる。もっぱら賃借人が専有部分を使用している場合も，賃貸人の前記義務が消滅するものではなく，賃貸人は，その義務を履行すべく，賃借人の選定から十分な注意を払うべきであり，また，賃貸後は，賃借人の使用状況について相当の注意を払い，もし，賃借人が他の居住者に迷惑をかけるような状況を発見したのであれば，直ちに是正措置を講じるべきである。賃貸人が是正措置をとりさえすれば，その違法な使用状況が除去されるのに，あえて，賃貸人がその使用状況に対し何らの措置をとらず，放置し，そのために，他人の損害が発生した場合も，賃借人の違法な使用状況を放置したという不作為自体が不法行為を構成する場合があるというべきである。

被告Y_2・Y_3が，被告Y_1に対し，既に生じている違法状態の是正を求めるなどし，それでも是正措置がとられないようであれば，賃貸借契約を解除することもでき，それによって違法な使用状態を解消することができた蓋然性が高い。したがって，被告Y_2・Y_3には，区分所有者兼賃貸人として，賃借人である被告Y_1が騒音等を発生するライブ演奏を行って，原告の利益を侵害している状況を放置せず，現状を把握して，それを改善・除去する措置をとるなどすべき義務があったということができ，被告Y_2・Y_3にも，本件地下店舗におけるライブ演奏により受忍限度を超える騒音等が本件店舗に伝播したことにつき，過失があるというべきであり，不法行為責任を負うというべきである。

(4) 原告の損害

① 営業損害

本件地下店舗における騒音等が原告本件店舗の営業に悪影響を与えたことは認められるものの，ライブハウス開店後原告店舗閉店までの296日分の営業減少にはいろいろな要因が考えられるところであり，このうちのどの範囲が本件地下店舗における騒音等の伝播による損害とみるべきかは，

非常に困難な問題であるから，上記の点は，慰謝料額の算定の中で考慮するのが相当である。
② 店舗改修工事費，厨房器具，備品及び店舗設備費
　原告が，本件店舗にかかる賃貸借契約を期間満了をもって終了させることにより，どのような精算がされたのかを明らかにする証拠がない以上，店舗改修工事費，厨房器具，備品及び店舗設備費が本件地下店舗におけるライブ演奏による騒音の伝播による損害となると断定することはできない。
③ 原状回復費用
　原状回復の内容は証拠によっても明らかでなく，したがって，この原状回復費用が，その後，騒音等と関係なく原告店舗が閉店した場合に要するものと異なるものかどうかも明らかでない。原告店舗を閉店したのは，原告自身の経営判断によるところが大きいことも考慮すれば，この原状回復費用と主張されている支出を被告らの不法行為による損害と認めることはできない。
④ 慰謝料
　100万円
(5) 原告の請求は，被告らに対して連帯して100万円及びこれに対する不法行為の後である平成16年11月10日から支払済みまで民法所定年5分の割合による遅延損害金を支払うよう求める限度において理由があるからこれを認容する。

■確定

㈭　マンションの階上の住戸からの子供の走る音等が受忍限度を超えるとして子供の父親に対する不法行為に基づく慰謝料等請求事例〔一部認容（慰謝料30万円，弁護士費用6万円を認容）〕（東京地判平19・10・3判タ1263号297頁・判時1987号27頁）

■事　案
(1) 原告は，平成8年7月29日，本件マンションAの住戸を妻とともに各持

第3節　身近な損害賠償関係事件について
第4　相隣関係と損害賠償請求

分2分の1で買い受け，同住戸にそのころから居住している。
(2)　被告は，平成16年2月ころ，原告住戸の階上の住戸を賃借して居住し，同年4月ころ以降は，妻，長男（当時3～4歳）と同居していたが，平成17年11月17日同住戸を退去した。

■請　求
　原告は，被告に対し，被告住戸から原告住戸に及んだ子供が走ったり，跳んだり跳ねたりする音（以下「本件音」という。）が受忍限度を超えるとして，不法行為に基づく損害賠償請求として，慰謝料200万円及び弁護士費用40万円並びにこれらに対する不法行為の後である平成17年12月18日から支払済みまで民法所定の年5分の割合による遅延損害金の支払を求める。

■争　点
　本件音が一般社会生活上原告が受忍すべき限度を超えたか

■判示事項
(1)　原告は，管理組合を通して被告に本件音を注意するよう呼びかける書面を配布してもらい，その後，被告と話をするなどしたが，被告は乱暴な口調で突っぱね，解決には至らなかった。
(2)　原告の妻は，精神的に悩み，病院で通院加療を受けた。
(3)　本件音は，ほぼ毎日原告住宅に及び，その程度は，かなり大きく聞こえるレベルである50～65dB程度のものが多く，午後7時以降，時には深夜に及ぶことがしばしばあり，長時間連続して原告住戸に及ぶことがあったのであるから，被告は，本件音が特に夜間・深夜には原告住戸に及ばないように被告の長男をしつけるなど住まい方を工夫し，誠意のある対応を行うのが当然である。にもかかわらず，被告は，床にマットを敷いたものの，その効果は明らかではなく，それ以外にどのような対応をとったのかも明らかでなく，原告に対して，「これ以上静かにできない。文句があるなら建物にいってくれ。」と乱暴な口調で突っぱね，原告の申入れを取り合おうとしなかったのであり，その対応は極めて不誠実なものであり，そのため原告は，やむなく訴訟等に備えて騒音計を購入して本件音を測定し，精神的に悩み，原告の妻は，咽喉頭異常感，食思不振，不眠等の症状も生じたのである。

(4) 以上の諸点，特に被告の住まい方や対応の不誠実さを考慮すると，本件音は，一般社会生活上原告が受忍すべき限度を超えるものというべきであり，原告の苦痛を慰謝すべき慰謝料としては30万円が相当である。そして，本件による弁護士費用として被告に対して損害賠償を求めうる金額は6万円と認めるのが相当である。

(5) 主　文
　① 被告は，原告に対し，36万円及びこれに対する平成17年12月18日から支払済みまで年5分の割合による金員を支払え。
　② 原告のその余の請求を棄却する。
　③ 訴訟費用は，これを6分し，その5を原告の，その余を被告の負担とする。
　④ この判決は，①項に限り，仮に執行することができる。

■確定

(ク) マンションの階上の部屋からの子供による騒音の不法行為による所有権ないし人格権に基づく騒音の差止め及び不法行為に基づく損害（慰謝料，治療費，騒音測定費用）賠償請求事例（原告 X_1 はマンション1階居室を所有して原告 X_2 と共に居住し，被告はその真上の居室に家族（子供を含む。）と共に居住）〔差止め一部認容（原告 X_1 について PM 9〜翌 AM 7 の40dB（A）を超える部分，AM 7〜PM 9 の53dB（A）を超える部分の原告建物への騒音到達差止めを認容），損害賠償全部認容（原告らについて慰謝料各30万円，原告 X_2 について治療費・薬代2万4890円，原告 X_1 について騒音測定費用64万0500円を認容）〕（東京地判平24・3・15判時2155号71頁）

■事　案
(1) 原告 X_1 は本件マンション1階の建物を，被告は本件マンション2階の建物を，それぞれ所有し，被告所有建物の階下に原告所有建物がある。
(2) 原告 X_1・X_2 は原告所有建物に，被告とその家族（被告の子を含む。）は被告所有建物に，それぞれ居住している。

第3節　身近な損害賠償関係事件について
第4　相隣関係と損害賠償請求

■請　求

　原告X₁は，マンション内に同人が所有する居室の階上の居室を所有する被告に対し，所有権ないし人格権に基づく妨害排除請求として，被告所有居室から発生する騒音の差止め（原告所有建物内への40dB（A）を超えての到達禁止）並びに不法行為（被告の子が被告所有居室内を歩行して騒音を発生させた。）に基づく損害賠償として94万0500円（調査費用64万0500円，慰謝料30万円）及びこれに対する訴状送達の翌日（平成20年12月27日）から支払済みまで年5％の割合による金員の支払を，原告X₁の妻で同人所有居室に居住する原告X₂は，被告に対し，不法行為（前同）に基づく損害賠償として32万4890円（治療費・薬代2万4890円，慰謝料30万円）及びこれに対する訴状送達の翌日（平成20年12月27日）から支払済みまで年5％の割合による金員の支払を，それぞれ求める。

■争　点

(1)　被告の子が被告所有居室内を歩行して騒音を発生させたことによる不法行為の成否
(2)　原告らの損害

■判示事項

(1)　平成17年10月ころ，原告らは，本件マンションの管理人に本件不法行為に係る歩行音を訴え，同管理人は，本件マンション全戸に，騒音を発生させないよう注意を促す書面を配布し，同11月にも，同様の訴えをし，同様の文書の配布をした。
(2)　原告X₁の依頼を受けた訴外A会社は，平成20年7月3日から同月30日までの間，原告所有居室で騒音を測定し，その際46dB（A）以上のピーク値が測定された。この音は，人の歩行，飛び跳ねによる床衝撃で発生したものと認められる。そして，同床衝撃は，被告の子の飛び跳ねによるものと推認できる。
(3)　静粛が求められあるいは就寝が予想される時間帯である午後9時から翌日午前7時までの時間帯でも dB（A）の値が40を超え，午前7時から同日午後9時までの同値が53を超え，生活実感としてかなり大きく聞こえ相当にうるさい程度に達することが，相当の頻度であるから，被告の子が平成20年当時幼稚園に通う年齢であったこと，その他の事情を考慮しても，被

告の子が同騒音を階下の居室に到達させたことは階上の居室の所有者である被告が，階下の居住者である原告らに対して，同居者である被告の子が当該騒音を原告ら居室に到達させないよう配慮すべき義務があるのにこれを怠り，原告らの受忍限度を超えるものとして不法行為を構成するものというべきであり，これを超える騒音を発生させることは，人格権ないし原告居室所有権に基づく妨害排除請求としての差止めの対象となるというべきである。

　以上によれば，本件不法行為に係る原告の主張は，前記認定した限度で理由があり，差止請求は，主文の限度で理由がある。

(4)　原告らがそれぞれ受けた精神的苦痛に対する慰謝料額としては各30万円が相当である。原告X_2が治療費・薬代2万4890円を支出し，原告X_2の症状は，本件不法行為に起因するものと認められ，同金額の治療費・薬代は本件不法行為と相当因果関係がある損害と認められる。

　原告X_1は，本件不法行為に係る騒音の測定を訴外A会社に依頼し，同社に対し，その費用・報酬として64万0500円を支払ったことが認められ，同費用は，本件請求のための費用であるが，客観的騒音の測定は本件不法行為立証のために必要不可欠なものであり，同測定は専門家に依頼することが必要不可欠であるから，同費用は本件不法行為と相当因果関係がある損害と認められる。

(5)　主　文

① 　被告は，原告X_1に対し，被告所有の別紙物件目録1記載の建物から発生する騒音を，同原告が所有する同目録2記載の建物内に，午後9時から翌日午前7時までの時間帯は40dB(A)を超えて，午前7時から同日午後9時までの時間帯は53dB(A)を超えて，それぞれ到達させてはならない。

② 　被告は，原告X_1に対し，94万0500円及びこれに対する平成20年12月27日から支払済みまで年5％の割合による金員を支払え。

③ 　被告は，原告X_2に対し，32万4890円及びこれに対する平成20年12月27日から支払済みまで年5％の割合による金員を支払え。

④ 　原告X_1のその余の請求を棄却する。

第3節　身近な損害賠償関係事件について
第4　相隣関係と損害賠償請求

⑤　訴訟費用はこれを4分し，その3を被告の負担とし，その余を原告X_1の負担とする。

⑥　この判決は主文第②項及び第③項に限り仮に執行することができる。

■控訴

(2)　**悪臭等紛争事例**☆

> ☆　飼犬の騒音・悪臭による慰謝料請求事例（京都地判平3・1・24判タ769号197頁・判時1403号91頁）（2⑴ア(イ)（159頁）参照）

ア　フランチャイズチェーンの焼き鳥店の発する臭気について近隣住民（原告X_1～X_3）が同焼き鳥店（被告Y_1）及びその親会社（被告Y_2）に対し人格権及び所有権に基づく妨害排除又は妨害予防請求権として一定限度以上の臭気の差止めと不法行為に基づく損害賠償（慰謝料）を求めた事例〔一部認容（被告らに対し，原告らそれぞれについて，①一定限度以上の臭気の差止めを認め，②慰謝料については排気ダクトが3階屋根まで延長されたとき以降の分各自月1万円の連帯支払を認容）〕（神戸地判平13・10・19判タ1098号196頁・判時1785号64頁（控訴審後記イ））

■事　案

(1)　被告Y_1は，建物1階を賃借して，平成10年3月下旬，被告会社Y_2のフランチャイズチェーン店として本件焼き鳥店を開店した。原告らは本件焼き鳥店の付近住民である。原告X_1宅は本件焼き鳥店の西隣の居宅の西隣に，原告X_2宅は原告X_1宅の西隣に，原告X_3宅は原告X_1宅の南隣に，それぞれ存する。

(2)　本件焼き鳥店は焼き鳥用グリルの上に集気口があり，その集気口から伸びた排気ダストは1階の壁を突き抜けたところで終わっていた。

(3)　本件焼き鳥店の開店後，原告らから被告会社Y_2に対して臭気被害の訴えと対策の要求があり，被告会社Y_2は，平成10年7月下旬，排気ダクトの延長工事を行い，排気ダクトを，壁を伝わせて3階の屋根の上まで延長した。

■請　求

　原告らは，被告らに対し，人格権及び所有権に基づく妨害排除ないし妨害予防請求権として，一定の限度を超える臭気の排出の差止め（発生源において，臭気濃度600を超える焼き鳥の臭気を発生させてはならない。）を求めるとともに，同臭気によって被った損害賠償（1か月2万円，平成11年4月1日から平成13年3月31日まで24か月間の精神的苦痛による慰謝料48万円）及びこれに対する弁済期の経過した後である平成13年4月1日から支払済みまで民法所定年5分の割合による遅延損害金の支払を求める。

■争　点
(1)　本件焼き鳥店の発する臭気が原告らの受忍限度を超えるものかどうか
(2)　被告らの共同不法行為の成否
(3)　原告らの差止請求の可否

■判示事項
(1)　本件臭気は，悪臭防止法上の規制基準によった場合，敷地境界における規制基準，排気口における規制基準のいずれもみたすものであるが，神戸市指針の規制基準によった場合，敷地境界における規制基準はみたすが，発生源における規制基準には違反するものである。
(2)　飲食店や食品加工工場の臭気は，その食材や調理方法により種々の微量臭気成分が複合して発生すること，かかる臭気の場合，悪臭防止法が指定するような代表的な悪臭物質以外のものが臭気に寄与していることが多いこと，焼き鳥の臭気は，特定の臭気物質によるものではなく，種々の臭気物質から構成されることが認められ，本件臭気に対しては，特定の臭気物質に限定して規制基準を定める悪臭防止法では十分な規制の効果をあげることができないと考えられる。これに対し，神戸市指針は，悪臭公害の多くが低濃度成分の複合臭気によるものであり，悪臭防止法に基づく物質ごとの規制だけでは十分な対策なとれないことがあるという考えに基づいて制定されたものであって，本件臭気のような飲食店の臭気の規制により適合する基準と考えられる。また，神戸市指針が地方公共団体である神戸市によって作成されたものであることを考慮すると，その内容には一定の合理性，客観性があり，地域の実情を踏まえて作成されものと認めることが

できる。そうすると，神戸市指針は，本件臭気が受忍限度の範囲内かどうかを判断する基準として妥当性を有すると認めることができる。

(3) 神戸市指針の定める発生源での規制基準が，煙突等からの悪臭の拡散，希釈を考慮して，敷地境界における規制基準と等しくなるように定められたものであることに照らすと，ある事業所の発する臭気が発生源における規制基準に違反する場合，その臭気による被害は，少なくとも，同事務所の敷地境界付近の住民に及ぶと考えられる。そして，本件焼き鳥店と原告ら居宅の位置関係に照らすと，原告らは，本件臭気による被害を被っていると認めることができる。

本件鑑定結果によれば，本件臭気の発生源における臭気濃度は1700であって，神戸市指針の発生源における規制基準（600）の3倍弱にも及んでいること，本件焼き鳥店及び原告ら居宅の存する地域は住宅地と認められるから，規制上同じ地域といっても，商店街や繁華街と比べると，受忍限度はより低いと考えるべきであることなどを総合すると，本件臭気は，原告らに対する関係では，社会共同生活上受忍すべき限度を優に超える違法なものと認めることができる。

(4) 被告Y_1と被告会社Y_2がフランチャイズ契約を締結の上本件焼き鳥店を経営していることに鑑みると，被告らによる本件臭気の排出は，客観的に一個の共同行為とみることができるから，被告らの間には客観的共同関連性が認められ，共同不法行為（民719条1項前段）が成立するというべきである。

原告らは，本件臭気の強いときには，窓を閉め切った生活を強いられるなど生活上の不自由，不利益や，気分が悪くなるなどの肉体的苦痛を被っていることが認められる。これらの損害は被告らの共同不法行為と相当因果関係を有すると認められる。排気ダクト延長後は臭気の程度が低減したこと，ひどい臭気がするのは週に約3回程度であり，風の強い日はほとんど臭わないことが認められる。これらの原告らに有利不利な事実を総合し，発生した損害を金銭に換算すると，排気ダクトが延長されたときまでは各自月2万円，その後は各自月1万円を相当する。したがって，原告らが損害を求める期間の原告らの損害額は各24万円（1万円×24か月）となる。

(5) 本件臭気は，原告らの平穏かつ快適な生活をする利益を侵害するものであって，原告らの人格権を侵害するものと認められる。原告らの所有する土地建物の価値が下落することが推認されるから，本件臭気は原告らの所有土地建物の所有権を侵害するものと認めることができる。

本件臭気が受忍限度内かどうかを判断する基準として，神戸市指針の発生源における規制基準に妥当性が認められる以上，原告らは，人格権ないし土地建物所有権に基づく妨害予防ないし排除請求として，被告らに対し，同基準を超える臭気の発生を差し止めることができる権利を有するというべきである。

妨害予防ないし排除請求権としての差止請求について，連帯責任を観念することができない以上，被告らに連帯責任を認めることはできない。

(6) 主文
① 被告Y_1及び被告会社Y_2は，原告らに対し，発生源における臭気濃度600を超える焼き鳥の臭気を発生させてはならない。
② 被告Y_1及び被告会社Y_2は，連帯して，原告らそれぞれに対し，24万円及びこれに対する平成13年4月1日から支払済みまで年5分の割合による金員を支払え。
③ 原告らのその余の請求をいずれも棄却する。
④ 訴訟費用はこれを4分し，その1を原告らの負担とし，その余を被告らの負担とする。

■控訴

イ　フランチャイズチェーンの焼き鳥店の発する臭気について近隣住民（原告X_1〜X_3）が同焼き鳥店（被告Y_1）及びその親会社（被告Y_2）に対し人格権及び所有権に基づく妨害排除又は妨害予防請求権として一定限度以上の臭気の差止めと不法行為に基づく損害賠償（慰謝料）を求めた事例〔請求棄却〕（大阪高判平14・11・15判時1843号81頁（原審前記ア））

■事案

第3節　身近な損害賠償関係事件について
第4　相隣関係と損害賠償請求

上記原審アと同じ。

■請　求
(1) 上記原審アと同じ（ただし，原告X₂は平成13年10月1日転居したので差止請求の訴えを取り下げた。）。
(2) 附帯控訴における拡張分
　　原告ら（被控訴人兼附帯控訴人ら）に対し，連帯して，不法行為に基づく損害賠償として，原告X₁・X₃については，それぞれ平成13年4月1日から平成14年1月末日までの10か月間の損害金合計10万円及びこれに対する不法行為の後である平成14年2月1日から支払済みまで民法所定年5分の割合による遅延損害金の支払を，原告X₂については，平成13年4月1日から同年9月末日までの6か月間の損害金合計6万円及びこれに対する不法行為後である平成13年10月1日から支払済みまで民法所定年5分の割合による遅延損害金の支払を求める。

■争　点
上記原審アと同じ。

■判示事項
(1) 本件臭気が，原告らに対する関係において，違法な侵害になるか否かは，行為の態様，侵害の程度，被侵害利益の性質と内容，地域性，侵害行為開始後の当事者間の交渉経緯，公法上の基準の遵守などの諸事情を総合的に考察し，被害が一般社会生活上受忍すべき程度を超えるものか否かによって決すべきである。
　　本件臭気は，悪臭防止法における規制基準は遵守しているものの，神戸市指針の定める排出口における臭気濃度は同指針の規制基準を上回っており，神戸市指針に違反している。そして，神戸市指針による臭気濃度による規制は，悪臭防止法が敷地境界線における規制基準値を基礎にして，大気拡散理論に基づいて排出口の悪臭物質の流量を規制しているのと同様に，敷地境界線における望ましい臭気濃度を基礎にして排出口の臭気濃度が敷地境界線の臭気濃度の何倍になるかという統計上の数値に基づき，規制基準を設けているから，排出口における臭気濃度が規制基準を超えている場合には，周辺地域における臭気濃度も，敷地境界線の規制基準を上回るお

それがあるといえる。

　しかし，臭気は拡散すること，神戸市指針は，行政の指導目標を定めたものにすぎず，違反した場合でも罰則等はないことなどからすると，排出口における臭気濃度が神戸市指針規制基準を上回っていることのみをもって，ただちに原告らに対する関係において受忍限度を超えていると断定することはでいない。

　本件臭気の排出口は，高さ約9.955mにあり，原告ら宅とは反対側を向いていて，本件鑑定時の測定結果によると，風量がほとんどない状況においても，原告ら宅の敷地内においては，悪臭防止法が指定する特定悪臭物質の測定結果も臭気濃度も非常に低い数値にとどまっている。本件焼き鳥店の営業時間は夕方5時ころから午前0時ころまでであって常時本件臭気が排出されるのではなく，しかも，原告ら宅で本件臭気が特にひどく感じられるのは，風が弱いときなどに限られていて，臭気の強い場所も，原告X_1の供述によると，原告X_1宅敷地南側の庭の付近や原告X_3宅敷地北側付近であり，原告X_3宅の主要な開口部がある南側ではないし，原告X_1宅についても窓を閉めれば防ぐことができないわけではない。本件鑑定時の排出口における臭気濃度を人の感覚的数値に近い臭気指数に換算すると，約1.15倍にとどまっていて，必ずしも著しい違いがあると認められない。被告ら（控訴人兼附帯被控訴人）は，原告ら周辺住民から臭気被害の苦情があったことから，本件焼き鳥店の排気ダクトを本件建物屋上部分まで延長し，原告ら宅とは反対方向に排気口を向ける工事をするなどの改善策を講じ，その後，原告ら以外の隣接地の居住者からの苦情はなく，原告ら宅においても被害の程度は改善されている。

　これらの諸事情に照らすと，排出口における臭気濃度が神戸市指針の規制基準を上回っていることを考慮しても，いまだ，本件臭気が原告らに対する関係において，受忍限度を超えていると認めることはできない。

(2)　よって，原告らの本件請求はいずれも理由がないから，原判決中これを認容した部分は相当ではないから取り消し，取消部分にかかる原告らの請求を棄却し，原告らの附帯控訴により当審において拡張された請求を棄却する。

(3) 主　文
① 控訴人ら（被告ら）の控訴に基づき，原判決中控訴人ら（被告ら）敗訴部分を取り消す。
② 上記取消部分にかかる被控訴人ら（原告ら）の請求をいずれも棄却する。
③ 被控訴人ら（原告ら）の附帯控訴により当審で拡張された請求を棄却する。
④ 訴訟費用は，第１，第２審とも，被控訴人ら（原告ら）の負担とする。

■上告

ウ　野良猫の糞尿の悪臭による被害等についての餌付した住民らに対する不法行為に基づく損害賠償及び謝罪広告請求事例（原告X_1は，被告Y_1から２階建建物の１階店舗を賃借し居酒屋を営み，原告X_1の子である原告X_2は当該店舗から20mの距離に建物を新築して原告X_1・X_2が居住し，被告Y_2・Y_3夫婦は原告ら宅南側に面した住宅に居住し，同住宅南側には前記店舗が接しており，同店舗西隣には被告Y_4が所有する建物が存在し，被告Y_1・Y_4夫婦が居住していた。）〔損害賠償：一部認容（①糞尿被害による慰謝料：原告らについて被告Y_1・Y_4に対しそれぞれ各自20万円，②名誉毀損による慰謝料：原告らについて被告らに対しそれぞれ各自30万円，③被告Y_1・Y_3の犬の騒音による慰謝料：原告らについて被告Y_1・Y_3に対しそれぞれ各自５万円，④被告Y_3の音楽・言葉による騒音による慰謝料：原告らについて被告Y_3に対し各５万円，⑤被告Y_3の路上での非難行為による慰謝料：原告らについて被告Y_3に対し各５万円，⑥被告Y_1・Y_3の行為による営業妨害による慰謝料：原告X_1について被告Y_1・Y_3に対し各自10万円，⑦弁護士費用：原告らにつき各５万円（嘆願書関係名誉毀損につき被告らに対しそれぞれ各自３万円，その余の名誉毀損につき被告Y_1・Y_3・Y_4に対しそれぞれ各自２万円）を認容），謝罪広告：請求棄却〕（神戸地判平15・6・11判時1829号112頁）

■事　案
　原告X_1は，被告Y_1から２階建て建物の１階店舗（以下「本件店舗」という。）

を賃借して同所で居酒屋を営み，原告X₁の子である原告X₂は，本件店舗から20mの距離の場所に建物を新築して，原告らは同建物に居住していた。

被告Y₂・Y₃夫婦は，原告ら自宅南側に面した2階建て住宅に居住していた。同住宅の南側には本件店舗が接しており，本件店舗の西隣には被告Y₄所有の建物が存在し，被告Y₄・Y₁夫婦が居住していた。

被告Y₄・Y₁らが付近に生息する野良猫に自宅付近で餌を与えために多数の猫が集まり，放尿，排便による異臭が頻繁に漂い，原告X₁の経営する居酒屋の営業に支障を来す等迷惑を被ったとして，被告らに給餌の中止を求めたが応じなかった。被告Y₃は，室内の掃除をする際に室内で飼っていた犬を自宅前の通路に出したときに，その犬が鳴くため，居酒屋で仕事が深夜におよび就寝中の原告X₁らの就寝が妨げられた。原告X₁は精神的ストレスによる血圧上昇により病院で投薬治療を受けるに至った。

その後，平成13年5月，被告らが原告らの自宅及び本件店舗からそれぞれ50m以内の区域で猫の餌となる物を屋外に放置することの禁止及び同区域内で被告らの給餌する動物が放尿・排便等により土地・工作物等を汚損した場合は直ちに被告らの費用で清掃及び脱臭措置をとるべきこと並びに原告らに100万円ずつの慰謝料の支払を求める民事調停の申立てをした。

被告らは，当該申立てにつき原告らが一方的にしたものであり，譲歩話合いを拒否したとの虚偽の事実を記載した文書を広範な地域に配布した。また，原告らの調停申立てに立腹した被告Y₁・Y₃が本件店舗取引先に働きかけ取引を中止させた。そして，被告Y₃は，平成13年9月から平成14年1月までの間に何度か掃除の際自宅の窓を開けてラジカセ等から大音量の音楽を流し，原告らの安眠を妨害し，平成13年12月27日，自宅の窓を開けて大声で「猫が居酒屋の前で目をむいて死んでいる」と原告X₁に叫び掛ける行為をした。

■請　求

上記■事案において，被告らの行為が不法行為にあたり，原告らの人格権，営業権を侵害したとして，被告らに対し，以下のような請求をした。

(1) 原告X₁の名誉毀損，猫の徘徊・排便，睡眠妨害等による精神的被害につき100万円

(2) 原告X₁の名誉毀損等の営業妨害による売上の減少等による精神的苦痛

に対する慰謝料200万円
(3) 原告X_2の猫の徘徊・排便等による精神的被害に対する慰謝料100万円
(4) 原告X_2の名誉毀損に対する慰謝料50万円
(5) 弁護士費用として，原告X_1につき30万円，原告X_2につき20万円
(6) 原告らに対する名誉毀損の原状回復として，謝罪文を被告らの自宅の通路の面した壁面及び自治会の掲示板に掲示すること

■争　点
(1) 被告Y_4・Y_1らによる猫関係の被害
(2) 被告らによる名誉毀損行為
(3) その他の違法行為
(4) 損害

■判示事項
(1) 被告Y_4・Y_1らによる猫関係の被害について

　原告らの猫関係の被害について，①被告らの一部の者が猫好きで野良猫に給餌をしたことから，原告X_1が経営する居酒屋の客より猫の糞尿による異臭につき苦情が出たこと，②原告らは被告らにそれとなく給餌の中止を求めたが，被告らがこれを拒絶したために，原告X_1は精神的ストレスによる血圧上昇により病院で投薬治療を受けるに至ったこと，③世の中には猫等の小動物を好む人も多く存在し，この嗜好に基づく行動の自由はできる限り尊重されるべきであるが，猫の糞尿等による悪臭を嫌う人も多く存在し，特に都会においては他人に不快感を与えないように配慮すべきであることから，給餌により付近の野良猫が集まり，その糞尿により猫嫌いの人に不快感を与えていることを認識していたのに，給餌を続ける行為は受忍限度を超え違法なものである。

(2) 被告らによる名誉毀損行為について

　名誉毀損行為につき，被告らの一部の人は，被告らが原告らより上記猫関係の被害で調停の申立てを受けたことにつき，「訴え取下げの嘆願書」への署名を求めて付近の200名を超える住民の署名押印を受けたが，当該署名を求めた書面の表現は，原告らが一方的に近隣住民を裁判に訴えるような人物であるという印象を与え，その社会的評価を低下させる性質のものであり，被

告らの行為は原告らの名誉を毀損するものである。
(3) その他の違法行為について

その他の違法行為については，①(i)被告Y_3は，室内の掃除をする際に室内で飼っていた犬を自宅前の通路に出した時に，その犬が鳴くため，居酒屋で仕事が深夜に及び就寝中の原告X_1らの就寝が妨げられたこと，(ii)被告Y_3は自宅の窓を開けて大声で「猫が居酒屋の前で目をむいて死んでいる」と原告X_1に叫び掛ける行為をしたこと，(iii)犬の鳴き声による騒音を発生させた行為は，本件訴状送達以降のものは原告らが迷惑を被ったことを知ってからのものであり違法であり，②原告らの調停申立に立腹した被告Y_1・Y_3が本件店舗取引先に働きかけ取引を中止させたことは違法という評価を免れない。

(4) 損害について

以上により，①猫の糞尿による被害について，原告らについての被告Y_1・Y_4に対する慰謝料それぞれ各自20万円，②名誉毀損の被害について，原告らについての被告らに対する慰謝料それぞれ各自30万円，③被告Y_1・Y_3の犬による騒音による原告らについての被告Y_1・Y_3に対する慰謝料それぞれ各自5万円，④被告Y_3の音楽・言葉による騒音による原告らについての被告Y_3に対する慰謝料各5万円，⑤被告Y_3の路上での非難行為による原告らについての被告Y_3に対する慰謝料各5万円，⑥被告Y_1・Y_3の行為による本件店舗の取引中止に伴う営業妨害による原告X_1についての被告Y_1・Y_3に対する慰謝料各自10万円，⑦弁護士費用については原告らにつき各5万円(嘆願書関係の名誉毀損行為につき被告らに対しそれぞれ各自3万円，その余の名誉毀損行為につき被告Y_1・Y_3・Y_4に対しそれぞれ各自2万円)を，それぞれ相当であると認める。

以上の金銭賠償が認められることを考慮すると，原状回復措置(謝罪広告)をしなければ原告らの人格的価値に対する社会的，客観的な評価を回復できないとまではいえず，原状回復措置(謝罪広告)を求める請求は理由がない。

(5) 主　文

① 被告Y_4，同Y_1は原告らに対し，各自，各20万円及びこれに対する平成13年8月1日から支払済みまで年5分の割合による金員を支払え。

② 被告らは原告らに対し，各自，各33万円及びこれに対する平成13年8

第3節　身近な損害賠償関係事件について
第4　相隣関係と損害賠償請求

月1日から支払済みまで年5分の割合による金員を支払え。
③　被告Y_3，同Y_1は原告らに対し，各自，各5万円及びこれに対する平成15年4月16日から支払済みまで年5分の割合による金員を支払え。
④　被告Y_3は原告らに対し，各10万円及びうち5万円に対する平成14年1月11日から，うち5万円に対する平成13年8月1日から，それぞれ支払済みまで年5分の割合による金員を支払え。
⑤　被告Y_3，同Y_1は原告X_1に対し，各自，10万円及びこれに対する平成13年8月1日から支払済みまで年5分の割合による金員を支払え。
⑥　被告Y_3，同Y_4，同Y_1は原告らに対し，各自，各2万円及びこれに対する平成15年4月16日から支払済みまで年5分の割合による金員を支払え。
⑦　原告らのその余の請求をいずれも棄却する。
⑧　訴訟費用は，これを3分し，その1を原告らの負担とし，その余は被告らの負担とする。
⑨　この判決の第①項ないし第⑥項は，仮に執行することができる。

■確定

エ　タウンハウスの区分所有者（被告）が複数の猫に継続的に餌やりを行ったことなどにより糞尿等に伴う被害を生じさせたことは区分所有者の共同の利益に反し，管理組合規約に違反するとして原告管理組合が区分所有法57条1項又は管理組合規約に基づき及び原告らタウンハウス居住者が人格権に基づき当該タウンハウスの敷地及び被告区分所有建物内での猫への餌やりの差止め並びに原告らが不法行為に基づく慰謝料（原告管理組合を除く。）及び弁護士費用の支払を求めた事例〔一部認容（原告管理組合の規約違反に基づく土地建物内での猫への餌やり禁止，原告ら居住者らの人格権に基づく土地での猫への餌やり禁止，原告らの不法行為に基づく損害賠償（原告ら居住者：慰謝料3万円〜13万円，弁護士費用6千円〜2万6千円，原告管理組合：弁護士費用30万円）を認容）〕（東京地立川支判平22・5・13判時2082号74頁）

第1章　損害賠償請求について

■事　案

(1) 本件タウンハウスは，区分所有法の適用を受ける建物であり，原告X₁は本件タウンハウスの管理組合，原告X₂〜X₁₈は本件タウンハウスの区分所有建物の居住者（X₁₄・X₁₆を除き，区分所有者・共有者）であり，被告は本件タウンハウスの区分所有建物所有し妻娘とともに居住している。

(2) 原告管理組合X₁の管理組合規約には，一般禁止事項として，以下の定めをしている。

　① 他の居住者に迷惑を及ぼすおそれのある動物を飼育しないこと〔動物飼育禁止条項〕

　② その他，他の組合員及び占有者に迷惑を及ぼし，不快の念を抱かせ，もしくは危害をおよぼすおそれのある行為をしないこと〔迷惑行為禁止条項〕

(3) 被告は，平成5年ころ，猫に対する餌やりを開始し，以降，餌やりを続けていた。被告専用庭で猫が子猫を出産し，平成14年には本件タウンハウスの敷地に現れる猫の数は18匹に達した。平成15年近隣で猫に対する餌やりを行っていたAが主導して，本件タウンハウスの敷地に現れる猫に対して不妊矯正手術を実施し，被告もその費用の50％程度を負担した。被告は平成19年11月から，猫用トイレを被告専用庭に設置した。Aは，平成19年，猫に対する餌やりをやめた。現在本件タウンハウスに現れる猫は4匹に減少している。被告は，屋内で猫1匹を飼育しており，被告専用庭等には段ボール箱等を用意し，猫の住みかを提供している。

(4) 平成14年11月，原告居住者が被告に対し，猫の糞による悪臭，専用庭の植栽の破損，洗濯物の汚れ，ゴミ収集所漁りの被害を訴え，餌やりの停止等の対策を求める書面を渡し，平成15年3月30日，原告管理組合の定時総会において，被告以外の組合員が出席し，野良猫の繁殖により糞尿による汚染，専用庭の植栽や物品の破損の被害が生じているとして，猫への餌やりを止めるべきことを決議し，その後，同様申入れ等を続けた。

■請　求

本件タウンハウスの区分所有者である被告が複数の猫に継続的に餌やりを行ったことなどにより糞尿等により被害を生じさせたことは，本件タウンハ

ウスの区分所有者の共同利益に反し（区分所有法6条1項），本件タウンハウスの管理組合規約にも違反するとして，原告管理組合X_1は区分所有法57条1項又は管理組合規約に基づき，原告居住者らは人格権に基づき，本件タウンハウスの敷地及び被告区分所有建物内での猫への餌やりの差止めを求めるとともに，原告らが不法行為に基づく慰謝料（各30万円）（原告X_1を除く。）及び弁護士費用（原告X_1：33万円，原告X_2〜X_{18}：各6万円）の支払を求める。

■争　点
(1)　被告の猫に対する餌やり行為が動物飼育禁止条項又は迷惑行為禁止条項に違反するか。
(2)　被告の猫に対する餌やり行為が区分所有者の共同利益に反する行為（区分所有法6条1項）にあたるか。
(3)　被告の猫に対する餌やり行為が受忍限度を超え原告ら居住者の人格権を侵害するか。また，原告らに対する不法行為を構成するか。
(4)　原告らの損害額

■判示事項
(1)　原告管理組合X_1の動物飼育禁止条項は，一律に動物の飼育を禁止しているものではなく，「他の居住者に迷惑を及ぼすおそれのある」動物を飼育しないことと定めているものではあるが，このような限定は，小鳥や金魚の飼育を許す趣旨は含んでいるとしても，小型犬や猫の飼育を許す趣旨も含むものとは認められない。動物は家族の一員，人生のパートナーとしてますます重要となっている時代趨勢にあるが，他方，区分所有法の対象となるマンション等には，アレルギーを有する人も居住し，人と動物の共通感染症に対する配慮も必要な時代であるから，時代の趨勢に合わせて犬や猫の飼育を認めるようにすることは，マンション等の規約の改正を通じて行われるべきである。したがって，被告の猫1匹の屋内飼育であっても，動物飼育禁止条項に違反すると認められる。

　屋外での4匹の猫への餌やりは，段ボール箱等の提供を伴って住みかを提供する飼育の域に達しており，それらの猫は原告ら居住者に対し様々な被害を及ぼしているから，動物飼育禁止条項に違反するものといわなければならない。以前の屋外での猫への餌やりのうち，飼育の程度に達してい

ないものへの餌やりは，迷惑行為禁止条項に違反するものといわなければならない。
(2) 現時点での猫4匹の屋外飼育は，原告ら居住者の人格権を侵害し，以前の屋外での猫への餌やり行為も，飼育の程度に達していないものを含め，原告ら居住者の人格権を侵害するものであったと認められる。
(3) 原告管理組合X_1の差止請求については，管理組合規約違反に基づき，本件タウンハウス敷地及び被告専有部分内において，猫に餌を与えてはならないことを認容すべきである。原告ら居住者の差止請求は，人格権侵害に基づき，本件タウンハウス敷地において，猫に餌を与えてはならないことを求める限度で認容すべきである。
(4) 被告の餌やり行為（屋内飼育の猫への餌やり行為を除くが，現在の4匹の飼育以外の猫への餌やり行為を含む。）は，現在に至るまで，受忍限度を超える違法なものであり，故意過失に欠けるところもないと認められる。よって，被告は，原告ら居住者に対し，当該不法行為によって生じた損害を賠償する義務がある。
(5) 被告は，原告管理組合X_1及び原告ら居住者X_2〜X_{18}の再三にわたる飼育及び餌やりの中止の申入れを拒否して，猫の飼育及び餌やりを継続し，その結果，原告管理組合は，弁護士に委任して本件訴訟を提起せざるを得なかったものであり，被告のこのような行為は，原告管理組合X_1に対する不法行為を構成するものというべきである。
(6) 原告らの損害額
　① 原告ら居住者X_2〜X_{18}
　　（i）慰謝料3万円〜13万円，（ii）弁護士費用6000円〜2万6000円
　② 原告管理組合X_1
　　弁護士費用30万円
(7) 原告らの請求は，原告管理組合X_1が規約違反に基づき本件タウンハウス敷地・被告区分所有建物内での猫への餌やり禁止，原告ら居住者らの人格権に基づく本件タウンハウス敷地での猫への餌やり禁止を求め，原告らが不法行為に基づき(6)のとおりの損害賠償及びこれらに対する平成20年11月22日から支払済みまで民法所定年5分割合による遅延損害金の支払を求

める限度で理由がある。
(8) 主文
① 原告管理組合X_1の差止請求
　被告は，別紙物件目録１記載の土地及び同目録２記載の建物内において，猫に餌を与えてはならない。
② 個人原告ら（原告X_2～X_{18}）の差止請求
　被告は，別紙物件目録１記載の土地において，猫に餌を与えてはならない。
③ 原告らの損害賠償請求
　被告は，次の各原告に対し，次に記載の各金員及びこれに対する平成20年11月22日から支払済みまで年５分の割合による金員を支払え。
　　(i)原告管理組合X_1　　30万円，(ii)原告X_2　　12万円，(iii)原告X_3～(viii)原告X_8　　各９万円，(ix)原告X_9・(x)原告X_{10}　　各３万6000円，(xi)原告X_{11}・(xii)原告X_{12}　　各12万6000円，(xiii)原告X_{13}　　15万6000円，(xiv)原告X_{14}　　９万6000円，(xv)原告X_{15}　　15万6000円，(xvi)原告X_{16}　　９万6000円，(xvii)原告X_{17}・(xviii)原告X_{18}　　各12万6000円
④ 一部棄却
　原告らのその余の請求をいずれも棄却する。
⑤ 訴訟費用の負担
　訴訟費用は，これを５分し，その１を原告らの負担とし，その余を被告の負担とする。
⑥ 仮執行宣言
　この判決は，第③項に限り，仮に執行することができる。

■確定

(3) **日照被害による損害賠償等請求事例**

　ア　被告Y_1及びその子被告Y_2所有居住の日影規制の対象外の建物を原因とする日照被害による，主位的に人格権に基づく妨害排除として被告ら

> 所有建物の一部撤去，予備的に不法行為に基づく慰謝料請求事例（原告X_1は被告ら所有居住建物の北側に隣接する建物に居住，原告X_2は原告X_1の妻で原告X_1所有建物に居住，原告X_3・X_4は原告X_1・X_2の子で，原告X_3は原告X_1所有建物に居住し，原告X_4は2年の予定で原告X_1所有建物から他に転居）〔主位的請求棄却，予備的請求一部認容（主位的建物一部撤去の請求は棄却し，予備的慰謝料請求について，被告ら各自に対し，原告X_1について100万円，原告X_2について50万円，原告X_3について30万円，原告X_4について20万円を認め，原告X_1は被告Y_1から50万円を受領しているからこれを控除し，原告X_1・X_2についてそれぞれ50万円，原告X_3について30万円，原告X_4について20万円を認容）〕（東京高判平14・11・18判時1815号87頁）

■事　案

(1) 原告（控訴人兼附帯被控訴人）X_1は，被告（被控訴人兼附帯控訴人）Y_1所有地の北側に隣接する土地を買い受け，同土地の平家建建物に居住していたが，平成2年12月ころ，地下1階付2階建建物を建築し，家族原告X_2（妻），X_3・X_4（子）とともに同建物に居住していた。

　被告Y_1及び被告Y_2（Y_1の子）は，平成8年9月ころ，旧建物を取り壊し，2階建建物を新築した（被告らの共有）。被告ら建物は，建築基準法の日影規制の対象となる建物に該当しない。

(2) 原告建物は，冬至日においてはほぼ終日日影となるが，このうち午前中に受ける日影の大部分が被告らの建物の影響によるものである。

(3) 被告Y_1は，原告X_1が被告Y_1に対し被告Yら建物による原告らの日照被害を告知した後である平成10年1月3日，原告ら宅を訪問し，原告X_1に対し，50万円を支払った。

■請　求

　原告らは，その居住する建物敷地の南側に隣接する土地上に被告らが建物を建築したことにより日照被害を受けたとして，被告らに対し，主位的に，人格権に基づく妨害排除として被告らの所有する建物の一部撤去を，予備的に，不法行為による損害賠償（慰謝料）の支払を求める。

■争　点
(1) 被告ら建物による原告ら建物の日影被害の受忍限度
(2) 原告らの損害（慰謝料）

■判示事項
(1) 原告建物は，冬至日においてはほぼ終日日影となるが，このうち午前中に受ける日影の大部分が被告ら建物の影響によるものであり，その程度は，建築基準法等の定める日影規制に照らしても無視できない日影被害である。
(2) 原告建物の２階部分は日照が得られており，原告らが１階部分でしか日常生活を維持できないという格別の事情も認められない。原告らが日照被害を被告らに申し出たのは，被告ら建物が既に完成し，同建物に被告らが入居した後のことであって，その時点においては，被告らにおいてもはや設計変更等の手段を講ずることは不可能であったこと，現時点で被告ら建物を一部撤去したり南側へ移動するとなれば，過大な費用を要するばかりでなく，建物の構造体にも悪影響を及ぼす可能性があることが認められ，仮に，原告らの主位的請求のとおり被告ら建物の一部を撤去した場合，同建物の２階部分の機能が事実上失われる結果となる。
(3) 以上の諸事情を考慮すると，被告ら建物によって原告らが受ける日照被害は社会通念上受忍限度を超えるものと認められるものの，受忍限度の逸脱の程度が著しいものとまではいえず，被告らに対し被告ら建物の一部撤去を求めることは，過剰な負担を強いることとなるので許されないというべきであり，原告らの受ける日照被害に対する救済は金銭賠償によって償われるのが相当である。
(4) 被告ら建物が原告建物に及ぼしている日照被害の状況，程度のほか，原告X_1は原告建物を所有し，かつ居住していること，原告X_2・X_3は原告建物に同居しており，原告X_4も平成13年３月まで同居していたが，同原告はその後２年間の予定で転居し，現在は居住していないこと，原告X_1・X_2は，被告ら建物によって今後長期間日照被害を受け続けることが見込まれること，原告X_3・X_4は将来独立して他所で生活をすることも予想されること等，以上認定の諸事情を総合的に勘案すると，原告らの精神的な損害に対する慰謝料としては，原告X_1につき100万円，原告X_2につき50

万円，原告 X_3 につき30万円，原告 X_4 につき20万円と認めるのが相当であり，このうち原告 X_1 については，既に50万円を被告 Y_1 から受領しているので，これを控除した残額は50万円となる。

(5) 原告らの主位的請求はいずれも理由がなく，予備的請求については，被告ら各自に対し，原告 X_1 及び X_2 はそれぞれ50万円，原告 X_3 は30万円，原告 X_4 は20万円及びこれらに対する不法行為の後である平成12年1月29日から支払済みまで民法所定年5分の割合による遅延損害金の支払を求める限度で理由がある。

■上告・上告受理申立て

(4) 眺望利益侵害による損害賠償等請求事例

ア 眺望阻害建物建築による人格権ないし物権的権利に基づく建物2階部分の収去の主位的請求及び民法723条に基づく謝罪広告・民法709条に基づく損害賠償の予備的請求をした事例（原告 X_1・X_2 は共有地上の平家建居宅に居住し，被告は同居宅の南側隣地に2階建建物を建築した。）〔主位的請求－請求棄却，予備的請求－謝罪広告請求棄却，損害賠償認容（付帯請求一部棄却）（慰謝料各100万円を認容）〕（横浜地横須賀支判昭54・2・26下民集30巻1～4号57頁・判タ377号61頁・判時917号23頁）

■事　案

原告 X_1，X_2 の共有地は，丘陵中腹南傾斜の高台で，原告ら居住建物は，同土地上に存する木造平家建居宅で，原告ら建物からは，家並，海，山等がパノラマ式に見渡すことができていた。

被告は，昭和46年1月19日，原告らが共有居住する土地の南側隣地に，建物（高さ2.6mのピロティー部分上の2階建建物）を建築した。

それにより，原告ら建物からの眺望がある程度妨げられるに至った（原告らの使用頻度の最も高いダイニングキッチンからは被告建物の左右にわずかに海が見える程度）。

■請　求

第3節 身近な損害賠償関係事件について
第4 相隣関係と損害賠償請求

原告X₁，X₂夫婦は，被告に対し，人格権ないし物権的権利としての眺望権に基づき，主位的に被告建物の2階部分の収去を求め，予備的に民法709条に基づく謝罪広告及び損害賠償（被告は原告らに対し，各100万円及びこれに対する不法行為の日の後である昭和47年1月1日から支払済みまで年5分の割合による金員の支払）を求める。

■争　点
(1) 眺望権利益の法的保護性
(2) 被告敷地の所有権行使の権利濫用該当性
(3) 原告ら請求権の有無

■判示事項
(1) 眺望権利益の法的保護性について

　眺望すなわち視覚対象としての風物は住民が等しく享有すべき無形の財産であり，それ自体が当然にこれを観望する者の私権の対象となるものではない。これを観望しうるのは当該建物と観望者との中間に遮蔽物が存在しないという偶然の事実によるのであって，本来それは一種の反射的利益にすぎない。たとえ先住民といえども，当該風物との中間に後住民が私権を行使することにより観望を妨げられる結果となってもそれが受忍すべき限度内である限りはこれを差し止め又は除却することはできない道理である。

　眺望権なるものは，その所有土地建物に居住していることによって得られる生活利益の一種をいうものであるところ，眺望も，地域の特殊性その他特段の状況下において，当該眺望を享受する者に一個の生活利益としての価値を形成しているものと客観的に認められる場合には，濫りにこれを侵害されるべきではないという意味において法的保護の対象となると解すべきである。

　原告らに法的に保護されるべき眺望利益が存在するか否かについては，①景観についての一般の通念からみて，その景観を眺望することによって，美的満足感を得ることのできる眺望価値のある景観が存在すること，②当該場所の場所的価値がその景観を眺望しうることに多く依存しているものと考えられる場所であること，③当該場所の周辺土地の利用状況に鑑みて，当該場所からの眺望を保持せしめることが，当該場所の利用にふさわしく，周辺土地の利用と調和すること，等が要求されるものというべきである。原告建物

が居住用建物であり，そのような景観をその生活に取り入れたものであること，原告らがその日常生活において眺望を享受する目的で原告ら共有地上に原告ら建物を建築していること，原被告建物付近に存在する民家はいずれも木造2階建又は平家建で，互いに眺望を阻害しておらず，その他の事実関係のもとにおいて，原告らに原告ら建物からの眺望を保持させることがその土地・建物の利用にふさわしく，周辺の土地の利用と調和するものと認められる。

したがって，原告ら共有地及び原告ら建物からの眺望による利益は，法的保護に値するものというべきである。

この眺望利益に対し，その侵害の排除又はこれによる被害の回復等の形で法的保護を与えうるのは，侵害行為が，具体的な状況のもとで一般的に是認しうる程度（眺望利益を有する者の受忍すべき限度）を超えた場合に限られる。

(2) 被告敷地の所有権行使の権利濫用該当性について

原告らに対し被告がピロティー部分を含めると実質的には3階建の建物となることについてまったく知らせなかったこと，原告X_1が，市の建築指導課で被告建物の設計図を閲覧して，被告建物が9mを超える高さで原告ら建物からの眺望を大幅に阻害するものであることを知ったので，被告側に原告らの眺望を阻害しないようにすることを申し入れたが被告側がそれに応じず，被告建物が完成するに至ったことが認められる。また，被告建物において北側道路面と1階の床を同一の高さにしなければ被告建物の使用が著しく不便不利となるとは認められず，2.6mものピロティー部分が湿気予防のために必要不可欠であるとすることはできない。

被告は，被告建物を建築するにあたり，原告らがそれまで享受していた眺望に対し，その侵害の程度を軽減するための配慮をなさず，原告らの申入れに一顧をも与えず建築を完成させたものあって，たとえ被告建物が建築基準法上は適法な建物であるとしても，その敷地の所有権行使につき，権利濫用があるものというべく，結局被告の行為は違法であり，これにつき少なくとも過失が存するから原告に対する不法行為を構成する。すなわち，被告は，北側隣接地の原告ら建物からの眺望阻害の回復をまったく考慮しなかったものであるから，具体的状況のもとにおいて被告土地の所有権行使は一般に是

認しうる程度を超えたものといわなければならない。
(3) 原告らの請求について
　① 被告建物の収去請求について
　　被告建物が鉄筋を繋ぎ合わせたラーメン構造を基本としてそれらをコンクリートで固めたものであることが認められるから，その2階部分の収去は，被告建物全体の取壊し再築に匹敵する大規模な工事となり，被告に多大な損失を被らせるものと推認され，一方，原告らは，損害賠償を得れば，他に眺望可能な土地を取得して移転するか，もしくは精神的損害の回復を得ることも可能である。したがって，建物収去を求める原告らの主位的請求は失当というべきである。
　② 謝罪広告について
　　被告建物が建築されたことによって原告らに対する社会的評価が低下したとは認められないので，原告らの謝罪広告の請求は失当である。
　③ 損害賠償について
　　原告らは，遅くとも本件訴えを提起した昭和47年10月3日には損害及び加害者を知っていたものと認めるべきである。原告らが損害賠償請求を記載した準備書面を裁判所に提出した昭和53年3月31日より3年以上前の部分については時効によって消滅しているが，昭和50年3月31日以降の分については消滅時効の進行が停止し，現にその請求権は存続している。
　　原告らがその所有ないし占有する建物に居住して享受していた眺望利益を違法に侵害されたことによる慰謝料は，原告ら各自につき100万円を下らないものと認められる。
　④ 結　論
　　原告らの主位的請求並びに予備的請求中の謝罪広告を求める部分及び昭和47年1月1日から昭和50年3月30日までの損害金に請求は棄却し，予備的請求中，原告ら各自に対し，各100万円の慰謝料及びこれに対する不法行為発生の日の後である昭和50年3月31日から支払済みまで民法法定利率年5分の割合による遅延損害金の支払を求める部分は正当であるからこれを認容する。
(4) 主　文

① 被告は，原告両名に対し，各100万円及びこれに対する昭和50年3月31日から完済まで年5分の割合による金員を支払え。
② 原告らのその余の請求をいずれも棄却する。
③ 訴訟費用は被告の負担とする。
④ この判決は，原告らの勝訴の部分に限り，仮に執行することができる。

■確定

イ 隣接する別荘建築による眺望阻害に伴う不法行為に基づく損害賠償請求事例〔請求棄却〕（長野地上田支判平7・7・6判時1569号98頁）

■事　案
原告は，山間部の別荘地に別荘を所有し，そこに隣接する地に被告が別荘を建築した。

■請　求
被告は，原告に対し，原告の眺望利益侵害の不法行為として，550万円及びこれに対する平成5年6月20日から支払済みまで年5分の割合による金員を支払え。

■争　点
(1) 被告の別荘建築が原告の眺望利益侵害として不法行為を構成するか（眺望利益の法的保護性，眺望阻害行為の違法性）
(2) 被告の別荘建築が原告の眺望利益侵害として不法行為を構成する場合の損害額

■判示事項
(1) 眺望利益の法的保護性について
ある一定の場所からの眺望は，これを見る者に対し何らかの精神的影響を与えるものであり，その眺望できる風物が美的満足感や精神的安らぎを与えるものであれば，その場所の所有者又は権原ある占有者にとって一つの生活利益となる。そして，この生活利益が，社会観念上も独自の利益としての重要性を有するものと認められる場合には，法的にも保護に値する利益である

ということができる。

　原告別荘地は，別荘地としてそもそも精神的安らぎを求めに来る場所であるから，そこにおける眺望は，その要素の一つとして社会的にも重要視されるべきものである。原告別荘地は，被告別荘が建築されるまでは，同所から近くの山や，ときには遠方の山並みを眺望することができ，実際に原告及びその家族等がこれを楽しんでいたのであるから，その眺望利益は法的に保護されるべき利益であるということができる。

(2)　眺望阻害行為の違法性について

　本件眺望利益が法的保護に値するものであるとしても，これを侵害する行為がすべて違法な不法行為になるわけではなく，その侵害行為が社会的相当性を逸脱し，眺望利益が受忍限度を超えて侵害された場合に初めて違法性が認められると解すべきである。

　原告別荘地における眺望利益は法的保護に値するものとはいえ，その自然環境が別荘地としての眼目であり，眺望が第一の価値を有するという地域ではないこと，特に，原告別荘地は沢にあたる部分に存在して遠方の眺望が開ける範囲は狭いことなどからすると，原告別荘地における眺望阻害による権利侵害の程度は客観的にはそれほど大きいものとはいえない。そのうえ，被告別荘の建築による侵害の態様を見ると，その大きさは周囲の別荘に比して大きいものではあるが，定住を考えたものとしては個人的住宅の大きさを越えるものではなく，その位置も，隣地境界から2m以上離すという当該別荘地における定めは守っており，より原告の眺望を阻害しない位置に建築されなかったのは予算の関係によるものであるから，これらの状況下で，被告の別荘建築行為が社会的相当性を逸脱しているものということはできない。

■控訴

第5 職務に関連する行為における使用者に対する損害賠償請求

1 職務に関連する行為に伴う使用者に対する損害賠償請求

　ある事業のために他人を使用する者は，被用者がその事業の執行について第三者に加えた損害を賠償する責任を負うとされている（民715条1項本文）。

　この事業の執行についてなされたこと〔職務執行関連性〕については，判例は，「被用者の職務執行行為そのものには属さないが，その行為の外形から観察して，あたかも被用者の職務の範囲内に属するものとみられる場合も包含する」と述べている（最判昭36・6・9民集15巻6号1546頁・判時267号45頁・金判529号92頁，最判昭40・11・30民集19巻8号2049頁・判タ185号92頁・判時433号28頁）（加藤ほか「要件事実の考え方と実務〔2版〕」354頁）。

　また，職場における業務中のセクハラ行為等による損害を請求する事案において，業務に密接に関連して行われたものと認められないため，使用者責任が認められない場合に，使用者は，被用者に対し，労働契約上の付随義務として，信義則上，職場環境配慮義務，すなわち被用者にとって働きやすい職場環境を保つように配慮すべき義務を負っているとして，使用者の職場環境の配慮義務違反による債務不履行責任を認めた事例もある（津地判平9・11・5判タ981号204頁・判時1648号125頁・労判729号54頁（3(2)ア(ウ)（244頁）参照））。

2 暴力行為に伴う使用者等に対する損害賠償請求

(1) 暴力行為と使用者責任

　ア　暴力行為と職務関連性

　被用者の暴行傷害行為それ自体のみをとりあげれば，事業の執行とは無関係であり，それが事業執行の過程において行われたとしても，それ自体は被用者の感情を原因として行われたものと考えられ，それだけでは事業の執行との関連が密接なものとはいえないと思われる。ただ，事業執行の過程において，その執行に関する事項を契機として，これと接着した時と場所とにおいて暴行傷害が行われた場合には，職務関連性を認め，使用者責任を肯定することもでき

ると思われる(最判昭44・11・18民集23巻11号2079頁・判タ242号170頁・判時580号44頁)(**2**(2)ア(225頁)参照)。

イ　使用者の被用者に対する求償

　使用者が使用者責任により被害者に対して損害賠償を履行した場合，加害者である被用者に対し，求償することができる(民715条3項)。この使用者の被用者に対する求償権については，使用者の事業の性格，規模，施設の状況，被用者の業務の内容，労働条件，勤務態度，加害行為の態様，加害行為の予防もしくは損失の分散についての使用者の配慮の程度その他諸般の事情に照らし，損害の公平な分担という見地から信義則上相当と認められる限度において，求償することができるとされている(最判昭51・7・8民集30巻7号689頁・判タ340号157頁・判時827号52頁)。これについては，被用者の勤務中の暴力行為に伴う損害賠償などの被用者に故意・重過失があるような場合については，使用者にリスクを負担させるべきではないとの考え方もある。☆

> ☆　勤務中の社内暴力により傷害を受けた被害者が加害者(被用者)(傷害罪で略式命令を受け，後に会社を退職)(不法行為)及び使用者(使用者責任)に対し損害賠償を求めた訴訟において連帯支払を命ずる判決が確定し，使用者が被害者に全額支払ったとして，使用者が被害者に代位して被用者に対し当該損害賠償金全額の支払を求める承継執行文の付与を求めた事例で，本件傷害行為は偶発的なものであり，当該傷害行為を予見することは不可能であり，使用者の勤務配置等において過失があったとはいえず，使用者に損害を増加させた原因があると認めることはできず，本件傷害行為が被用者の故意による不法行為であることを勘案すると，使用者責任を負担した使用者が加害者である被用者への求償権の範囲を制限する事情はなく，被害者に損害賠償金を全額支払った使用者は，民法501条により被害者に代位して債務名義成立後の承継人として，強制執行が全額可能であるとした(名古屋地判平24・12・20判時2191号63頁。)

(2) 職務に関連する暴力行為と損害賠償請求事例

表 職務に関連する暴力行為と損害賠償請求事例一覧表

	事 例	裁判例	認容内容
ア	工事従事中の作業員間の暴行を原因とする傷害による民法715条に基づく損害賠償請求事例	最判昭44・11・18民集23巻11号2079頁・判タ242号170頁・判時580号44頁	財産上の損害（得べかりし収入1か月4万円の割合による金員）12万円，慰謝料6万円を認容
イ	出前中の被用者の暴行を原因とする傷害についての民法715条に基づく損害賠償請求事例	最判昭46・6・22民集25巻4号566頁・判タ265号135頁・判時638号69頁	財産上の損害（治療費，得べかりし収入等）19万4667円，慰謝料5万円を認容

ア 工事従事中の作業員間の暴行を原因とする傷害による民法715条に基づく損害賠償請求事例〔一部認容（財産上の損害（得べかりし収入1か月4万円の割合による金員）12万円，慰謝料6万円を認容）〕（最判昭44・11・18民集23巻11号2079頁・判タ242号170頁・判時580頁44頁）

■事　案

　水道管敷設工事の現場で働いていた下請会社のAが，同じ作業をしていた孫請会社の原告に対し，作業に使用するために「鋸（ノコギリ）を貸してくれ」と声をかけたところ，原告がもっていた鋸をAに向けて投げたことから言い争いとなり，Aが原告を水道管理設用の穴に突き落とし，さらに殴る蹴るの暴行を加え，安静加療2か月間を要する腰筋痛症の傷害を負わせた。

■請　求

　原告は，A（第1審時相被告）の使用者である被告会社に対し，民法715条に基づいて，78万9380円（医療費4380円，85日間稼働できなかったことによる得べかりし収入25万5000円，慰謝料50万円，弁護士報酬3万円）及びこれらに対する訴状送達・請求拡張日から支払済みまで民法所定の年5分の割合による遅延損害金の支払を求める。

■争　点

　使用者施行工事現場での被用者の暴行による負傷に伴う損害が被用者の事業執行に伴う損害といえるか

■判示事項

　■事案の事実によれば，原告が被った原審判示の損害は，Aが使用者の事業の執行行為を契機として，これと密接な関連を有すると認められる行為をすることによって加えたのであるから，これを民法715条1項に照らすと，被用者であるAが被告会社の事業の執行につき加えた損害というべきであるとし，財産上の損害（得べかりし収入1か月4万円の割合による金員）12万円，慰謝料6万円，合計18万円及びこれに対する訴状送達の日の翌日〔昭和41年12月30日〕から年5分の遅延損害金の支払を認めた第1審判決を認容した原審（控訴審）の判断を正当として，被告会社の上告を棄却した。

イ　出前中の被用者の暴行を原因とする傷害についての民法715条に基づく損害賠償請求事例〔一部認容（財産上の損害（治療費，得べかりし収入等）19万4667円，慰謝料5万円を認容）〕（最判昭46・6・22民集25巻4号566頁・判タ265号135頁・判時638号69頁）

■事　案

　訴外A及びB（いずれも第1審被告）は，鮨加工販売業を営む被告会社のC支店に店員として雇用されていた。昭和41年3月16日，Aは被告会社所有の軽四輪車を運転し，Bはその助手席に同乗し，出前及び鮨容器回収に赴く途中，同軽四輪車の右側方向指示器を点灯したまま走行したので，その右折を予期した原告運転の小型自動車と接触しそうになり，原告がA及びBに対し，「方向指示器が右についている。危ないじゃないか。」，「馬鹿野郎，方向指示器が右についている。もうちょっとでぶつかるとこでないか。」と申し向けたことに端を発し，3名間で口論になり，A及びBが原告に暴行を加え負傷を負わせた。

■請　求

　原告は，被告会社に対し，民法715条1項により，34万7382円（治療費13万4410円，付添看護婦費2万0220円，同紹介手数料2102円，氷代4000円，25日間の得べかりし収入3万6650円，慰謝料15万円）及びこれに対する昭和41年3月17日から支払済みまで年5分の割合による金員の支払を求める。

■争　点

　被用者が出前中原告に加えた暴行による傷害が民法715条1項にいう被用者が使用者の事業の執行につき加えた損害といえるか

■判示事項

　■事案の事実によれば，原告の被った損害は，A及びBが，被告会社の事業の執行行為を契機として，これと密接な関連を有すると認められる行為をすることによって生じたものであるから，民法715条1項にいう被用者が使用者の事業の執行につき加えた損害というべきであるとして，原審の判断（財産上の損害19万4667円，慰謝料5万円，合計24万4667円及びこれに対する昭和41年3月

17日から支払済みまで年5分の割合による金員の支払を命じた第1審判決を維持した。）を正当とし，被告会社の上告を棄却した。

3 セクハラ行為に伴う使用者等に対する損害賠償請求

(1) セクシャルハラスメント
ア セクシャルハラスメントの意義

「ハラスメント」とは,「嫌がらせ,いじめ」の意味で用いられ,「セクシャルハラスメント」(sexual harassment)〔セクハラ〕とは「性的嫌がらせ」,「相手の意に反する性的言動」などという意味で用いられている。

そして,「雇用の分野における男女の均等な機会及び待遇の確保等のための労働省関係法律の整備に関する法律」（平成9年法律第92号）による「雇用の分野における男女の均等な機会及び待遇の確保等に関する法律」〔男女雇用機会均等法〕の改正により,女性に対する差別が禁止され,セクシャルハラスメント防止のための事業者の配慮義務が追加され（平成11年4月1日施行）,「雇用の分野における男女の均等な機会及び待遇の確保等に関する法律及び労働基準法の一部を改正する法律」（平成18年法律第82号）の男女雇用機会均等法の改正により,事業主は,職場において行われる性的言動に対するその雇用する労働者の対応により当該労働者がその労働条件につき不利益を受け,又は当該性的な言動により当該労働者の就業環境が害されることのないよう,当該労働者からの相談に応じ,適切に対応するために必要な体制の整備その他雇用管理上必要な措置を講じなければならないとされた（男女雇用機会均等法11条1項）（平成19年4月1日施行）。

職場におけるセクシャルハラスメントには,職場において行われる性的な言動に対する労働者の対応により当該労働者がその労働条件につき不利益を受けるもの〔対価型セクシャルハラスメント〕と,当該性的言動により労働者の労働環境が害されるもの〔環境型セクシャルハラスメント〕があるといわれている（「事業主が職場における性的言動に起因する問題に関して雇用管理上講ずべき措置についての指針」（平成18年厚生労働省告示第615号）2(1))。

イ セクハラ行為と受忍限度

職場における言動が,それが,たとえば,上司の指導・注意に伴うものである場合や,職場における雑談に伴うものである場合などに,それが適切なものではないにしても,受忍限度を超えない程度のものであれば,セクハラ行為と

して損害賠償義務を発生させるほどの違法な言動であるとは判断されない場合もある（東京地判平20・3・26判時2023号32頁・労判969号13頁参照）。その判断は微妙なところがあるが，本来仕事に直接関係ない被害者の個人的性行動等について発言するようなことは，基本的に仕事の遂行や仕事の指導・注意とは関係ないことであり，原則として，相手方の性的自由・性的自己決定権等の人格権等に対する侵害として，違法性を有すると考えてよいのではないかと思われる（東京高判平20・9・10判時2023号27頁・労判969号5頁（(2)ア(コ)（269頁）参照）。

　ウ　被害者側の従属する態度や過失相殺について

　職場における上司からのセクハラ行為に対して，被害者が表面上，それを拒絶せず，従属的態度をとることもある。そのことをもって，セクハラ行為を行った上司や使用者側から被害者の任意の意思に基づいてその行為を受け入れているので，セクハラ行為にならないと主張することがある。しかし，それは，被害者の職場における当該上司との関係，被害者の立場，仕事の継続等を考えると，拒絶しがたい状況にあり，当該上司はそれを利用して行ったものであり，被害者の任意の意思に基づいてその行為を受け入れたのではなく，セクハラ行為を強要され，被害者の性的自由や人格権を侵したといえる場合も多いと思われる（広島地判平15・1・16判タ1131号131頁（(2)ア(カ)（257頁）参照）。

　ただ，裁判例の中には，宴会でのセクハラ行為について，被害者が中高年の女性で，上司の行き過ぎた行為を諫めるべきで，その上司の行為を咎めることなく，嬌声を上げて騒ぎ，当該上司を押し倒すなどしたことが，当該上司の感情を高ぶらせ，セクハラ行為を煽る結果になったとして，原告被害者の損害について過失相殺をした事例もある（広島地判平19・3・13労判943号52頁（2割の過失相殺）（(2)イ(ウ)（277頁）参照）。

　エ　セクハラ行為と職務関連性，使用者の職場環境配慮義務

　被用者のセクハラ行為それ自体のみをとりあげれば，暴力行為の場合と同様に，事業の執行とは無関係であり，それが事業執行の過程において行われたとしても，それ自体は被用者の感情を原因として行われたものと考えられ，それだけでは事業の執行との関連が密接なものとはいえないとも思われる（津地判平9・11・5判タ981号204頁・判時1648号125頁・労判729号54頁（(2)ア(ウ)（244頁）参照）。ただ，事業執行の過程において，その執行に関する事項を契機として，

これと接着した時と場所とにおいてセクハラ行為が行われた場合には，暴力行為の場合と同様に，職務関連性を認め，使用者責任を肯定することもできると思われる（岡山地判平14・5・15労判832号54頁（(2)ア(エ)（246頁）参照）。この点は，上記アで述べたように，男女雇用機会均等法の改正により，職場におけるセクハラ行為について，雇用管理上必要な「措置」をとるよう事業主に義務づけられたこと（男女雇用機会均等法11条1項）も，根拠とすることができるのではないかと思われる。

また，社外で，勤務時間外に行われた，懇親会等においてセクハラ行為が行われた場合でも，使用者側主催の懇親会等でセクハラ行為が行われたような場合には，当該懇親会等の職務との関連性，参加者，参加が強制的か任意的か等によって，職務関連性を認め，使用者責任を肯定することもできると思われる（大阪地判平10・12・21判タ1002号185頁・判時1687号104頁・労判756号26頁（(2)イ(ア)（271頁）参照），東京地判平15・6・6判タ1179号267頁（(2)イ(イ)（274頁），広島地判平19・3・13労判943号52頁（(2)イ(ウ)（277頁）参照）。☆

> ☆ 平成19年4月1日施行の平成18年法律第82号改正法に伴う，厚生労働省雇用均等・児童家庭局長・平成18年10月11日雇児発第1011002号「改正雇用の分野における男女の均等な機会及び待遇の確保に関する法律の施行について」記第3の，職場におけるセクハラ行為について雇用管理上事業主の講ずべき措置において，「勤務時間外の『宴会』等であっても，実質上職務の延長と考えられるものは職場に該当するが，その判断に当たっては，職務との関連性，参加者，参加が強制的か任意的か等を考慮して個別に行うものであること。」（同1(2)イ(1)）と記載されている。

なお，職場における業務中のセクハラ行為等による損害を請求する事案において，業務に密接に関連して行われたものと認められないため，使用者責任が認められない場合などにも，使用者は，被用者に対し，労働契約上の付随義務として，信義則上，職場環境配慮義務，すなわち被用者にとって働きやすい職場環境を保つように配慮すべき義務を負っているとして，使用者の職場環境配慮義務違反による債務不履行責任を認めた事例もある（京都地判平9・4・17判タ951号214頁・労判716号49頁（(2)ア(イ)（240頁），津地判平9・11・5判タ981号204頁・判時1648号125頁・労判729号54頁（(2)ア(ウ)（244頁），岡山地判平14・11・6労判845号73頁（(2)ア(オ)（251頁）参照）。この職場環境配慮義務の具体的内容としては，使

用者が，セクハラ行為に関して，セクハラに関する方針を明確にして，それを従業員に対して周知・啓発したり，セクハラ行為を未然に防止するための相談体制を整備したり，セクハラ行為が発生した場合には迅速な事後対応をするなど，当該使用者の実情に応じて具体的な対応をすべき義務というようなことになると思われる（岡山地判平14・11・6労判845号73頁（(2)ア(オ)（251頁）参照）。この点は，上記アで述べたように，男女雇用機会均等法の改正により，職場におけるセクハラ行為について，雇用管理上必要な「措置」をとるよう事業主に義務づけられたこと（男女雇用機会均等法11条1項）からも，肯定することができると思われる。

(2) セクハラ行為に伴う使用者等に対する損害賠償請求事例

表 セクハラ行為に伴う使用者等に対する損害賠償請求事例一覧表

ア 執務時間中のセクハラ行為に伴う使用者等に対する損害賠償請求事例

	事　例	裁判例	認容内容
(ア)	使用会社の被用者によるセクハラ行為に伴う同被用者（民709条）及び使用会社（労働遂行職場環境等維持義務違反による会社の使用者責任（民715条））に対する慰謝料等請求事例（被用者被告Y_1，使用会社被告Y_2）	福岡地判平4・4・16判タ783号60頁・判時1426号49頁・労判607号6頁	被告らに対し慰謝料各自150万円，弁護士費用各自15万円を認容
(イ)	取締役による原告の異性関係の朝礼での発言等による同取締役・使用者代表者の不法行為（民709条・719条）責任及び使用会社の債務不履行ないし不法行為（民44条1項・709条・715条・717条）責任に基づく逸失利益・慰謝料等請求事例（使用会社被告Y_3，同社代表取締役被告Y_2，朝礼での発言等をした同社取締役被告Y_1）	京都地判平9・4・17判タ951号214頁・労判716号49頁	被告Y_1・Y_3らに対し逸失利益各自79万5945円，慰謝料（被告Y_1に対し50万円，被告会社Y_3に対し100万円），弁護士費用（被告Y_1に対し10万円，被告会社Y_3に対し15万円），被告会社Y_3に対し不当利得（預託旅行代金）20万円，をそれぞれ認容し，被告Y_2に対する請求棄却
(ウ)	上司の身体への性的接触・卑わいな発言による同上司に対する不法行為に基づく及び使用者に対する使用者責任・債務不履行に基づく各慰謝料等請求事例（原告X_1は看護師，原告X_2は准看護師として，被告Y_2の経営する病院に勤務し，被告Y_1は原告らの上司である准看護師副主任であった。）	津地判平9・11・5判タ981号204頁・判時1648号125頁・労判729号54頁	原告らについて被告らに対し慰謝料それぞれ各自50万円，弁護士費用それぞれ各自5万円を認容

(エ)	専務取締役のセクハラ行為，代表取締役の性的嫌がらせ等の不法行為（民709条）及び使用者会社の使用者責任等（民709条・715条）に基づく慰謝料・未払給料相当損害金・逸失利益等請求事例（原告X_1・X_2は，被告会社Y_3に勤務する者，セクハラ行為を行った被告Y_1は，被告会社Y_3の専務取締役であり，被告Y_2は被告会社Y_3の代表取締役であった。）	岡山地判平14・5・15労判832号54頁	被告Y_1及び被告会社Y_3に対する請求：①慰謝料((i)被告Y_1・Y_3の連帯支払分：原告X_1について200万円，原告X_2について30万円，(ii)被告Y_3固有の分：原告らについてそれぞれ50万円），②未払給料相当損害金（被告Y_3に対し：原告X_1について339万円，原告X_2について356万円），③逸失利益（被告Y_3に対し：原告X_1について799万9320円，原告X_2について914万2080円），④弁護士費用((i)原告X_1について：被告Y_1・Y_3に対し連帯して20万円，被告Y_3に対し140万円，(ii)原告X_2について：被告Y_1・Y_3に対し連帯して3万円，被告Y_3に対し130万円）をそれぞれ認容被告Y_2に対する請求：請求棄却
(オ)	原告の上司被告Y_1及びY_2からのセクハ	岡山地判平14・11・6	①被告Y_2に対し，

	ラ行為に伴う心身症，不当解雇による精神的苦痛による被告Y_1及びY_2に対する不法行為に基づく及び被告会社Y_3に対する使用者責任ないし債務不履行・不法行為に基づく治療費・休業損害・逸失利益・慰謝料・弁護士費用請求事例	労判845号73頁	治療費5万9665円，休業損害14万3768円，逸失利益524万3535円（それぞれPTSDの寄与度5割），②慰謝料（(i)被告Y_1・被告会社Y_3に対し50万円（連帯支払），(ii)被告Y_2に対し100万円），③弁護士費用（(i)被告Y_1・被告会社Y_3に対し5万円（連帯支払），(ii)被告Y_2に対し65万円），をそれぞれ認容
(カ)	男性正社員被告Y_1の女性アルバイト従業員原告X_1に対する会社内でのセクハラ行為による同正社員の不法行為責任及び被告会社Y_2の不法行為又は債務不履行責任に基づく慰謝料・治療費・弁護士費用請求事例（原告X_2・X_3は，原告X_1の父母）	広島地判平15・1・16判タ1131号131頁	被告らに対し，①原告X_1について220万5120円（慰謝料200万円，治療費5120円（過失相殺として治療費相当額の3分の1を減），弁護士費用20万円）②原告X_2・X_3について(22万円（慰謝料20万円，弁護士費用2万円），の連帯支払を認容
(キ)	上司被告Y_1が女性従業員の身体に直接接触する行為等のセクハラ行為による不法行為に基づく同上司及び使用者会社Y_2に対する慰謝料・逸失利益・弁護士費用請求事例	東京地判平16・5・14判タ1185号225頁	被告らに対し，慰謝料40万円，弁護士費用5万円の連帯支払を認容

事　例	裁判例	認容内容
(ク) 原告の上司被告Y_1からの睨みつけ，ラブレターの送付，出張先の部屋で無理矢理の抱擁等のセクハラ行為に伴う当該上司に対する不法行為（民709条）責任及び使用者会社Y_2に対する不法行為（民715条）責任又は職場環境調整義務違反の債務不履行（民415条）責任に基づく慰謝料・逸失利益・弁護士費用請求事例	青森地判平16・12・24労判889号19頁	被告らに対し，慰謝料200万円，逸失利益316万6762円，弁護士費用70万円の連帯支払を認容
(ケ) 被告会社の従業員によるセクハラ行為・嫌がらせ行為に伴う不法行為（民709条・715条）に基づく使用者会社に対する慰謝料請求事例	名古屋地判平17・9・16判タ1230号184頁	慰謝料100万円を認容
(コ) 菓子店男性店長の女性従業員に対する性的言動等に伴う経営会社に対する民法715条に基づく慰謝料・休業損害・弁護士費用請求事例	東京高判平20・9・10判時2023号27頁・労判969号5頁	慰謝料50万円，逸失利益6か月分（99万5616円），弁護士費用20万円を認容

イ　懇親会等におけるセクハラ行為に伴う使用者等に対する損害賠償請求事例

事　例	裁判例	認容内容
(ア) 懇親会等における上司のセクハラ行為に伴う不法行為に基づく上司及び民法715条に基づく使用者会社に対する慰謝料・未払賃料等請求事例（被告Y_1は被告会社Y_2に勤務する者であり，原告の上司にあたる。）	大阪地判平10・12・21判タ1002号185頁・判時1687号104頁・労判756号26頁	被告らに対し慰謝料各自100万円，弁護士費用各自10万円を認容
(イ) 懇親会後の帰宅途中のタクシー内での専務取締役からのセクハラ行為による同専務に対する不法行為に基づく及び使用者会社に対する使用者責任・職場環境調整義務違反に基づく各慰謝料・逸失利益等請求事例（原告は被告会社Y_2に勤務し，被告Y_1は同社の専務取締役である。）	東京地判平15・6・6判タ1179号267頁	被告らに対し治療費1万2780円，逸失利益120万円，慰謝料150万円，弁護士費用20万円（合計291万2780円）から既払金50万円を控除した残額241万2780円の連帯支払を認容
(ウ) 職員の親睦を図る宴会での被告Y_1～Y_3	広島地判平19・3・13	原告らについて認

ら上司の原告X1～X7らに対するセクハラ行為についての被告Y1～Y3に対する民法709条に基づく及び使用者被告会社Y4に対する民法715条に基づく治療費等・逸失利益・慰謝料・弁護士費用請求事例	労判943号52頁	容した慰謝料（原告X1・X6：各250万円，X2・X4・X5・X7：各80万円，X3：150万円）について過失相殺により2割を減じ（原告X1・X6：各200万円，X2・X4・X5・X7：各64万円，X3：120万円），弁護士費用（原告X1・X6：各20万円，X2・X4・X5・X7：各6万円，X3：12万円）を認容し，被告らに対し連帯支払を命じ，治療費等・逸失利益は棄却

ア 執務時間中のセクハラ行為に伴う使用者等に対する損害賠償請求事例

(ア) 使用会社の被用者によるセクハラ行為に伴う同被用者（民709条）及び使用会社（労働遂行職場環境等維持義務違反による会社の使用者責任（民715条））に対する慰謝料等請求事例（被用者被告Y₁，使用会社被告Y₂）〔一部認容（被告らに対し慰謝料各自150万円，弁護士費用各自15万円を認容）〕（福岡地判平4・4・16判タ783号60頁・判時1426号49頁・労判607号6頁）

■事　案

(1) 原告は，昭和60年12月に，学生向けの情報誌の発行等をしていた被告会社Y₂に入社し，編集長であった被告Y₁の下で，雑誌の編集にあたっていた独身女性であった。

(2) 原告が入社して1年ほど経ったころには，原告が編集等の事務において中心的な役割を担うようになり，被告Y₁は，被告会社Y₂の幹部から業務不振の責任を問われたりして，退職も考えるようになった。

(3) 被告Y₁は，被告会社Y₂のアルバイト学生等に対し，原告の異性との交友関係が派手であるといった，原告Xの社会的評価にとって不利益な発言を繰り返した。

(4) 昭和62年8月に，被告会社Y₂の経営立て直しのためにA専務が被告会社Y₂に入社し，その方策の一環として被告Y₁を業務運営の中心に据えることとし，被告Y₁は自信を取り戻したが，被告Y₁は，A専務に対し，同年6月ころ，被告会社Y₂の取引の一つが途絶えたのは原告がその取引先の担当者と結んでいた男女関係のもつれが原因であるといった報告を，事実関係を十分確認することなく行った。

(5) 被告Y₁は，昭和62年暮れ，原告に他社からいわゆる引き抜きの話が出ていると聞いて，原告に転職を勧めたが，これを契機に，原告と被告Y₁との関係は悪化していった。

(6) 被告Y₁は，このままでは，被告会社Y₂の業務にも支障が生じかねないと考え，あらかじめA専務に相談のうえ，昭和63年3月，原告に対し，原告と取引先男性との関係に問題が見られると指摘し，原告に退職を求めた。

原告は，被告Y₁の発言を不服として，A専務や被告会社Y₂の代表者に対し，被告Y₁に謝罪させるよう求めたが，A専務らは，原告と被告Y₁とでよく話し合うようにとの対応を行った。

(7) 原告と被告Y₁との関係は，極めて悪化し，被告会社Y₂のアルバイト学生からA専務に対し，両者の対立の結果被告会社Y₂の業務にも支障が生じているとの指摘が行われるようになった。A専務は，被告会社Y₂の幹部と相談し，最悪の場合には原告か被告Y₁に退職してもらうしかないとの方針を定めたうえ，昭和63年5月，原告と面談し，原告と被告Y₁との妥協の余地を図る調整を行った。原告は依然として被告Y₁の謝罪を強く求めたため，A専務が，話合いがつかないと被告会社Y₂を退職してもらうことになると述べると，原告は，退職する意思を表明した。A専務は，面接すべく待機していた被告Y₁に電話で3日間の自宅謹慎を命じ，面談は行わなかった。

(8) その後，昭和63年5月，原告は，被告会社Y₂を退職した。

■請　求

原告は，被告Y₁に対し同被告のセクハラ行為による民法709条に基づく不法行為により，被告会社Y₂に対し被告Y₁のセクハラ行為が事業の執行につき行われた共同不法行為であるとして民法715条に基づき，各自367万円（慰謝料300万円，弁護士費用67万円）及びうち300万円に対する昭和63年5月25日から，うち67万円に対する訴状送達の日の翌日（平成元年8月13日）から，各支払済みまで年5分の割合による金員の支払を求める。

■争　点

(1) 原告の異性関係についての噂を流す被告Y₁の行為の不法行為該当性
(2) 使用者被告会社Y₂の被用者原告に対する労務遂行職場環境等維持義務の有無及びそれに基づく使用者被告会社Y₂の使用者責任の有無

■判示事項

(1) 被告Y₁の不法行為責任

被告Y₁は，被告会社Y₂内外の関係者に，原告の私生活，ことに異性との交友関係に関して，それが乱脈であるかのように，原告の性向を非難する発言をしたり，個人名を挙げて原告の異性との交友関係に関する噂を流したり

して，原告の働く女性としての評価を下げさせて，最終的には原告が被告会社Y₂から退職するという結果を生じさせたものであり，民法709条に基づく不法行為責任を負う。

(2) 被告会社Y₂の責任
① 使用者は，被用者との関係において社会通念上伴う義務として，被用者が労務に服する過程で生命及び健康を害しないよう職場環境等につき配慮すべき注意義務を負うが，そのほかにも，労務遂行に関連して被用者の人格的尊厳を侵しその労務提供に重大な支障を来す事由が発生することを防ぎ，又はこれに適切に対処して，職場が被用者にとって働きやすい環境を保つよう配慮する注意義務もあると解されるところ，被用者を選任監督する立場にある者が当該注意義務を怠った場合には，当該立場にある者に被用者に対する不法行為が成立することがあり，使用者も民法715条により不法行為責任を負うことがあると解すべきである。
② 被告会社Y₂のA専務は，被告Y₁から，原告異性関係など及び原告と被告Y₁との関係が悪化してきたことについて報告を受けており，被告会社Y₂のA専務らは，原告と被告Y₁との間の確執の存在を十分に認識し，これが職場環境に悪影響を及ぼしていることを熟知していながら，これをあくまで個人間の問題としてとらえ，原告と被告Y₁との対立の主たる原因が原告の異性関係等に対する被告Y₁の一方的な理解及びこれに基づく同被告の原告に対する退職要求等であった点については，正しく認識していなかったのであり，早期に事実関係を確認する等して問題の性質に見合った適切な職場環境調整の方途を探り，原告又は被告Y₁の退職という最悪の事態の発生を極力回避する方向で努力することに十分でないところがあったということができる。
③ 被告会社Y₂のA専務らの行為についても，職場環境を調整するよう配慮する義務を怠り，また，憲法や関係法令上雇用関係において男女を平等に取り扱うべきであるにもかかわらず，主として女性である原告の譲歩，犠牲において職場関係を調整しようとした点において不法行為が認められるから，被告会社Y₂は，当該不法行為についても，使用者責任を負うものというべきである。

(3) 主　文

① 被告Y₁及び被告会社Y₂は，原告に対し，連帯して165万円（慰謝料150万円，弁護士費用15万円）及びうち150万円に対する昭和63年5月25日から，うち15万円に対する平成元年8月13日から，各支払済みまで年5分の割合による金員を支払え。

② 原告のその余の請求を棄却する。

③ 訴訟費用はこれを2分し，その1を被告らの負担とし，その余を原告の負担とする。

④ この判決は，仮に執行することができる。ただし，被告らが70万円の担保を供するときは，右仮執行を免れることができる。

■確定

(イ)　取締役による原告の異性関係の朝礼での発言等による同取締役・使用者代表者の不法行為（民709条・719条）責任及び使用会社の債務不履行ないし不法行為（民44条1項・709条・715条・717条）責任に基づく逸失利益・慰謝料等請求事例（使用会社被告Y₃，同社代表取締役被告Y₂，朝礼での発言等をした同社取締役被告Y₁）〔取締役（被告Y₁）・使用会社（被告Y₃）に対する請求：一部認容（被告Y₁・Y₃らに対し逸失利益各自79万5945円，慰謝料（被告Y₁に対し50万円，被告会社Y₃に対し100万円），弁護士費用（被告Y₁に対し10万円，被告会社Y₃に対し15万円），被告会社Y₃に対し不当利得（預託旅行代金）20万円，をそれぞれ認容，使用者代表者（被告Y₂）に対する請求：請求棄却〕（京都地判平9・4・17判タ951号214頁・労判716号49頁）

■事　案

(1) 被告会社Y₃の社員Aは，女子更衣室にビデオカメラを設置して秘かに撮影をしていた。被告会社Y₃の代表取締役である被告Y₂は，平成7年6月ころ，撮影の事実に気がついたが，カメラを逆さまにしただけで，その他に何らの措置もとらなかった。カメラは翌日に撤去されたが，その後再

びAによってビデオ撮影がされていた。そのビデオカメラも，被告Y_2が気づいて回収保管し，被告会社Y_3の取締役である被告Y_1が個人面接をしたところ，Aが名乗りを上げ，Aは被告会社Y_3を懲戒解雇となった。

(2) 原告は，同年10月の朝礼において，ビデオの隠し撮りの件があり被告会社Y_3の雰囲気が悪くなったと感じていたことから，会社を好きになれない旨の発言をし，これを受けて被告Y_1は，会社を好きになれない人は辞めてもいい旨の発言をし，同年11月の朝礼で，原告がAと旅行に行くために積み立てをしている旨男女関係を示唆するような発言及び原告は被告会社Y_3で勤務を続けるか否か一日考えてくること，今日はすぐに帰ってよい旨の発言をした。

(3) 原告は，その後も被告会社Y_3への勤務を続けたが，他の社員が原告を避けるような態度をとるようになったことから，職場に居づらくなり，同年12月5日に退職した。

■請　求

(1) 請求内容

　原告は，①被告Y_1及びY_2に対し，不法行為（民709条・719条（共同不法行為者の責任））に基づき損害（逸失利益（失業給付と退職しなければ見込めた収入との差額207万3879円），慰謝料300万円，弁護士費用50万円，合計557万3879円）の賠償を，②被告会社Y_3に対し，(i)債務不履行ないし不法行為（民44条1項・709条・715条・717条（土地工作物等の占有者・所有者の責任））に基づき損害（逸失利益（失業給付と退職しなければ見込めた収入との差額207万3879円），慰謝料300万円，弁護士費用50万円，合計557万3879円）の賠償を，(ii)不当利得に基づき預託金（旅行手当20万円）の返還を，(iii)雇用契約に基づき残退職金44万5000円の支払を，それぞれ求める。

(2) 請求の趣旨

① 被告らは，原告に対し，各自557万3879円及びこれに対する平成7年12月6日から支払済みまで年5分の割合による金員を支払え。

② 被告会社Y_3は，原告に対し，64万5000円を支払え。

■争　点

(1) 職場更衣室でのビデオ撮影防止義務の有無及び損害賠償責任の有無

(2) 被告Y_1（取締役）の原告の異性関係の朝礼での発言等による不法行為責任及び被告Y_2（Y_3代表者）・被告会社Y_3（使用者）の責任
(3) 原告の損害額

■判示事項
(1) 被告Y_1の責任
　① ビデオの隠し撮りについて
　　被告Y_1が個人としてビデオ撮影を防止する義務を負うということはできず，Aによるビデオ撮影は「事業の執行につき」なされたものとはいえないから，被告Y_1は，Aの行為について責任を負わない。
　② 朝礼での原告の男女関係を示唆するような発言について
　　被告Y_1は，原告の男女関係を示唆するような発言に関し，原告の名誉を毀損しているから，これによって生じた原告の損害を賠償する責任を負う。
　③ 原告退職の責任について
　　被告Y_1は，被告会社Y_3の取締役であり，代表取締役であるY_2の親族であり，その発言は社員に大きな影響を与えるものであり，被告Y_1の■事案(2)の発言及び原告の退職を示唆する発言後，社員が原告との関わりを避けるようになったのに，何らの措置をとらなかったため，原告が退職したのであるから，原告の退職による損害を賠償する責任を負う。
(2) 被告Y_2の責任
　① ビデオの隠し撮りについて
　　被告Y_2が個人としてビデオ撮影を防止する義務を負うということはできず，Aによるビデオ撮影は「事業の執行につき」なされたものとはいえないから，被告Y_2は，Aの行為について責任を負わない。
　② 被告Y_1の朝礼での原告の男女関係を示唆するような発言について
　　被告Y_2が事前に■事案(2)の被告Y_1の朝礼での原告の男女関係を示唆するような発言の内容を知っていたことを認めるに足る証拠はないから，被告Y_2は，当該被告Y_1の発言によって生じた損害を賠償する責任を負わない。
　③ 原告退職の責任について

被告Y_2が個人として職場の環境を整えるまでの義務を負うということはできないので，被告Y_2は，原告の退職によって生じた原告の損害を賠償する責任を負わない。

(3) 被告会社Y_3の責任

① ビデオの隠し撮りについて

　被告会社Y_3には，雇用契約に付随して，原告Xのプライバシーが侵害されることがないよう職場の環境を整える義務があり，被告会社Y_3の女子更衣室でビデオ撮影されていることに気づいたのであるから，被告会社Y_3は，その真相を解明する努力をして，再びそのようなことがないようにする義務があったにもかかわらず，適切な措置をとらず，再び女子更衣室でビデオ撮影される事態になったのであるから，被告会社Y_3は，債務不履行により，平成7年6月ころ気づいた以降のビデオ撮影によって原告に生じた損害を賠償すべき責任を負う。

② 被告Y_1の朝礼での発言についての使用者責任

　被告Y_1の■**事案**(2)の発言について，被告会社Y_3は，民法715条により，同発言により生じた原告の損害を賠償する責任を負う。

③ 原告Xの退職について

　被告会社Y_3には，雇用契約に付随して，その意に反して退職することのないよう職場の環境を整える義務があり，被告Y_1の■**事案**(2)の発言によって，社員が原告との関わり合いを避けるような態度をとるようになり，原告が被告会社Y_3に居づらい環境になったのであるから，被告会社Y_3は，原告が退職以外に選択の余地のない状況に追い込まれることのないような措置をとるべき義務があったにもかかわらず，被告会社Y_3が何らの措置をとらなかったため，原告は被告会社Y_3を退職しているから，被告会社Y_3は原告の退職による損害を賠償する責任を負う。

(4) 原告の認容損害

① 退職による逸失利益　　（被告Y_1，Y_3らに対し）各自79万5945円

② 慰謝料　（被告Y_1に対し）50万円，（被告会社Y_3に対し）100万円

③ 弁護士費用　（被告Y_1に対し）10万円，（被告会社Y_3に対し）15万円

④ 不当利得　（被告会社Y_3に対し）20万円

(5) 主　文
　① 被告Y₁は，原告Xに対し，139万5945円及びこれに対する平成7年12月6日から支払済みまで年5分の割合による金員を支払え。
　② 被告会社Y₃は，原告Xに対し，214万5945円及びうち194万5945円に対する平成7年12月6日から支払済みまで年5分の割合による金員を支払え。
　③ 原告の被告Y₁及び被告会社Y₃に対するその余の各請求並びに被告Y₂に対する請求をいずれも棄却する。
　④ 訴訟費用は，原告に生じた分の3分の1及び被告Y₁に生じた分は，これを5分し，その4を原告の，その余を被告Y₁の負担とし，原告に生じた分の3分の1及び被告会社Y₃に生じた分は，これを3分し，その2を原告の，その余を被告会社Y₃の負担とし，原告に生じた費用の3分の1及び被告Y₂に生じた分は原告の負担とする。
　⑤ この判決の第①項及び第②項は，仮に執行することができる。

■確定

(ウ) 上司の身体への性的接触・卑わいな発言による同上司に対する不法行為に基づく及び使用者に対する使用者責任・債務不履行に基づく各慰謝料等請求事例（原告X₁は看護師，原告X₂は准看護師として，被告Y₂の経営する病院に勤務し，被告Y₁は原告らの上司である准看護師副主任であった。）〔一部認容（原告らについて被告らに対し慰謝料それぞれ各自50万円，弁護士費用それぞれ各自5万円を認容）〕（津地判平9・11・5判タ981号204頁・判時1648号125頁・労判729号54頁）

■事　案
　原告X₁は看護師として平成4年4月から，原告X₂は准看護師として平成5年8月から，それぞれ被告Y₂の経営するA病院に勤務していた。勤務中，A病院に勤務する准看護師副主任である被告Y₁から，胸，腕，お尻，太腿部をさわるなどの身体への性的な接触を受けたり，ひわいな発言（「いいケツし

とるな」,「生理と違うか」,「処女か」など）などを浴びせられた。

■請　求

　原告らは，それぞれ，勤務中被告 Y_1 から太腿部をさわられるなどのセクシュアル・ハラスメントを受けたとして，被告 Y_1 に対し不法行為，その使用者である被告 Y_2 に対し使用者責任・債務不履行責任に基づき，損害賠償として，被告らに対し，慰謝料300万円，弁護士費用30万円，合計330万円及びこれに対する被告ら双方に訴状が送達された日の翌日（平成6年5月31日）から支払済みまで年5分の割合による金員の支払を求める。

■争　点

(1)　被告 Y_1 の原告らに対する不法行為の成否
(2)　被告 Y_1 の不法行為と被告 Y_2 の使用者責任の成否
(3)　被告 Y_2 の職場環境配慮義務違反と使用者責任又は債務不履行責任の成否

■判示事項

(1)　被告 Y_1 の原告らに対する不法行為

　■事案の被告 Y_1 のひわいな言動は，原告らにとって嫌悪感をもよおすものであり，第三者からみても冗談の範囲を超えており，被告 Y_1 は原告らにとって上司にあたり，原告らは監督責任者に対し早期に訴えることができなかったのであり，被告 Y_1 のそれらの行為は，原告らに対し，いわゆる環境型セクシュアル・ハラスメントにあたり，不法行為責任に該当すると認められる。

(2)　被告 Y_1 の不法行為と被告 Y_2 の使用者責任

　被告 Y_1 のこれらの行為は，被告 Y_1 の個人的な行為であり，業務を契機としてなされたものではなく，業務との密接な関連性は認められないので，被用者である被告 Y_1 の不法行為に基づいて，被告 Y_2 の使用者責任を認めることはできない。

(3)　職場環境配慮義務違反と被告 Y_2 の責任

　使用者は，被用者に対し，労働契約上の付随義務として，信義則上，職場環境配慮義務，すなわち被用者にとって働きやすい職場環境を保つように配慮すべき義務を負っており，被告 Y_2 も原告ら被用者に対し，同様の義務を

負うものと解される。

　被告Y₂は，平成6年2月1日以降被告Y₁の行為について対策をとったものの，それ以前は，原告らが被告Y₁の行為について監督義務者に訴えても何らの対策もとらずに被告Y₁の行為を見逃し，被告Y₁の原告に対する行為を招いたものであり，被告Y₂は，原告らに対する職場環境配慮義務を怠ったものと認められ，その結果被告Y₁の行為を招いたといえるから，原告らに対し債務不履行責任を負う。

(4) 原告らの損害

　原告らの慰謝料としては，各50万円を相当とし，不法行為等と相当因果関係のある弁護士費用としては，各5万円をもって相当とする。

(5) 主文

① 被告らは，各自，原告らに対し，各55万円及びこれに対する平成6年5月31日から支払済みまで年5分の割合による各金員を支払え。

② 原告らのその余の請求をいずれも棄却する。

③ 訴訟費用は，これを6分し，その5を原告らの負担とし，その余を被告らの負担とする。

④ この判決は，第①項に限り仮に執行することができる。

■確定

(エ) 専務取締役のセクハラ行為，代表取締役の性的嫌がらせ等の不法行為（民709条）及び使用者会社の使用者責任等（民709条・715条）に基づく慰謝料・未払給料相当損害金・逸失利益等請求事例（原告X₁・X₂は，被告会社Y₃に勤務する者，セクハラ行為を行った被告Y₁は，被告会社Y₃の専務取締役であり，被告Y₂は被告会社Y₃の代表取締役であった。）〔専務取締役被告Y₁及び使用者会社被告Y₃に対する請求：一部認容（①慰謝料（(i)被告Y₁・Y₃の連帯支払分：原告X₁について200万円，原告X₂について30万円，(ii)被告Y₃固有の分：原告らについてそれぞれ50万円），②未払給料相当損害金（被告Y₃に対し：原告X₁について339万円，原告X₂について356万円），③逸失利益（被告Y₃に対し：原告X₁について799万9320円，原告X₂について914

万2080円），④弁護士費用（(i)原告X_1について：被告Y_1・Y_3連帯して20万円，被告Y_3に対し140万円，(ii)原告X_2について：被告Y_1・Y_3連帯して3万円，被告Y_3に対し130万円）をそれぞれ認容）］，〔代表取締役被告Y_2に対する請求：請求棄却〕（岡山地判平14・5・15労判832号54頁）

■事　案

　被告会社Y_3の専務取締役営業部長であった被告Y_1は，平成11年3月ころから，被告会社Y_3の岡山支店長原告X_1に対し，異性関係を問いただし，後継者の地位をちらつかせ，肉体関係を迫るなどした。また，被告Y_1は，被告会社Y_3の高松支店長兼徳島支店長であり，原告X_1と親しくし，原告X_1から被告Y_1の行為に関する相談を受けるなどしていた原告X_2に対し，原告X_1と肉体関係をもてるように協力することを要請した。原告X_1及びX_2は，被告Y_1のこれらの要請を拒否した。

　平成11年4月5日，原告X_1及びX_2を含む従業員数名で，被告会社Y_3の代表取締役である被告Y_2に対し，被告Y_1の行為を訴えた。なお，被告Y_2は，かねてから度々，原告X_1に対し再婚しないのか，原告X_2に対し子供はまだか，などといっていた。

　同月7日，被告会社Y_3の役員会議が開かれ，原告らに対し事情聴取が行われたが，被告Y_1のセクハラ行為は確認できないとして，翌日付で原告X_1及びX_2，被告Y_1の降格，減給の処分が決定された。原告X_1及びX_2は，支店長職を解任され，一般社員に降格となり，X_1の月給は70万円から3割減じられ49万円に，X_2の月給は80万円から3割減じられ56万円に，それぞれ減給された。Y_1は，専務職を解任されたが，実際の業務は従前と変わらなかった。

　その後，被告Y_1は，自らのセクハラ行為は否定し，原告X_1及びX_2は淫乱であるなどと従業員に言い回るようになった。同年5月2日には，原告X_1の月給は30万円に，原告X_2の月給は32万円に，それぞれ減給された。原告X_1及びX_2は，事実上仕事を取り上げられ，同年10月には給料がまったく入金されなくなった。同月13日，原告X_1及びX_2は，退職届を提出し，被告会社Y_3を退職した。

■請　求

　原告X_1及びX_2は，被告Y_1のセクハラ行為，被告Y_2の性的嫌がらせないし男女差別的発言が不法行為にあたるなどと主張し，①被告Y_1及びY_2に対し，民法709条に基づき，②被告会社Y_3に対し，民法709条及び同法715条に基づき，以下の請求をする。

(1) 被告Y_1は，原告両名に対し，被告会社Y_3と連帯して，それぞれ1100万円（慰謝料各1000万円，弁護士費用各100万円），及びこれに対する訴状送達日の翌日（平成11年11月10日）から支払済みまで年5分の割合による金員を支払え。

(2) 被告Y_2は，原告両名に対し，被告会社Y_3と連帯して，それぞれ220万円（慰謝料各200万円，弁護士費用各20万円）及びこれに対する訴状送達日の翌日（平成11年11月10日）から支払済みまで年5分の割合による金員を支払え。

(3) 被告会社Y_3は，原告X_1に対し，2558万9320円（うち1100万円（慰謝料1000万円＋弁護士費用100万円）については被告Y_1と連帯して，うち220万円（慰謝料200万円＋弁護士費用20万円）については被告Y_2と連帯して）（その他，未払給料相当損害金339万円，退職後1年分の逸失利益799万9320円，弁護士費用100万円）及びこれに対する訴状送達日の翌日（平成11年11月10日）から支払済みまで年5分の割合による金員を支払え。

(4) 被告会社Y_3は，原告X_2に対し，2688万2080円（うち1100万円（慰謝料1000万円＋弁護士費用100万円）については被告Y_1と連帯して，うち220万円（慰謝料200万円＋弁護士費用20万円）については被告Y_2と連帯して）（その他，未払給料相当損害金354万円，退職後1年分の逸失利益914万2080円，弁護士費用100万円）及びこれに対する訴状送達日の翌日（平成11年11月10日）から支払済みまで年5分の割合による金員を支払え。

■争　点

(1) 被告Y_1の原告らに対する不法行為の成否
(2) 被告Y_2の原告らに対する不法行為の成否
(3) 被告会社Y_3の責任
(4) 損害

■判示事項

(1) 被告Y₁による原告X₁及びX₂に対する不法行為の成否

被告Y₁の原告X₁に対する一連の行為は、上司としての立場を利用して原告X₁と肉体関係をもつためになされ、原告X₁と原告X₂が被告Y₂らに対して当該行為を訴えるや、上司としての立場を利用して、原告X₁及びX₂の虚偽の性的内容の風評を流し、職場環境を悪化させ、両名の職場復帰を不可能にしたもので、不法行為にあたる。

(2) 被告Y₂による原告X₁及びX₂に対する不法行為の成否

被告Y₂の原告X₁及びX₂に対する言動は、不快に感じる行為であっても、違法性を有せず、不法行為は成立しない。

(3) 被告会社Y₃の責任

被告Y₁の行為は、被告会社Y₃の内部で、被告会社Y₃の専務取締役としての立場を利用してなされたこと、被告Y₂の原告X₂に対する行為はセクハラ問題の事情聴取中になされた業務の執行中になされたことから、被告会社Y₃は使用者責任を負う。事情聴取において役員らは原告X₁及びX₂らの訴えの真偽を公平な立場で聞く姿勢に欠け、翌日の処分は被告Y₁の行為の事実確認が不十分なまま行われ、原告X₁及びX₂に対する処分は被告Y₁に対する処分よりも重いものであり、違法なものである。原告X₁及びX₂らの被告会社Y₃の役員に訴え出た行為は就業規則の制裁規定列挙の非違行為のどれにも該当せず、2回の減給処分は労働基準法〔91条〕に違反する。被告Y₁の行為・言動を放置し、原告X₁及びX₂が職場に復帰できなくなるまでに職場環境が悪化することを放置した。これらの被告会社Y₃の行為は、違法性を有し、ないしは、過失が認められ、全体として一個の不法行為を構成する。

(4) 認容損害額は以下のとおりである。

① 慰謝料

(ⅰ) 被告Y₁の不法行為による慰謝料（被告Y₁・Y₃の連帯債務）
原告X₁について200万円、原告X₂について30万円

(ⅱ) 被告会社Y₃固有の不法行為による慰謝料
原告X₁及びX₂について各50万円

② 未払給料相当損害金（被告会社Y₃に対する請求）

(ⅰ) 原告X₁について　　合計339万円

（ii）原告X_2について　　合計356万円
　③　逸失利益（被告会社Y_3に対する請求）
　　（i）原告X_1について　　799万9320円
　　（ii）原告X_2について　　914万2080円
　④　弁護士費用
　　（i）原告X_1について
　　　被告Y_1につき20万円（被告会社Y_3と連帯して），被告会社Y_3につき140万円
　　（ii）原告X_2について
　　　被告Y_1につき3万円（被告会社Y_3と連帯して），被告会社Y_3につき130万円
(5)　主　文
　①　被告会社Y_3は，原告X_1に対し，うち220万円については被告Y_1と連帯して，1528万9320円及びこれに対する平成11年11月10日から支払済みまで年5分の割合による金員を支払え。
　②　被告会社Y_3は，原告X_2に対し，うち33万円については被告Y_1と連帯して，1480万2080円及びこれに対する平成11年11月10日から支払済みまで年5分の割合による金員を支払え。
　③　被告Y_1は，被告会社Y_3と連帯して，原告X_1に対し，220万円及びこれに対する平成11年11月10日から支払済みまで年5分の割合による金員を支払え。
　④　被告Y_1は，被告会社Y_3と連帯して，原告X_2に対し，33万円及びこれに対する平成11年11月10日から支払済みまで年5分の割合による金員を支払え。
　⑤　原告らのその余の請求をいずれも棄却する。
　⑥　訴訟費用の内，原告X_1と被告会社Y_3間に生じたものは，これを5分し，その2を原告X_1の，その余を被告会社Y_3の各負担とし，原告X_2と被告会社Y_3間に生じたものは，これを2分し，その1を原告X_2の，その余を被告会社Y_3の各負担とし，原告X_1と被告Y_1間に生じたものは，これを5分し，その4を原告X_1の，その余を被告Y_1の各負担とし，

原告X₂と被告Y₁間に生じたものは，これを10分し，その1を原告X₂の，その余を被告Y₁の各負担とし，原告らと被告Y₂間に生じたものは，すべて原告らの負担とする。

⑦　この判決は，原告らの勝訴部分に限り，仮に執行することができる。

■控訴

(オ)　原告の上司被告Y₁及びY₂からのセクハラ行為に伴う心身症，不当解雇による精神的苦痛による被告Y₁及びY₂に対する不法行為に基づく及び被告会社Y₃に対する使用者責任ないし債務不履行・不法行為に基づく治療費・休業損害・逸失利益・慰謝料・弁護士費用請求事例〔一部認容（①被告Y₂に対し，治療費5万9665円，休業損害14万3768円，逸失利益524万3535円（それぞれPTSDの寄与度5割），②慰謝料（(i)被告Y₁・被告会社Y₃に対し50万円（連帯支払），(ii)被告Y₂に対し100万円），③弁護士費用（(i)被告Y₁・被告会社Y₃に対し5万円（連帯支払），(ii)被告Y₂に対し65万円），をそれぞれ認容）〕（岡山地判平14・11・6労判845号73頁）

■事　案

(1) 原告は，平成11年7月11日，期間平成12年3月10日までの雇用契約を締結し，被告会社Y₃の経営するA店副店長として勤務し，平成11年8月中旬からA店店長となった。被告Y₁は，A店の管理運営の統括責任者として勤務し，被告Y₂は新規事業推進部部長として原告勤務の店舗を含む被告会社Y₃の新規事業4業種を総括していた。

(2) A店は，最終的に，同店統括責任者被告Y₁，店長原告，女性契約社員，女性パート店員の4人となった。

(3) 被告Y₁は，原告に対し，体に触れたり，膝の上に座ったり，下着を見せたり，自分の性器のサイズをいうなどの嫌らしい言葉をいったり，原告の飲みかけのジュースを勝手に飲むなどといった行為をしていた。

(4) 被告Y₂は，①会社のパーティーで酔って原告を叩いたり，②原告から，被告Y₁の(3)のような行為について相談を受け，同年11月5日の晩，原告

から話を聞くために居酒屋やバーで原告と飲食をともにした後，酔った原告を自宅マンションまで送り届けた際部屋に入って原告を押し倒し強制わいせつ行為に及んだりした。

(5) 原告の雇用契約期間は平成12年3月11日に切れるところであったが，原告が仕事を続けたいとの意向を示したところ，被告会社Y_3は，同月18日，仕事への熱意・方向性等を書いた企画書の提出をしてもらい結論を出すとした。その後，原告の体調が悪化し，仕事を休む許可を得た。

(6) 原告は，同年4月6日と同月20日付で，2週間の自宅療養をしたい旨の書面及び診断書を提出したが，被告会社Y_3は，同月24日付で原告からの企画書の提出がないため雇用契約の再締結はできない旨の書面を原告に送った。

■請 求

原告は，被告Y_1からセクハラ行為を受け心身症となり，被告Y_2からセクハラ行為を受けPTSDになり，被告会社Y_3から不当に解雇されたことにより精神的苦痛を被ったとして，被告Y_1・Y_2に対し不法行為に基づき，被告会社Y_3に対し，被告Y_1・Y_2の行為について使用者責任ないし債務不履行及び不法行為責任に基づき，それぞれ損害賠償（付帯請求は，不法行為後の被告らのそれぞれの訴状送達日の翌日から支払済みまで民法所定年5分の割合による遅延損害金）を請求する。

(1) 被告Y_1及びY_2の不法行為についての被告らの連帯責任を負う損害賠償合計2302万6715円

（内訳）PTSDの治療費　　18万4610円

平成12年3月21日から解雇された同年4月24日までの35日分の休業損害　　26万5035円

解雇された翌日である平成12年4月25日から4年間分の逸失利益　　1048万7070円

慰謝料　　1000万円

弁護士費用　　209万円

(2) 被告会社Y_3による不法行為についての被告会社Y_3についての損害賠償合計110万円

(内訳) 慰謝料　　100万円
　　　　弁護士費用　10万円

■争　点
(1)　被告Y₁の不法行為責任の有無
(2)　被告Y₂の不法行為責任の有無
(3)　被告会社Y₃の使用者責任ないし債務不履行責任の有無
(4)　被告会社Y₃の不法行為責任の有無
(5)　損害

■判示事項
(1)　被告Y₁の不法行為責任について

　被告Y₁の■事案(3)の行為は，それだけでは違法性を有するとまでは認められないが，これらの行為がA店という女性である原告のみ又は原告と契約社員しかいない店内又は店奥の従業員用の部屋で，勤務時間中，反復継続して行われ，原告が，これらの被告Y₁の行為に対し抗議をしたり回避の行動をとったりしているにもかかわらず，何度も行われたことからすれば，その態様，反復性，行為の状況，原告と被告Y₁の職務上の関係等に照らし，客観的に社会通念上許容される限度を超えた性的不快感を与える行為であると認められる。また，原告が平成11年10月中旬ころから11月中旬ころまで病院に毎日又は1日おきに，体調の不調を訴えて通院していたことからすれば，原告は，主観的にも被告Y₁の行為を不快なものと感じていたことが認められる。

　以上から，被告Y₁の行為は，全体として，職務環境において原告に性的不快感を与え，原告の人格権を侵害するものとして，不法行為を構成する。

(2)　被告Y₂の不法行為責任について

　被告Y₂の■事案(4)の行為のうち，②の行為は原告の性的自由を侵害する行為として不法行為を構成することは明らかであるが，①の行為は，原告に傷害を与えるというものではなく，飲酒のうえ，特段の理由もなく行われた行為であって，原告にとって不快感をもよおすものであることは認められるが，不法行為における違法性がある行為であるとまではいえない。

(3)　被告会社Y₃の使用者責任ないし債務不履行責任について

① 使用者責任
　(i) 被告Y_1の行為について
　　被告Y_1のセクハラ行為は，A店内において，被告Y_1及び原告の勤務時間中に行われたものであるから，職務を行うにつきなされたものと認めることができる。よって，被告会社は，被告Y_1の行為につき使用者責任を負う。
　(ii) 被告Y_2の行為について
　　被告Y_2の■事案(4)②の行為は，被告Y_1のセクハラ行為について原告が相談をした勤務後の食事・飲酒後，帰宅することになった原告のマンションにタクシーで移動した後に行われたもので，もはや実質的に職場の延長線上のものとは認められず，原告が被告Y_2を自分のマンションの前まで来ることを許したのは被告Y_2に対する感謝の気持ちもあったことによると認められるから，被告Y_2が原告の上司としての立場にあることを利用した事情もうかがえず，同行為は，被告Y_2の個人的な行為であって，職務を行うにつきなされたとはいえない。よって，被告会社Y_3は，被告Y_2の行為につき使用者責任を負わない。
② 債務不履行責任
　(i) 使用者は，被用者に対し，労働契約上の付随義務として信義則上被用者とって働きやすい職場環境を保つように配慮すべき義務を負っており，セクハラ行為に関しては，使用者は，セクハラに関する方針を明確にして，それを従業員に対して周知・啓発したり，セクハラ行為を未然に防止するための相談体制を整備したり，セクハラ行為が発生した場合には迅速な事後対応をするなど，当該使用者の実情に応じて具体的な対応をすべき義務があると解すべきであって，被告会社Y_3も原告に対し同様の義務を負う。
　(ii) 被告会社Y_3の参与は，原告から被告Y_1のセクハラ行為の相談を受け聞き取りを行い調査委員会を設置して調査を行ったが，セクハラに関する方針を具体的に従業員に周知・啓発する方策をとったり，セクハラ等に関して従業員が苦情・相談できる体制を整備したりしていたと認めることはできず，A店が本店から離れて独立したところにある

小さな店舗であり，女性従業員ばかりのうえに，男性の被告Y_1が上司として配置された職場であることに鑑みれば，被告会社Y_3が上記職場環境配慮義務を尽くしたと認めることはできない。よって，被告会社Y_3は，被告Y_1の行為につき，原告に対し，債務不履行責任を負う。

(iii) (ii)のとおり，被告会社Y_3が職場環境配慮義務を尽くしたと認めることはできない。しかし，被告Y_2の■事案(4)②の行為は，被告Y_2の個人的行為に伴う不法行為であり，被告会社Y_3が職場環境配慮義務を尽くしても，被告Y_2の行為を防止できたとは認められず，被告会社の上記義務違反と被告Y_2の行為との間に相当因果関係は認められない。よって，被告会社Y_3は，被告Y_2の行為につき，原告に対し，債務不履行責任を負わない。

(4) 被告会社Y_3の不法行為責任について

　原告の雇用契約が更新されたと認めることはできず，原告が平成12年3月10日以降も勤務を継続していたのは，雇用契約更新のための従前の雇用契約の延長にすぎないもので，被告会社の再雇用の拒絶を労働基準法19条に違反する解雇とは認めることはできない。したがって，被告会社Y_3は，再雇用の拒絶につき，原告に対し，不法行為責任を負わない。

(5) 損害について

① 治療費　　被告Y_2について5万9665円

　原告は，被告Y_1のセクハラ行為以前から体調不良で通院しており，原告の通院原因が被告Y_1のセクハラ行為以前のものと異なると認めるに足りる証拠はない。

　平成12年3月21日以降の原告の症状と被告Y_2の行為との間には相当因果関係が認められるが，原告の治療に対するPTSDの寄与度は5割とするのが相当である。

② 休業損害　　被告Y_2について14万3768円

　原告は，平成12年3月21日から4月24日まで勤務しなかったことが認められ，その原因は，被告Y_2の行為によるPTSD並びに原告が有していた疾患及び被告会社Y_3に対する精神的ストレスによるものと認められ，原

告の休業に与えたPTSDの寄与度は5割とするのが相当である。

③　逸失利益　　被告Y₂について524万3535円

原告は，PTSDにより，平成12年4月25日から現在までまったく稼働することができず，今後少なくとも2年間は稼働できない状態であると認められ，その原因は被告Y₂の行為によるPTSD並びに原告が有していた疾患及び被告会社Y₃に対する精神的ストレスによるものと認められ，原告の現在及び将来の労働能力喪失に与えたPTSDの寄与度は5割とするのが相当である。よって，1か月24万6460円の12か月分に4年間のライプニッツ係数を用いて中間利息を控除した1048万7070円の5割である524万3535円を被告Y₂は賠償する義務を負う。

④　慰謝料

　　被告Y₁　　　50万円（被告会社Y₃との連帯支払）

　　被告Y₂　　　100万円

⑤　弁護士費用

　　被告Y₁　　　5万円（被告会社Y₃との連帯支払）

　　被告Y₂　　　65万円

⑥　被告Y₁及び被告会社Y₃は，被告Y₁の行為による損害賠償として，原告に対し，連帯して55万円の，被告Y₂は，同人の行為による損害賠償として，原告に対し，709万6968円の支払義務（及びそれぞれ訴状送達日の翌日から支払済みまでの民法所定年5分の割合による遅延損害金の支払義務）があることが認められる。

(6)　主　文

①　被告会社Y₃及び被告Y₁は，原告に対し，連帯して55万円及びこれに対する被告会社Y₃については平成12年9月10日から，被告Y₁について同月11日から各支払済みまで年5分の割合による金員を支払え。

②　被告Y₂は，原告に対し，709万6968円及びこれに対する平成12年9月11日から支払済みまで年5分の割合による金員を支払え。

③　原告のその余の請求をいずれも棄却する。

④　訴訟費用は，原告に生じた費用の2分の1と被告会社Y₃及び被告Y₁に生じた費用を20分し，その19を原告の負担，その余を被告会社Y₃及

び被告Y₁の連帯負担とし，原告の生じたその余の費用と被告Y₂に生じた費用を3分し，その1を原告の負担，その余を被告Y₂の負担とする。
⑤　この判決は，原告勝訴の部分に限り，仮に執行することができる。

■控訴

㈹　男性正社員被告Y₁の女性アルバイト従業員原告X₁に対する会社内でのセクハラ行為による同正社員の不法行為責任及び被告会社Y₂の不法行為又は債務不履行責任に基づく慰謝料・治療費・弁護士費用請求事例（原告X₂・X₃は，原告X₁の父母）〔一部認容（被告らに対し，①原告X₁について220万5120円（慰謝料200万円，治療費5120円（過失相殺として治療費相当額の3分の1を減），弁護士費用20万円），②原告X₂・X₃について22万円（慰謝料20万円，弁護士費用2万円），の連帯支払を認容）〕（広島地判平15・1・16判タ1131号131頁）

■事　案
(1)　原告X₁は，高校卒業後短大入学までの春休みに被告会社Y₂でアルバイト従業員として働いていた。被告Y₁は，原告X₁が配属された部署の正社員であり，他はすべてアルバイトであり，原告X₁はアルバイトの指揮監督を行う責任者であった。
(2)　被告Y₁は，2度，残業のため職場に残っていた原告X₁の胸や陰部を触ったり，なめたりした。また，被告Y₁は，残業をしていた原告X₁と，会社の屋上で性交をした。

■請　求
(1)　原告X₁の損害
　①　慰謝料　　1000万円
　②　治療費
　　自己の中に別人格を造り出すようになった原告X₁が既に出捐した治療費7680円及び今後1年間に要する治療費10万円の合計10万7680円
　③　弁護士費用　　100万円

(2) 原告X₁の両親原告X₂・X₃の損害
　① 慰謝料　　それぞれ100万円
　② 弁護士費用　　それぞれ10万円
(3) 被告らに対し，原告X₁は，被告Y₁の不法行為責任に基づき，被告会社Y₂についていは不法行為責任又は債務不履行責任に基づき，損害賠償金1110万7680円及びうち1100万円に対する不法行為の後である平成13年4月2日から支払済みまで民法所定の年5分の割合による遅延損害金を連帯して支払うよう求め，原告X₂・X₃は，不法行為責任に基づき，損害賠償金110万円及びこれに対する同日から支払済みまで同割合による遅延損害金を連帯して支払うよう求める。

■争　点
(1) 被告Y₁の不法行為責任
(2) 被告会社Y₂の不法行為責任又は債務不履行責任
(3) 原告らの損害

■判示事項
(1) 被告Y₁の不法行為責任
　原告X₁は，被告会社Y₂において残業中ないし残業終了直後の密着した時間に，被告Y₁から，3回にわたり，胸や陰部を触られるなどの性的行為を受け，さらに性交を含む性交渉をもったものであること，原告X₁としては，被告Y₁に対し，恋愛感情やそれに類する親密な感情を抱いていたことはなく，被告Y₁の突然の行為に困惑し，また同被告が自己の職場の上司であることから，その行為を拒絶しがたく，そのため，表面的に被告Y₁に従属する態度をとったものであることが認められる。被告Y₁の一連の行為は，有形力や脅迫的言辞によって抵抗を抑圧したものではないが，女性労働者がその自由意思に基づいた行動をとりがたい職場環境及び自己の地位の優越性を利用し，その人格権や性的自由を違法に侵害したセクハラ行為にあたると認めるのが相当である。よって，被告Y₁は原告X₁に対し，不法行為責任に基づき損害賠償義務を負う。

　本件において，当時未成年であった原告X₁が，被告Y₁の■事案(2)のセクハラ行為によって，その心身を陵辱されたことにより，原告X₁だけでなく，

父母である原告X_2・X_3も容易に消し去りがたい屈辱感を味わい，著しい精神的苦痛を被ったことは容易に想像されることであり，本件セクハラ行為の経緯や態度，原告X_1の心身の被害の性質，程度その他の諸事情を総合考慮すると，原告X_2・X_3の被った精神的苦痛は，その性質，程度において原告X_1の生命が害された場合にも比肩すべきものと認めることができる。よって，被告Y_1は，原告X_2・X_3に対し慰謝料支払義務を負うものと認められる。

(2) 被告会社Y_2の不法行為責任又は債務不履行責任

被告Y_1の原告X_1に対する本件セクハラ行為が，被告会社Y_2内で，勤務時間中ないしそれに密着した時間内に，被告会社Y_2における職場環境及び被告Y_1の原告X_1に対する地位の優越性を利用して行われたことなどを考慮すると，被告Y_1の本件不法行為は，被告会社Y_2の事業の執行につきなされたものと認めるのが相当である，よって，被告会社Y_2は，原告らに対し，民法715条の使用者責任を免れない。

(3) 原告らの損害

① 原告X_1の損害

原告X_1は，被告Y_1の本件セクハラ行為によって著しい精神的苦痛を被り，その結果，解離性同一性障害という重篤な精神疾患に罹患し，平成13年5月から治療を継続しているが，今後さらに治療に3年程度を要する見込みであり，その間正常な社会生活を営むことが困難な状態にあることが認められる。他方，原告X_1において，被告Y_1のセクハラ行為を拒絶することは，必ずしも容易ではなかったとしても，毅然とした態度をとってこれを拒絶することがおよそ不可能であったとも考えがたく，特に1回目にセクハラ行為を受けた後は被告Y_1と距離を置くなどして，その後の被害を未然に防止する余地もあったと考えられるから，原告X_1にもその被害の発生及び拡大につき，責任の一端があるものといわねばならない。以上の事情及び本件証拠に顕れた一切の事情を考慮すると，原告X_1が本件不法行為により被った精神的苦痛に対する慰謝料としては200万円が相当である。

原告X_1は，被告Y_1の本件不法行為により罹患した解離性同一性障害につき，これまでにその治療費として7680円を出捐したこと及び今後最低

でも3年程度は治療を継続する必要があることが認められるが，今後必要な治療費の額については，これを認めるに足る証拠がない。上記のとおり，原告X_1にもその被害の発生等につき責任の一端があることを考慮すると，過失相殺として，上記治療費相当損害の3分の1を減ずるのが相当である。よって，原告X_1が被告らに請求しうる治療費相当の損害は，5120円となる。

原告X_1が被告らに対して賠償請求しうる弁護士費用としては，20万円が相当である。

② 原告X_2・X_3の損害

原告X_2・X_3の精神的苦痛に対する慰謝料としては，各20万円が相当である。

原告X_2・X_3が被告らに対し賠償を請求しうる弁護士費用は，各2万円が相当である。

(4) 被告らに対し，原告X_1が損害金220万5120円及びうち220万円に対する本件不法行為後である平成13年4月2日から支払済みまで民法所定の年5分の割合による遅延損害金を連帯して支払うよう求め，原告X_2・X_3が，損害金各22万円及びこれに対する同日から支払済みまで上記割合による遅延損害金を連帯して支払うよう求める限度で理由があるから認容する。

(5) 主　文

① 被告らは連帯して，原告X_1に対し，220万5120円及びうち220万円に対する平成13年4月2日から支払済みまで年5分の割合による金員を支払え。

② 被告ら連帯して，原告X_2及び同X_3に対し，各22万円及びこれらに対する平成13年4月2日から支払済みまで年5分の割合による金員を支払え。

③ 原告らのその余の請求をいずれも棄却する。

④ 訴訟費用は，これを5分し，その4を原告らの，その余を被告らの負担とする。

⑤ この判決は，第①，②項に限り仮に執行することができる。

■確定

> (キ) 上司被告Y₁が女性従業員の身体に直接接触する行為等のセクハラ行為による不法行為に基づく同上司及び使用者会社Y₂に対する慰謝料・逸失利益・弁護士費用請求事例〔一部認容（被告らに対し、慰謝料40万円、弁護士費用5万円の連帯支払を認容）〕（東京地判平16・5・14判タ1185号225頁）

■事案

(1) 原告は、平成11年4月1日に被告会社Y₂に期間1年として雇用され、以降3回契約を更新し、平成14年4月当時、平成15年3月31日までとの契約で被告会社Y₂に雇用されていた。原告が平成13年冬から平成14年5月にかけて所属していた事務所には、工場長の被告Y₁、原告、被告会社Y₂従業員1名、下請会社の従業員3名が勤務していた。

(2) 被告Y₁のセクハラ行為

① 平成13年、出張先のホテルの原告の部屋に、被告Y₁が、執拗に要求して入り、原告のベッドに寝転がり原告の腕を掴んだ。

② 平成13年冬、出張先のホテルの原告の部屋の前で、被告Y₁が寝転がっていた。

③ 平成14年5月10日夜、原告が被告Y₁宅を訪れ食事をし、時間が遅くなって泊まることになり、被告Y₁の妻が先に寝た後、被告Y₁は原告をベッドへ連れて行き、被告Y₁の横に座らせた。

④ 平成14年5月24日深夜、原告が、出張先の被告会社Y₂借上げ社宅の自室で被告Y₁、その妻、下請先従業員で酒を飲んでいたところ、夜が遅くなり、原告が被告Y₁に対し自分のホテルの部屋に帰るように進めたにもかかわらず、帰らず、被告Y₁の妻及び下請先従業員が寝た後、被告Y₁は原告の手首を掴み、隣に寝るようにいい、原告は被告Y₁の横に座らされた。原告は、被告Y₁の隙を見て逃げ、その後、被告Y₁は自分のホテルの部屋に帰った。

⑤ 平成14年5月27日、原告は、被告Y₁に呼び出され、出張先のホテル

の自室で待っていたところ，午後10時過ぎに，被告会社Y₂従業員とともに被告Y₁が原告の居室に来て，下請先従業員が辞めたいといっているというようなことをいってきた。原告は，午前0時を回り，被告Y₁にそろそろ帰るようにいったところ，原告居室で寝るといい出し，なかなか帰らないでの原告が上司に報告するといったところ，被告Y₁は激高して罵声を浴びせ，原告がとにかく帰るようにいうと，今度は，被告Y₁は土下座して謝り，原告のことを好きだといい出した。被告Y₁と被告会社Y₂従業員は翌朝午前5時ころ原告居室から退室した。

■請　求
(1) 慰謝料　　200万円
(2) 逸失利益（雇用契約期間である平成14年9月18日から平成15年3月31日までの給与額（月平均35万円を基に算出））　　225万1666円
(3) 弁護士費用　　42万5166円
(4) 原告は，被告Y₁及び被告会社Y₂に対し，連帯して，467万6832円及びこれに対する訴状送達の日の翌日（被告Y₁—平成15年4月27日，被告会社Y₂—平成15年4月29日）から支払済みまで年5分の割合による遅延損害金の支払を求める。☆

> ☆　被告Y₁及びその妻から原告に対し，セクハラ行為がないにもかかわらず不当な方法で苦情を申し立てたとして，不法行為に基づく慰謝料請求の事件も併合審理されたが，正当な権利行使を逸脱して損害賠償義務を生じさせるような違法性を有する行為はないとして，請求棄却となった。

■争　点
(1) 被告Y₁による不法行為の成否
(2) 被告会社Y₂の使用者責任（民715条）の成否
(3) 原告の損害額

■判示事項
(1) 被告Y₁による不法行為の成否
　原告の雇用関係は不安定な状況にあり，それを被告Y₁が左右しているという事情等を総合考慮すれば，被告Y₁は，原告が明確に拒絶していたにもかかわらず，職場の上司としての立場を利用して，原告に対し，■事案(2)

の行為を行ったと認められ，■事案(2)②の行為は不法行為に該当すると評価することはできないが，■事案(2)の①，③～⑤における被告Y₁の各行為は，いずれも原告の身体に直接接触したり，愛情告白的言動に及ぶなど，女性である原告に対し，単なる嫌悪感を超えた精神的損害を与える行為であって，原告との関係で，セクハラ行為と評価されるべきものであり，被告Y₁は，原告に対し，これらの行為につき不法行為責任を負う。

(2) 被告会社Y₂の使用者責任（民715条）の成否

■事案(2)の①・⑤はいずれも業務を契機として発生したと認められる。■事案(2)の③・④は，被告Y₁が原告の上司という立場であったことが影響して発生したことは否定できないのであり，被告Y₁が，職場の上司としての立場を利用して行ったものと認めるべきである。これらの行為は，いずれも被告会社Y₂の「事業の執行につき」行われたものというべきである。

被告会社Y₂が被告Y₁の選任及び監督について相当の注意をしていたという事実及び相当な注意をしても被害が発生することが避けられなかったという事実も認められず，他にこれを認めるに足りる証拠もない。

(3) 原告の損害額

① 逸失利益

被告会社Y₂は原告からの申告を受けた平成14年6月3日に即日原告と被告Y₁の職場を分離し，原告と被告が職場において顔を合わせる現実的危険性は乏しくなったこと，原告は被告会社Y₂から訴訟提起等をしてもよいが原告が退職する必要はないといわれながら退職に踏み切っていることなどから，■事案(2)の事件が原告の退職の契機となった以上に，更に退職と相当因果関係があるとまでは認めるには足りず，逸失利益は，被告Y₁の不法行為と相当因果関係がある損害であるとは認められない。

② 慰謝料　　40万円

③ 弁護士費用　　5万円

(4) 原告の被告らに対する請求は，それぞれ，45万円及びこれに対する被告に対する訴状送達の日の翌日（被告Y₁―平成15年4月27日，被告会社Y₂―平成15年4月29日）から支払済みまで民法所定の年5分の割合による遅延損害金の支払を求める限度で認容する。

■確定

(ク) 原告の上司被告Y₁からの睨みつけ，ラブレターの送付，出張先の部屋で無理矢理の抱擁等のセクハラ行為に伴う当該上司に対する不法行為（民709条）責任及び使用者会社Y₂に対する不法行為（民715条）責任又は職場環境調整義務違反の債務不履行（民415条）責任に基づく慰謝料・逸失利益・弁護士費用請求事例〔一部認容（被告らに対し，慰謝料200万円，逸失利益316万6762円，弁護士費用70万円の連帯支払を認容）〕（青森地判平16・12・24労判889号19頁）

■事案

(1) 原告は，被告会社Y₂の女性従業員であり，被告Y₁は，被告会社Y₂の先々代社長を養父にもつ被告会社Y₂の男性従業員である。
(2) 被告Y₁の原告に対する行為等
  ① 平成6年2月ころから，被告Y₁は，原告に対し，職場で睨みつけたり，1年にわたってラブレターに類する手紙を送るなどした。
  ② 平成8年3月の出張の際，被告Y₁は，原告の部屋に入り込み，原告を押し倒し，下着を剥ぎ取り，力ずくで抱擁するなどした。
  ③ その後，被告Y₁は，原告に対し，個人的予定を書いたカレンダーのコピーや出張土産のスカーフを渡すなどした。
  ④ 原告は，平成8年7月に，退職届を出したが，退職には至らなかった。
  ⑤ 原告は，平成9年2月，原告会社Y₂の労組委員長Aに被告Y₁のセクハラ行為について相談し，Aが被告Y₁に注意をしたところ，被告Y₂が原告を睨んだりすることがなくなった。
  ⑥ 原告は，平成10年4月に主任に任ぜられ，このころから，被告Y₁は，社内で，原告の脇の下に手を入れるなどの行為を繰り返すようになった。
  ⑦ 原告は，平成14年2月，平社員の身分での配置転換の内示を受け，労組委員長に異動への不服と被告Y₁から受けた仕打ちについて相談をし，直属の上司にも，被告Y₁から受けた被害を伝え，異動は嫌がらせであ

ると訴えた。同年3月原告は，被告会社Y₂社長とも話をした。その後，労組委員長Aから，被告Y₁にも家庭があるから我慢してくれといわれ，原告は生活を考え，異動の内示を受け入れた。

⑧　その後，被告Y₁は，取締役に昇進し，再び，原告を睨みつけるようになった。

(3)　原告は，平成14年12月20日付で退職した。

■請　求

原告は，被告らに対し，以下の金員の連帯支払を求める。

(1)　慰謝料　　1000万円
(2)　逸失利益　　633万3524円

定年（60歳）まで残り約10年分に相当する額の所得を失ったことに対する賠償として，その間に得べかりし所得のうち2年間分に相当する額の支払を求める。

(3)　弁護士費用　　160万円

■争　点

(1)　原告に対する被告Y₁のセクハラ行為及び被告会社Y₂の対応
(2)　原告の退職と被告らの行為との因果関係
(3)　被告らの責任
(4)　原告の損害

■判示事項

(1)　原告の退職と被告らの行為の因果関係

被告Y₁は，原告の意思に反して性的行動及び原告を睨み付ける等その関連行為（本件セクハラ行為）を行っていた。

原告が，平成14年2月19日には本件セクハラ行為のほぼ全部にわたって雇用者である被告会社Y₂に対し申告をしていたにもかかわらず，事実が解明されることも被告Y₁のセクハラ行為がやむこともなかった原因としては，被告Y₁はもとより，被告会社Y₂のセクハラ行為に対する認識の低さや対応の仕方の不十分さがまず指摘されるべきである。

被告会社Y₂においては，セクハラ事案の解明のために通常であれば講じられるべき手段は本件においてまったくなされていない。それどころか，被

告会社Y₂においては，その対応のまずさから原告の被害事実を見過ごし，被告Y₁のセクハラ行為をその後もなお放置したことによって，原告をして退職という不本意な結論を選択することを余儀なくさせたものというべきである。原告が退職にまで至ったのは，被告Y₁から受けたセクハラ行為のみならず，原告の被っている被害に対する被告会社Y₂の無理解な対応に帰因するから，被告Y₁のセクハラ行為及び被告会社Y₂の前記対応と原告の退職との間には相当因果関係があるものと認められる。

(2) 被告らの責任

① 被告Y₁の責任

被告Y₁は，平成6年春ころから，原告に対しセクハラ行為に及んでいたのであり，これらの行為は，いずれも原告に対する性的行動として，あるいはこれに関連して行われたものであるから，原告の性的決定権に対する不当な侵害行為として不法行為を構成することは明らかであって，これによって生じた原告の損害を賠償する責任がある。

② 被告会社Y₂の責任

原告に対する被告Y₁のセクハラ行為にうち，■事案(2)②における行為は社外で行われたものであるが，仕事のために社命を受けて出張した際に行われたものであるから，会社の業務の執行に関連して行われたものと認められる。

また，社外で行われセクハラ行為についても，それらの行為の背景には，いずれも被告Y₁の被告会社Y₂における優越的地位があり，部下として職場環境を悪化させたくないとの原告の立場からすれば，社内における行為と同様，被告会社Y₂の業務と密接な関連を有するものと評価すべきである。

したがって，被告会社Y₂は被告Y₁の使用者又は雇用者として，原告に生じた損害を賠償する責任がある。

③ 消滅時効

被告らは，■事案(2)②の事件については既に消滅時効期間が経過したと主張するが，本件セクハラ行為はそれぞれ別の機会に個々のものとして独立して行われたものではなく，被告Y₁の原告に対する性的行動の一環として継続的に続けられていた行為であり，一連のものとして把握，評価さ

れるべきものであるから、原告が被告会社Y₂を退職して被告Y₁の行為が終わったときをもって消滅時効の起算点とすべきである。

また、債務不履行（不完全履行）の消滅時効期間は10年であるから、時効の問題は未だ生じない。

(3) 損害額
① 慰謝料　　200万円
② 逸失利益　　316万6762円

原告は定年（60歳）になる10年前に退職を余儀なくされたが、平成11年に住居として取得した不動産の住宅ローンの主債務者として1900万円余りの負債を抱えていたものであり、給与が重要な生活費であったことからすれば、再就職をして収入を得る必要がある。原告は、被告会社Y₂を退職した後少なくても1年間を再就職をすることの困難な期間として認めるべきであるから、その間における得べかりし給与相当額については被告らの行為と相当因果関係のある損害（逸失利益）として認められるべきである。

③ 弁護士費用　　70万円

(4) 主　文
① 被告らは、原告に対し、連帯して、586万6762円及びこれに対する平成15年3月21日から支払済みまで年5分の割合による金員を支払え。
② 原告の被告らに対するその余の請求を棄却する。
③ 訴訟費用は、これを10分し、その4を被告らの負担とし、その余を原告らの負担とする。
④ この判決は、仮に執行することができる。

■控訴

(ケ) 被告会社の従業員によるセクハラ行為・嫌がらせ行為に伴う不法行為（民709条・715条）に基づく使用者会社に対する慰謝料請求事例〔一部認容（慰謝料100万円を認容）〕（名古屋地判平17・9・16判タ1230号184頁）

■事　案

(1) 平成11年11月以降，被告会社本社総務担当従業員Aが，原告勤務の支店に出入りし，原告に対し，書類を渡す際に手に触れたり，握ったりし，傍らを通る際すれ違いざまに背中や脇腹をつついたり，触ったりした。また，Aは，原告に対し，お茶や食事に頻繁に誘ったり，夜原告の自宅まで電話し，出てこられないか等と誘ったり，妻とうまくいってないなどと述べた。

　平成12年4月ころ，Aは，原告に対し，デイトした夢を見たなどと記載したメモを渡した。

　原告は，Aに抗議したところ，Aは，「その気にさせてみせる。黙っていうことを聞いていたら，何でもうまいことやってやる。」などといった。

(2) 原告は，被告のブロック長が使用した食事代や駐車場代に疑問を抱き，伝票を処理する際に詳しい説明を求めたり，休日や勤務時間にも間違いが多く，その訂正をしてもらったりして，不審なところを被告総務へ報告するなどしていたところ，平成12年8月以降，同ブロック長は，Aに指示して，原告に対する退職勧奨をするようになり，Aは，原告に対し，4，5回にわたり，有給休暇の使用について配慮もするので辞めて欲しいなどといって，退職勧奨を行った。

(3) 原告は，平成12年8月10日，Aのセクハラ行為と退職勧奨について，被告の社長室所属のBに相談し，Bを通じてC次長に抗議した。C次長は，同月12日，原告に対し，「本社は退職勧奨について知らない。Aはセクハラ行為を認めている。退職勧奨もセクハラもAが勝手にやったこと。」などと述べた。そして，Aが，原告勤務支店を来訪し，原告に対し謝罪した。原告は，今後二度とAが原告の前に現れないようにするようE次長に申し入れ，同人はこれを承諾した。その後，Aは，被告会社から3万円の減給処分を受け，原告勤務支店への出入りを禁止された。

(4) 原告が出向先のZ社の支店において仕事をするようになった後の平成14年1月21日，AがZ社総務に異動となり，同支店の社員動向調査のためにしばしば同支店を訪れるようになり，Aは原告の行動を写真に撮るなどしてチェックするようになった。

■請　求

　原告は，被告に対し，①セクハラ行為に関する(i)被告会社従業員Aの不法

行為の使用者責任（民715条），(ii)被告会社の不法行為責任（民709条），②一連の執拗な退職勧奨やいじめに関する(i)被告会社従業員Ａ，同部長等の不法行為の使用者責任，(ii)被告会社の不法行為責任に基づき，慰謝料300万円及びこれに対する訴状送達の日の翌日（平成15年11月29日）から支払済まで民法所定の年５分の割合による遅延損害金の支払を求める。☆

> ☆ 本件では，原告は，その他に，未払割増賃金・付加金の支払（一部認容），出向先での労働義務のない地位にあることの確認（認容）も求めている。

■争　点
原告の慰謝料請求

■判示事項
(1) 原告は，被告会社総務担当であったＡから，職場等においてセクハラ行為を受けたほか，被告会社の代理人の立場にあったＺ社の部長やＡら被告会社社員から，原告を退職に追い込むための嫌がらせと評価すべき取扱いを受けていたものと認めることができ，これは原告に対する不法行為を構成するものというべきである。

　また，上記不法行為は，被告会社の業務を執行するにつき行われたものといえるから，被告会社は，上記の者らの使用者の立場にある者として，原告に対する不法行為責任を負うものというべきである。

　そして，その不法行為によって原告が被った精神的苦痛を慰謝するための慰謝料としては，セクハラ行為の態様や嫌がらせと評価すべき取扱いの態様や期間等を勘案すると，100万円をもって相当というべきである。

(2) よって，原告は，被告に対し，民法715条１項に基づき，慰謝料100万円及びこれに対する訴状送達の日の翌日（平成15年11月29日）から支払済まで民法所定年５分の割合による遅延損害金の支払を求めることができる。

■控訴（後和解）

㈢　菓子店男性店長の女性従業員に対する性的言動等に伴う経営会社に対する民法715条に基づく慰謝料・休業損害・弁護士費用請求事例〔一部認

容（慰謝料50万円，逸失利益6か月分（99万5616円），弁護士費用20万円を認容）〕（東京高判平20・9・10判時2023号27頁・労判969号5頁）

■事　案
(1) 被告会社（被控訴人）菓子店男性店長（補助参加人）は，勤務時間中に，原告（控訴人）女性従業員に対し，「頭がおかしいんじゃないの」，「昨夜遊びすぎたんじゃないの。」，「僕もエイズ検査を受けたことがあるから，○○さんもエイズ検査を受けた方がいいんじゃないか。」，「秋葉原で働いた方がいい。」，「処女に見えるけど処女じゃないでしょう。」などと発言し，打ち上げの席（平成18年1月2日）において，「○○にいる男の人と何人やったんだ。」，「何かあったんじゃない？キスされたでしょ。」，「俺にはわかる，知ってるよ。」などと発言し，シャドウボクシングのまねごとを原告に向かってした。
(2) 平成18年7月13日，原告は，店長から「後で話があるからな。」と語気鋭く叱責されたことを契機として，(1)の同年1月2日の店長の言動が背景となって同年7月15日から出勤を拒むようになった。

■請　求
被告会社が経営する菓子店で働く原告は，同店店長（補助参加人）から継続反復して受けたセクシャルハラスメントや暴言・暴行等によって原告の性的自由，性的自己決定権等の人格権及び良好な職場環境で働く利益を害されたとして，被告会社に対し，民法715条に基づいて，慰謝料500万円，6か月間の休業損害99万5616円，弁護士費用50万円の合計649万5616円及びこれに対する不法行為の後で訴状送達の日の翌日である平成18年12月29日から支払済みまで民法所定年5分の割合による遅延損害金の支払を求める。

■争　点
被告会社店長の原告に対する言動の不法行為該当性（受忍限度を超えるか）

■判示事項
(1) 被告会社店長の平成18年1月2日を中心とする各言動は，全体として受忍限度を超える違法なものであり，そのことによって，原告が同店長の下で働くことに困惑ないし恐怖を抱いていたことが認められ，そうした困惑

ないし恐怖感が消失することなく継続するなかで，同年7月13日に同店長の態度や形相から同店長に対する恐怖感と嫌悪感を再び強くし，本件店舗での就労意欲を失ったのみならず，再就労に向けて立ち直るまでに相当の日時を要する状態に陥ったものと認めることができる。したがって，同店長の■事案の言動は，原告に対する不法行為となる。

(2) 同店長の■事案の言動は，いずれも男性である同店長が被告会社の経営する本件店舗の店長としてその部下従業員で女性である原告に対して職務の執行中ないしその延長上における慰労会ないし懇親会において行ったものであり，被告会社の事業の執行について行われたものと認められる。

(3) 原告の本件における損害として認められるものは次のとおりである。

① 慰謝料　　50万円

② 逸失利益　　99万5616円

原告が精神的に回復して再就職するまでに少なくとも6か月程度の期間を要するものと認めるのが相当であり，原告の平成18年7月の給料手取額の6か月分相当程度の逸失利益としての損害を認めるのが相当である。

③ 弁護士費用　　20万円

(4) 原告の本件請求は，被告会社に対し，169万5616円及びこれに対する不法行為後である訴状送達の日の翌日（平成18年12月29日）から支払済みまで民法所定年5分の割合による限度で理由がある。

■確定

イ　懇親会等におけるセクハラ行為に伴う使用者等に対する損害賠償請求事例

(ア) 懇親会における上司のセクハラ行為に伴う不法行為に基づく上司及び民法715条に基づく使用者会社に対する慰謝料・未払賃料等請求事例（被告Y₁は被告会社Y₂に勤務する者であり，原告の上司にあたる。）〔一部認容（被告らに対し慰謝料各自100万円，弁護士費用各自10万円を認容）〕（大阪地判平10・12・21判タ1002号185頁・判時1687号104頁・労判756号26頁）

■事　案

(1) 被告会社Y_2は大手運送会社であり，被告Y_1は被告会社Y_2大阪支店のドライバーとして勤務する者である。原告は，男性ドライバーとともにチームを組んで，徒歩で大阪市内のオフィスビルを回り，軽荷物等を集配するオフィスコミュニケーターとして雇用され，平成9年9月25日から，集配された荷物の送状の送り先をみて料金を確認する事務作業に従事していた。

(2) 被告Y_1は，平成9年10月4日（土）夜，原告，男性ドライバー7名，アルバイト1名，オフィスコミュニケーター3名とともに，飲み会を主催し，その後カラオケルームで二次会を開催した。

(3) 二次会の席で，被告Y_1は，原告に対し，自分の横に着席するよう命じ，原告は被告Y_1の横に座った。その後，被告Y_1は，原告の上に乗りかかり，顔を覆った原告の手の甲にキスをし，歌を歌い終わった後，原告の額にキスをした。被告Y_1は，他の女性のスカートをめくろうとしたので，原告が被告Y_1の手を遮ったところ，被告Y_1は，原告のスカートをめくろうとしてスカートに手をかけたが，原告Xが裾を押さえたので，めくられることはなかった。被告Y_1は，原告の胸元に手を伸ばし，ブラウスのボタンを外したので，原告は胸元を手で押さえて席を立った。被告Y_1は，原告に対し，「今から家に帰って旦那とやるんやろ。激しいセックスしたらあかんで。」などと卑わいな発言を続けた。

(4) 原告は，二次会途中で帰宅した。

(5) 原告は，平成9年10月6日（月），出勤したが，翌日から出勤していない。

(6) 原告から話を聞いた夫は，翌7日，被告会社Y_2大阪支店に電話で，原告が同月4日に被告Y_1からわいせつ行為を受けた旨苦情を申し立てた。被告会社Y_2のAは，同月7日夜，原告宅を訪問し，原告，夫，父母に対し，「迷惑をかけ，申し訳ない。」などと述べ，話し合いで解決したい旨申し出た。

(7) 原告は，被告らに対し，200万円の慰謝料の支払，謝罪並びに本件の概要及び被告Y_1が謝罪したことを記載し，かつ，今後このようなことのないように指示する文書をすべての従業員に配布することを求めたが，被告

会社Y₂において，被告Y₁にわいせつ行為の有無を確認できなかった旨回答した。

■請　求
(1) 被告会社Y₂の従業員である原告は，被告会社Y₂主催の懇親会において上司である被告Y₁からわいせつ行為をされたとして，被告Y₁に対し不法行為に基づく損害賠償として，被告会社Y₂に対し被告Y₁のわいせつ行為は被告会社Y₂の事業の執行につき行われたとして民法715条に基づき，それぞれ慰謝料及び弁護士費用220万円及びこれに対する平成9年10月4日から支払済みまで年5分の割合による金員を請求する。
(2) 被告会社Y₂の従業員である原告は，被告会社Y₂の責めに帰すべき事由により出勤することができなくなったとして，被告会社Y₂に対し，民法715条に基づき，過去の賃金45万8615円及びこれに対する平成10年1月1日から支払済みまで年5分の割合による金員及び将来の賃金である平成10年1月以降毎月末日限り23万円の支払を請求する。

■争　点
(1) 被告Y₁の原告に対するわいせつ行為の有無
(2) 被告Y₁が(1)のわいせつ行為をした場合，当該わいせつ行為は被告会社Y₂の事業の執行につきなされたものであるか否か
(3) 原告が被告会社Y₂に出勤しないのは，被告会社Y₂の責めに帰すべき理由によるか否か

■判示事項
(1) 被告Y₁は，ドライバーとオフィスコミュニケーターとの懇親を図るために飲み会を企画し，嫌がる原告に対し仕事の話しに絡ませながら性的嫌がらせを繰り返したのであるから，当該性的嫌がらせは，職務に関連させて上司たる地位を利用して行ったもの，すなわち，事業の執行につきなされたものである。
(2) 賃金請求については，被告会社Y₂においてセクハラ行為が頻発していたとも被告Y₁が他にセクハラ行為を繰り返していたとも認められず，一般的な職場改善策をとる義務があったとまではいえず，原告が出勤したとしても被告Y₁と顔を合わせる危険性は乏しく，原告が再度の性的嫌がら

せの被害にあったとは認められないこと、などから、原告が出勤しないことが被告会社Y_2の責めに帰すべき事由によるものとは認められない。

(3) 被告Y_1は、原告に対し、被告会社Y_2の事業の執行について性的嫌がらせを行ったと認められるのであるから、被告Y_1は民法709条に基づき、被告会社Y_2は民法715条に基づき、原告の損害を賠償すべき責任がある。

(4) 損害額

原告が被告Y_1の不法行為によって被った精神的苦痛を慰謝するのは、100万円をもって相当とする。弁護士費用として被告らに求めうる額は10万円とするのが相当である。

(5) 主 文

① 被告らは、原告に対し、連帯して、110万円（慰謝料100万円、弁護士費用10万円）及びこれに対する平成9年10月4日（不法行為の日）から支払済みまで年5分の割合による金員（遅延損害金）の支払をせよ。

② 原告のその余の請求をいずれも棄却する。

③ 訴訟費用は、原告に生じた費用の10分の1を被告会社Y_2の、4分の1を被告Y_1の各負担とし、被告会社Y_2に生じた費用の5分の4及び被告Y_1に生じた費用の2分の1を原告の負担とし、その余は各自の負担とする。

④ この判決は、第①項に限り、仮に執行することができる。

■控訴

⑷ 懇親会後の帰宅途中のタクシー内での専務取締役からのセクハラ行為による同専務に対する不法行為に基づく及び使用者会社に対する使用者責任・職場環境調整義務違反に基づく各慰謝料・逸失利益等請求事例（原告は被告会社Y_2に勤務し、被告Y_1は同社の専務取締役である。）〔一部認容（被告らに対し治療費1万2780円、逸失利益120万円、慰謝料150万円、弁護士費用20万円（合計291万2780円）から既払金50万円を控除した残額241万2780円の連帯支払を認容）〕（東京地判平15・6・6判タ1179号267頁）

第3節　身近な損害賠償関係事件について
第5　職務に関連する行為における使用者に対する損害賠償請求

■事　案

　原告が勤務する被告会社Y_2主催の「商品開発新チーム」の飲食会が，平成13年9月28日午後6時から開催され，原告はそれに出席した。同会には最高責任者として被告会社Y_2の専務取締役Y_1も出席していた。

　この飲食会は約2時間で終了し，その後，二次会（一次会参加者全員参加），三次会（一次会参加者の一部参加）が開催され，原告は被告Y_1とともに出席し，深夜翌29日午前1時ころ，被告Y_1とタクシーに同乗して帰途についた。被告Y_1はタクシー内で，原告に抱きつき，のしかかるように覆い被さり，押さえつけられて動くことのできない原告の唇にキスをし，執拗に吸い続け，「エッチしよう」などと性関係を強要する発言をするなどのセクハラ行為を行った。原告は，この飲食会に参加した直属の上司等に，電話等で被告Y_1のセクハラ行為を訴えた。原告は，翌日から精神的ショックで出社できなくなった。

　原告は，被告Y_1のセクハラ行為の社内での公表，被告Y_1が謝罪文を書くこと，慰謝料を支払うことを求めたが，被告会社Y_2では，原告や被告Y_1から事情を聴取するなどの事実関係の調査を行わず，被告Y_1のセクハラ行為は，原告と被告Y_1の個人的な問題として，被告Y_1のセクハラ行為の公表をする理由はないと判断した。平成14年2月8日，被告Y_1から原告に対し，慰謝料として50万円が支払われた。平成14年4月30日に原告は被告会社Y_2を退社した。

　被告会社Y_2は，被告Y_1について，本件セクハラ行為を理由としては明示的な処分を行っていない。

■請　求

　原告は，被告Y_1から■事案のセクハラ行為を受け，被告会社Y_2は当該セクハラ行為に適切な対応をせず，最終的に退職を余儀なくされたとして，被告Y_1に対し不法行為に基づいて，被告会社Y_2に対し使用者責任及び職場環境調整義務違反（不法行為又は債務不履行）に基づいて，治療費等1万2780円，慰謝料800万円，逸失利益120万円，弁護士費用80万円（既払金50万円），合計951万2780円及びこれに対する不法行為の後である平成14年5月18日（被告Y_1）ないし同月19日（被告会社Y_2）から支払済みまで民法所定の年5分の割合

による遅延損害金の支払を請求する。

■争　点
(1)　原告が被告Y_1から受けたセクハラ行為の態様
(2)　被告Y_1の原告に対するセクハラ行為についての被告会社Y_2の使用者責任（民715条）の成否
(3)　被告Y_1の原告に対するセクハラ行為についての被告会社Y_2の職場環境調整義務違反（不法行為責任又は債務不履行責任）の成否
(4)　原告の損害の有無及びその程度等

■判示事項
(1)　被告Y_1の責任
　　被告Y_1のセクハラ行為の態様は，■事案のとおりであり，原告の性的決定権の人格権を侵害するものであり，被告Y_1は不法行為責任を免れない。
(2)　被告会社Y_2の使用者責任
　　一次会は被告会社Y_2の職務として行われたこと，二次会は一次会の最高責任者被告Y_1が発案し，一次会参加者全員が参加していること，被告Y_1は原告に対し再三三次会についてくるよう声をかけていること，三次会に参加したのは被告会社Y_2の社員であり，職務についての話がされたことなどから，■事案の被告Y_1のセクハラ行為は，被告会社Y_2の会社業務に近接し，その延長において，被告Y_1の被告会社Y_2における上司としての地位を利用して行われたものであり，被告会社Y_2の職務と密接な関連性があり，業務執行につき行われたというべきである。
　　なお，原告の主張する職場環境調整義務のうち，事前措置義務については，使用者責任が成立する場合には，これと別個に成否を検討する必要はないと解するのが相当である。
(3)　原告の損害
　　①　治療費　　1万2780円
　　②　逸失利益　　120万円
　　③　慰謝料　　150万円
　　④　弁護士費用　　20万円
　　⑤　合計　　291万2780円

⑥ 既払金　50万円，残　241万2780円
(4) 主　文
① 被告らは，原告に対し，連帯して，241万2780円及びこれに対する被告Y_1は平成14年5月18日〔不法行為の後の日〕から，被告会社Y_2は平成14年5月19日〔不法行為の後の日〕から，それぞれ支払済みまで〔民法所定の〕年5分の割合による金員〔遅延損害金〕を支払え。
② 原告のその余の請求をいずれも棄却する。
③ 訴訟費用はこれを3分し，その2を原告の，その余を被告らの負担とする。
④ この判決は，第①項に限り，仮に執行することができる。
■確定

㈄ 職員の親睦を図る宴会での被告Y_1〜Y_3ら上司の原告X_1〜X_7らに対するセクハラ行為についての被告Y_1〜Y_3に対する民法709条に基づく及び使用者被告会社Y_4に対する民法715条に基づく治療費等・逸失利益・慰謝料・弁護士費用請求事例〔一部認容（原告らについて認容した慰謝料（原告X_1・X_6：各250万円，X_2・X_4・X_5・X_7：各80万円，X_3：150万円）について過失相殺により2割を減じ（原告X_1・X_6：各200万円，X_2・X_4・X_5・X_7：各64万円，X_3：120万円），弁護士費用（原告X_1・X_6：各20万円，X_2・X_4・X_5・X_7：各6万円，X_3：12万円）を認容し，被告らに対し連帯支払を命じ，治療費等・逸失利益は棄却）〕（広島地判平19・3・13労判943号52頁）

■事　例
　被告会社Y_4の保険外交員であった原告X_1〜X_7が，平成13年末に開催された被告会社Y_4のA営業部職員の忘年会で，A営業所所長被告Y_1，A営業所組織長被告Y_2，B支社副長被告Y_3から，抱きつく，肩を抱き寄せる，足で体を挟む，首を絞める，無理に写真を撮る等のセクハラ行為を受けた。
■請　求
　原告X_1〜X_7は，被告会社Y_4の忘年会で，被告会社Y_4の被告Y_1〜Y_3か

らセクハラ行為を受けたとして被告Y_1〜Y_3に対して民法709条の不法行為に基づき及び被告会社Y_4に対して民法715条の使用者責任と原告らへの事後の適切な対応を怠って精神的苦痛を与えたことによる雇用契約上の債務不履行責任に基づき治療費等・逸失利益・慰謝料・弁護士費用（額不明）とそれに対する不法行為の後であり催告日の翌日である平成17年1月5日から民法所定年5分の割合による遅延損害金の損害賠償を請求する。

■争　点
(1)　被告Y_1〜Y_3の不法行為の成否
(2)　過失相殺の可否
(3)　被告会社Y_4の使用者責任の存否
(4)　事後的対応に関する被告会社Y_4の債務不履行責任の成否
(5)　原告らの損害

■判示事項
(1)　被告Y_1〜Y_3の不法行為の成否及び過失相殺の可否

　被告らY_1〜Y_3の本件忘年会における原告らに対する行為は，暴力行為及び性的嫌がらせ行為として原告らの身体的自由，性的自由及び人格権を侵害するものとして，不法行為にあたるといえる。しかし，原告らの多くは，本件忘年会当時かなりの人生経験を経た中高年に達する者であったことからすれば，被告ら3名の行き過ぎた行動を諌めるべきであったといえるが，原告らは，本件忘年会において，被告ら3名の行為を咎めることなく，むしろ嬌声を上げて騒ぎ立て，原告X_7及び原告X_3においては被告Y_1を押し倒すなどしたことが認められ，このような原告らの態度が被告ら3名の感情を高ぶらせ，セクハラ行為を煽る結果となったことは容易に推認される。したがって，原告らも上記の点で落ち度があったといえるから，原告らの損害については過失相殺の法理を類推適用するのが相当である。

　原告らと被告ら3名の過失内容に加え，原告らが被告ら3名に同調し騒ぎ立てたのは，宴会の雰囲気を壊してはならないという思いや上司にあたる被告3名への配慮からであったという側面も否定できないことを併せ考慮すると，被告ら3名の責任は原告らのそれと比してはるかに重いといえるから，原告らの責任割合を2割と認め（行為が集団的なものであることから，この責任は原

告ら全員が負うものというべきである。)、この限度で損害を減じるのが相当である。
(2) 被告会社の使用者責任
　本件忘年会は、被告会社Y4のA営業所職員全員をもって構成される団体主催で行われたものであり、被告会社Y4の営業日で、職員の勤務時間内に行われたこと、営業に関する慰労を兼ねたものであったことの各事実を総合すれば、職場の営業活力を醸成したりあるいは職場における人間関係を円滑にするものといったことに資するものとして位置づけられ、被告会社Y4の業務の一部あるいは少なくとも業務に密接に関連する行為として行われたものと認められる。したがって、本件忘年会における被告ら3名の前記不法行為は、被告会社Y4の事業の執行につき行われたものといえる。
(3) 事後的対応に関する被告会社Y4の債務不履行責任
　被告会社Y4は、原告らからセクハラの申出により、調査を行い、謝罪を行ったこと、被告Y1・Y3は更迭され、被告ら3名については戒告・注意の各処分を受け、被告Y1・Y2は最終的に被告会社Y4を退職した。これらの事実を前提にすれば、被告会社Y4に、雇用主としての環境保護義務違反があったとまではいえない。
(4) 原告らの損害
　① カウンセリング料
　　被告ら3名が本件忘年会でしたセクハラ行為は、一回性のその時のみの行為であることやその内容に照らし、それが長時間にわたるカウンセリングが必要なほどの精神障害を与えるものとは必ずしも考えがたい。そして、カウンセリングが医師の指示に基づいてなされたものでもないことなどに鑑みれば、当該カウンセリング料の支払が本件忘年会における被告ら3名のセクハラ行為によって余儀なくされたものであると認めるのは困難であり、これを認めるに足りる証拠はない。
　② 治療費
　　本件忘年会で被告ら3名のしたセクハラ行為は、一回性のものであり、宴会におけるものであり、原告もこれに同調するかのような姿勢を示していたことなどから、原告の症状と本件忘年会での被告ら3名の不法行為との間に相当因果関係があると認めるとは認められず、他にこれを認めるに

足りる証拠はない。

③　逸失利益

　上記セクハラ行為は、その内容や当日の原告らのこれらの関わり方等に鑑み、長期間にわたって就労が不能又は困難となるほどの精神的苦痛を与えたものとは必ずしもいいがたい。当時進んでいた被告会社 Y_4 と他の保険会社の経営統合が白紙撤回になったことにより、解約等が相次ぎ、原告らの営業成績が低下したことも考慮すると、営業成績の低下と本件忘年会における上記セクハラ行為との間に相当因果関係の存在を認めることは困難であり、他にこれを認める証拠はない。

④　慰謝料

　被告ら3名の原告らに対するセクハラ行為の態様は、身体的自由、性的自由及び人格権を強く侵害するものであるから、これを慰謝料額の判断において斟酌すべきである。被告ら3名のセクハラ行為の態様及び本件忘年会後の原告らの生活及び心身の変化に鑑みれば、原告らの本件忘年会後の苛々感や男性に対する恐怖感、嫌悪感等の精神症状は一定の限度で被告ら3名のセクハラ行為に起因するものであると推認され、これの点もまた慰謝料額の判断において斟酌するのが相当である。原告らの上記認定の精神症状が比較的長期間にわたって存続したことを併せ考慮すると、本件忘年会における被告ら3名のセクハラ行為によって被った原告らの精神的苦痛に対する慰謝料は以下のとおり認めるのが相当である。

・慰謝料額　　原告 X_1・X_6：各250万円、X_2・X_4・X_5・X_7：各80万円、X_3：150万円

・過失相殺2割減の額　　原告 X_1・X_6：各200万円、X_2・X_4・X_5・X_7：各64万円、X_3：120万円

⑤　弁護士費用　原告 X_1・X_6：各20万円、X_2・X_4・X_5・X_7：各6万円、X_3：12万円

■確定

第6　訴え提起と不法行為に伴う損害賠償請求

1　訴え提起による不法行為

(1)　不当訴訟による不法行為

　民事上の紛争が発生した場合，それについて法的紛争解決を求めて訴えを提起することは，裁判を受ける権利の行使として，原則として正当な行為であり，提訴者が敗訴の確定判決を受けたことにのみによって，直ちに当該訴え提起が違法となるものではない。ただ，訴えを提起された者にとっては，応訴を強いられ，そのために，弁護士に訴訟追行を委任し，その費用を支払うなど，経済的・精神的負担を余儀なくされるのであるから，応訴者に不当な負担を強いる結果を招くような訴え提起は，違法とされることのあることもやむをえないと思われる（最判昭63・1・26民集42巻1号1頁・判タ671号119頁・判時1281号91頁）。

　そうすると，民事訴訟を提起した者が敗訴の確定判決を受けた場合において，当該訴え提起が相手方に対する違法な行為といえるのは，当該訴訟において提訴者の主張した権利又は法律関係が事実的，法律的根拠を欠くものであるうえ，提訴者が，そのことを知りながら又は通常人であれば容易にそのことを知りえたといえるのにあえて訴えを提起したなど，訴え提起が裁判制度の趣旨目的に照らして著しく相当性を欠くと認められるときに限られると解される（最判昭63・1・26民集42巻1号1頁・判タ671号119頁・判時1281号91頁，最判平22・7・9裁判集民事234号207頁・判タ1332号47頁・判時2091号47頁）。

(2)　不当訴訟による不法行為における損害賠償請求権の消滅時効の起算点

　不当に訴訟を提起したことが不法行為になる場合の，それに伴う損害賠償請求権の消滅時効の起算点は，不当訴訟の判決確定日である（東京高判昭39・2・15高民集17巻1号53頁・判タ160号82頁，東京地判平11・5・27判タ1034号182頁（**2**(3)（289頁）参照））。☆

☆ 東京地判平11・5・27判タ1034号182頁（**2**(3)）（289頁参照）
　「訴えの提起が不法行為であることを理由とする損害賠償請求は，裁判を受ける権利が紛争の終局的解決を裁判所に求めるための権利として国民に保障されており，訴訟においては一方当事者が敗訴したからといって直ちにその当事者に対し相手方が当該訴え提起を不法行為であるとして損害賠償請求をなし得るものではないと解すべきであることからすると，裁判所が当該訴えに係る当事者の主張に対する判断を示し，その訴えを認めない旨の判決が確定して初めて，訴えを提起した者は，提訴者が故意又は過失により当該訴えの提起をなし，それによって自己に損害が生じたことを知りうるといえるのであって，右判決確定時から損害賠償請求権の消滅時効が進行すると解すべきである。」

2 訴え提起等による不法行為に伴う損害賠償請求事例

表）訴え提起等による不法行為に伴う損害賠償請求事例一覧表

○ 訴え提起等による不法行為に伴う損害賠償請求事例

	事　例	裁判例	認容内容
(1)	保証意思の否認をした保証人に対する調査をしないでの訴え提起が不法行為にあたるとして損害賠償を求めた事例	仙台高判平元・2・27判時1317号85頁	慰謝料40万円，弁護士費用20万円を認容
(2)	無断で名義を使用された者に対する立替金請求訴訟及び給料差押えをされたことによる名誉毀損に伴う不法行為に基づく弁護士費用・慰謝料請求事例（原告は過去被告Y_1と親しい間柄にあり，被告Y_1が原告の名前を使って（住所はY_1の住所）被告Y_2の立替払いによりソファーを購入し，被告Y_2からの契約意思確認の電話には被告Y_1が妻として出て，原告に対する立替請求の訴訟は，被告Y_1が訴状・判決を受け取り，被告Y_2の勝訴判決となる。）	広島地判平2・10・8判時1369号141頁	被告らに対し慰謝料各自15万円，弁護士費用各自15万円の支払を認容
(3)	会社の従業員であった者の横領行為等に伴う当該会社・代表者の当該従業員及びその妻への損害賠償請求訴訟提起が不法行為にあたるとして当該従業員の妻が当該会社（被告会社Y_2）・代表者（被告Y_1）に対して不法行為に基づく損害賠償（慰謝料・前訴弁護士費用）を請求した事例	東京地判平11・5・27判タ1034号182頁	被告ら各自に対する慰謝料80万円，前訴弁護士費用150万円を認容
(4)	従業員がわいせつ行為を理由とする懲戒解雇を無効として雇用契約上の地位確認等の本訴を提起したことが不法行為にあたるとして会社が応訴・反訴に要した費用（弁護士費用）の損害賠償を請求した事例☆ ☆被告会社は，その他に，原告（従業	東京地判平22・12・27判タ1360号137頁・判時2116号130頁	原告（従業員）に対し，本訴弁護士費用100万円，反訴弁護士費用20万円の支払を認容☆ ☆その他に，原告（従業員)に対し，

員)の不法行為であるわいせつ行為によって被告会社が被った損害として，解雇手続に要した費用，被告会社が支払った損害賠償金の求償金の請求もしている。	同従業員のわいせつ行為による被告会社の損害として，解雇手続に要した費用（調査費用100万円），被告会社が支払った損害賠償金の求償金53万9590円を認容

(1) 保証意思の否認をした保証人に対する調査をしないでの訴え提起が不法行為にあたるとして損害賠償を求めた事例〔一部認容（慰謝料40万円，弁護士費用20万円を認容）〕（仙台高判平元・2・27判時1317号85頁）

■事　案

(1) Aは，昭和52年2月ころ，被告（被控訴人）加盟店から衣類を購入する際，被告に対し，Bを連帯保証人として，購入代金等の立替払契約の申込みをした。被告は，Bの信用調査の結果，Bは連帯保証人として不適当である旨判断し，その旨加盟店に伝えたところ，加盟店から連帯保証人を原告（控訴人）に変更する旨の返答を受け，被告は，原告が連帯保証人として問題ないとの結論を出した。被告担当者は，原告勤務先に意思確認の電話を入れたが，原告本人不在で確認ができなかった（被告にその旨の記録あり。）。被告は，それ以外に，原告に対し，連帯保証の意思確認を行っていない。被告は，同年3月10日，加盟店に対し，Aの衣服購入代金を立替払いした。

(2) 原告は，昭和57年4月ころ，被告からの立替金支払催促の葉書が実家に配達されたことにより，初めて，自分が連帯保証人にされたことを知り，被告従業員から原告の勤務先に電話があり，連帯保証をしたことを強く否定し支払を拒絶した。

(3) Aは，昭和57年9月27日までに合計13万6900円を支払うべきところ7万9000円を支払っただけで，同年11月4日分割弁済の期限の利益を喪失した。

(4) 被告従業員は，昭和57年11月4日，原告に対し，立替金残金支払を求め，その支払がなければ法的措置をとる旨の訴訟決定通知書を発送した。その後被告担当者は，原告の連帯保証の有無を確認する措置をとることなく，執拗に支払を催促し続けたが，原告は，本件連帯保証は自分が知らないうちに勝手になされたものであり，自分には関係がないとして，連帯保証契約の成立を否定し，支払を拒絶した。被告は，原告に対し，昭和58年11月8日，立替金請求訴訟を提起した。原告は，応訴のため弁護士を依頼した。

■請　求

原告は，被告に対し，不法行為による損害賠償として，80万円及びこれに対する昭和60年3月19日（訴状送達日の翌日）から支払済みまで民事法定利率年5分の割合による遅延損害金の支払を求める。

■争　点

　連帯保証の意思の確認をすることなく連帯保証人に支払請求の訴訟を提起したことの不法行為性

■判示事項

(1) 証拠によれば，本件契約書の氏名は原告が記載したものではなく，印影も原告の印鑑とまったく違う判によって顕出されたものであり，勤続年数の記載も間違っていること，住所は結婚前の実家の住所が記入されてあって，同書が作成された当時の住所とは違っていること，従前勤務していた会社に出入りしていた保険外交員Aから生命保険契約者として名義を貸してほしい旨の依頼を受け，その際Aに対し，原告の生年月日，実家の住所等を教えたことが認められるので，当該契約書の連帯保証人欄は，A又はその意を受けた第三者が，ほしいままに作成したものであって，原告の意思に基づかずに作成された偽造文書であると認められる。

(2) 被告信販会社の従業員らが，本件立替払契約締結の際，連帯保証人として記載のある原告に対し，真実連帯保証を承諾しているのかどうかについて適切な確認をしていなかったうえ，原告に対する支払請求の交渉にあたり，強く連帯保証を否定されたのであるから，直ちに調査して真偽を確認すべきであり，このような確認をすれば手持ちの調査表などの記載から，極めて容易に原告が連帯保証をしていないことが判明したにもかかわらず，確認を怠ったため，原告が連帯保証をしていないことに気づかず，執拗に支払をするよう追及を繰り返したうえ，ついに原告に対し立替金請求訴訟を提起し，原告においてこれに応訴しなければならなくなったもので，信販会社は不法行為責任を免れない。

(3) 主　文

① 原判決を次のとおり変更する。

(i) 被控訴人（被告）は控訴人（原告）に対し，60万円（弁護士費用20万円，慰謝料40万円）及びこれに対する昭和60年3月19日（訴状送達日の翌日）

第3節　身近な損害賠償関係事件について
第6　訴え提起と不法行為に伴う損害賠償請求

から支払済みまで年5分の割合による金員を支払え。
　(ii)　控訴人（原告）のその余の請求を棄却する。
②　訴訟費用は，第1，2審を通じてこれを4分し，その1を控訴人（原告）の，その余を被控訴人（被告）の各負担とする。
③　この判決は，控訴人（原告）勝訴の部分につき，仮に執行することができる。

■確定

(2)　無断で名義を使用された者に対する立替金請求訴訟及び給料差押えをされたことによる名誉毀損に伴う不法行為に基づく弁護士費用・慰謝料請求事例〔一部認容（被告らに対し慰謝料各自15万円，弁護士費用各自15万円の支払を認容）〕（広島地判平2・10・8判時1369号141頁）

■事　案
(1)　原告は，結婚歴のない男性である。原告と被告Y_1は，昭和50年ころから親しい間柄を続け，原告は，被告Y_1の家に月に1，2回行き，ときには泊まることもあった。
(2)　被告Y_1は，被告会社Y_2を利用して，昭和61年12月22日，原告の承諾を得ず，ソファー等を原告名義で買い，被告会社Y_2宛ての契約書を作成した。その書面には，購入者として原告の名前，住所・電話番号として当時の被告Y_1の住所・電話番号を記載した。被告会社Y_2担当者は，同日，当該電話番号に架電し，当該電話に出た被告Y_1は，Xの妻と名乗って，契約意思は間違いない旨答えた。
(3)　被告Y_1は，被告会社Y_2に対する立替金及び手数料の支払をまったくしなかった。
(4)　被告会社Y_2は，昭和62年6月16日，原告に対し，当該立替金・手数料請求の訴えを提起し，訴状は，訴状に原告の住所として記載された被告Y_1住所宛てになされ，被告Y_1が受領して放置し，原告が期日に出頭せず，答弁書等の提出もしなかったので，被告会社Y_2全面勝訴の判決を受け，

原告への判決送達も被告Y₁住所宛になされ，被告Y₁が受領した。
(5) 被告会社Y₂は，上記判決を債務名義として，原告の勤務先に原告の給料差押えの申立てをし，昭和62年9月24日差押え命令が発令され，第三債務者である原告勤務先Aと被告Y₁宅に送達された。
(6) 原告は，勤務先Aから給料差押えを聞き，昭和62年10月2日，(4)の判決を取り消し，被告会社Y₂の請求を棄却する旨の判決の求める再審の訴えを提起し，強制執行停止も得た。裁判所は，平成元年2月22日，再審の訴えにつき，原告全面勝訴の判決を下し，同判決は確定した。

■請　求

原告は，被告Y₁，Y₂に対し，不法行為に基づく損害賠償として，以下の請求をする。
(1) 被告Y₁は，原告に対し，115万円（再審の訴え・強制執行停止の弁護士への着手金5万円・成功報酬10万円，慰謝料100万円）及びこれに対する昭和63年8月1日（不法行為の日以降の日）から支払済みまで年5分の割合による金員（遅延損害金）を支払え。
(2) 被告会社Y₂は，原告に対し，115万円（再審の訴え・強制執行停止の弁護士への着手金5万円・成功報酬10万円，慰謝料100万円）及びこれに対する昭和63年8月1日（不法行為の日以降の日）から支払済みまで年5分の割合による金員（遅延損害金）を支払え。

■争　点

無断で名義を使用された者に対する立替金請求訴訟及び給料差押えをされたことによる名誉毀損に伴う損害賠償請求の成否

■判示事項

(1) 被告Y₁は，請求原因事実を明らかには争うことをしないので，これを自白したものとみなされる。当該事実の下では，原告の被告Y₁に対する請求は，損害賠償金30万円（弁護士費用15万円，慰謝料15万円）及びこれに対する昭和63年8月1日（不法行為の日以降の日）から支払済みまで民法所定年5分の割合による遅延損害金の支払を求める限度で正当と認められる。
(2) 被告会社Y₂が，原告の勤務先に電話をするか，住民票を取り寄せていれば，原告が独身で，住所も異なること簡単に明らかとなり，被告Y₁の

原告名義冒用が判明できたのに，これらの措置をとらなかった。被告会社Y₂のこのような軽率，不十分な調査によって，原告に対し，立替金請求の訴訟を提起し，給料差押えをしたものであり，当該行為は著しく相当性を欠く違法なものである。

(3) 主　文

① (i) 被告Y₁は，原告に対し，30万円〔弁護士費用15万円，慰謝料15万円〕及びこれに対する昭和63年8月1日〔不法行為の日以降の日〕から支払済みまで年5分の割合による金員〔遅延損害金〕を支払え。
　(ii) 原告の被告Y₁に対するその余の請求を棄却する。

② (i) 被告会社Y₂は，原告に対し，30万円〔弁護士費用15万円，慰謝料15万円〕及びこれに対する昭和63年8月1日〔不法行為の日以降の日〕から支払済みまで年5分の割合による金員〔遅延損害金〕を支払え。
　(ii) 原告の被告会社Y₂に対するその余の請求を棄却する。

③ 訴訟費用は4分し，その3を原告の負担とし，その余を被告らの負担とする。

④ この判決は，原告勝訴の部分に限り，仮に執行することができる。

■確定

---

(3) 会社の従業員であった者の横領行為等に伴う当該会社・代表者の当該従業員及びその妻への損害賠償請求訴訟提起が不法行為にあたるとして当該従業員の妻が当該会社（被告会社Y₂）・代表者（被告Y₁）に対して不法行為に基づく損害賠償（慰謝料・前訴弁護士費用）を請求した事例〔一部認容（被告ら各自に対する慰謝料80万円，前訴弁護士費用150万円を認容）〕
（東京地判平11・5・27判タ1034号182頁）

■事　案

(1) 本訴被告会社Y₂の代表取締役・清算人であった本訴被告Y₁及び本訴被告会社Y₂は，本訴原告X及びA（本訴原告の夫であり，Y₂の従業員であった者）らが共謀して，①Y₂会社の金員を横領した，②Y₂会社の脱税事件に関す

る国税局の査察で虚偽の事実を述べて追徴課税・罰金を受けさせた，③①で横領した金員を用いて会社を設立してY_2会社の取引先を横取りしたため，Y_2会社は清算手続をとらざるをえなくなった，④Y_1宅に侵入してY_2会社の管理日報を窃取した，と主張して，X・Aに対し，連帯して合計3億4523万円余の支払を求める損害賠償請求訴訟（前訴）を提起した。

(2) X及びAは，①AがY_2会社の金員を横領したこと及び横領した金員によりY_2と同業の会社を設立して従前のY_2会社の取引先と取引を開始したことは認め，当該横領についてはYらとの間で示談が成立している，②Aによる会社設立とY_2会社の清算手続とは関係がない，③XはAによる横領にも新会社設立にも関与していない，と主張した。

(3) 前訴第1審はYらの請求を棄却し，控訴も棄却され，Yら敗訴の判決が確定した。

■請　求

本訴原告Xは，本訴被告らを原告とし，本訴原告Xを被告とする損害賠償請求事件の訴訟提起が，本訴被告らにおいて，請求原因がないことを知りながら，又は重大な過失によってこれを知らずになされたものであり，原告はこれにより多大な精神的損害を被り，かつ応訴のために弁護士を依頼して弁護士費用を支払わざるを得なくなったとして，不法行為に基づく損害賠償請求として，本訴被告らに対し，各自慰謝料500万円及び前訴における弁護士費用400万円の合計900万円並びにこれらに対する平成8年11月8日（本件訴状送達日の翌日）から支払済みまで民法所定年5分の割合による遅延損害金の支払を求める。

■争　点

(1) 本訴被告らが本訴原告に対し前訴を提起したことが不法行為となるか否か

(2) 本訴原告に生じた損害の有無及びその額

(3) 本訴原告の損害賠償請求権の消滅時効の成否

■判示事項

(1) 本訴原告Xが本訴被告会社Y_2の従業員であったことはなく，XがY_2会社の業務に精通していた，あるいは精通していたと通常人が考えてもやむ

をえない事情があったと認めるに足りる証拠はなく，XがAと共謀したことを認めるに足りる証拠も存在しない。
(2) 被告らが前訴で主張した■事案(1)①～④の請求原因のいずれについても，各請求原因による不法行為に基づく損害賠償請求権は事実的，法律的に根拠を欠くものであるうえ，少なくとも通常人であればそのことを容易に知えたといえるのに，Yらはあえてそのような請求原因を掲げて前訴を提起したのであって，前訴の訴え提起は，裁判制度の趣旨目的に照らして著しく相当性を欠いたものと認めるのが相当である。
(3) 原告Xの損害
 ① 原告Xの精神的苦痛を慰謝すべき損害賠償金は80万円をもって相当と認める。
 ② 原告X及びAは，前訴に対する応訴のため弁護士と訴訟委任契約を締結し，着手金として100万円，報酬金として300万円の合計400万円を支払ったことが認められ，同弁護士費用のうち被告らの本件不法行為と相当因果関係のある損害は，150万円であると認めるのが相当である。
(4) 訴えの提起が不法行為であることを理由とする損害賠償請求は，裁判を受ける権利が紛争の終局的解決を裁判所に求めるための権利として国民に保障されており，訴訟においては一方当事者が敗訴したからといって直ちにその当事者に対し相手方が当該訴え提起を不法行為であるとして損害賠償請求をなしうるものではないと解すべきであることからすると，裁判所が当該訴えに係る当事者の主張に対する判断を示し，その訴えを認めない旨の判決が確定して初めて，訴えを提起された者は，提起者が故意又は過失により当該訴えの提起をなし，それによって自己に損害が生じたことを知りうるといえるのであって，当該判決確定時から損害賠償請求権の消滅時効が進行すると解すべきである。
(5) 原告の被告らに対する請求は，被告らに対し各自230万円及びこれに対する訴状送達の日の翌日である平成8年11月8日から支払済みまで民法所定年5分の割合による遅延損害金の支払を求める限度で理由があるのでその限度でこれを認容する。
(6) 主　文

① 被告らは，原告に対し，各自230万円及びこれに対する平成8年11月8日から支払済みまで年5分の割合による金員を支払え。
② 原告のその余の請求をいずれも棄却する。
③ 訴訟費用はこれを3分し，その1を被告らの負担とし，その余を原告の負担とする。
④ この判決は，原告勝訴の部分に限り，仮に執行することができる。

■控訴（控訴取下げ）

⑷ 従業員がわいせつ行為を理由とする懲戒解雇を無効として雇用契約上の地位確認等の本訴を提起したことが不法行為にあたるとして会社が応訴・反訴に要した費用（弁護士費用）の損害賠償を請求した事例〔一部認容（原告（従業員）に対し，本訴弁護士費用100万円，反訴弁護士費用20万円の支払を認容）〕〔東京地判平22・12・27判タ1360号137頁・判時2116号130頁〕

■事　案

　原告は，被告会社の従業員であったが，ホテル客室内で，被告会社の業務委託先に派遣されていた女性従業員2人に対し，嫌がる同人らの身体を触るなどのわいせつ行為をしたことを理由として，平成21年5月20日付懲戒解雇処分を受けた。

■請　求

⑴　本　訴

　原告（従業員）は，被告会社に対し，本件懲戒解雇が解雇事由を欠き無効であるとし，①雇用契約に基づく権利を有する地位の確認，②本件懲戒解雇の後の賃金月額62万8000円及び賞与191万4000円並びに各支払期日の翌日から支払済みまで商事法定利率年6分の割合による遅延損害金の支払，③本件懲戒解雇は不法行為にあたるとして330万円の損害賠償（慰謝料及び弁護士費用）及びこれに対する不法行為の後から支払済みまで民法所定年5分の割合による遅延損害金の支払を求める。

⑵　反　訴

第3節 身近な損害賠償関係事件について
第6 訴え提起と不法行為に伴う損害賠償請求

被告会社は，原告に対し，原告の■事案の女性従業員2人に対するわいせつ行為は不法行為にあたり，これによって被告会社は解雇手続等に相当の費用をかけることを余儀なくされ，原告の本訴請求は濫訴であって不法行為にあたり，これによって被告会社は応訴及び反訴の提起を余儀なくされ，①解雇手続等に要した費用等637万7739円，②応訴及び反訴に要した弁護士費用等のうち3251万8700円，③同弁護士費用等のうち46万1410円並びにこられに対する不法行為の後である①については平成21年10月21日から，②については平成22年8月12日から，③については平成22年9月22日から，それぞれ支払済みまで民法所定年5分の割合による遅延損害金の支払を求める。

■争　点
(1) 本件わいせつ行為の有無
(2) 本件わいせつ行為及び本訴提起についての被告会社に対する不法行為の成否並びに損害額

■判示事項
(1) 本件わいせつ行為は，強制わいせつ罪にもあたりうるものであり，その態様の悪質さ・重大さからみれば，原告がこれまでに処分歴を有しないことや，勤務年数・経験・職位等からうかがえる従前の功労等を考慮してもなお，被告会社が懲戒解雇という手段を選択することには十分合理性があるといえ，かつ，通常人であれば容易にそのことを知りえたものといえる。そうであるにもかかわらず，本件わいせつ行為を行った本人である原告は，女性従業員2人が虚偽の被害事実を述べているとまで主張して，本件懲戒解雇の効力を争い，雇用契約上の地位の確認等を求めて本訴を提起したものであるから，本訴は，本件懲戒解雇が合理性を有し雇用契約に基づく権利が事実的，法律的根拠を欠くことを知りながら，あるいは通常人であれば容易にそのことを知りえたにもかかわらずあえて訴えを提起した場合にあたる。よって，原告の本訴提起は，裁判制度の趣旨目的に照らして著しく相当性を欠き，不法行為が成立すると認めるのが相当である。
(2) 原告の不当訴訟というべき本訴に対応するための弁護士費用のうち100万円を相当因果関係を有する損害と認めるのが相当である。原告の本訴提起は不法行為にあたるため，被告会社が本訴対応に要した費用も，不法行

為によって生じた損害であるといえる。そして、被告会社は、原告から容易にこれらの損害賠償の履行を受けることができないため、損害を回復するために、反訴提起を余儀なくされたものであるから、その弁護士費用については、相当の範囲内に限り、相当因果関係を有する損害として認められ、20万円を損害として認めるのが相当である。

(3) ①不当訴訟である本訴請求による被告会社の損害（弁護士費用の一部）として100万円、②反訴提起に必要と認められる弁護士費用の一部として20万円について、原告は損害賠償義務を負う。☆

> ☆ その他に、原告の不法行為である本件わいせつ行為によって、被告会社に発生した損害（解雇手続に要した費用（弁護士による調査費用の一部100万円）と被告会社が支払った損害賠償の求償金53万9590円）として153万9590円の、原告の損害賠償義務を認める。

(4) 原告の本訴請求はいずれも理由がないから棄却し、被告の反訴請求は、原告に対し273万9590円及びうち153万9590円に対する不法行為の後である平成21年10月21日から、うち120万円に対する不法行為の後である平成22年8月12日から、それぞれ支払済みまで民法所定年5分の割合による遅延損害金の支払を求める部分について理由がある。

■控訴・確定不明

第7　暴行等に伴う損害賠償請求

1　暴行等に伴う損害賠償請求

　簡易裁判所における損害賠償請求事件においては，相手方の暴行等により傷害等の損害が発生したとして，その損害の賠償を請求する事例もある。

　この場合の損害賠償の根拠としては，不法行為に基づく損害賠償請求となると思われる。

　けんかに伴う怪我についての損害賠償については，双方に過失がある場合が多く，双方の過失割合に従って損害額が減額されることが多いと思われる（東京簡判平16・4・15（平成15年（少コ）1787号（通常移行））裁判所HP（**2**(1)（298頁）参照），東京簡判平16・10・19（平成16年（ハ）6078号）裁判所HP（**2**(2)（302頁）参照），東京簡判平17・6・23（平成17年（少コ）746号（通常移行），平成17年（ハ）7920号）裁判所HP（**2**(5)（321頁）参照））。

　たとえば，暴行を受けることを防ぐために，相手方身体に有形力を行使した際，相手方が倒れるなどして，結果的に怪我をする場合もあると思われるが，そのような場合，場合によっては，正当防衛になることもあると思われる（東京簡判平16・12・17（平成16年（ハ）9762号）裁判所HP（**2**(3)（311頁）参照））。

　なお，簡潔な判決で，判決文自体が参考となると思われるものは，判決文の表現をそのまま載せることとする。

2 暴行等に伴う損害賠償請求事例

表) 暴行等に伴う損害賠償請求事例一覧表

	○ 暴行等に伴う損害賠償請求事例		
	事　例	裁判例	認容内容
(1)	カートの衝突による傷害による使用者に対する使用者責任（民715条1項本文）に基づく治療費・慰謝料等の請求事例	東京簡判平16・4・15（平成15年（少コ）1787号（通常移行））裁判所HP	治療費4210円，診断書料3100円（合計7310円），慰謝料5万円，被告の過失割合を8割とし，治療費等5848円，慰謝料4万円を認容
(2)	無断で取られたライターを取り戻そうとしたところ暴行を加えられ傷害を負ったとして不法行為に基づく治療費・慰謝料・休業損害等の請求事例	東京簡判平16・10・19（平成16年（ハ）6078号）裁判所HP	原告の損害総額76万0750円（入通院治療費・入院交通費の立替分10万0951円，休業損害24万0800円，入通院慰謝料16万8999円，精神的慰謝料25万円）から，原告の過失1割分の7万6075円を控除した68万4675円を認容
(3)	一緒に飲食していた被告の暴行を受けて傷害を受けたことによる不法行為に基づく治療費等の請求事例	東京簡判平16・12・17（平成16年（ハ）9762号）裁判所HP	被告の行為を正当防衛と認めて請求棄却
(4)	暴行による怪我に伴う不法行為に基づく医療費・靴代・精神的損害等の請求事例	東京簡判平17・4・26（平成17年（少コ）869号（通常移行））裁判所HP	争いのない医療費等のほか，靴代1万円，慰謝料7万円を認容
(5)	けんかによる怪我に伴う双方からの不法	東京簡判平17・6・23	ＡＢ双方の治療費

行為に基づく治療費・休業損害・精神的損害等の請求事例（本訴原告（反訴被告）A，本訴被告（反訴原告）B）	（平成17年（少コ）746号（通常移行），平成17年（ハ）7920号）裁判所HP	を証拠によって全額を認め，休業損害について年齢に対応した男子労働者の賃金センサスの平均収入の8割を基礎として認め，AB双方の過失割合を掛けた金額を認容，反訴原告Bのみが請求した慰謝料は棄却

(1) カートの衝突による傷害による使用者に対する使用者責任（民715条1項本文）に基づく治療費・慰謝料等の請求事例〔一部認容（治療費4210円，診断書料3100円（合計7310円），慰謝料5万円，被告の過失割合を8割とし，治療費等5848円，慰謝料4万円を認容）〕（東京簡判平16・4・15（平成15年（少コ）1787号（通常移行））裁判所HP）

■事　案
　被告従業員Aは，平成15年3月10日，東京駅丸の内中央改札口外側で，左手にカバン，右手にキャリーバックを後方に引いて持ち，上司Cと立ち止まって話をしていた。その後Aは，左に向かって歩こうとして身体と右手で引いていたキャリーバックを左側に動かした。その際，当該キャリーバックの車輪（コロの部分）で改札口から歩いて来た原告の左足甲の部分を轢いた。当該車輪は，引いて戻したため2回原告の左足の甲を轢いてしまった。そのため，原告は，11日間の通院加療を要する左足甲，足部挫創の傷害を負った。

■請　求
　被告従業員Aが被告の業務執行中に，カートを原告に衝突させ，それにより損害（治療費4210円，文書代5440円，休業補償14万1251円，慰謝料14万6200円）を生じさせたので，原告は，被告に対し，29万7101円の支払を求める。

■争　点
(1) 過失割合
(2) 被告の使用者責任
(3) 損害の範囲

■判示事項
(1) 過失割合
　事故当時，事故現場は混雑している状況ではなかったこと，原告は，本件事故に遭うまでAとキャリーバックの存在にまったく気づいていなかったこと，Aも原告にはまったく気づいていなかったこと，本件事故はAがいきなりキャリーバックを左側に向けようとした際に瞬間的に発生していることが認められ，その過失割合は原告2割，被告8割と認めるのが相当である。

(2) 被告の使用者責任

　本件事故は，被告従業員Ａが，被告の得意先を訪問し，前任者を引き継いだことの挨拶のために広島から東京に出張してきた際の事故である。当該出張自体に被告の業務遂行性が認められ，Ａが出張のために東京駅構内を歩行していたという事実は，その行為の外形から観察して，被告の職務の範囲内の行為と解されるから，本件事故は，被告の業務行為の機会に発生したものと認めるのが相当である。したがって，被告には，本件事故の使用者責任（民715条1項本文）がある。

(3) 損害の範囲

　① 治療費，文書代

　　証拠によれば，治療費の原告負担額4210円，文書料（診断書代）3100円を認めることができ，過失割合によれば，その8割5848円が被告の責めに帰すべき部分となる。その余の事故後のうつ状態に関する請求部分ついては本件事故と相当因果関係がないので認められない。

　② 休業損害

　　原告の通院期間中，足部痛はあるも，日常生活や社会保険労務士の職務にさほどの支障を来すものではなかったこと，その間，原告は，事務所を出発して戻るまで1回につき平均約1時間を要して通院加療を受けていたが，ほぼ普段どおり社会保険労務士の仕事をしていたこと（原告本人）が認められる。そうすると，通院中に原告が休業していたとは認められないから，原告の休業補償の主張は失当である。

　③ 精神的損害（慰謝料）

　　診断書等によれば，原告の受けた傷害は，全治13日間の左足甲，足部挫創であることが認められ，「本件傷害により，正座もできなく，仕事や日常生活にも少し不自由であった。」という原告の供述を総合判断すると，本件傷害による慰謝料としては5万円が相当である。前記過失割合によれば，その8割である4万円が被告の責めに帰すべき部分となる。なお，原告のその余の慰謝料請求の主張は，主張自体失当である。

　④ 以上によれば，原告の請求は，4万5848円の限度で理由があるが，その余の請求は理由がない。

■控訴・確定不明

平成16年4月15日判決言渡　同日原本領収　裁判所書記官
平成15年（少コ）第1787号　損害賠償請求事件（通常移行）
口頭弁論終結日　平成16年3月18日

判　　　決

主　　　文

1　被告は，原告に対し，4万5848円を支払え。
2　原告のその余の請求を棄却する。
3　訴訟費用は6分し，その5を原告の，その余を被告の負担とする。
4　この判決は，主文1項に限り，仮に執行することができる。

事実及び理由

第1　請　求
　被告は，原告に対し，29万7101円を支払え。
第2　事案の概要
　1　請求原因の要旨
　　(1)　被告従業員Aは，平成15年3月10日午前10時30分頃，JR東京駅丸の内方面の改札口を出て数メートル付近において，前記改札口から出て歩いていた原告に対し，Aが手に持っていたカートを衝突させ，原告に2週間の通院加療を要する左足甲，足部挫創の傷害を負わせた。
　　(2)　原告は，被告の前記衝突によって，次の損害を被った。
　　　　①　治療費　　　4210円
　　　　②　文書代　　　5440円
　　　　③　休業補償　　14万1251円
　　　　④　慰謝料　　　14万6200円
　　(3)　前記事故はAが被告の業務中に起こした事故であるから，被告に前記損害を賠償する責任がある。
　2　争　点
　　(1)　事故態様と過失割合

(2) 被告の使用者責任
(3) 損害の範囲
第3 当裁判所の判断
証拠並びに弁論の全趣旨によれば，次の事実が認められる。
1 争点1（事故態様と過失割合）について
(1) 事故態様
　　Aは，平成15年3月10日午前10時55分頃，東京都千代田区ａｂ丁目ｃ番ｄ号所在のB株式会社東京駅丸の内中央口改札口の外側7，8メートル付近において，左手に黒色書類入れカバン，右手にキャリーバッグ（高さ約60センチメートル，横幅約50センチメートル，車輪付きで地面に置いた状態）を後方に引いて持ち，上司Cと約2，3分立ち止まって話をしていた。その後，Aは，左側に向かって歩こうとして身体と右手で引いていたキャリーバッグを左側に動かした。その際，前記キャリーバッグの車輪（コロの部分）で前記改札口から歩いて来た原告の左足甲の部分を轢いた。前記車輪は引いて戻したため2回原告の左足甲を轢いてしまった。そのため，原告は11日間（11回）の通院加療を要する左足甲，足部挫創の傷害を負った。
(2) 過失割合
　　事故当時，本件事故現場は混雑している状況ではなかったこと，原告は本件事故に遭うまでAとキャリーバッグの存在には全く気付いていなかったこと，Aも原告には全く気付いていなかったこと，本件事故はAがいきなりキャリーバッグを左側に向けようとした際に瞬間的に発生していることが認められ，その過失割合は原告2割，A8割と認めるのが相当である。
2 争点2（被告の使用者責任）について
　　本件事故は，被告従業員のAが，被告の得意先を訪問し，前任者を引き継いだことの挨拶のために広島から東京に出張してきた際の事故である。前記出張自体に被告の業務遂行性が認められ，Aが出張のために東京駅構内を歩行していたという事実は，その行為の外形から観察して，被告の職務の範囲内の行為と解されるから，本件事故は，被告の職務行為の機会に発生したものと認めるのが相当である。したがって，被告には，本件事故の使用者責任（民法715条1項本文）がある。
3 争点3（損害の範囲）について
(1) 治療費，文書代
　　診断書（甲3），請求明細書兼領収書（甲6の1ないし11）によれば，本件事故による治療費のうち原告が治療を受けたD整形外科の医療費総額は1万

3280円であり，そのうち原告の負担額は4210円であること，文書料（診断書代）は3100円であることを認めることができる。前記過失割合によれば，その8割である5848円が被告の責めに帰すべき部分となる。

その余の事故後のうつ状態に関する請求部分（甲1，2）については本件事故との相当因果関係がないので認められない。

(2) 休業補償

原告の本件傷害は，キャリーバッグの車輪に轢かれたことにより生じた圧挫創であり，11日間（11回）の通院加療を要するものであったと認められる。しかし，通院期間中，足部痛はあるも，日常生活や社会保険労務士の職務にさほどの支障を来すものではなかったこと，その間，原告は，事務所を出発して戻るまで1回につき平均約1時間を要して通院加療を受けていたが，ほぼ普段どおり社会保険労務士の仕事をしていたこと（原告本人）が認められる。

そうすると，前記通院中に原告が休業していたとは認められないから，原告の休業補償の主張は失当である。

(3) 精神的損害（慰謝料）

診断書（甲3），請求明細書兼領収書（甲6の1ないし11），証明書（甲9）によれば，原告の受けた傷害は，全治13日間の左足甲，足部挫創であることが認められる。この事実に，「本件の傷害によって，正座もできなく，仕事や日常生活にも少し不自由であった。」という原告の供述を総合判断すると，本件傷害による慰謝料としては5万円が相当である。前記過失割合によれば，その8割である4万円が被告の責めに帰すべき部分となる。

なお，原告のその余の慰謝料に関する主張は，主張自体失当である。

4　以上によれば，原告の請求は，主文1項に記載の限度で理由があるが，その余の請求は理由がないので棄却することとし，主文のとおり判決する。

東京簡易裁判所民事第〇室

　　　　　裁　判　官　　〇　〇　〇　〇

(2) 無断で取られたライターを取り戻そうとしたところ暴行を加えられ傷害を負ったとして不法行為に基づく治療費・慰謝料・休業損害等の請求事例〔一部認容（原告の損害総額76万0750円（入通院治療費・入院交通費の立替分10万0951円，休業損害24万0800円，入通院慰謝料16万8999円，精神的

慰謝料25万円）から，原告の過失1割分の7万6075円を控除した68万4675円を認容）〕（東京簡判平16・10・19（平成16年（ハ）6078号）裁判所HP）

■事　案
(1)　原告は，本件事件当時，BというクラブのDJなどをする会社の従業員であった。毎週末の土日にはAに出向き，午後5時から翌朝5時ころまでDJをしたり，音楽イベントのチケット販売等の仕事に従事していた。
(2)　原告は，平成13年12月23日，午後8時ころから午前0時までの予定で，A店内の踊り場から離れたところで机を置き，1人で年末の音楽イベントのチケット販売をしていた。午前0時すぎ，予定のチケット販売が終わったが，Aの人からそのまま座っていなさいといわれたので，午前5時に帰るつもりで，そのままその場所に座っていた。
(3)　原告は，同日午前3時30分ころ，客と思われる女性にライターを貸し，その女性がそのライターを原告の机の上に置いたので，それを仕舞おうとしたところ，被告が原告のライターを取り上げた。
(4)　原告は，被告から無断で原告所有のライターを取られたので，これを取り戻そうと被告の胸ぐらを掴んだところ，酔っていた被告が，原告を押し倒して馬乗りになり，顔面を手拳で数回殴打するなとの暴行を加え，原告が入院加療約4週間を要する鼻骨骨折，顔面挫創，右眼球打撲，左結膜下出血，頭部打撲の傷害を受けた。

■請　求
　原告は，被告から無断で原告所有のライターを取られたので，これを被告から取り戻そうと被告の胸ぐらを掴んだところ，酔っていた被告が，原告を押し倒して馬乗りになり，顔面を手拳で数回殴打するなとの暴行を加え，原告が入院加療約4週間を要する鼻骨骨折等の傷害を受けたとして，被告に対し，被告の不法行為により生じた原告の損害賠償金及び慰謝料等合計140万円の支払を求める。

　（損害内訳）
　①　入通院治療費及び入院交通費の原告立替分　　10万0951円
　②　入通院慰謝料　　　　　　　　　　　　　　合計16万8999円

　　　　入院分　　　1万6000円×9日間＝14万4000円
　　　　通院分　　　8333円×3日間＝2万4999円
　③　休業損害　　1万2040円×20日間＝　　　　24万0800円
　④　精神的慰謝料（原告が将来目指していた音楽業界への進出が断たれ，DJとしての現役活動を閉ざされたことなどによるもの）
　　　　　　　　　　　　　　　　　　　　　　　　29万9250円
　⑤　後遺症慰謝料（左眼瞼と左頬部に傷痕が残ったことによるもの）
　　　　　　　　　　　　　　　　　　　　　　　　59万円

■争　点
(1)　原告の精神的慰謝料の有無
(2)　原告の後遺症慰謝料の有無
(3)　原告の過失の有無及びその割合

■判示事項
(1)　精神的慰謝料について
　本件事件の発端が，原告に無断でライターを取り上げた被告からそれを取り戻そうと，原告が被告の胸ぐらを掴んだことにあるとはいえ，酔っていた被告が，いきなり原告を押し倒して馬乗りになり，無防備な原告の顔面を手拳で数回殴打するなどの一方的ですさまじい暴行を加えたことにより，同人が，鼻骨骨折による手術をはじめ，入通院等の加療4週間を要する顔面挫創，右眼球打撲，左結膜下出血，頭部打撲の重傷を負ったものであり，顔面や眼球に対する暴行は，一歩間違えれば致命的な損害を与えかねないものであったこと，その受傷により原告は，一次的とはいえ意識朦朧となるなど，筆舌に尽くしがたい恐怖感を味わったことを認めることができる。
　原告は，上記傷害により，DJとして年末に予定していたビッグイベントに参加する資格を失ってしまい，1か月以上のブランクにより音楽活動そのものへの参加の意欲を喪失し，本件精神的ショックにより，音楽活動をやめる一因となったことも認めることができる。
　以上の事実を総合的に考慮すれば，原告が被告から傷害を受けたことによる精神的ダメージは非常に重大なものであったことが認められるから，本件入通院慰謝料（16万8999円）以外にも，精神的慰謝料として，後遺症慰謝料の

要素を加味し，本件の精神的慰謝料としては別途25万円（合計41万8999円）と認めることが相当である。

(2) 後遺症慰謝料について

証拠及び法廷での事実上の検証によれば，被告からの暴力により，左上眼瞼に1mm×10mmの，鼻骨左頬部に0.5mm×10mmの各傷痕が残ったことが認めることができる。受傷箇所が顔，目，鼻，頭であった点で，一般的に音楽を志す者にとって，致命的になりうる場所であったことが認められるが，他方で，DJという職業が，俳優や歌手と異なり，顔に多少の傷痕が残ることで，その活動を決定的に断念させる業種であると認めることは困難であり，原告にとって相当精神的ダメージが残った点は否定できないが，本件傷痕が後遺症慰謝料を認める足りる証拠として十分であると判断することはできない。本件では，後遺症慰謝料としての慰謝の評価は，前記精神的慰謝料を相当額程度増額する範囲内で認めることが相当である。

(3) 原告の過失の有無及びその割合について

① 原告の所属するBとAが提携して，毎週土・日は，原告がA店でDJとして，あるいは，同店内で音楽イベントのチケット販売の業務に従事していたのであるから，原告は基本的には同店の支配人等の監督下にあり，原告としては，同店の社員に準じて万が一客とのトラブルが発生した場合には，直ちに同店の他のスタッフや支配人等に連絡し，トラブルが拡大しないよう未然に事故防止の態勢をとるべき注意義務があったといわざるをえない。

② 本件事故があった日は，年末のイベントのチケット販売業務に午前0時くらいまで従事し，本来の仕事は終わっていたと評価できるが，スタッフの一員として店内にいる以上，不測の事態に巻き込まれることがないように自重した行動をとるべきであったことは明らかである。事件当時，店内の音楽の大音響のため，互いの声が聞こえにくくなっていたので，意思の疎通が図りにくい等の事情があったとはいえ，酔客である被告が，原告のライターを無断で取り上げて礼の言葉も発しなかったからといって，原告が直ちに被告の胸ぐらを掴む行動に出たことや，午前0時すぎに他のスタッフと飲んでいたことなどを考慮すると，原告にも上

記①の注意義務を怠った過失があったといわざるをえない。本件での原告の過失割合は，本件の結果の重大性も考慮して，1割が相当であると判断した。
(4) 以上の事実をもとに判断すると，原告の損害総額76万0750円（入通院治療費・入院交通費の立替分10万0951円，休業損害24万0800円，入通院慰謝料16万8999円，精神的慰謝料25万円）から，原告の過失1割分の7万6075円を控除した68万4675円が，被告の責めに帰すべき部分となる。

■控訴・確定不明

平成16年10月19日判決言渡
平成16年（ハ）第6078号　損害賠償請求事件

　　　　　　　　　　判　　　決

　　　　　　　　　　主　　　文

1　被告は，原告に対し，金68万4675円を支払え。
2　原告のその余の請求を棄却する。
3　訴訟費用は，これを2分し，その1を原告の，その余を被告の負担とする。
4　この判決は，第1項に限り，仮に執行することができる。

　　　　　　　　　事実及び理由

第1　請　求
1　被告は，原告に対し，金140万円を支払え。
2　訴訟費用は被告の負担とする。
3　この判決は仮に執行することができる。
第2　事案の概要
1　平成13年12月23日午前3時45分ころ，東京都新宿区歌舞伎町a丁目b番c号A内において，原告は，被告から無断で原告所有のライターを取られたので，これを被告から取り戻そうと被告の胸ぐらを掴んだところ，酔っていた被告が，原告を押し倒して馬乗りになり，その顔面を手拳で数回殴打するなどの強烈な暴行を加え，同人を入院等の加療約4週間を要する鼻骨骨折，顔面挫

創，右眼球打撲，左結膜下出血，頭部打撲の傷害を負わせたとして，被告に対し，被告の不法行為により生じた原告の次の各損害に対する損害賠償金と精神的慰謝料等合計140万円の支払を求めるものである。

2　原告主張の損害額　金140万円

　内　訳

　(1)　入通院治療費及び入院交通費の原告立替分　　合計金10万0951円

　　　平成13年12月23日分　　　6万9946円
　　　　　　　　25日分　　　　8392円
　　　　　　　　29日分　　　　7218円
　　　平成14年01月02日分　　　4100円
　　　　　　　　05日分　　　　7685円
　　　　　　　　09日分　　　　2820円
　　　　　　　　28日分　　　　　790円

　(2)　入通院慰謝料　　　　　　　　　　合計金16万8999円

　　　入院分　　1万6000円（1日）×9日間　　計金14万4000円
　　　通院分　　　8333円（1日）×3日間　　計金2万4999円

　(3)　休業損害額　　　　　　　　　　　合計金24万0800円

　　　休業損害　　1万2040円（1日）×20日間

　(4)　精神的慰謝料　　　　　　　　　　金29万9250円

　原告は，被告から受けた傷害事件としての一方的な暴力により，加療4週間にわたる入通院を余儀なくされたのみならず，顔面に暴行を受けたことによる精神的なダメージが大きく，将来目指していた音楽業界への進出が断たれ，DJとしての現役活動を閉ざされてしまったことへの精神的苦痛や，事件後2年6か月経過後の今日でも，恐怖観念等で無気力な状態が続いている等，今日までに受けた多大な精神的苦痛によるものである。

　(5)　後遺症慰謝料　　　　　　　　　　金59万円

　被告から受けた顔面への手拳による強烈な暴力により，左上眼瞼と左頬部に傷痕が残ったことによる慰謝料である。これらの傷痕は，原告の顔面外貌に醜状を残すもので，個人が一生涯背負うものであり，顔，目，鼻，頭は致命的なところであり，酌量の余地はない。

3　請求の拡張及び請求の減縮

　原告は，本件第2回口頭弁論において，被告に対し，被告から暴行による受けた精神的ダメージによる慰謝料として金100万円を求め，請求の拡張をしたが，同期日において，簡易裁判所で審理を受けるべく精神的慰謝料金100万円を金29

万9250円に，後遺症慰謝料金75万円を金59万円に各請求の減縮をし，合計金140万円の支払を求め，被告も減縮に同意したものである。なお，原告は，本件は，被告の一方的で理不尽な暴行によるものであり，原告に生じた全損害について，原告の過失はまったくないと主張する。
　4　原告の主張に対する被告の認否及び反論
　　原告に2の(1)，(2)，(3)の各損害が生じたこと及び被告の過失の範囲内で支払義務のあることは認める。請求減縮後の金29万9250円の精神的慰謝料及び金75万円の後遺症慰謝料の請求はいずれも争う。本件では，原告は，当時Aに出向いて，DJやチケットの販売等の業務を行っていた者であるから，同店の従業員に準じた立場であり，被告が原告に無断で取り上げたライターを取り返す際，原告がいきなり被告の胸ぐらを掴むなどして本件を誘発した責任があるから，原告にも過失があった。過失割合は，原告1割，被告9割を主張する。
第3　当事者間に争いのない事実及び証拠により容易に認められる事実
　1　傷害事件の発生
　　日時，場所，傷害の態様は，第2の1の事案の概要記載のとおり
　2　損害の程度
　　第2の2(1)ないし(3)記載のとおり
第4　争　点
　1　原告に第2の2(4)の精神的慰謝料は認められるか否か。
　2　原告に第2の2(5)の後遺症慰謝料は認められるか否か。
　3　本件原告に過失が認められるか否か。認められるとした場合過失割合はいくらか。
第5　当裁判所の判断
　1　証拠（甲1号証ないし第17号証，原告本人，被告本人）及び弁論の全趣旨によれば，以下の事実が認められる。
　　(1)　争点1について
　　　ア　原告は，事件当時，BというクラブのDJなどをする会社の従業員であった。原告の同店での主な仕事は，音楽イベントの企画や運営をしたり，毎週週末の土，日には事件の場所となったAに出向き，午後5時から翌朝5時ころまでDJ（レコード音楽をかけて客に踊らせる。）をしたり，同店で音楽イベントのチケット販売等の仕事に従事していた。
　　　イ　事件のあった平成13年12月23日は，午後8時ころから午前0時までの予定で，A店内の踊り場から離れたところで机を置き，1人で年末の大きな音楽イベントのチケットを販売をしていた。午前0時過ぎ，予定のチケ

ット販売が終わったので，仕事上は帰ってもよかったが，Ａの人から，そのまま座っていなさいと言われたので，午前5時に帰るつもりで，そのままその場所に座っていた。当日，原告は午前0時過ぎにＡの他のスタッフとカシスソーダという酒を1杯だけ飲んでいた。

ウ　午前3時30分ころ，客と思われる女性が原告にライターを貸してくれといったので貸したが，その女性は「ありがとう。」と言って，ライターを原告の机の上に置き机から離れた。それで原告はライターを仕舞おうとしたところ，その時に横から手が出てきて原告のライターを一言の言葉もなく取り上げた人がいた。それが被告であった（原告の供述及び甲第17号証）。

エ　本件事件の発端が，原告に無断でライターを取り上げた被告から取り戻そうと，原告が両手で被告の胸ぐらを掴んだことにあるとはいえ，酔っていた被告が，いきなり原告を押し倒して馬乗りになり，無防備な原告の顔面を強烈な手拳で数回殴打するなどの一方的ですさまじい暴行を加えたことにより，同人が，鼻骨骨折による手術をはじめ，入通院等の加療約4週間を要する顔面挫創，右眼球打撲，左結膜下出血，頭部打撲の重傷を負ったものであり，顔面や眼球に対する暴行は，一歩間違えれば致命的な損害を与えかねないものであったこと，その受傷により原告は，一次的とはいえ意識が朦朧となるなど，筆舌に尽くしがたい恐怖感を味わったことを認めることができる。

オ　特に，原告は上記の傷害により，ＤＪとして年末に予定されていたビッグイベントに参加する資格も失ってしまったことはもとより，1か月以上のブランクにより音楽活動そのものへの参加の意欲を喪失してしまい，結局本件精神的ショックにより，音楽活動をやめる一因となったことも認めることができる。

カ　以上の事実を総合的に考慮すれば，原告が被告から傷害を受けたことによる精神的ダメージは非常に重大なものであったことが認められるから本件入通院慰謝料（金16万8999円）以外にも，精神的慰謝料として，次の後遺症慰謝料の要素を加味し，本件の精神的慰謝料としては別途金25万円（合計41万8999円）と認めるのが相当である。

(2)　争点2について

ア　甲第12号証の1及び法廷での事実上の検証による原告の顔面に残る現状の傷痕によれば，被告から受けた顔面への手拳による強烈な暴力により，左上眼瞼に1ミリ×10ミリの，鼻骨左頰部に0.5ミリ×10ミリの各傷

痕が残ったことが認めることができる。原告は，上記傷痕は，原告の外貌に醜状を残すもので，同人が一生涯背負うものであり，被告からの受傷により，今後ＤＪ等の音楽活動参加の道も閉ざされてしまったものであり，本件後遺症による精神的苦痛は絶大なものであると主張する。

イ　たしかに本件受傷箇所が顔，目，鼻，頭であった点で，一般的に音楽を志す者にとって，致命的になり得る場所であったことは認められるが，他方で，ＤＪという職業が，俳優や歌手と異なり，顔に多少の傷痕が残ることで，その音楽活動を決定的に断念させる業種であると認めると判断することは困難であり，本件は，原告にとって傷痕に対する相当精神的なダメージが残った点は否定し得ないが，本件傷痕が，後遺症慰謝料を認めるに足りる証拠として十分であると判断することはできない。本件では後遺症慰謝料としての慰謝の評価は，前記精神的慰謝料を相当額程度増額する範囲内で認めることが相当であると判断した。

(3)　争点３について

ア　本件事件の発端が，原告所有のライターを，酔っていたとはいえ，被告が原告に無断で取り上げ，ありがとうの一言も言わなかったことに対して憤慨した原告が，ライターを取り戻そうと両手で被告の胸ぐらを掴み，「ありがとうの一言もないのかよ。」と言ったことに対して，酔余も手伝って瞬間的に逆上した被告が，前記のとおり，原告を押し倒し，一方的に原告の顔面を手拳で強烈に数回殴打したという事案であるが，原告の証言によれば，原告はＡ所属の社員ではなかったものの，原告の所属するＢとＡとが提携して，毎週土・日は，原告が同店でＤＪとして，あるいは，同店内で音楽イベントのチケットを販売する業務に従事していたことを認めることができるところ，同店で仕事をしているときは，原告は基本的に同店の支配人等の監督下にあり，原告としては，同店の社員に準じて万一，本件のような客とのトラブルが発生した場合には，直ちに同店の他のスタッフや支配人等に連絡し，トラブルが拡大しないよう未然に事故防止の態勢をとるべき注意義務があったと言わざるをえない。

イ　本件事件のあった日は原告は同店でＤＪの仕事ではなく，年末のイベントのチケット販売の業務に午前０時くらいまで従事し，本来の仕事は終わっていたとも評価できるが，スタッフの一員として店内にいる以上，不測の事態に巻き込まれることがないよう自重した行動をとるべきであったことに変わりはなく，原告が他の一般客とは明らかに異なった立場であったことは明らかであるから，午前３時30分ころは，店内の音楽の大音響の

ため，互いの声が聞こえにくくなっていたので，意思の疎通が図りにくい等の事情があったとはいえ，酔客である被告が，原告のライターを無断で取り上げて礼の言葉も発しなかったからといって，原告が直ちに被告の胸ぐらを掴む行動に出たことや，午前0時過ぎに酒であるカシスソーダを1杯とはいえ，他のスタッフと飲んでいたことなどを考慮すると，原告にも前記アの注意義務を怠った過失があったと言わざるを得ない。本件での原告の過失割合は，本件の結果の重大性も考慮して1割であることが相当であると判断した。

2 以上の事実をもとに判断すると，前記過失割合によれば，本件で認定した原告の損害総額金76万0750円のうち，原告の過失1割分の金7万6075円を控除した金68万4675円が，被告の責めに帰すべき部分となる。したがって，原告の請求は，主文第1項に記載の限度で理由があるが，その余の請求は理由がない。

　　よって，主文のとおり判決する。
　　　東京簡易裁判所民事第3室
　　　　　　　　裁　判　官　　　○　○　○　○

---

(3) 一緒に飲食していた被告の暴行を受けて傷害を受けたことによる不法行為に基づく治療費等の請求事例〔被告の行為を正当防衛と認めて請求棄却〕（東京簡判平16・12・17（平成16年（ハ）9762号）裁判所HP）

■事　案
(1)　原告，被告，訴外BないしDは，Eでビール等を飲食した後，Aで飲食しようという話になり，そろってAに行った。その後，訴外Fが合流して6人でテーブルを囲んで飲食した。
(2)　原告とFはその時が初対面であったが，男の生き様という話題で大声で激論を交わし，原告は，Fに対し，年下の酒屋風情とか，年下の弁当屋のくせにとか，自分の仕事は芸術的センスが必要だなどの発言をした。
(3)　Fが翌日の旅行のため先に帰宅した後，原告がなおもFのことを悪くいい続け，被告がFは良い人で意見もちゃんとしているなどといったことか

ら，原告と被告との間で大声でいい合いになった。その際，原告は，テーブルの向かい側に座っていた被告に対し，突然100円ライターを投げつけた。そのライターは，被告の顔をかすめて後ろの窓ガラスに当たって床に落ちた。

(4) その場の雰囲気が険悪になったので，被告がこれで飲食を終わりにしようと促し，皆帰宅することになった。

(5) 被告がレジで支払をしていると，先に店の外に出ていた原告がレジの所まで戻って来て，被告に対し，手は後ろにしたまま体をぶつけたり，「早く出てこい」，「やってやるぞ」などといったりした。原告は，EやAでの飲食のため相当酔った状態であった。

(6) 被告が支払を済ませてAを出て，帰宅するため路上に止めていた自転車のそばに行ったとき，原告は，走って被告に近づき，被告に対しいきなり足蹴りした。被告は，咄嗟に後ろに下がって原告の足蹴りを避けた。原告は，足蹴りをはずされた後，直ぐにファイティングポーズをとり，被告に殴りかかるような体勢をとった。

(7) 被告は，殴られてはたまらないと思い，殴られることを防ぐために，原告の横腹にタックルをした。原告はそのタックルによりその場に仰向けに倒れ，原告と被告は取っ組み合いになったが，その後被告が仰向けに倒れた原告に馬乗りになる体勢となった。原告は，下になりながらも，どうだ苦しいか，参ったかなどといいながら，両手で被告の首を強く絞めた。被告は，もうこんなことはやめようといいながら，首が絞まらないように終始両手で原告の両手を開くように押さえていた。しばらくして原告の手の力が緩み，被告は原告の手をはずした。そのとき，弾みで被告の額が原告の上口唇左側に当たり，その部分が切れて出血した。

(8) 被告は，それにより，全治1週間の前胸部等打撲及び上口唇左側裂傷の傷害を負った。原告は，その後も前胸部等の痛みが取れなかったので，2日整体院Gで治療を受けた。

■請　求

(1) 原告は，路上で，一緒に飲食をしていた被告から腹部にタックルを受けて仰向けに倒され，馬乗りになられて顔面を殴打され，頭突きをされるな

第3節　身近な損害賠償関係事件について
第7　暴行等に伴う損害賠償請求

どの暴行を受け，全治1週間を要する上口唇左側裂傷等の傷害を受けたとして，不法行為に基づき，治療費等の損害賠償を請求する。
(2)　被告は，原告に対し，33万1810円及びこれに対する平成16年7月25日から支払済みまで年5％の割合による金員を支払え。

■争　点
(1)　被告の行為は正当防衛であるか否か
(2)　原告の損害額

■判示事項
(1)　■事案(1)ないし(8)の事実を証拠及び弁論の全趣旨で認定。
(2)　原告は，Aを出て歩いていたところ，被告は原告の後ろからウォーと叫びながら走ってきて先にタックルをし，被告は原告に馬乗りになって原告の顔面を数回殴ったり，原告の顔に頭突きをしたなどと供述するが，証拠に照らすと，原告の供述は，たやすく信用できない。
(3)　(1)（■事案(1)ないし(8)）の認定事実によれば，原告の横腹に組み付き原告をその場に倒して押さえ込むなどして，原告に全治1週間の傷害を負わせた被告の行為は，原告が被告に対しいきなり足蹴りをし，引き続いて殴りかかろうとした行為に対し，自分の身体を守るため，防衛の意思に基づいて行ったものと認められ，加害行為の態様及び原告の受傷の程度等に照らし，正当防衛として許容される防衛の程度を超えたものとまではいえないから，正当防衛行為であると認めるのが相当である。したがって，被告は，前記加害行為によって原告に生じた損害につい賠償責任を負わない。

■控訴・確定不明

平成16年12月17日判決言渡　同日原本領収　裁判所書記官
平成16年（ハ）第9762号　慰謝料等請求事件
口頭弁論終結日　平成16年11月12日

判　　　決

主　　　文

1　原告の請求を棄却する。
2　訴訟費用は原告の負担とする。

事実及び理由

第1　請求
被告は，原告に対し，金33万1810円及びこれに対する平成16年7月25日から支払済みまで年5パーセントの割合による金員を支払え。

第2　事案の概要
1　本件は，原告が，平成15年3月9日午前1時ころ，東京都板橋区ａｂ丁目ｃ番ｄ号所在のＡ前の路上で，同時刻ころまで同店で一緒に飲食していた被告から腹部にタックルを受けて仰向けに倒され，さらに馬乗りになられて顔面を数回殴打されたり，頭突きをされるなどの暴行を受け，これにより全治1週間を要する上口唇左側の裂傷等の傷害を受けたと主張して，不法行為に基づき，治療費等の損害賠償を請求する事案である。

2　被告の主張
被告が，前記日時ころ，飲食代の支払を終えてＡを出たところ，同店の外で訴外Ｂに制止されていた原告が，それを振り切り，被告めがけて足蹴りしてきた。被告は，酒によって興奮状態にある原告の再度の暴行を避けるため，原告の腹部めがけて飛びつき，原告を押さえ込もうとしてもみ合いになり，その際，両者の頭や顔が当たったり，また，原告は下になりながらも被告の襟首あたりをつかんで首を締めつけるなどしたが，被告はようやく原告を押さえ込んだ。したがって，被告の行為は，原告の急迫不正な侵害行為に対し，身の安全を守るためになした正当防衛であり，損害賠償の義務はない。

3　主たる争点
(1)　被告の行為は正当防衛であるか否か。
(2)　原告の損害額

第3　争点に対する判断
1　証拠（甲1，甲4の1，2，乙1，乙2，乙3，乙6，証人Ｃ，証人Ｂ，原告本人，被告本人）及び弁論の全趣旨によれば，次の事実が認められる。
(1)　原告，被告，訴外Ｄ，同Ｃ及び同Ｂは，同じ町内に住む知合いであるが，平成15年3月8日午後8時ころから，ａｂ丁目ｅ番所在のＥで一緒に飲食をし，原告は，ビール中ジョッキ3，4杯，サワー3，4杯を飲んだ。同日

午後10時か11時ころになって，Ａで飲食をしようという話になり，そろってＡに行った。その後，訴外Ｆが合流して6人でテーブルを囲んで飲食した。原告とＦとはその時が初対面であったが，男の生き様という話題で大声で激論を交わし，その際，原告は，Ｆに対し，年下の酒屋風情とか，年下の弁当屋のくせにとか，自分の仕事は芸術的センスが必要だなどの発言をした（乙3，証人Ｃ，原告本人，被告本人）。

(2) Ｆが翌日の旅行のため先に帰宅した後，原告がなおもＦのことを悪く言い続け，それに対し，被告がＦは良い人で意見もちゃんとしているなどと言ったことから，今度は，原告と被告との間で大声で言い合いになった。その際，原告は，テーブルの向かい側に座っていた被告に対し，突然100円ライターを投げつけた。そのライターは，被告に当たらず，被告の顔をかすめて後ろの窓ガラスに当たって床に落ちた（乙3，証人Ｃ，証人Ｂ，被告本人）。

(3) 原告がライターを投げつけたことで，その場の雰囲気が益々険悪になったので，被告がこれで飲食を終わりにしようと促し，皆帰宅することになった。そして被告がＡのレジで支払をしていると，支払をせずに先に店の外に出ていた原告がレジのところまで戻って来て，被告に対し，手は後ろにしたまま体をぶつけたり，「早く出てこい。」，「やってやるぞ。」などと言ったりした（乙3，証人Ｃ，被告本人）。原告は，その時点で，Ｅ及びＡでの飲酒のため相当酔った状態であった（原告本人）。

(4) 被告が支払を済ましてＡを出て，帰宅するため路上に止めていた自転車のそばに行ったとき，原告は，走って被告に近づき，被告に対しいきなり足蹴りをした。被告は，咄嗟に後ろに下がって原告の足蹴りを避けた。原告は，足蹴りをはずされた後，直ぐにファイティングポーズをとり，被告に殴りかかるような体勢をとった（乙2，乙3，証人Ｃ，被告本人）。

(5) 被告は，殴られてはたまらないと思い，殴られることを防ぐために，原告の横腹にタックルをした。原告は被告のタックルによりその場に仰向けに倒れ，原告と被告は取っ組み合いになったが，その後被告が仰向けに倒れた原告に馬乗りになる体勢になった。その場所は，Ａの入口から3メートルほどの路上であった。原告は，下になりながらも，どうだ苦しいか，参ったかなどと言いながら両手で被告の首を強く絞めた。被告は，もうこんなことやめようと言いながら，首が絞まらないように終始両手で原告の両手を開くように押さえていた。しばらくして原告の手の力が緩み，被告は原告の手をはずすことができた。原告の手をはずしたとき，弾みで被告の額が原告の上口唇左側に当り，その部分が切れて出血した（乙3，証人Ｃ，証人Ｂ，被告本

人)。

(6) 原告は，前記取っ組合いの際，全治1週間の前胸部等の打撲及び上口唇左側の裂傷の傷害を負った（甲1）。また，原告は，その後も前胸部等の痛みが取れなかったので，平成15年3月12日及び同年4月2日に整体院Gで治療を受けた（甲4の1，2）。

2　原告は，Aを出て歩いていたところ，被告は原告の後ろからウォーと叫びながら走ってきて先にタックルをした，被告は原告に馬乗りになって原告の顔面を数回殴ったり，原告の顔に頭突きをしたなどと供述する。しかし，前記各証拠に照らすと，原告の供述は，たやすく信用することはできない。

3　前記認定の事実によれば，原告の横腹に組み付き原告をその場に倒して押さえ込むなどして，原告に全治1週間の上口唇左側の裂傷等の傷害を負わせた被告の行為は，原告が被告に対しいきなり足蹴りをし，引き続いて殴りかかろうとした行為に対し，自分の身体を守るために，防衛の意思に基づいて行ったものと認められ，また，加害行為の態様及び原告の受傷の程度等に照らし，正当防衛として許容される防衛の程度を超えたものとまではいえないから，正当防衛行為であると認めるのが相当である。したがって，被告は，前記加害行為によって原告に生じた損害について賠償責任を負わない。

そうすると，その余の点について判断するまでもなく，原告の請求は理由がないから，これを棄却することとし，主文のとおり判決する。

東京簡易裁判所民事第○室
裁　判　官　　　○　○　○　○

---

(4) 暴行による怪我に伴う不法行為に基づく医療費・靴代・精神的損害等の請求事例〔一部認容（争いのない医療費等のほか，靴代1万円，慰謝料7万円を認容）〕（東京簡判平17・4・26（平成17年（少コ）869号（通常移行））裁判所HP）

■事　案

平成16年5月27日，歩道上において，原告は，被告から，両手で胸ぐらをつかまれ，ガードレールに臀部を押しつけられるなどの暴行を受けた（争いなし）。

■請　求

原告は，■事案の被告の暴行により，全治約２週間を要する右臀部打撲の傷害を受けたとして，被告に対し，被告の不法行為により生じた次の損害及び慰謝料の支払を求める。

①	医療費（診断書料を含む。）	5020円（争いなし）
②	靴代	1万8820円
③	クリーニング代	1500円（争いなし）
④	内容証明郵便代	670円（争いなし）
⑤	精神的損害	47万3990円

■争　点

(1) 靴の損害はいくらか

(2) 精神的損害はいくらか

■判示事項

(1) 靴の損害について，証拠（写真）によっても，原告の靴が被告ともみ合った際に破れた程度は明らかでなく，修理が可能かどうかの判断はできず，原告の靴の新調代金が1万8820円であるというが（甲号証），原告が既に1年近く履いたものであると述べていることを考慮すると，その損害は1万円をもって相当する。

(2) 証拠及び弁論の全趣旨によれば，以下の事実が認められる。

　① 被告は，原告に対し，人違いで暴行に及んだものであるが，それがわかるとその場で土下座して謝った。原告が激怒して，警察を呼び，駆けつけた警察官に，被告は「自分が悪かった。よく話をして謝り，解決する。」と述べ，原告も「被告とよく話し合いをするので，今日のところは結構です。」と述べ，警察官は，現場で双方が和解したとして帰った。

　② 当日夜，双方で話し合い，結局，被告が原告に10万円支払うことで合意した。しかし，約束した時間に原告が受領に出向けなかったことをきっかけとして，互いに相手の態度に不満を抱き，被告は，原告の要求金額が相当でないと考えるに至り，原告はこのままでは示談はありえないと6月1日に病院の診断を受け，警察に出向き，被告は略式起訴されて罰金刑を受け，原告が本訴に及んだ。

③　原告が，理由もなく，見知らぬ被告から突然暴行を受けたことは，被告の軽率な人違いによるものであり，被告の責任は軽くない。ただ，原告の主張する全治約2週間の臀部打撲の傷害は，ガードレールに臀部を押しつけるようにぶつけたことによるものであり，駆けつけた警察官に「少し痛い」と述べているだけであること，病院に行ったのは，示談が決裂した後で事件後5日経ってからであり，その1回だけであること，原告は6月16日に警察で供述調書を作成し，現場検証に立ち会い，同月21日には警察で写真撮影報告書作成に立ち会っていることが認められるが，それを各全1日とは認められないことなどを考慮し，示談に至る経緯，その後の対応等を総合すると，原告の精神的苦痛を慰謝するには7万円をもって相当と認める。

④　よって，被告が原告に支払うべきものは，被告が争わない①医療費5020円，③クリーニング代1500円，④内容証明郵便代670円と，前記認定に係る②靴代1万円，⑤慰謝料7万円の合計8万7190円となる。

■控訴・確定不明

平成17年4月26日判決言渡
平成17年（少コ）第869号（通常手続移行）損害賠償請求事件
口頭弁論終結日　平成17年4月22日
立ち会った司法委員　B

　　　　　　　　判　　　決

　　　　　　　　主　　　文

1　被告は，原告に対し，金8万7190円及びこれに対する平成17年2月1日から支払済みまで年5パーセントの割合による金員を支払え。
2　原告のその余の請求を棄却する。
3　訴訟費用は，これを5分し，その4を原告の負担とし，その余は被告の負担とする。
4　この判決は，仮に執行することができる。

事実及び理由

第1 請 求
1 被告は，原告に対し，金50万円及びこれに対する平成17年2月1日から支払済みまで年5パーセントの割合による金員を支払え。
2 訴訟費用は，被告の負担とする。
3 仮執行の宣言

第2 事案の概要
1 平成16年5月27日午前10時50分ころ，東京都世田谷区ａｂ丁目ｃｄ番ｅｆ号先歩道上において，原告は，被告から，両手で胸ぐらをつかまれ，ガードレールに臀部を押しつけられるなどの暴行による全治約2週間を要する右臀部打撲の傷害を受けたとして，被告に対し，被告の不法行為により生じた次の各損害と慰謝料の支払いを求めるものである。
2 原告主張の損害額金　50万円
　　内　訳
　　① 医療費（診断書料を含む）　5020円
　　② 靴代　1万8820円
　　③ クリーニング代　1500円
　　④ 内容証明郵便代　670円
　　⑤ 精神的損害　47万3990円
　原告は，前記のとおり被告の一方的な暴行により全治約2週間を要する右臀部打撲の傷害を受け，警察による事情聴取に2日，現場検証に1日，会社欠勤2日間等の時間的拘束を受けたことによる精神的苦痛の慰謝料である。
3 原告の主張に対する被告の認否及び反論
　原告主張の日時，場所においての暴行の事実は認めるが，全治約2週間とする右臀部打撲の傷害の程度については否認する。警察による事情聴取に2日，現場検証に1日，会社欠勤2日については不知。損害については，医療費（診断書料を含む），クリーニング代，内容証明郵便代については認めるが，靴代と精神的損害については金額の相当性を争う。

第3 当事者間に争いのない事実及び証拠により容易に認められる事実
1 事件の発生
　日時，場所，傷害の態様は，第2の1の事案の概要記載のとおり
2 損害の程度
　第2の2の事案の概要記載のとおり。ただし，靴代及び精神的損害については除く。

第4　争　点
1　第2の2の靴の損害はいくらか。
2　第2の2の精神的損害はいくらか。
第5　当裁判所の判断
1　争点1について
　証拠（原告が当時はいていた靴が被告ともみ合った際に破れたという写真）によるも，その程度は明らかでなく，修理が可能かどうかの判断ができない。原告は，靴の新調価格が1万8820円であるというが（甲3号証），原告がすでに1年近く履いたものであると述べていることを考慮すると，その損害は1万円をもって相当と解する。
2　争点2について
　①　証拠及び弁論の全趣旨によれば，以下の事実が認められる。
　　ア　被告は，原告に対し，人違いで一方的に暴行に及んだものであるが，人違いと分かるとその場に土下座してあやまった。しかし，原告は激怒し許してくれず，原告が携帯電話で警察官を呼んだ。駆けつけた警察官の前で，被告は「自分が悪かったのであること，よく話をして謝り，解決する。」と述べ，原告も「被告とよく話し合いをするので，今日のところは結構です。」と述べ，警察官は現場で双方が和解したことで現場処理としての措置を終えた。
　　イ　当日の夜，双方で話し合ったところ，被告は，背広とワイシャツのクリーニング代，靴については2万円まで出す，治療費は診断書を持ってきたら払うということであったが，原告は，精神的にダメージを受けたからと慰謝料を要求した。その後の経過もあるが，結局，翌日被告が原告に対し10万円を支払うことで合意した。
　　ウ　しかし，その際に約束した時間に原告が受領に出向けなかったことをきっかけとして，互いに相手の態度に不満を抱き，被告は，原告の要求金額が相当でないと考えるに至り，原告は，このままでは示談はあり得ないと6月1日に病院の診断を受けた上，警察に出向き，結局，被告は略式起訴されて罰金刑を受け，原告は本件訴訟に及んだものである。
　②　以上の事実を総合的に考慮すると，原告が理由もなく，見知らぬ被告から，突然両手で胸ぐらをつかみかかられ，ガードレールに臀部を押しつけられるなどの暴行を受けたことは，たとえ被告の軽率な人違いによるものであったとしても，被告のその責任は軽くない。しかし，原告の主張する全治約2週間を要する右臀部打撲の傷害は，臀部をガードレールに押しつけるよう

にぶつけたものであるということ，当時駆けつけた警察官に原告は「少し痛いです。」と述べているだけであること，病院に行ったのは，示談交渉が決裂した後で，事件後5日経ってからであり，その1回だけであること，検察官の医師からの電話聴取書の記載によると，アザのようなもの（皮下出血）はなかったが，圧痛の愁訴があった，投薬は湿布薬であるとの趣旨が述べられていること等を考慮して診断書（甲1号証）の内容を理解せざるを得ない。更に，原告が警察による事情聴取に2日，現場検証に1日，会社欠勤2日間等を費やしたというが，6月16日に警察で供述調書を作成し，現場検証に立ち会っていること，同月21日には警察で写真撮影報告書作成に立ち会っていることが証拠により認められるが，それとて各全1日とは認められない。その他については立証がない。その上で，これらの事情を考慮し，前記示談に至る経緯，その後の対応等を総合すると，本件による原告の精神的苦痛を慰謝するには7万円をもって相当と認める。

3　そうすると，被告が原告に支払うべきものは，被告が争わない①医療費（診断書料を含む）5020円，③クリーニング代1500円，④内容証明郵便代670円と，前記認定に係る②靴代1万円，⑤慰謝料7万円の合計8万7190円となる。したがって，原告の請求は，主文第1項の限度で理由があるが，その余の請求は理由がない。

　　よって，主文のとおり判決する。
　　　東京簡易裁判所少額訴訟〇係
　　　　　　裁　判　官　　　〇　〇　〇　〇

(5)　けんかによる怪我に伴う双方からの不法行為に基づく治療費・休業損害・精神的損害等の請求事例（本訴原告（反訴被告）Ａ，本訴被告（反訴原告）Ｂ）〔一部認容（ＡＢ双方の治療費を証拠によって全額を認め，休業損害について年齢に対応した男子労働者の賃金センサスの平均収入の8割を基礎として認め，ＡＢ双方の過失割合を掛けた金額を認容，反訴原告Ｂのみが請求した慰謝料は棄却）〕（東京簡判平17・6・23（平成17年（少コ）746号（通常移行），平成17年（ハ）7920号）裁判所HP）☆

☆ 「裁判所HP」裁判例情報や判例秘書（LLI/DB）では，判決の日付を「平成17年9月29日」として表示している。

■事　案
(1) 牛丼屋で，本訴原告（反訴被告）Ａがレジの順番待ちをしていたところ，本訴被告（反訴原告）Ｂが列に並ばずレジの所まで行って店員と言い争いになり，ＢがＡに対し「何見てんだ」「表へ出ろ」言い，ＡがＢと一緒に店の外に出たところ，Ｂは相当酔っておりＡに殴りかかってきたがそれが空振りになり，Ａが左右の手で２発Ｂの顔面を殴り，両者揉み合いとなり，ＢがＡの顔面を殴ったところへ，店員が２人の間に割っては入り，店の中に連れて行ってドアを閉めたところ，激昂したＢが同店の自動ドアのガラスを割り，連絡を受けた警察官に現行犯逮捕された。
(2) (1)の殴り合いで，Ａは全治約２か月の左肩脱臼の傷害を，Ｂは全治約10日の顔面打撲傷，口腔内挫傷の傷害を負った。
(3) 事件当時，Ａは27歳で事故前後にそれまで勤めていた警備会社を退職し，同退職が本件事件によると認めるに足りる証拠はなかった。事件当時，Ｂは32歳で失業中であった。

■請　求
(1) ＡのＢに対する不法行為に基づく損害賠償請求（本訴請求）は次のとおりである。
　① 病院通院費（治療費）　　３万8726円
　② 弁護士相談費　　　　　　　6300円
　③ 休業損害２か月分　　　54万4800円
　④ 合計　　　　　　　　　58万9826円
(2) ＢのＡに対する不法行為に基づく損害賠償請求（反訴請求）は次のとおりである。
　① 休業損害　　　　　　　82万3437円
　② 精神的損害　　　　　　10万　円
　③ 医療費等　　　　　　　１万6020円
　④ 内容証明代　　　　　　　1220円

⑤ 血塗れの衣装代　　　　2万1000円
⑥ 合計　　　　　　　　96万1677円

■争　点
(1) けんかによって双方が受けた損害についての賠償額の算定
(2) けんかについての双方の過失割合

■判示事項
(1) 争いのない事実及び証拠によって容易に認められる事実として，上記■事案の点を認め，Aの請求治療費全額3万8726円を証拠によって認定し，弁護士相談料は債権取立費用であるとして認めなかった。Aの主張する2か月分の休業損害については，賃金センサス25歳から29歳までの男子労働者の平均年収の8割を基礎として，左肩関節脱臼で丸々2か月完全就労不能になるとは考えられないとして，実働日数年300日で日割計算をして1か月半（実働38日分として）分の賃金相当額40万5536円を認めた。Bについては，治療費全額1万6020円を証拠によって認定し，内容証明代は損害に入れず，血塗れの衣類代については証拠がないとして認めなかった。Bの主張する45日分の休業損害については，頭痛や左半身の痺れという症状を根拠とするものについて，Aの2発の殴打行為と事実的因果関係を認めるに足りる証拠がないとし，全治約10日の傷害なので，休業損害としては，賃金センサス30歳から34歳までの男子労働者の平均年収の8割を基礎として，Aと同様の日割計算をして2日分の2万6078円を相当とし，精神的慰謝料はけんかの経緯等に鑑みB側の損害として認めることはできないとした。
(2) けんかの過失割合は，けんかになった事情，双方の行為態様，損害の程度によって判断されるが，酒に酔ったBが何の落ち度もないAに因縁をつけ，AがBの挑発に乗ってしまったけんかの経緯や双方の怪我の程度等を考慮し，Aが3割，Bが7割とした。
(3) AのBに対する請求は，44万4262円の7割に相当する31万0983円を請求する限度で理由があり，BのAに対する請求は，4万2098円の3割に相当する1万2629円及びこれに対する遅延損害金を請求する限度で理由がある。

■控訴・確定不明

平成17年6月23日判決言渡
本訴　平成17年（少コ）第746号損害賠償請求事件（通常移行）
反訴　平成17年（ハ）第7920号損害賠償請求事件
口頭弁論終結日　平成17年6月9日

主　　　文

判　　　決

1　本訴被告（反訴原告）は，本訴原告（反訴被告）に対し，31万0983円を支払え。
2　反訴被告（本訴原告）は，反訴原告（本訴被告）に対し，1万2629円及びこれに対する平成17年5月31日から支払済みまで年5分の割合による金員を支払え。
3　本訴原告（反訴被告）のその余の請求を棄却する。
4　反訴原告（本訴被告）のその余の請求を棄却する。
5　訴訟費用は，本訴反訴ともに，これを10分し，その7を本訴被告（反訴原告）の負担とし，その3を本訴原告（反訴被告）の負担とする。
6　この判決は，第1項及び第2項に限り，仮に執行することができる。

事実及び理由

第1　請　求
（本訴）
　本訴被告（反訴原告）は，本訴原告（反訴被告）に対し，58万9826円を支払え。
（反訴）
　反訴被告（本訴原告）は，反訴原告（本訴被告）に対し，96万1677円及び，これに対する平成17年5月31日から支払済みまで年5分の割合による金員を支払え。
第2　事案の概要
　本件は，本訴原告（反訴被告）Aと本訴被告（反訴原告）Bとの間のけんかにより，双方が怪我をし，それぞれが相手方に対して不法行為に基づく損害賠償請求をしている事案である。
　AのBに対する請求（本訴）は次のとおりである。
（1）病院通院費（治療費）　　　　　3万8726円
（2）弁護士相談費　　　　　　　　　　6300円

(3)	休業損害2ヶ月分	54万4800円
	合計	58万9826円

BのAに対する請求（反訴）は次のとおりである。
(1)	休業損害45日分	82万3437円
(2)	精神的損害	10万0000円
(3)	医療費等	1万6020円
(4)	内容証明代	1220円
(5)	血塗れの衣類代	2万1000円
	合計	96万1677円

1 争いのない事実及び証拠上容易に認められる事実等

　Aは，平成17年1月24日午後10時30分ころ，都営C線D駅近辺の牛丼屋E店で夕食をとるために，同店のレジ前に並んで順番待ちをしていた。Aの前には4人くらいの客が並んでいた。そこへ，Bが入ってきて，列の後ろに並ばないでいきなりレジのところまで行って店員と言い争っているうちにその矛先がAの方に向かい，Aに対し「何を見てんだ」「表へ出ろ」と言ったので，Aは黙ってBと一緒に同店の外の歩道に出た。Bは相当酔っていた。

　店の外に出たら，BがいきなりAに対し，右手で殴りかかったが空振りになった。それに対してAが左右の手で2発，Bの顔面を殴り返した。その後，両者の揉み合いとなったが，左肩に激痛と痺れを感じたAがその場にうずくまったところ，BはAの顔面を更に殴った。

　そして，同店店員（あるいは客）が2人の間に割って入り，Aを同店内に連れて行き入口のドアを閉めた。激昂したBは同店の自動ドアのガラスを割り，器物損壊の疑いで，連絡を受けて駆け付けた警察官に現行犯逮捕された。

　この殴り合い等で，Aは全治約2ヶ月の左肩関節脱臼の傷害を，Bは全治約10日間の顔面打撲傷，口腔内挫傷の傷害を負った。

　なお，事件当時，Aは27歳で，事件前後にそれまで勤めていた警備会社を退職しているが，退職が本件事件によるものであることを認めるに足りる証拠はない。また，事件当時，Bは32歳で，失業中であった。

2 争点
(1) 本件けんかにより双方が受けた損害（傷害）についての賠償額の算定
(2) 本件けんかについての双方の過失割合

第3 当裁判所の判断

1 双方の損害の賠償額の算定

　Aの左肩関節脱臼は，Bの暴行により生じた傷害であり，Aはその治療費とし

て3万8726円を支払っている（甲2の1ないし4）。この金額は当然に損害額に計上される。Aの支払った弁護士の相談料費用6300円は，債権取立費用の性質を有し損害額算定の際に考慮することはできない。Aの主張する2ヶ月分の休業損害54万4800円の根拠は明確でない。そこで，平成15年度賃金センサス25歳から29歳までの男子労働者の平均年収400万2300円の8割の320万1840円を基礎とし，左肩関節脱臼で丸々2ヶ月の間完全就労不能になるとは考えられないので，実働日数年300日で日割計算をし1ヶ月半（実働38日分として）分の賃金相当額40万5536円を休業損害の額とする。Aの損害額は合計で44万4262円となる。

　Bの顔面打撲傷，口腔内挫傷は，Aの暴行によるものであり，その治療費等としてBは1万6020円を出費している（乙7の2，乙7の4ないし7）。この金額は損害額として計算される。内容証明代1220円は損害額には入らず，血塗れの衣類代2万1000円については認めるに足りる証拠がない。Bの主張する45日分の休業損害82万3437円というのは，頭痛や左半身の痺れという症状を根拠とするものであろうが，そうした症状とAの2発の殴打行為との事実的因果関係の存在を認めるに足りる証拠がない。全治約10日の顔面打撲傷等の傷害なので，休業損害としては，平成15年度賃金センサス30歳から34歳までの男子労働者の平均年収488万9900円の8割の391万1920円を基礎としてAの場合と同様の日割計算をして2日分の2万6078円とするのが相当である。精神的損害10万円については，本件けんかの経緯等に鑑みB側の損害として認めることはできない。Bの損害額は合計で4万2098円となる。

2　けんかの過失割合

　けんかの過失割合は，けんかになった事情，双方の行為の態様，損害の程度によって判断されるが，酒に酔ったBが何の落ち度もないAに因縁をつけ，そしてAがBの挑発に乗ってしまったというけんかの経緯や双方の怪我の程度等を考慮すると，本件けんかの過失割合としては，Aが3割，Bが7割とするのが相当である。

3　結　論

　AのBに対する請求は，44万4262円の7割に相当する31万0983円を請求する限度で理由がある。

　BのAに対する請求は，4万2098円の3割に相当する1万2629円及びこれに対する遅延損害金を請求する限度で理由がある。

　　　東京簡易裁判所少額訴訟〇係
　　　　　　裁　判　官　　　〇　〇　〇　〇

第8 その他の損害賠償請求

1 はじめに

ここでは，今までの第7までの事例のように，類型化することはできないが，身近な紛争に伴う損害賠償請求事例を，簡易裁判所の事例を中心として，説明をしていきたい。

なお，簡潔な判決で，判決文自体が参考となると思われるものは，判決文の表現をそのまま載せることとする。

> (1) ホテルをチェックアウトした後の相宿泊者の行為による損害をチェックアウトした客の手足もしくは履行補助者の行為による宿泊料支払義務・善管注意義務違反による損害としてチェックアウトした客に請求した事例〔請求棄却〕（神戸簡判平3・6・27判タ820号213頁）

複数の者でホテルを利用した場合，一部の者が先にチェックアウトすることがある。その場合，通常は，それまでの利用金額を清算し，チェックアウトするのが普通であると思われる。この場合，ホテル側としては，チェックアウトする者から，それまでの利用金額を精算して，チェックアウトすることを認めたのであるから，以後何らかの料金が発生したとしても，チェックアウトした者に対しては請求せず，部屋に残っている者に対して請求すると考えたものと思われ，チェックアウトする側も，そのような認識でチェックアウトしたものと考えられる。したがって，複数の者でホテルを利用し，それまでの利用金額を精算して一部の者が先にチェックアウトした場合には，ホテル側とチェックアウトした者の間に，今後発生した利用料金については，チェックアウトした者からは請求せず，部屋に残っている者に請求するという合意が成立したものと解することもできると思われる。

(2) 落語会で居眠りした原告を会場から退出させた行為が不法行為にあたるとして慰謝料を請求した事例〔請求棄却〕（飯田簡判平11・4・21判タ1004号185頁）

　落語会等のチケットを購入してそれを見に来ている客は，当然，その落語会等を見る権利があることになる。したがって，その客を，当該落語会等を見ることができないように，その会場から退出させることはできないのが原則である。そして，その客を当該落語会等を見ることができないように，その会場から退出させるには，それを正当化させるだけの理由が必要となる。
　本件事例は，客である原告が，演ずる落語家の目の前の席で居眠りをしたため，気分を害した演者である落語家が，退席してしまい，当該客である原告が退出しない限り落語会の再開は困難であったとして，主催者側が当該客である原告を退出させたものである。原告は，これにより名誉を傷つけられたとして，慰謝料10万円の請求をしたものである。
　本件事例では，原告の請求は棄却されているが，本当に原告が退出しない限り落語会の再開は困難であり，主催者側のその退出を求める行為が，原告に対し，無理な強制力の行使をするなどの行為がない，相当な範囲内の行為であれば，原告に退出を求める正当な理由があり，原告側の損害賠償請求は認められないということでいいと思われる。

(3) 花泥棒呼ばわりされたことに伴う名誉毀損による不法行為に基づく損害賠償請求事例〔請求棄却〕（東京簡判平16・11・16（平成16年（ハ）10863号）裁判所HP）

　他人の発言により，自己の名誉が毀損されたとして，不法行為による損害賠償（慰謝料）を請求する事例がある（民710条）。
　人は，他人の言動により，不快な思いをすることはよくあることである。しかし，その不快な思いになる言動がされれば，常に，その他人に対し，名誉毀損による損害賠償請求ができるわけではない。当該他人の言動が，その動機，

経緯，具体的結果等から判断し，金銭をもって慰謝するのが相当であると認められる程度の違法性がある場合に限り，名誉毀損が成立すると考えるべきである。

本件事例は，原告が花泥棒呼ばわりされたことに伴う名誉毀損による損害賠償請求であるが，被告の言動により，結果として，その後，原告が花泥棒とかの噂を立てられたなどの事実はなく，原告の名誉に深刻な実害が生じる事態には至らなかったなどとして，原告の請求が棄却されている。

(4) 借室漏水による同借室使用不可に伴う不法行為に基づく①その間のホテルでの食事代，②バルコニーに置いて枯れた観葉植物購入代，③慰謝料，④保険でてん補されなかった衣類家具備品代の請求事例〔一部認容（慰謝料5万円のみ認容）〕（東京簡判平17・2・8（平成16年（少コ）3304号（通常移行））裁判所HP）――損害の範囲の問題

本件は，借室の直上の部屋からの水漏れにより損害を被ったとして，貸室居住者が，直上の部屋の管理責任者に対し，借室を利用できなかったとして，①その期間中のホテル宿泊中の食事代，②ベランダに置かざるをえなかったことにより枯れた観葉植物購入代金，②慰謝料，③保険によっててん補されなかった衣類家具備品代を請求した事件である。

本件では，貸室居住者である原告の損害の範囲が問題となり，①の食事代は漏水事故とは関係なく発生するものとして，同事故との因果関係を否定し，②の観葉植物購入代金についても，観葉植物をベランダに置かざるをえなかったことを認めるに足りる証拠はないとして，同事故との因果関係を否定し，④の衣類家具備品代は，保険によって適正な損害については既にてん補され，それを超えた物的損害はないとして，それぞれそれらの請求を棄却した。

このような事件では，損害の範囲が問題となる事例も多く，通常予想される損害を超えて請求していると思われる場合もある。そのような損害については，本件のようにその因果関係を否定するなどして，その損害の請求を棄却することもあると思われる。

また，損害保険でてん補されたものについては，通常は，当該保険によって，適正な損害はてん補されたと考えられるので，てん補されていないとしてその損害の賠償を求める場合は，てん補されていない具体的事情を主張・立証する必要があると思われる。

(5) 売買契約解除に基づくチケット代返還・慰謝料請求事案においてチケット代払戻しの根拠がないとして請求を棄却した事例〔請求棄却〕(東京簡判平17・3・18（平成17年（少コ）457号（通常移行））裁判所HP)

　本件は，チケットを買い受けた原告が，一般にチケットの払戻しは認められているなどとして，被告には払戻しに応じる義務があるとして，チケット代返還・慰謝料の請求をした事件である。
　原告がいう，一般にチケットの払戻しは認められて，チケットを販売した者等は払戻しに応じる義務が生ずるということであれば，その義務を具体的に主張・立証する必要があると思われる。本件では，それを認めるに足りる主張も立証もないとして，請求を棄却している。

(6) 店舗駐車場での車上荒らしについての商法594条の寄託に基づく損害賠償請求事例〔請求棄却〕(東京簡判平17・7・19（平成17年（ハ）5837号）裁判所HP)

　本件は，被告店舗１階の駐車場に車を駐車させて，同店舗の２階で飲食し，その途中で車に戻ってみたところ，原告の車の窓が割られ，車内に置いてあったエアロビクス用品が入ったスポーツバックが窃取されたとして，その損害の賠償を求めた事案である。店の駐車場に車を駐めてその店で食事をすることは，通常よくあることである。その駐車場で，本件のような車上荒らし等が起こり，駐車場に車を駐めた者に損害が発生した場合，当該店に責任を問いうるのであろうか。本件では，商法594条の「客の来集を目的とする場屋の主人の責任」

があるとして請求をしている。

　商法594条では，旅店，飲食店等の他の客の来集を目的とする場屋（じょうおく）の主人は，客より寄託を受けた物品の滅失又は毀損につき，その不可抗力によることを証明することができなければ，その損害賠償の責任を免れることができないとし（商594条1項），客が特に寄託しない物品でも，場屋中に携帯した物品が場屋の主人又はその使用人の不注意によって滅失又は毀損したときは，場屋の主人は，損害賠償の責任を負い（商594条2項），客の携帯品について責任を負わない旨告示したときであっても，場屋の主人は，損害賠償責任を免れないとしている（商594条3項）。

　この場合の「寄託」とは，他人のために物を保管することを目的とする契約であり，当該契約の成立には，目的物の移転のほか，目的物保管の債務を負う旨の合意が必要であり，自己の支配内への他人が物を置くことを許容しただけでは寄託を受けたことにはならず，積極的に債務の負担の合意をすることが必要であると解される（東京地判昭59・7・31判時1150号201頁）。そして，本件のように店舗等の駐車場に駐車した車についての寄託契約の成立の有無について，裁判例では，店舗等の側で当該車の鍵を預かって車を駐車させた場合に寄託契約の成立を認めている（大阪高判平12・9・28判時1746号139頁，東京地判平8・9・27判時1601号149頁）が，店舗等の側で当該車の鍵を預かっていない場合には寄託契約の成立を認めていないようである（東京地判昭59・7・31判時1150号201頁，高知地判昭51・4・12判時831号96頁）。

　本件では，駐車場には客が自由に駐車でき，被告店舗は鍵の引渡しを受けていないことなどから，原告の車及び積載物件について被告が保管していた状態になっていたと解することは困難であるなどとして，寄託契約の成立を否定し，原告の損害賠償の請求を棄却した。

2　その他の損害賠償請求事例

表）その他の損害賠償請求事例一覧表

	事　例	裁判例	認容内容
(1)	ホテルをチェックアウトした後の相宿泊者の行為による損害をチェックアウトした客の手足もしくは履行補助者の行為による宿泊料支払義務・善管注意義務違反による損害としてチェックアアウトした客に請求した事例	神戸簡判平3・6・27判タ820号213頁	原被告間の宿泊契約は原告が宿泊料金を支払ってホテルを退出した時に終了したとして請求棄却
(2)	落語会で居眠りした原告を会場から退出させた行為が不法行為にあたるとして慰謝料を請求した事例	飯田簡判平11・4・21判タ1004号185頁	被告ら主催者側の一連の行為が社会通念上相当とされる範囲を逸脱していないとして請求棄却
(3)	花泥棒呼ばわりされたことに伴う名誉棄損による不法行為に基づく損害賠償請求事例	東京簡判平16・11・16（平成16年（ハ）10863号）裁判所HP	被告の言動は未だ金銭慰謝するのが相当であると認められるほどの違法性があるとは認められず，名誉毀損は成立しないとして請求棄却
(4)	借室漏水による同借室使用不可に伴う不法行為に基づく①その間のホテルでの食事代，②バルコニーに置いて枯れた観葉植物購入代，③慰謝料，④保険でてん補されなかった衣類家具備品代の請求事例	東京簡判平17・2・8（平成16年（少コ）3304号（通常移行））裁判所HP	①，②は漏水事故による損害とは考えることができないとして，④の損害については保険で適正な損害としててん補されており，それを超える物的損害はないと

第3節　身近な損害賠償関係事件について
第8　その他の損害賠償請求

			して，それぞれ請求棄却，③の慰謝料については請求37万円のところ5万円のみ認容
(5)	売買契約解除に基づくチケット代返還・慰謝料請求事案においてチケット代払戻しの根拠がないとして請求を棄却した事例	東京簡判平17・3・18（平成17年（少コ）457号（通常移行））裁判所HP	請求棄却
(6)	店舗駐車場での車上荒らしについての商法594条の寄託に基づく損害賠償請求事例	東京簡判平17・7・19（平成17年（ハ）5837号）裁判所HP	寄託契約が成立しているとは認められないとして請求棄却

(1) ホテルをチェックアウトした後の相宿泊者の行為による損害をチェックアウトした客の手足もしくは履行補助者の行為による宿泊料支払義務・善管注意義務違反による損害としてチェックアウトした客に請求した事例〔請求棄却〕（神戸簡判平3・6・27判タ820号213頁）

■事　案
(1) 被告は，神戸市内のスナックで友人と飲んでいたところ，客としてきていたＺ（成人女性）と意気投合し，Ｚの案内で原告ホテルに行った。被告とＺには親族関係その他の身分関係はない（被告，弁論の全趣旨）。
(2) 原告は，平成2年10月7日午前2時21分ころ，被告と原告ホテル宿泊契約を締結し，被告は申込金等として2万円を支払い，被告に対し原告ホテルの1102号室を提供し，被告及びＺは同室に宿泊した（宿泊契約の成立・申込金等の支払について証拠により認定，その他争いなし）。
(3) 被告は，同日朝Ｚにホテルを出ようといったが，Ｚが渋ったのでの，ホテルのフロントにチェックアウトの時間を確認し，チェックアウトの時間を11時であることをＺに告げて，1102号室を出た（証拠により認定）。被告は，同日午前8時19分ころ，原告係員に対し，1102号室の宿泊料金1万8128円を支払い，申込金等の残1872円を受け取り，原告ホテルをチェックアウトした。その際，被告は，Ｚが1102号室に残っているので，午前10時に電話をしてくださいと依頼した（争いなし）。
(4) 原告係員は，同日午前10時にＺに電話したところ，Ｚの応答があった（証拠により認定）。Ｚが1102号のチェックアウトの時刻になっても同室をあけなかったので，原告係員が午前12時ころＺに電話をしたがつながらなかった。
(5) 原告係員が午後1時15分ころ1102号室のドアから水が溢れ出ていることを発見し，原告ホテルフロントから1102号室のＺに電話をしたがつながらなかった。原告係員が同室に入ろうとしてドアをノックしたが応答がなかったので，最終的にはドアチェーンを切って1102号室に入ると，床は水浸しの状態であった。浴室の水が出っぱなしで，Ｚは裸で発狂気味の声を

出し暴れ出したので，原告係員は，救急車を呼び，警察に通報し，Ｚは救急車で病院に運ばれた（証拠により認定）。

■請　求

　Ｚが被告の手足又は被告の履行補助者であるから，被告は原告に対しＺの行為によって原告に生じた損害等を賠償する義務があるとして，原告は，被告に対し，64万6652円（宿泊延長料金等5386円，部屋等の損害64万1266円）及びこれに対する平成3年1月9日から支払済みまで年6分の割合による金員の支払を求める。

■争　点

　ホテルをチェックアウトした後の相宿泊者の行為による損害をチェックアウトした客（被告）に賠償すべき義務があるか

■判示事項

(1) 証人Ａの証言によれば，成人男女一組の宿泊客のうち，一方が他方をおいて，それまでの宿泊料金を支払って原告ホテルを退出することは通常ありうることであり，この場合に約款に定める追加料金等を要するときは，あとに残った客から支払ってもらうことにしていること，及び，原告としてはＺから追加料金等の支払を受けられるものと考えていたことが認められる。

(2) ①一泊契約であること，②被告は原告に対し宿泊料を支払って原告ホテルを出たこと，③約款（申込金は宿泊客が最終的に支払う宿泊料金に充当し，宿泊客の故意過失により原告ホテルが損害を被ったときの賠償等が生じたときは，それらに充当し，残額があれば返還する）の定め，④原告ホテルでは，成人男女一組の宿泊客のうち一方が他方をおいて，それまでの宿泊料金を支払って原告ホテルを退出した場合に，約款に定める追加料金等を要するときは，後に残った客から支払を受ける取扱いとなっていること，によると，原被告間の宿泊契約関係は，原告が1102号室の宿泊料金を支払って，原告ホテルを退出したときに終了したものというべきである。したがって，被告は，その後のＺの行為によって生じた損害等については，賠償する責任はない。

　原告は，Ｚが被告の手足又は被告の履行補助者であるから，Ｚの行為について責任があると主張するが，Ｚが被告の手足又は被告の履行補助者で

あると認めるに足りる証拠はない。

■**控訴**（和解成立（被告は原告に対し解決金として10万円を支払い、原告はこれを受領した。原告はその余の請求を放棄する。訴訟費用は各自の負担とする。））

平成3年6月27日判決言渡
平成2年（ハ）第866号　損害賠償請求事件

判　　決

主　　文

　原告の請求を棄却する。
　訴訟費用は原告の負担とする。

事　　実

一　原告の請求
　1　被告は、原告に対し、金646,652円及びこれに対する平成3年1月9日から支払済みまで年6分の割合による金員を支払え。
　2　訴訟費用は被告の負担とする。
　3　仮執行宣言
二　原告の請求原因
　1　原告はホテル業を営むもので、神戸市中央区〈番地略〉でホテルモントレ神戸（以下原告ホテルという）を経営している。
　2　原告は、平成2年10月7日午前2時21分ころ被告と原告ホテルの宿泊契約を締結して1102号室を提供し、被告及び乙川春子（以下、乙川という）は同室に宿泊した。
　3　被告は、平成2年10月7日午前8時19分ころ原告係員に対し、1102号室の宿泊料金18,128円〔内訳、基本宿泊料（室料）16,000円、サービス料1,600円、消費税分528円〕を支払い、原告ホテルをチェックアウトした。その際、被告は原告係員に対し、乙川が1102号室に残っているので、午前10時に電話をして下さいと依頼した。
　4　原告係員は午前10時に乙川に電話をした。
　5　事故の発生

第3節 身近な損害賠償関係事件について
第8 その他の損害賠償請求

　　（一）　原告ルームメイク係員が平成2年10月7日午後1時15分ころ1102号室から水が廊下に溢れ出ていることを発見し，フロントから同室に連絡しようとしたが，通話ができず，同室のドアをノックしても乙川の応答がなかった。原告係員が1102号室に入ろうとしたが，ドアチェーンがされており，やむを得ずチェーンカッターでドアチェーンを切断し，室内に入ったところ，1102号室は水浸しの状態であった。そこで，原告係員は，床，絨毯に溢れた水の応急処置をした。

　　（二）　1102号室のバスルーム内で物音がしたので，原告係員がバスルームのドアをノックすると，急にドアが開き，乙川が大声で暴れだした。約10分後に原告防災係員がバスルームにいた乙川を連れ出し，シーツ，毛布で同女の身体を覆い，ベッドに寝かせたが，再び暴れ出した。原告係員がフロントから救急車を呼ぶと共に生田警察署に通報したので，乙川は三宮金沢病院に収容された。

6　原告の被った損害等

　乙川の1102号室の延長料金及び漏水による損害は，別紙記載のとおりである。

7　被告の責任

　　（一）　被告及び乙川は宿泊料金支払義務及び善良なる管理者の注意をもって1102号室を使用する義務がある。

　　（二）　乙川は過失によって右注意義務を怠たり，原告に前記6記載の損害等を与えた。

　　（三）　乙川が被告の手足若しくは被告の履行補助者であるから，被告は原告に対し，乙川の右行為によって原告に生じた損害等を賠償する義務がある。

三　被告の請求原因に対する答弁等

1　請求原因1の事実は認める。

2　同2のうち，被告及び乙川が原告主張の日時ころから原告ホテルの1102号室に宿泊したことは認めるが，その余の事実については知らない。被告は平成2年10月7日夜，友人と神戸市内に出，某スナックで乙川と知り合い，乙川が原告ホテルを指定したので，同ホテルに宿泊した。

3　請求原因3の事実は認める。

4　同4の事実は知らない。

5　同5の各事実は知らない。

6　同6の事実は否認する。被告は原告ホテルをチェックアウトする以前に，1102号室の電話をかけていないし，冷蔵庫内の飲料も飲んでいない。

7　同7の主張は争う。原告主張の乙川の行為は，被告が原告に宿泊料金を支払

って原告ホテルをチェックアウトした後の行為であるから，被告に責任はない。

理　由

一　請求原因1の事実は当事者間に争がない。

　原告は，平成2年10月7日当時すでに宿泊約款（以下約款という，〈書証番号略〉。以下主な証拠を括弧内に掲げる。）を制定し，その第1条（適用範囲）に，1原告ホテルが宿泊客との間で締結する宿泊契約及びこれに関連する契約は，この契約の定めるところによるものとし，この約款に定めのない事項については，法令または一般に確立された慣習によるものとする。2原告ホテルが法令及び慣習に反しない範囲で特約に応じたときは，前項の規定にかかわらず，その特約が優先するものとする，旨定めている（宿泊モデル約款参照，注釈民法（17）421頁以下）。

二　被告（昭和38年2月6日生）は，平成2年10月7日午前零時過ころ友人数名と神戸市内の某スナックで飲んでいたところ，客としてきていた乙川春子（成人女性）と知合い，意気投合して乙川の案内で原告ホテルに行った。被告と乙川とは，親族関係その他の身分関係はない。（以上被告，弁論の全趣旨）

三　宿泊契約の成立

　被告及び乙川は，平成2年10月7日午前2時21分ころ原告係員に一泊の宿泊申込みをし，原告との間に①1102号室に右2名で10月6日から一泊する。②チェックアウトは10月7日，③基本宿泊料（室料）16,000円，サービス料1,600円との宿泊契約を締結した（〈書証番号略〉）。その際，被告は，原告係員の求めにより，原告に申込金等として20,000円を支払い（〈書証番号略〉約款3条2項，〈書証番号略〉）。宿泊者名簿に被告の氏名，住所，勤務先，電話番号を記入した（〈書証番号略〉）。（以上証人矢野正一，被告）

四　被告が10月7日朝1102号室をあけようとして，乙川に原告ホテルを出ようと言ったが，同女が渋った。そこで，被告は原告ホテルフロント係員に1102号室のチェックアウトの時刻を尋ねたところ，午前11時と答えたので，同女にその旨告げ，先に1102号室を出た（以上，〈書証番号略〉約款9条1項，被告）。

　被告は，平成2年10月7日午前8時19分ころ原告係員に対し，1102号室の宿泊料金18,128円〔内訳，基本宿泊料（室料）16,000円，サービス料1,600円，消費税分528円〕を申込金等20,000円をもってあて，残金1,872円の返還を受けて原告ホテルを出た（当事者間に争がない。なお，〈書証番号略〉約款3条3項，12条，〈書証番号略〉）。その際，被告は，原告係員に対し，乙川が1102号室に残っているので午前10時に電話をして下さいと依頼した（当事者間に争がな

第3節　身近な損害賠償関係事件について
第8　その他の損害賠償請求

い）。被告が午前10時と指定したのは，乙川のチェックアウトのための準備の時間を考慮したからである（被告）。

五　原告フロント係員が午前10時ころ乙川に電話をしたところ，同女から応答があった（証人矢野正一4，31）。

六　乙川が1102号室のチェックアウトの時刻になっても同室をあけなかったので，原告係員が午前12時ころ乙川に電話をしたが，つながらなかった。しかし，原告係員は1102号室に同女を訪ねるなどの措置をとらなかった。

　約款9条及び館内のご案内（〈書証番号略〉）によると，宿泊客が客室のチェックアウト時以降，その客室を使用したいときには，あらかじめ原告ホテルフロント係に申し出れば，使用に応じることがあり，この場合には客に所定の追加料金の支払を求める旨の定めがある。しかし，乙川から原告フロント係員に対し，チェックアウト時を越えて，1102号室の使用を申し出た形跡はなく，又原告係員から乙川に対し，1102号室の使用の延長の有無を確めた形跡もない。（以上証人矢野正一）

　証人矢野正一の証言（29・34）によると，成人男女一組の宿泊客のうち，一方が他方をおいて，それまでの宿泊料金を支払って原告ホテルを退出することは，通例あり得ることであり，この場合に約款9条に定める追加料金等を要するときは，あとに残った客から支払ってもらうことにしていること，及び，原告としては乙川から追加料金等の支払を受けられるものと考えていたことが認められる。

七　原告係員が午後1時15分ころ1102号室のドアから廊下に水が溢れ出ていることを発見して，原告ホテルフロントから1102号室の乙川に電話をしたが，つながらなかった。原告係員が同室に入ろうとしてドアをノックしたが応答がなかった。原告係員が親かぎでドアをあけようとしたが，チェーンがかかっていたので，大声で乙川を呼んだが応答なく，カッターでチェーンを切って1102号室に入った。床は水浸しの状態であった。浴室で物音がしたので，浴室をあけると，水が出しっぱなしで，浴室から外に水が溢れ出ており，乙川は裸で，発狂気味の声を出し暴れ出した。そこで，原告係員はシーツと毛布で乙川の身体をくるんで抱きかかえ，ベッドに連れていった。原告係員は，乙川に自殺のおそれがあると考えて救急車を呼び，生田警察署に通報し，間もなく乙川は救急車で金沢病院に運ばれた（以上証人矢野正一）。

　乙川は，精神保健法29条により平成2年10月8日垂水病院に措置入院させられ，平成3年1月21日現在入院中である〔弁論の全趣旨（垂水病院長作成の回答書，裁判所書記官作成の口頭聴取書）〕。

八 原告の損害等

1　原告は乙川から次の宿泊料金等5,386円の支払を受けられなかった（証人矢野正一）。
　（一）　1102号室の延長料金3,399円（〈書証番号略〉）
　（二）　電話料30円（〈書証番号略〉）
　（三）　冷蔵庫内飲料及び消費税分1,957円（〈書証番号略〉）
　　　右電話料は乙川が使ったものであり，飲料は被告が飲んだと認める証拠がないから，乙川が飲んだか，又は床にぶちまけたものと認められる（証人矢野正一，被告，弁論の全趣旨）。
2　乙川が水を出しっぱなしにしたため1102号室が水浸しになり，同室から溢れ出た水によって他の室にも被害が及び，原告は損害を被った（証人矢野正一）。

九 被告の責任の有無

1　以上の事実，とりわけ①宿泊契約は10月6日から10月7日までの一泊契約であること，②被告は10月7日午前8時19分ころ原告に対し1102号室の宿泊料金18,128円を申込金等20,000円をもってあて，原告係員から残金1,872円の返金を受けて，原告ホテルを出たこと，③約款3条3項の定め，④原告ホテルでは，成人男女一組の宿泊客のうち一方が他方をおいて，それまでの宿泊料金を支払って原告ホテルを退出した場合に，約款9条に定める追加料金等を要するときは，あとに残った客から支払を受ける取扱となっていること，によると，原，被告間の宿泊契約関係は，被告が10月7日午前8時19分ころ1102号室の宿泊料金を支払って，原告ホテルを退出したとき終了したものというべきである。従って，被告は，その後の乙川の行為によって原告に生じた損害等については，賠償する責任はない。

2　原告は，乙川が被告の手足又は被告の履行補助者であるから，乙川の行為について責任があると主張する。しかし，乙川が被告の手足又は被告の履行補助者であると認めるに足りる証拠はない。
　のみならず，債務者が履行補助者の行為について責任を負うのは，履行補助者に故意または過失があった場合である。上記六，七の事実によると，おおよそ午前12時前ころから救急車で運ばれるまでの間，乙川は，自己の行為の結果を判断することのできる精神的能力，すなわち意思能力（不法行為については責任能力）を欠いていたものと認められる。従って，乙川は右行為当時，故意又は過失があったものとは認められない（なお，約款18条参照）。よって，原告の前記主張は採用できない。

一〇　以上のとおりであるから，原告の本訴請求は理由がないので棄却することとし，訴訟費用の負担につき民事訴訟法89条を適用して主文のとおり判決する。
　　　神戸簡易裁判所
　　　　裁判官　　竹田國雄

（別紙）
一　宿泊料金等　　　5,386円
　1　1102号室の延長料金（10月7日）　　3,399円
　2　電話料　　30円
　3　冷蔵庫内飲料等　　1,957円
二　損害明細　　641,266円
　1　1103号室使用不能（10月7日）　　20,394円
　2　1007号室使用不能（10月7日）　　14,729円
　3　606号室使用不能（10月7日）　　7,931円
　4　1102号室使用不能（10月7日～同月10日まで）　　72,512円
　5　同室ドアチェーン一式（チェーンカッター取替費用）　　5,000円
　6　除湿機二台（レンタル料）　　6,180円
　7　バスタオル洗濯代（80枚×50円）　　4,000円
　8　右客室電話器損傷　　12,000円
　9　右同室床絨毯仮仕様工事一式（消費税含）　　127,720円
　10　右同室床絨毯原状回復工事一式（消費税含）　　370,800円

(2)　落語会で居眠りした原告を会場から退出させた行為が不法行為にあたるとして慰謝料を請求した事例〔請求棄却〕（飯田簡判平11・4・21判タ1004号185頁）

■事　案
(1)　平成10年12月17日午後6時ころ，飯田市の公民館で落語会が開催された。原告は当該落語会の観客であり，被告は，当該落語会の主催者であり，落語会当日は実行委員として受付等の事務を行っていた。

(2) 落語会の会場は，前側が畳席，その後方が椅子席となっており，原告は同伴した妻とともに，当該椅子席の最前列中央部に座っていた。
(3) 同日午後7時ころ，落語家の落語が始まったが，原告は，その後程なくして居眠りを始めた。
(4) 居眠りが始まってしばらくしてから，落語家は高座を降り，落語会が中断した。その間，原告は妻とともに公民館から退出し，その後落語家が高座に上がって落語会は再開し，終了した。

■請　求
　落語会の席上で居眠りをしていた観客（原告）を，当該落語会の実行委員である被告が強引にその場から退出させ，原告の名誉を傷つけたなどとし，原告は，被告に対し，不法行為に基づく損害賠償（慰謝料）として，10万円及び平成10年12月30日から支払済みまで年5分の割合による金員の支払を求める。

■争　点
(1) 原告を公民館から退出させた被告の行為は不法行為としての違法性を有するか
(2) (1)の違法性が認められる場合の損害の有無及びその額

■判示事項
(1) ■**事案**の事実は争いのない事実
(2) 証拠によって認められる事実
　① 原告の居眠りに気づいた落語家は，原告に対し，「お父さん寝ちゃって大丈夫かい」，「目の当たりで寝てんのはかなわねえ」，「連れて帰ってくれたがいいですよ」，「ズバッと言やあ目障りだ」などといい，その場で小咄をいくつかやり，それに場内は何回か爆笑したが，原告が目を覚ます様子はなかった。落語家は，「やる気なくなっちゃったよ」といい，観客に休憩する旨告げて高座を降り，落語会は中断した。高座から降りた落語家は，弟子に対し「ダメだやってらんない，他の客はちゃんと聞いているのに，ありゃ迷惑だ」といい，被告に対し「やってられないよ」といって楽屋に入ってしまった（証拠）。
　② 落語会が中断した直後，実行委員の一人の訴外Aは，原告の席に向か

った。その際原告は目を閉じていたので，「気分でも悪いのですか」，「お疲れでしたら，布団をしきます」，「外の空気を吸ってはどうですか」などと声をかけた。その後，Aは，その場を離れ，会場入口の受付付近にいた被告に報告していたところ，原告が会場から出てきたので，Aは被告に，居眠りをしていたのは原告であることなどを告げた（証拠）。

③　被告は，その場で原告と少し話をした後，「ここではお客さんもいるし，迷惑がかかるのであっちに行きましょう」などといって，原告とともに公民館の玄関ホールまで歩いて行った。その際，被告は原告の腕ないし腰の辺りに手を回し，並んで一緒に歩いていった（証拠）。

④　玄関ホールについた原告と被告は，その場で話をしたが，原告は，「居眠りをして何が悪い」，「金を払ったんだから何をしてもいいだろう」などといって，会場に戻ろうとしたため，このままでは落語会を再開できないと判断した被告は，原告の上着の袖をもって制止したうえ，「とにかくお帰りください」と何度も懇願し，玄関に土下座して原告に退出を求めた。その後，原告は，妻から「帰りましょう」といわれたことなどから，公民館から退出した（証拠）。

(3)　原告の主張に対する判断

原告は，落語会が中断した直後，会場入口付近で被告に右衿を掴まれて玄関ホールに引っ張っていかれ，被告から一方的高圧的にがなりたてられたと主張し，同旨の供述をし，妻の陳述書にも同旨の記載があるが，妻の陳述書の内容は，Aの陳述書及び当法廷での証言に照らし，不自然かつ信用性に乏しく，原告の供述を裏づけるに足りる証拠は，当該妻の陳述書以外には認められないから，原告の主張はいずれも認められない。

(4)　違法性の存否に対する判断

以上認定した事実を前提に，違法性を判断する。

演芸会等の演者は，日頃鍛えた芸事等を観客に対し披露し，その期待に応えたいと考えるのが通常であり，観客も，入場料という対価を払って当該芸を十分に堪能したいという意思・姿勢を有していることが通常であると考えられることなどの観点からみると，原告の居眠りは，その程度によっては演者の意欲を削ぎ，他の観客の前記意思を削ぐものとなり，演目続行の重大な

障害となることもありえ，事態の進行によっては演目がそのまま中止となってしまい，演者及び他の観客に大きな損害を与えることも考えられる。このような事態となった場合，主催者側としては，演目の円滑な実施及び他の観客の利益保護の見地から，その原因を作った者の会場からの退出を含む何らかの手段をとる必要が出てくることも否定できない。もっとも，その者を退出させる場合，その後の同人に与える不利益をも十分に考慮する必要もあるから，①退出を求めなければ当該演目の続行ないし再開が困難であり，かつ，②退出を求めた際の主催者側の一連の言動が，社会通念上相当と認められる場合には，不法行為上の違法性はないと解するのが相当であり，この限度で退出者の名誉等の何らかの法的利益が侵害されたとしても，それは受忍すべき限度内にあるというべきである。

　本件では，落語家は原告の居眠りが原因で高座を降り，落語が中断したこと，原告が退出しない限り落語会の再開は困難であったと認められること，落語会が中断した後被告ら主催者側は10分以上にわたって退出を懇願し，原告に土下座して退出を求めたこと，原告の居眠りにより落語会が中断し，他の客に迷惑がかかったことに関し，原告が反省の態度を示さなかったことなどを考慮すると，被告ら主催者側の一連の行為は，全体的にみて社会通念上相当とされる範囲を逸脱していないと認めるのが相当である。

　以上から，争点(1)の原告の主張は理由がない。

(5)　以上から，原告の請求は理由がない。

■確定

平成11年4月21日判決言渡
平成10年（少コ）第4号（通常移行）　損害賠償請求事件

判　　　決

主　　　文

1　原告の請求を棄却する。
2　訴訟費用は原告の負担とする。

事実及び理由

第一 請求
　被告は原告に対し，金10万円及び平成10年12月30日から支払済みまで年5分の割合による金員を支払え。

第二 事案の概要
　本件は，落語会の席上で居眠りをした観客（原告）を，右落語会の実行委員である被告が強引にその場から退出させ，原告の名誉を傷つけたなどとして，右被告に対し，不法行為に基づく損害賠償（慰謝料）を請求したという事案である。これに対し被告は，原告を強引に退出させたということはないなどと主張して，右請求を争っている。

一　争いのない事実
1　平成10年12月17日午後6時ころ，飯田市大瀬木所在の伊賀良公民館（以下「公民館」という。）において，落語家立川談志（以下「談志」という。）の落語会が開催された（以下「本件落語会」という。）。原告は右落語会の観客であり，被告は落語会の主催者である「伊賀良落語愛好会」の会員であり，右落語会当日は実行委員として受付等の事務を行っていたものである。
2　本件落語会の会場は，高座から見て前側が畳席，その後方が椅子席となっており，原告は同伴した妻とともに，右椅子席の最前列中央部に座っていた。
3　同日午後7時ころ，談志が高座に上がって落語が始まったが，原告はその後ほどなくして居眠りを始めた。
4　右居眠りが始まってしばらくしてから，談志は高座を降り，落語会が中断した。その間，原告は妻とともに公民館から退出し，その後談志が高座に上がって本件落語会は再開し，終了した。

二　争点
1　原告を公民館から退出させた被告の行為が不法行為としての違法性を有するか。
2　1で違法性があると認められた場合の，損害の有無及びその額。

第三 争点1に対する判断
一　前提となる事実の認定
　証拠によれば，次の事実が認められる。
1　原告は，本件落語会が開演する前の午後5時半ころに公民館に到着し，開演までの間に弁当を食べ，さらに缶ビール1本を飲んだ（原告本人）。
2　本件落語会は午後6時半ころ開演し，前座が行われた後，午後7時ころから談志の落語が始まったが，原告はその後ほどなく居眠りを始めた（争いがな

3　右居眠りに気づいた談志は，原告に対し，「お父さん，寝ちゃって大丈夫かい」，「目の当りで寝てんのはかなわねえ」，「連れて帰ってくれたがいいですよ」，「ズバッと言やあ目障りだ」などと言い，その場で小咄をいくつかやり，それに場内は何回か爆笑したが，原告が目を覚ます様子はなかった。そこで談志は，「やる気なくなっちゃったよ」と言い，観客に休憩する旨告げて高座を降り，本件落語会は中断した。そして，高座から降りた談志は，弟子に「ダメだやってらんない，他の客はちゃんと聞いているのに，ありゃ迷惑だ」と言い，さらに被告に対し「やってられないよ」と言って楽屋に入ってしまった（乙7，11，17，19，被告本人）。

4　本件落語会が中断した直後，実行委員の一人の訴外原功は，原告の席に向かった。その際原告は目を閉じていたので，「気分でも悪いのですか」，「お疲れでしたら，布団を敷きます」，「外の空気を吸ってはどうですか」などと声をかけた。そして，原は，その場を離れ，会場入口の受付付近にいた被告に報告をしていたところ，原告が会場から出てきたので，原は被告に，居眠りをしていたのは原告であることなどを告げた（乙7，11，14，証人原）。

5　被告は，その場で原告と少し話した後，「ここではお客さんもいるし，迷惑がかかるのであっちに行きましょう」などと言って，原告とともに公民館の玄関ホールまで歩いていった。なおその際，被告は原告の腕ないし腰の辺りに手を回し，並んで一緒に歩いていった（乙7ないし9，11，13，14，証人原，証人居山。なお，これに反する原告の主張は後に検討する。）。

6　玄関ホールに着いた原告と被告は，その場で話合いをしたが，原告は「居眠りをして何が悪い」，「金を払ったんだから何をしてもいいだろう」などと言って，会場に戻ろうとしたため，このままでは本件落語会を再開できないと判断した被告は，原告の上着の袖を持って制止した上，「とにかくお帰り下さい」と何度も懇願し，さらに玄関に土下座して原告に退出を求めた。その後，原告は，妻から「帰りましょう」と言われたことなどから，公民館から退出した。なお，この間，談志は楽屋におり，本件落語会が再開する見込みは全く立っていなかった（甲3，乙8，9，11，14，被告本人）。

二　原告主張に対する判断

1　原告は，本件落語会が中断した直後，会場出入口付近で被告に右衿を掴まれて玄関ホールに引っ張っていかれた，また，被告から一方的高圧的にがなり立てられたと主張し，同旨の供述をしている他，妻の陳述書（甲3）にも同旨の記載がある。

そこで右事実の存否について検討する。まず，原告供述を補強する内容となっている前記妻の陳述書の記載内容は，前記原功の陳述書及び当法廷での証言に照らし，不自然かつ信用性に乏しいといわざるを得ない。すなわち，妻の陳述書は，原告が会場出入口付近で被告に衿を掴まれていたことを目撃したという内容になっているが，会場出入口付近で原告と被告が話し合っていた時は，妻は未だ会場内に止まって原と会話をしていたことが明らかであり（証人原），かつ原は，原告と被告が玄関ホールに向かったことを確認してから，妻のいた席に行ったと認められるのであるから（この点に関し，原は「原告と被告が玄関へ向かったので，原告の席へ荷物を見に行きました。そのとき，原告の妻がいることがわかったので『ご主人には帰っていただけそうです』と言って荷物を託した」と述べているが，その証言内容は他の証拠より認められる本件当時の状況とよく符合し，かつその内容も自然であるから，信用性は高い。），妻が会場出入口付近に行ったときには，既に原告と被告は玄関ホールに行っていたと認めるのが自然である。したがって，これに反する右妻の陳述書は，信用性に極めて乏しく，また，右陳述書と同旨の原告供述もまた，信用性に乏しいといわざるを得ない。そして，原告供述を裏付けるに足りる証拠は，右妻の陳述書以外には認められないから，結局，前記原告の主張はいずれも認められないということになる。

2　また，原告は，本件落語会後に被告が送った手紙（甲1）の趣旨について，自己の法的責任を認めた趣旨であると主張するが，右手紙は，原告が退出したことそれ自体に対する感謝及びお詫びの気持ちの現れとみるのが相当であり，本件における法的責任を認めた趣旨とまでは解されないから，これについての原告の主張もまた，理由がない。

三　違法性の存否に関する判断

　以上認定した事実を前提に，違法性の存否について判断する。

　一般に，講演会，演奏会，演芸会といった催し物の場合，これらの演者は，日頃鍛えた芸事あるいは自らが考えていること等を観客に対して十分披露し，その期待に応えたいと考えるのが通常であると考えられるし，観客もまた，入場料という対価を払って，右芸を十分に堪能したいという意思・姿勢を有していることが通常であると考えられる。そして，観客の右姿勢が演者に伝われば，それに力を得た演者がその力量を遺憾なく発揮し，それが再び観客に伝わり，更なる盛り上がり生むといった良き循環関係が生まれるものと考えられる。このような観点から本件をみた場合，原告の居眠りは，その程度によっては演者の意欲を削ぎ，また，他の観客の前記意思を削ぐものとなり，演目続行の重大な障害になることもありうる。

そして，事態の進行によっては，演目がそのまま中止となってしまい，演者及び他の観客に大きな損害を与えることも考えられるところであり，現に本件ではそのようなおそれが十分にあったと認められるのである。したがって，このような事態となった場合，主催者側としては，当該演目の円滑な実施及び他の観客の利益保護の見地から，その原因を作った者の会場からの退出を含む何らかの手段をとる必要が出てくることも否定できないというべきである。もっとも，その者を退出させる場合は，その後の同人に与える不利益をも十分に考慮する必要があるから，(1)退出を求めなければ，当該演目の続行ないし再開が困難であり，かつ，(2)退出を求めた際の主催者側の一連の言動が，具体的状況の下で社会通念上相当と認められる場合には，不法行為上の違法性はないと解するのが相当であり，この限度で退出者の名誉等の何らかの法的利益が侵害されたとしても，それは受忍すべき限度内にあるというべきである。

そこで本件について検討すると，前記認定のとおり，談志は原告の居眠りが原因で高座を降り，本件落語会が中断したこと，また，前記認定事実からすると，原告が退出しない限り，本件落語会の再開は困難であったと認められること，本件落語会が中断した後，被告ら主催者側は，原告を直ちに退出させることなく，10分以上にわたって玄関ホール等で退出を懇願し，さらには被告が土下座して退出を求めたこと，原告の居眠りにより本件語落会が中断し，その事で他の観客に迷惑がかかったことに関し，原告が反省の態度を示さなかったことなどを考慮すると，被告らを中心とする主催者側の一連の行為は，全体的にみて社会通念上相当とされる範囲を逸脱していないと認めるのが相当である。

以上から，争点1についての原告の主張は理由がない。

第四　結　論

以上から，争点2について判断するまでもなく，原告の請求は理由がないので，主文のとおり判決する。

飯田簡易裁判所
　　　裁　判　官　　　内　田　義　厚

---

(3)　花泥棒呼ばわりされたことに伴う名誉毀損による不法行為に基づく損害賠償請求事例〔請求棄却〕（東京簡判平16・11・16（平成16年（ハ）10863号）裁判所HP）

第3節　身近な損害賠償関係事件について
第8　その他の損害賠償請求

■事　案
(1) 平成16年5月14日午前11時ころ，被告は，原告宅に近いA方を訪れ，同人に対し，コリーを連れて黒い帽子を目深に被って散歩している人を知らないか，植木は盗むし，鉢は蹴っ飛ばしていくし，今朝も花を引き抜いていった，家を教えて欲しいなどの趣旨を述べた。同日午前11時10分ころ，A方隣家のB方を訪れ，Aに述べたことと同趣旨のことを繰り返し述べた。同日午前11時20分ころ，A，Bがいる前で，通りかかったCに対し，同趣旨のことを述べた。
(2) 同日夕方，原告が遊歩道を犬を連れて散歩してたところ，被告は，周囲に20〜30人がいる中で，「思い出した。やっぱりお前だ。お前が泥棒なんだ。花を盗んだり，鉢を蹴飛ばしていった。」と原告に向かっていった。

■請　求
被告は，原告を花泥棒呼ばわりしてその社会的名誉を毀損したので，不法行為に基づく損害賠償として，50万円及びこれに対する平成16年8月1日から支払済みまで年5分の割合による金員の支払を求める。

■争　点
被告の言動は名誉毀損（民710条）に該当するか

■判示事項
(1) 被告は，原告が花を引き抜いたり，引きちぎったりするのを見たと陳述するが，その日時場所の特定が十分でなく，原告以外の者を原告と見間違えた可能性も否定できないことからすれば，被告の陳述を採用することはできず，その事実を認めることはできない。原告が花を盗んだことを認める証拠もない。
(2) ■事案(1)は，証拠により認められる。
(3) 被告の陳述は不自然で一貫性があるとはいえず，そのまま信用するには躊躇せざるをえず，原告が陳述した内容は具体的で，被告とのやりとりを特段誇張することなく陳述していることから，原告の陳述を採用することができ，■事案(2)を認定することができる。
(4) 以上を総合すれば，被告の■事案の一連の言動は，複数の近隣住民が認識できる状況のなかで，何らの正当な理由もなく，原告の社会的評価を低

下させたものといわざるをえない。仮に，被告主張のとおり，被告が原告に対し，花を盗んだといったのではなく，花を引き抜いたり，引きちぎったりしたといったとしても，それらの行為（器物損壊）も，花を盗む行為（窃盗）と同じく犯罪であるから，原告を犯罪を犯した者と誹った（そしった）ことに変わりはない。

(5) 人は，社会生活をする中で，他者の言動によって，自己の社会的評価を低下させられ，不愉快な思い，恥ずかしい思いをすることがあるが，民法はそのようなときに，常に名誉毀損が成立して損害賠償義務が発生するとしてはおらず，他者の言動が，その動機，経緯，具体的結果をも含めて，金銭をもって慰謝するのが相当であると認められるほどの違法性がある場合に限り，名誉毀損が成立すると定めているものと解される。

　①被告の本件言動の動機は，被告が日ごろから遊歩道などに犬が糞をしないように注意を呼びかけたり，空き地に花壇を設けたりして，被告なりに近隣の清掃・美化をしているにもかかわらず，思うにまかせない憤まんがたまたま原告に向けられたといえること，②被告の本件言動の結果，原告が，近隣で花泥棒とかの噂を立てられたなどの事実はなく，原告の名誉につき深刻な実害が生じる事態には至らなかったこと，を総合すれば，結果的には，被告の本件言動は，未だ金銭で慰謝するのが相当であると認められるほどの違法性がある事案とはいいがたく，名誉毀損は成立しないと判断する。

(6) 以上から，原告の慰謝料請求を棄却することとし，訴訟費用については，本件訴訟の経過，内容を斟酌し，民事訴訟法62条を適用して，原告・被告の各自の負担とする。

■控訴・確定不明

平成16年11月16日判決言渡
平成16年（ハ）第10863号　損害賠償請求事件

　　　　　　　　　　　　　判　　　決

主　　文

1　原告の請求を棄却する。
2　訴訟費用は，各自の負担とする。

事実及び理由

第1　請求
　被告は，原告に対し，金50万円及びこれに対する平成16年8月1日から支払い済みまで年5分の割合による金員を支払え。

第2　事案の概要
　1　請求原因の要旨
　　被告は，以下(1)ないし(4)の言動のとおり，原告を花泥棒呼ばわりしてその社会的名誉を毀損したので，不法行為に基づく損害賠償として金50万円の支払を求める。
　　(1)　平成16年5月14日午前11時ころ，被告は，原告宅に近いA女史方を訪れ，同人に対し，コリーをつれて黒い帽子を目深に被って散歩している人を知らないか，植木は盗むし，鉢は蹴っ飛ばしていくし，今朝も花（月下美人）を引き抜いていった，家を教えて欲しいなどの趣旨を述べた。
　　(2)　同日午前11時10分ころ，A女史方隣家のB女史方を訪れ，A女史に述べたことと同趣旨のことを繰り返して述べ，さらに「このコリーも老齢の犬だからもうすぐくたばる，犬がいなくなればこんな凶暴なこともなくなるのだろうけど，ほとんど毎日なので困っている。」などと述べた。
　　(3)　同日午前11時20分ころ，被告は，A女史，B女史がいる前で，通りかかったC女史に対し，同趣旨のことを述べた。
　　(4)　同日夕方，原告が，a川のb橋とc橋間の遊歩道を，犬を連れて散歩していたところ，周囲に約三，四十人がいるなかで，「思い出した。やっぱりお前だ。お前が泥棒なんだ。花を盗んだり，鉢を蹴飛ばして行った。」と原告に向かって言った。
　2　被告の主張
　　私は，原告のことを花泥棒と言ったことはない，花を引き抜いたり，花壇の綱を引きちぎったり，月下美人系の花を引きちぎったと言ったのである。花泥棒なら許せるが，花を引き抜いたり，引きちぎったりしてその場に捨てるのは犯罪だから許せない。
　3　争　点

被告の言動は名誉毀損（民法710条）に該当するか
第4　当裁判所の判断
 1　原告が，被告主張のとおり，花を引き抜いたり，引きちぎったりした事実があるかにつき判断する。
　　被告は，原告が花を引き抜いたり，引きちぎったりするのを見たと陳述するが，その日時や場所の特定が十分でなく，原告以外の者を原告と見間違えた可能性も否定できないことからすれば，被告の陳述を採用することはできず，その事実を認めることはできない。また，原告が花を盗ったことを認める証拠もない。
 2　請求原因(1)ないし(4)が認められるかを判断する。
 (1)　請求原因(1)ないし(3)は，Ｄの陳述書及び原告の陳述により認める。
 (2)　請求原因(4)につき検討する。
　　①　原告の陳述要旨は以下のとおり。
　　　私は，犬を連れて散歩の途中，川の遊歩道に松葉ボタンがちぎられて落ちているのを見て，私のことを花泥棒みたいに言っている被告に対し，私が花を盗ったりなどしていないことを明らかにするため，川を挟んで向かい側にいた被告に声をかけた。そして，橋を渡って来た被告に対し，抗議の意味を含めて，「小父さん，ここにも花がちぎられているじゃない」と言った。ところが，被告は，その花も私がちぎったようなことを言ってから，橋を渡って戻る途中，私の方を振り返り，手をパンとたたいて，「思い出した。やっぱりお前だ。お前が泥棒なんだ。花を盗んだり，鉢を蹴飛ばして行った。」と大声で言った。そのとき，周囲には，カルガモ見物の近隣住民が，私の知人を含め約二，三十人いた。私は，顔から火が出るくらい恥ずかしい思いをした。
　　②　被告の陳述要旨は以下のとおり。
　　　私は，川の向こう側で，原告が私に向かって大きな声を出していたので，橋を渡って原告の方に行った。原告が「ここにも松葉ボタンが落ちているじゃない。」と言うので松葉ボタンを見たが，私は「なんでもないよ」と言っただけで，ほかのことは一切言わなかった。
　　③　上記のように対立するので判断する。
　　　㋐　原告と被告は，数年前に，原告が散歩させていた犬の扱いをめぐってやりとりがあって以来，必ずしも友好的ではない関係が続いていた。
　　　㋑　請求原因(4)事実の直前である当日午後2時30分ころ，ｅ交番において，原告が，被告のそれまでの言動について警察官に苦情を述べて被告

第3節　身近な損害賠償関係事件について
第8　その他の損害賠償請求

と口論となったが，警察官の取りなしでようやく収まった。

以上(ア)，(イ)のような経緯があったことからすると，わざわざ原告に川の向こうから呼ばれて橋を渡って行った被告が，ただ「なんでもないよ」と言うのみで，他のことは一切言わなかったという陳述は，不自然で必ずしも一貫性があるとはいえず，そのまま信用するのには躊躇せざるを得ない。加えて，原告が陳述した内容は具体的で，被告とのやりとりを特段誇張することもなく陳述していることからすれば，原告の陳述を採用することができ，請求原因(4)を認定することができる（ただし，その場にいたのは約二，三十人と認める。）。

3　以上1，2を総合すれば，被告の請求原因(1)ないし(4)の一連の言動は，複数の近隣住民が認識できる状況のなかで，何らの正当な理由もなく，原告の社会的評価を低下させたものといわざるを得ない。

なお，仮に被告主張のとおり，被告が原告に対し，花を盗んだと言ったのではなく，花を引き抜いたり，引きちぎったりしたと言ったとしても，花を引き抜いたり，引きちぎる行為（器物損壊）も，花を盗る行為（窃盗）と同じく刑法上の犯罪であるから，原告を犯罪を犯した者と誹ったことに変わりはない。

そうだとすれば，被告は，本件言動につき，原告に対し謝罪の気持ちをもって然るべきものと考える。

4　その上で，本件被告の言動が，民法上の名誉毀損に該当するかどうかを検討する。

人は，社会生活する中で，他者の言動によって，自己の社会的評価を低下させられ，不愉快な思い，恥ずかしい思いをすることがある。しかし，民法はそのようなときに，常に名誉毀損が成立して損害賠償義務が発生するとはしておらず，他者の言動が，その動機，経緯，具体的結果をも含めて，金銭をもって慰謝するのが相当であると認められる程の違法性がある場合に限り，名誉毀損が成立すると定めているものと解する。

そうすると，以下(1)(2)を考慮すれば，結果的には，被告の本件言動は，いまだ金銭で慰謝するのが相当であると認められる程の違法性がある事案とはいいがたく，名誉毀損は成立しないと判断する。

(1)　被告の本件言動の動機は，被告が日頃から遊歩道などに犬が糞をしないように注意を呼びかけたり，空き地に花壇を設けたりして，被告なりに近隣の清掃・美化をしているにもかかわらず，思うにまかせない憤まんがたまたま原告に向けられたともいえること。

(2)　被告の本件言動の結果，原告が，近隣で花泥棒とかの噂を立てられたなど

の事実はなく，原告の名誉につき深刻な実害が生じる事態には至らなかったこと。
 5 以上のことから，原告の慰謝料請求を棄却することとし，訴訟費用については，本件訴訟の経過，内容をしんしゃくし，民訴法62条を適用して，原告・被告の各自の負担とする。
 よって，主文のとおり判決する。
 東京簡易裁判所民事第〇室
 裁判官 〇〇〇〇

(4) 借室漏水による同借室使用不可に伴う不法行為に基づく①その間のホテルでの食事代，②バルコニーに置いて枯れた観葉植物購入代，③慰謝料，④保険でてん補されなかった衣類家具備品代の請求事例〔一部認容（慰謝料5万円のみ認容）〕（東京簡判平17・2・8（平成16年（少コ）3304号（通常移行））裁判所HP）

■事　案
　原告は，部屋を賃借して居住していたところ，平成16年8月11日，被告が管理責任を負う部屋の洗濯機のホースが外れたことによる水漏れのため，直下の原告居住の部屋に漏水し，寝室の上部壁及び床，ウォーキンクローゼットの壁及び床の補修が必要となり，21日間にわたり部屋を使用できなくなった。原告は，ホテル宿泊を余儀なくされ，原告所有のベッド，布団等の什器備品衣類等が損傷した。（以上争いなし）

■請　求
　被告の管理する部屋の洗濯機のホースが外れたことにより，水漏れが発生し，直下の原告居住の部屋に漏水し，寝室の修復が必要になり，什器備品衣類等に損害が生じたものであり（これらの事実に争いなし），原告は，被告に対し，修復により部屋を使用できなくなったとして，①ホテル宿泊中の食事代，②バルコニーに置かざるをえなかったことにより枯れた観葉植物購入代金，③慰謝料，④損害保険によって補てんされなかった損害衣類家具備品代を請求

■争　点
　原告の損害の範囲
■判示事項
　■請求①の食事代については，原告らがホテル宿泊中に食事をすることは，漏水事故とは関係なく発生するものであり，食事をする場所及び費用については，原告の自主的な判断によるものであるから，原告がホテルで食事することにより支出が増加したとしても，それを漏水事故による損害と考えることはできないとし，②の観葉植物購入代金については，観葉植物を置く場所がないとはいえないし，観葉植物をバルコニーに置かざるをえなくなったと認めるに足りる証拠はなく，観葉植物が枯れたことが漏水事故による損害と考えることはできないとし，④の保険によって補てんされなかった損傷衣類家具備品代については，適正な損害として判断された部分の損害については既に補てんされ，これを超えた物的損害はないものと考えるのが相当であり，その損害を認めるに足りる証拠もないとして，それぞれ棄却した。
　■請求③の慰謝料については，21日間ホテル宿泊を強いられ，不便な生活を続けなければならなかったとして，回復までの精神的・肉体的苦痛に対するものとして，37万円の請求に対し，5万円を認容した。
■控訴・確定不明

平成17年2月8日判決言渡
平成16年（少コ）第3304号（通常訴訟移行）　損害賠償請求事件
口頭弁論終結日　平成17年1月25日

判　　　決

主　　　文

1　被告は，原告に対し，5万円及びこれに対する平成16年11月14日から支払済みまで年5分の割合による金員を支払え。
2　原告のその余の請求を棄却する。

3　訴訟費用は，これを10分し，その9を原告の負担とし，その余は被告の負担とする。

事実及び理由

第1　請　求
　被告は，原告に対し，60万円及びこれに対する平成16年11月14日から支払済みまで年5分の割合による金員を支払え。
第2　事案の概要
　1　請求原因の要旨
　⑴　原告は，東京都渋谷区ＡＢ－Ｃ－Ｄ所在のＥＦ室を賃借し，居住しているところ，平成16年8月11日，被告が管理責任を負うＥＧ室の洗濯機のホースが外れたことによる水漏れのため，直下の原告が居住するＦ室に漏水し，寝室の上部壁及び床，ウォーキンクローゼットの壁及び床の修復が必要となり，21日間にわたり部屋の使用ができなかった。このため，原告は，ホテル宿泊を余儀なくされ，同時に所有するベッド，布団等の什器備品衣類等が損傷した。
　⑵　上記⑴により，原告は，被告から物的損害として311万0060円の支払を受けたが，これ以外に次の損害を受けた。
　　①　ホテル宿泊中の食事代4万652円
　　　原告にとっては，家庭で自炊する場合と，ホテルで食事をする場合とでは，支出する金額に差が出ることは明らかであるから，その食事代との差額の損害を受けた。
　　②　枯れた観葉植物の購入代金2万5000円
　　　漏水によるベッドルームの修復工事のために，観葉植物を移動する必要があったが，家具の移動等で一杯になったリビングルームに置くことができず，バルコニーに置かざるを得ず，そのために枯れてしまったものであるから，観葉植物の購入代金相当額の損害を受けた。
　　③　慰謝料37万円
　　　原告及びその実妹は，平成16年8月11日から同月31日まで（21日間）窮屈なホテル住まいを強いられ，貸室における平穏な私的生活を送れなかったことにより，また，二度と手に入らない希有な物品（エルメスのバッグ）が毀損したことにより精神的及び肉体的苦痛を受けたので，その慰謝料として1日当たり2万円として，合計42万円の内金21万円を請求するものである。また，原告は損傷したベッド，布団，シーツ及び衣類等の購入をするため

に，勤務先を1週間（5日）欠勤せざるを得なくなり，それに伴う給料の減額5万円及び賞与の減額11万円の合計16万円を請求するものである。
④ 損傷した衣類家具備品のうち，原告と被告の損害保険によって補填されなかった部分の金額（実損額と保険による填補額との差額）20万5010円の内金16万4348円。
(3) よって，原告は，被告に対し，上記(1)のとおり被告の管理義務を怠った過失による不法行為に基づく損害賠償として60万円と遅延損害金の支払を求める。
2 被告の主張
(1) 請求原因の要旨(1)の事実は，いずれも認める。
(2) 請求原因の要旨(2)の事実中，①のホテル宿泊中の食事代及び②の観葉植物の購入代金に関しては，いずれも本件事故との因果関係がない。③の慰謝料に関しては，物損について通常は慰謝料の対象とはならず，また，部屋は個人の私的生活上の拠点であるから，それが損傷した場合には，慰謝料の対象となることはあるが，本件の場合には，損傷が漏水によるものであり，部屋の損傷が重大であるとはいえ，生命身体への危険性が生じたものでもなく，ホテル宿泊も21日間という比較的短期間であるから，外泊の不都合や心労を考慮しても精神的損害があるとはいえない。④の損傷した衣類等の損害金に関しては，専門の鑑定人による損害査定によって適正な損害でないと判断された部分であるから，損害とはいえない。

第3 当裁判所の判断
1 ①について，陳述書（甲4）及び弁論の全趣旨によれば，原告及び実妹は，本件漏水事故のために，平成16年8月11日から同月31日までホテル宿泊を余儀なくされたことが認められる。しかしながら，原告がホテル宿泊中に食事をすることは，漏水事故とは関係なく発生するものであり，また，食事をする場所及び費用負担については，原告の自主的な判断によるものであるから，原告がホテルで食事をすることにより支出が増加したとしても，それを漏水事故による損害と考えることはできない。

②について，原告は陳述書（甲4）でその主張に沿う陳述をするが，鑑定書（乙2）添付の本件部屋の見取図によれば，リビングルームの広さからすると観葉植物を置く場所がないとはいえないし，また，本件漏水事故により観葉植物をバルコニーに置かざるを得なくなったと認めるに足りる証拠もないから，観葉植物が枯れたことが漏水事故による損害と考えることはできない。

③について，弁論の全趣旨及び上記認定のとおり，原告は，漏水により家財

道具等を別室に移動する作業をしたこと，21日間のホテル宿泊を強いられたことから，貸室における正常な生活を送ることができず，不便な生活を続けなければならなかったこと，修繕後に家財道具の整理などを行う必要があったことが認められる。そうすると，漏水事故により私的生活が維持できず，回復まで精神的及び肉体的な苦痛を受けたと考えるべきであり，この原告が受けた苦痛に対する慰謝料としては5万円が相当である。

　また，原告は，勤務先を欠勤したことによる給料等の減額分を損害として主張するが，これを認めるに足りる証拠はないから，損害と認めることはできない。

　④について，回答書（甲2の1，2），示談書（甲3），陳述書（甲4），鑑定書（乙2）及び弁論の全趣旨によれば，原告は，被告が加入する損害保険会社から鑑定人による鑑定に基づき物的損害として総額311万0060円の支払を受けたこと，また，原告は，自己が加入する損害保険会社から，上記支払の他に物的損害として44万4300円の支払を受けたことが認められる。そうすると，原告は，原被告がそれぞれ加入する損害保険会社の損害査定に基づき，適正な損害として判断された部分の損害については既に補填されているから，これを超えた物的損害はないものと考えるのが相当であり，これを認めるに足りる証拠もない。したがって，実損額と保険による填補との差額の損害はない。

2　以上から，原告の請求は5万円の支払を求める限度で理由があるからこれを認容し，その余の請求は理由がないので棄却する。

　　東京簡易裁判所少額訴訟〇係
　　　　　　　裁　判　官　　　〇　〇　〇　〇

---

(5) 売買契約解除に基づくチケット代返還・慰謝料請求事案においてチケット代払戻しの根拠がないとして請求を棄却した事例〔請求棄却〕（東京簡判平17・3・18（平成17年（少コ）457号（通常移行））裁判所HP）

■事　案

　原告は，平成16年11月8日，被告からチケットを代金6500円で買い受け，被告に代金を支払った（争いなし）。原告は，本件売買契約においてはチケットの払戻しが可能であるとして，チケットの払戻しを求めた（争いなし）。

■請　求

　原告は，被告に対し，本件売買契約解除に基づき，本件チケット代金6500円の返還と慰謝料59万3500円（合計60万円）の支払を求める。

■争　点

　本件チケット代払戻しの可否

■判示事項

(1)　証拠により，本件チケットの売買契約においては，不可抗力で興行を中止する場合以外にチケットを払い戻すことができないと認定。

(2)　原告は，招待券は払戻しができない旨記載されていることからすると，招待券でない本件チケットは払い戻すことができるし，一般にチケットの払戻しは認められているところであるから，被告は払戻しに応ずる義務があると供述するが，招待券を払い戻すことができないことから，招待券でない本件チケットを払い戻すことができると解釈することに合理性はないし，一般的にチケットは払戻しができるとすることにも根拠はないから，原告の供述は採用できない。その他に，原告の本件チケットを払い戻すことが可能であるとの主張を認めるに足りる証拠はない。

(3)　以上により，原告の主張は認めることができず，原告の請求は理由がない。

■控訴・確定不明

平成17年3月18日判決言渡
平成17年（少コ）第457号（通常手続移行）　損害賠償請求事件
口頭弁論終結日　平成17年3月15日

判　　　決

主　　　文

　1　原告の請求を棄却する。
　2　訴訟費用は原告の負担とする。

第1章　損害賠償請求について

事実及び理由

第1　請　求
　　被告は，原告に対し，60万円を支払え。
第2　事案の概要
　1　請求原因の要旨
　　ア　原告は，平成16年11月8日，被告から別紙目録記載のチケット（本件チケット）を代金6500円で買い受け，同日，被告に代金を支払った。
　　イ　原告は，本件売買契約においてはチケットの払い戻しが可能であったので，被告に対し，本件チケットの払い戻しを求めた。原告は，被告が本件チケットの払い戻しに応じないため，調停費用及び少額訴訟費用などを支出することになり，他のクレジットの支払などが遅れている。
　　ウ　そこで，原告は，被告に対し，本件売買契約の解約に基づき本件チケット代金6500円の返還及び慰謝料59万3500円の支払を求める。
　2　被告主張の要旨
　　請求原因の要旨記載アの事実は認める。同イの事実については，原告が被告に対し本件チケットの払い戻しを申し入れたことは認めるが，この申入れを解除の意思表示とすれば，原告には解除原因がなく，また，本件売買契約では解除ができない旨の合意が成立しているので，原告は払い戻しを求めることはできない。
　　そこで，被告は，原告に対し，代金返還及び損害賠償をする義務はない。
第3　理　由
　1　本件チケット（甲1），電話ガイダンス音声の反訳文（乙1）及びディスプレイの画面のハードコピー抜粋（乙2）並びに原告本人の供述によれば，本件チケットの売買契約においては，不可抗力で興行を中止する場合以外にチケットを払い戻すことができないことが認められる。
　　　原告は，招待券は払い戻しができない旨記載されていることからすると，招待券でない本件チケットは払い戻すことができるし，また，一般的にチケットの払い戻しは認められているところであるから，被告は払い戻しに応じる義務があると供述する。しかし，招待券を払い戻すことができないことから，招待券でない本件チケットを払い戻すことができると解釈することに合理性はないし，一般的にチケットは払い戻しができるとすることにも根拠がないから，原告の供述は採用できない。その他に原告の本件チケットを払い戻すことが可能であるとの主張を認めるに足りる証拠はない。
　2　以上により，原告の主張は認めることができず，原告の請求は理由がない。

東京簡易裁判所少額訴訟○係
　　　　裁　判　官　　　○　○　○　○

(6) 店舗駐車場での車上荒らしについての商法594条の寄託に基づく損害賠償請求事例〔請求棄却〕（東京簡判平17・7・19（平成17年（ハ）5837号）裁判所HP）

■事　案
　本件では，原告が，被告の店舗1階の駐車場に車を駐車させ，2階で飲食し，途中で戻ってみたところ，原告の車の窓が割られ，車内に置いていたエアロビクス用品などを入れたスポーツバック（時価合計12万8844円）が窃取された。

■請　求
　原告は，被告に対し，被告店舗で飲食の注文をした時点で，原告の車に積載の物品について寄託契約が成立し，飲食代金には駐車場利用代金が転嫁されており，当該寄託契約は有償であり，飲食物の供給契約の付随義務に違反しているとして，生じた損害12万8844円とこれに対する当該損害が生じた日から年5％の割合による金員を請求する。

■争　点
　商法594条の寄託があったか否か

■判示事項
　寄託契約成立のための要件である「寄託」とは，受寄者が寄託者のために物を保管することを約してこれを受け取ることであり，物の保管とは，受寄者の支配内においた物の滅失毀損を防止し，原状を維持する方途を講じることであり，本件駐車場は道路に面した1階部分で，門扉や柵で仕切られておらず，特に店員から指示を受ける必要もなく，空いている所に自由に出入りができ，被告は駐車車両の鍵の引渡しを受けておらず，駐車場の2箇所には駐車場内の事故については一切責任を負わない旨の注意書きがあることなど

から，原告の車及び積載物件について被告が保管していた状態になっていたこと，つまり，原告の車に対する支配が原告から被告に移ったと解するのは困難であり，駐車車両の管理をすることが飲食物の供給契約の付随義務となる余地はまったくなく，原告は飲食の間単に被告店舗駐車場を一時利用したにすぎず，寄託契約が成立しているとは認められないとして，原告の請求を棄却した。

■控訴・確定不明

平成17年7月19日判決言渡　同日原本受領　裁判所書記官
平成17年（ハ）第5837号　損害賠償請求事件
口頭弁論終結日　平成17年7月8日

判　　決

主　　文

1　原告の請求を棄却する。
2　訴訟費用は，原告の負担とする。

事実及び理由

第1　請　求
　被告は，原告に対し，12万8844円及びこれに対する平成17年4月3日から支払済みまで年5パーセントの割合による金員を支払え。
第2　事案の概要
　1　請求原因の要旨
　(1)　原告は，平成17年4月3日午後5時過ぎ，被告の店舗A店（以下「被告店舗」という。）で食事をしたところ，被告店舗が管理する駐車場（以下「本件駐車場」という。）で車上荒らしの被害に遭い，原告所有の自動車（以下「本件自動車」という。）の運転席側窓ガラスを割られ，車内に置いていた別紙被害物件目録記載の物品を窃取された。したがって，被告は，本件駐車場の管理者として原告が被った損害を賠償する責任がある。
　(2)　すなわち，原告が前記日時ころ被告店舗に行き飲食を注文した時点で，被告との間で，本件自動車に積載の物品（時価12万8844円相当）について，

寄託契約が成立した。本件駐車場は被告が管理するものであり，同所に駐車することによって，本件自動車及び積載物は被告が現実に管理支配が可能な状態に達していることから，原告と被告との間に黙示的に寄託契約（有償）が成立したものとみるべきである。
(3) また，本件駐車場は，来客者が被告店舗内で飲食する場合にのみ利用が許されており，当然，飲食代金には本件駐車場料金が転嫁されている。したがって，本件駐車場は無償で提供されているものではなく有償であり，被告は，原告との間に締結された飲食物供給契約の付随義務にも違反している。

2 被告の主張
(1) 原告との間には，寄託契約は成立していない。
　本件駐車場には門扉が存在せず，来客者は空いている場所に自由に駐車できるうえ，被告は原告から本件自動車の鍵の引渡しも受けていない。被告は，原告に対し，単に駐車場所を提供したに過ぎない。
(2) 飲食物の提供と駐車場の利用とは全く別個の法律関係によるものであって，来客者の車両の管理が飲食物供給契約の付随義務となる余地は皆無である。被告は，来店する客の便宜に供するため駐車場を無償で提供しているに過ぎず，駐車場の使用関係が使用貸借であることは明らかであって，被告には駐車車両を管理する義務はない。

第3 当裁判所の判断
1 被告が本件店舗2階で来客者に飲食を提供しており，1階部分が同店舗の駐車場として来客者に対し提供している事実は，当事者間に争いがなく，証拠（甲1，2，乙1，3）及び弁論の全趣旨によれば，
(1) 原告は，原告主張の日時ころ，仲間数人とエアロビクスに参加した後，飲食のため本件店舗を本件自動車で訪れ，本件駐車場に駐車させた後，2階部分で飲食した。
(2) 途中で戻ってみたところ，本件自動車の窓ガラスが割られ，車内に置いていたエアロビクス用品などを入れたスポーツバッグを窃取されていた。
(3) 本件駐車場は，広い通りの歩道に面し，駐車場入口の表示が設けられており，入口手前の矢印の表示に従って入ると，左右に駐車できるようになっている。
(4) 入口には門扉や仕切の柵等は設けられておらず，出入りは自由になっている。
(5) 駐車場に入って右側と突き当たりの壁部分に，「防犯カメラ作動中　お客様へお願い　防犯対策の為，貴重品等は必ず携帯するようお願い致します。

※尚，当駐車場での事故につきましては一切の責任を負いませんのでご注意下さい。」という注意書きが張られている。
　　以上の事実が認められ，他に同認定に反する証拠はない。
2　ところで本件の主たる争点は，商法594条にいう寄託があったか否かであるので，以下に検討する。
(1)　寄託契約成立のための要件である「寄託」とは，受寄者が寄託者のために物を保管することを約してこれを受け取ることであるといわれ，ここでいう物の保管とは，受寄者の支配内においたその物の滅失毀損を防止し，原状を維持する方途を講じることであると解されている。
(2)　そこで，この点を本件についてみると，前述したとおり，原告は，本件駐車場に本件自動車を駐車させ，施錠しその鍵を持参して被告店舗で飲食していること，本件駐車場は道路に面した1階部分で，門扉や柵で仕切られておらず，特に店員からの指示を受ける必要もなく，空いているところに自由に出入りができるようになっていること，被告は駐車車両の鍵の引渡しを受けていないこと，駐車場内の2箇所には，駐車場内の事故については一切責任を負わない旨の注意書きが掲示されていることなどが認められるのであるから，これらの事実を総合すると，本件自動車及びその積載物件について，被告がこれを保管した状態になったこと，言い換えれば，本件自動車に対する支配が原告から被告に移ったと解することは到底困難である。また，本件店舗には駐車場を利用しない客が多数いることも明らかであることからみれば，駐車車両の管理をすることが飲食物の供給契約の付随義務となる余地は全くないものといわざるを得ない。
　　そうすると，原告は，被告が主張するように，飲食の間単に本件店舗の駐車場を一時利用したに過ぎないと考えるのが相当であり，寄託契約が成立しているとの原告の主張は採用できない。
3　以上の事実に基づいて判断すれば，原告の請求は，その余の点について判断するまでもなく失当であるからこれを棄却することとし，主文のとおり判決する。
　　　　東京簡易裁判所民事第○室
　　　　　　裁　判　官　　　○　○　○　○

（別紙被害物件目録省略）

第2章

損害賠償関係紛争解決のための手段

第1節
相談窓口等

第1 弁護士・司法書士への相談

　損害賠償に関する紛争は，法的紛争として，その専門家である弁護士に相談して解決を図ることができる（弁護士法3条・72条参照）。

　また，紛争の目的の価額が，簡易裁判所の裁判権の範囲である，140万円を超えないもの（裁判所法33条1項1号）については，司法書士が，その相談に応じ，又は仲裁事件の手続もしくは裁判外の和解について代理をすることができ（司法書士法3条1項7号），簡易裁判所における，民事訴訟（司法書士法3条1項6号イ），訴え提起前の和解（民訴275条）（司法書士法3条1項6号ロ），支払督促（司法書士法3条1項6号ロ），民事調停（司法書士法3条1項6号ニ）等の事件の代理人になることもできるので，紛争の目的の価額が140万円を超えないような事件については，司法書士にも相談をすることができる。

第2 弁護士会の紛争解決センター

　弁護士会には，裁判外紛争処理手続〔ADR〕として，紛争解決センターが設置されている。紛争解決センターでは，市民間の紛争について，裁判外で，弁護士等があっせん人となって，当事者の話を聞き，助言，和解案の提案をし，和解契約により紛争を解決したり，当事者間の合意により弁護士等が仲裁人となって，仲裁人の仲裁判断で解決するものである。

　仲裁判断は，確定判決と同一の効力を有し，仲裁判断に裁判所の執行決定を受けることにより強制執行をすることができる債務名義となる（仲裁法45条・

46条，民執22条6号の2）。

表　紛争解決センターについて

紛争解決センター

弁護士会が運営している紛争解決センター（2103年4月現在，全国で35センター〔32弁護士会〕）に設置。「仲裁センター」，「あっせん・仲裁センター」，「示談あっせんセンター」，「紛争解決センター」，「民事紛争処理センター」，「法律相談センター」，「ADRセンター」などと呼ばれています）では，トラブルの相手方とあなたの話をじっくり聞き，証拠を検討した上で，紛争の解決基準を作ります。民事上のトラブルを柔軟な手続により，短期間に，合理的な費用で，公正で満足のいくように解決することがその目的です。

ADRとは？　仲裁とは？

家の貸し借り，土地の境界，商品の欠陥など，身の回りの問題をめぐってトラブルが起きたとしても，お互いの話し合いによりトラブルを解決することが多いでしょう。しかし，トラブルの中にはこじれて深刻な問題となるものもあります。このようなこじれた紛争を解決する代表的な機関には裁判所があります。裁判所は法律にしたがって判断を出しますが，法律の厳格な適用は，当事者の誰もが望まない手続・結果を招くことがあります。ここで出てくるのがADR（Alternative Dispute Resolution ── 裁判外紛争処理手続）です。ADRは，法律で細かく規定された訴訟手続とは別の視点から紛争に向き合うことで，当事者に納得のいく柔軟な紛争解決を目指します。

弁護士会の紛争解決センターは，形式的にどちらか片方に軍配を上げるものではなく柔軟な解決を目指していますので，まずは話し合いによる解決を探ります。そして，双方が満足できる条件を広い視野と高い見地から探し出すうちに，話し合いがまとまって和解により紛争が解決する事件がかなりの数を占めます。しかし，あなたと相手方との間の話合いがどうしてもまとまらなかったときには仲裁の出番となります。あなたと相手方が仲裁を選ぶと，仲裁人が紛争の解決基準（仲裁判断）を作ることになります。この仲裁判断には，確定した判決と同じ効力が認められており，不満があっても後から裁判で争うことは原則としてできません。また，手続を踏めば（裁判所で執行決定をもらいます），裁判所でゼロから審理をやり直すことなしに強制執行もできます。

話し合いや仲裁がうまくいくかは，誰が間に入るかによって大きく変わってきま

す。そこで，弁護士会の紛争解決センターでは，経験10年以上の経験豊かな弁護士や元裁判官，学識経験者などを選び，じっくりと話を聴いてできるかぎり納得のいく解決を提案することを重視します。また，仲裁法が定める狭い意味の仲裁にこだわらないことから，当事者が納得すれば解決できる一部の家事事件も取り扱っています。

ADRに向いている事件

損害賠償事件，個別労働事件，不動産関係事件，相続・離婚事件などのほか，特に次のような紛争には，紛争解決センターの利用は適していると考えられます。
- 日常生活で身近な少額の事件
- 秘密保持が必要な事件（例えば，個人のプライバシーに関係する事件，知的財産権，ノウハウに関する紛争など企業秘密に関係する事件）
- 技術的・専門分野に関係する事件（例えば，PL事件や建築紛争）
- 訴訟には向かないが，話し合いにより妥当な解決を図りたい事件（例えば，請求権がないか請求権を構成しにくい事件，立証が極めて困難な事件など）
- 今は感情的に対立しているが，将来は円満な関係を取り戻したい事件（例えば，家族・親族・近隣間の事件）

全国の「紛争解決センター」一覧

地　方	都道府県	センター名
北海道	北海道	札幌弁護士会　紛争解決センター
東　北	宮城県	仙台弁護士会　紛争解決支援センター
	山形県	山形県弁護士会　示談あっせんセンター
	福島県	福島県弁護士会　示談あっせんセンター
関　東	東京都	東京弁護士会　紛争解決センター
		第一東京弁護士会　仲裁センター
		第二東京弁護士会　仲裁センター
	神奈川県	横浜弁護士会　紛争解決センター
	埼玉県	埼玉弁護士会　示談あっせん・仲裁センター
	群　馬	群馬弁護士会　紛争解決センター

第1節 相談窓口等
第2 弁護士会の紛争解決センター

	山梨県	山梨県弁護士会　民事紛争処理センター
	新潟県	新潟県弁護士会　示談あっせんセンター
	静岡県	静岡県弁護士会　あっせん・仲裁センター
中　部	富山県	富山県弁護士会　紛争解決センター
	愛知県	愛知県弁護士会　紛争解決センター
		愛知県弁護士会　紛争解決センター　西三河支部
	岐阜県	岐阜県弁護士会　示談あっせんセンター
	石川県	金沢弁護士会　紛争解決センター
近　畿	大阪府	公益社団法人　総合紛争解決センター
	京都府	京都弁護士会　紛争解決センター
	兵庫県	兵庫県弁護士会　紛争解決センター
	奈良県	奈良弁護士会　仲裁センター
	滋賀県	滋賀弁護士会　和解あっせんセンター
	和歌山県	和歌山弁護士会　紛争解決センター
中　国	広島県	広島弁護士会　仲裁センター
	山口県	山口県弁護士会　仲裁センター
	岡山県	岡山弁護士会　岡山仲裁センター
	島根県	石見法律相談センター
四　国	愛媛県	愛媛弁護士会　紛争解決センター
九　州	福岡県	福岡県弁護士会　紛争解決センター（天神弁護士センター）
		福岡県弁護士会　北九州法律相談センター
		福岡県弁護士会　久留米法律相談センター
	熊本県	熊本県弁護士会　紛争解決センター
	鹿児島県	鹿児島県弁護士会　紛争解決センター
	沖　縄	沖縄弁護士会　紛争解決センター

| 紛争解決センターQ＆A |

Q1　ADRを申し立てるには，弁護士会の紛争解決センターを利用することについて，あらかじめ相手方と合意していなければならないのですか。

A　　申立て前に合意をしておく必要はありません。弁護士会の紛争解決センターがこれまで取り扱ったケースの中でも，申立ての前から弁護士会の紛争解決センターを利用することについて合意のあったケースはほとんどありません。

　　紛争を解決しようとする意思が相手方にあれば，相手方は紛争解決センターに来所します。仲裁を行うには仲裁の合意をすることが必要ですが，手続がはじまってから仲裁合意書が作成されることもしばしばあります。

Q2　私の住んでいる県には紛争解決センターがありません。どうしたらいいでしょうか。

A　　ADRには，裁判と違って管轄がありませんので，利用しやすい最寄りの紛争解決センターに申し立てて下さい。

Q3　ADRの期日の案内が来ました。話し合いの席についてこちらの言い分を訴えたいと思いますが，病気入院中で出られません。どうしたらいいでしょうか。

A　　まずは，紛争解決センターにお電話をいただき，事情をご説明ください。また，地方裁判所以上の裁判の場合には，代理人は弁護士でなければならないことになっていますが，紛争解決センターでは，一定の範囲で弁護士以外の者が代理人として手続を進めることができる場合があります。

　　具体的には，当事者の親族，会社の場合は取締役や，部長は代理人として認められることが多いと思われます（代理人として認められるかどうかにつきましては，事前に各紛争解決センターにお問い合わせください）。

Q4　仲裁人や事件を担当する仲裁人候補者を選ぶことができますか。

A　　仲裁が裁判や調停と違うところは，仲裁人を選ぶことができることにあります。裁判は手続に対する信頼，仲裁は人に対する信頼と言われる由縁です。

　　1人の仲裁人や仲裁人候補者が審理を担当する場合でも，双方の希望が一致すれば，仲裁人候補者のリストのなかから，仲裁人を指名することができます。

　　3人の仲裁人や仲裁人候補者が合議で担当する場合は，それぞれ1人の仲裁

人・仲裁人候補者を指名して，残る1人は紛争解決センターが指名します。多くの合議事件では，当事者の希望を聞き，当事者双方にそれぞれ1名ずつ仲裁人・仲裁人候補者を指名してもらうようにしています。

Q5　仲裁人・仲裁人候補者にはどんな人がなりますか。
　A　仲裁人・事件を担当する仲裁人候補者は，仲裁人候補者名簿から当事者または紛争解決センターが選任します。仲裁人候補者名簿の登録要件は各紛争解決センターによって異なりますが，経験豊富な弁護士，元裁判官，学識経験の豊かな人にお願いしています。

　また，主に若手の弁護士が新鮮な感覚をもって事実関係の調査や新しい判例の調査などを行い仲裁人を補助する「仲裁人補助者」や，カウンセラー，建築士など法律以外のいろいろな分野の専門家で仲裁人にその分野の専門的知識をもって助言し，解決を援助する「仲裁人助言者」もいます。（補助者，助言者と同じ役割をする人を，すべて「仲裁人」に含めているセンターもあります）。

Q6　費用はどうなっていますか。
　A　多くの紛争解決センターでは，利用手数料として，申立手数料，期日手数料および成立手数料を納めていただいていますが，申立手数料のみの所もあります。詳細は，各紛争解決センターにお問い合わせ下さい。

Q7　紛争解決センターに申し立てられる事件の傾向は，どのようになっていますか。
　A　2009年度に全国の紛争解決センターに申し立てられた事件の合計は，1079件になりますが，契約をめぐる事件が389件，不法行為をめぐる事件が405件，家族間の紛争が80件，職場の紛争が70件となっています。より詳しくは→仲裁統計年報を御覧下さい。

Q8　ADRを申し立ててから解決するまでの期間は，どのくらいかかりますか。また，審理回数はどうですか。
　A　2009年度の全国の紛争解決センターにおける審理期間の平均日数は88.5日，審理回数は2.7回となっています。より詳しくは→仲裁統計年報を御覧下さい。

Q9　相手方が手続に応じてくれるケースはどのくらいの割合ですか。また，相手

方が手続に応じた場合の解決率はどのくらいですか。

A 2009年度の全国の紛争解決センターにおける相手方が話し合いの席についた割合（応諾率）は，約70.8％になっています。また，相手方が手続に応じて話し合いが始まったケースの解決率（応諾事件対比解決率）は，約56.5％となっています。

Q10 相手方が話し合いの席についた場合，手続はどのように進められるのですか。裁判と同じようになるのですか。

A 紛争解決センターの手続は，弁護士が代理人としてつかない場合でも，当事者本人だけで進められるようになっています。裁判の場合，一定の様式にしたがった書面を提出することが中心になりますが，紛争解決センターでは，申立書の書き方も簡単ですし，期日はほとんど口頭のやり取りで行われます。仲裁人・担当の仲裁人候補者が当事者間の交渉の間に入って，交通整理しながら手続が進められるとイメージしていただければいいと思います。

Q11 ちょっとしたことが原因で友人とけんかをして怪我をさせてしまいました。友人に謝罪し治療費などを支払いたいのですが，いくら払ったらいいのか分かりません。このようなケースでも受け付けてくれますか。

A 紛争解決センターでは，ご質問のような加害者側からの申立てや，債務者から分割払いを求める申立ても，かなりの件数があります。また，自分が支払う損害賠償の金額が分からないときは，額をはっきりさせずに「妥当な損害額を決めてほしい」という趣旨の申立てをすればよいことになっています。

（出典） 日本弁護士会ホームページより。

第3　公害苦情相談窓口，都道府県公害審査会

　騒音，悪臭等の相隣関係の紛争（第1章第3節第4（143頁）参照）については，市や区などの公害苦情相談窓口へ苦情の申立てができ，相当の期間が経過してもなお解決の見通しが立たないか，第三者の仲介があれば話合いが進展すると思われる場合，都道府県公害審査会（公害紛争処理法参照）が，中立公正な立場から，あっせん，調停，仲裁を行い，話合いによる紛争解決に努めることになる。

第4　労働関係相談窓口等

1　男女雇用機会均等法による紛争解決制度

(1)　事業主の講ずべき措置

　セクハラ行為に伴う使用者等との紛争（第1章第3節第5・3（228頁）参照）については，「雇用の分野における男女の均等な機会及び待遇の確保等のための労働省関係法律の整備に関する法律」（平成9年法律第92号）の「雇用の分野における男女の均等な機会及び待遇の確保等に関する法律」〔男女雇用機会均等法〕の改正により，女性に対する差別が禁止され，セクシャルハラスメント防止のための事業者の配慮義務が追加され（平成11年4月施行），「雇用の分野における男女の均等な機会及び待遇の確保等に関する法律及び労働基準法の一部を改正する法律」（平成18年法律第82号）の男女雇用機会均等法の改正により，事業主は，職場において行われる性的言動に対するその雇用する労働者の対応により当該労働者がその労働条件につき不利益を受け，又は当該性的な言動により当該労働者の就業環境が害されることのないよう，当該労働者からの相談に応じ，適切に対応するために必要な体制の整備その他雇用管理上必要な措置を講じなければならないとされた（男女雇用機会均等法11条1項）（平成19年4月1日施行）（第1章第3節第5・3(1)ア（228頁）参照）。

(2) 調　　停

　都道府県労働局長は，職場における性的言動に起因する問題（セクハラ行為に伴う問題）（男女雇用機会均等法11条1項）等に関する労働者と事業主との間の紛争（労働者の募集及び採用についての紛争を除く。）について，当該紛争の当事者から調停の申請があった場合において，当該紛争の解決のために必要があるときは，紛争調整委員会（個別労働関係紛争の解決の促進に関する法律〔個別労働紛争解決促進法〕6条1項）に調停を行わせることができる（男女雇用機会均等法18条1項）。

2　労働委員会

　労働委員会は，労働者と使用者間の紛争を，公平な立場から自主的解決を図る行政委員会である。労働委員会は，使用者を代表する使用者委員，労働者を代表する労働者委員，公益を代表する公益委員の三者をもって構成される（労働組合法19条の3・19条の12）。

　地方分権推進のための平成11年の地方自治法の改正により，地方労働委員会（現在の「都道府県労働委員会」）の事務は，地方公共団体に固有の「自治事務」となり（地方自治法180条の5第2項2号参照），各地方公共団体の判断に基づき，当該団体の長がその権限事務を委任することにより，労働者個人と使用者間の個別労働紛争の解決手続を労働委員会に担当させることが可能となった（地方自治法180条の2）。これに基づいて，各都道府県にある都道府県労働委員会では，労働者個人と使用者間の個別労働紛争について，労働相談とあっせんも行っている。

3　個別労働紛争解決制度

(1) 総合労働相談コーナー

　都道府県労働局に総合労働相談コーナーが，平成13年10月1日から開設され，労働問題に関するあらゆる分野の相談を，専門の相談員が，面接又は電話で受けている。

　労働者と使用者の間の個別労働紛争の中には，法令や裁判例を知らなかったり，誤解に基づくものがあるとして，労働問題についての情報を開示して相談を受けることにより，紛争に発展することを未然に防止したり，紛争を早期に

解決することができるとして，総合労働相談コーナーが開設された。

(2) **都道府県労働局長による助言・指導**

　総合労働相談コーナーで相談を受けた民事上の個別労働紛争は，都道府県労働局長が，紛争当事者に対し，個別労働紛争の問題点を指摘し，解決の方法を示唆することにより，紛争当事者が自主的に民事上の個別労働紛争を解決することを促進する，都道府県労働局長による助言・指導を行うことができる（個別労働紛争解決促進法4条）。

(3) **紛争調整委員会によるあっせん**

　都道府県労働局長は，個別労働関係紛争（労働者の募集及び採用に関する事項についての紛争を除く。）について，当該個別労働関係紛争の当事者の双方又は一方からあっせんの申請があった場合において当該個別労働関係紛争の解決のために必要があると認めるときは，紛争調整委員会にあっせんを行わせるとされている（個別労働紛争解決促進法5条1項）。

第2節
民事調停手続

第1　民事調停の申立て

　民事調停は，民事に関する紛争について，当事者間の互譲によって，条理にかない実情に即した解決を図ることを目的としたものである（民調1条）。

　話合い等をせずにいきなり訴訟を提起すると，相手方の感情を害し，当該当事者間の信頼関係が壊されてしまうことになりかねない。そこで，相手方と，今後とも良好な関係を保ちたいと考えている場合は，まず，当事者間での話合いをし，それでもだめなら裁判所を通しての話合いである調停の申立てをすることが相当であると思われる。

　調停の申立てをする際には，申立書を裁判所に提出し（民調4条の2第1項），当該申立書には，①当事者及び代理人の表示，②申立ての趣旨及び紛争の要点等を記載しなければならない（民調4条の2第2項，民調規24条（非訟規1条1項））。そして，相手方から交付された書面等の申立ての趣旨及び紛争の要点を明らかにする証拠書類がある場合は，その写しを申立書に添付すべきである（民調規3条）。

第2節　民事調停手続
第1　民事調停の申立て

調停申立書

調停事項の価額	円
ちょう用印紙額	円
予納郵便切手の額	円

調停受付印
（□については，レ印を付したもの）

調 停 申 立 書

○○簡易裁判所　御中

平成　　年　　月　　日

申立人の住所・氏名・電話番号等

郵便番号　〒　　－

住　所

氏　名　　　　　　　　　　　　　　　　　　　印

送達場所　□ 上記住所地　　□ 次のとおり

電　話　　　－　　　－

ﾌｧｸｼﾐﾘ　　－　　　－

相手方の住所・氏名

郵便番号　〒　　－

住　所

氏　名

□ 別紙のとおり当事者複数あり

1

調停

申　立　の　趣　旨

2

調停

紛　争　の　要　点

3

調停

添付書類
- ☐
- ☐
- ☐
- ☐

第2節 民事調停手続
第1 民事調停の申立て

381

当事者の表示(追加用)　　　　　　　　　　　　　（□については，レ印を付したもの）
(注)この用紙は，申立人又は相手方が複数いる場合に使用する。
　　当事者が申立人である場合は，送達場所，電話及びファクシミリ欄にも記入すること

当事者　□申立人　□相手方

郵便番号　〒　　　－

住　所

氏　名　　　　　　　　　　　　　　　　　　　　　　　印

送達場所　　□上記住所地　　　□次のとおり

電　話　　　　　　　－　　　　　－

ファクシミリ　　　　　－　　　　　－

当事者　□申立人　□相手方

郵便番号　〒　　　－

住　所

氏　名　　　　　　　　　　　　　　　　　　　　　　　印

送達場所　　□上記住所地　　　□次のとおり

電　話　　　　　　　－　　　　　－

ファクシミリ　　　　　－　　　　　－

当事者　□申立人　□相手方

郵便番号　〒　　　－

住　所

氏　名　　　　　　　　　　　　　　　　　　　　　　　印

送達場所　　□上記住所地　　　□次のとおり

電　話　　　　　　　－　　　　　－

ファクシミリ　　　　　－　　　　　－

調停申立書〔不法行為（傷害）〕

調停：不法行為（傷害）
（□については，レ印を付したもの）

調停事項の価額　　　　　　　円	
ちょう用印紙額　　　　　　　円	受　付　印
予納郵便切手の額　　　　　　円	

（不法行為（傷害））

調　停　申　立　書

○○簡易裁判所　御中

平成　　年　　月　　日

申立人の住所・氏名・電話番号等

郵便番号　〒　　　－

住　所

氏　名　　　　　　　　　　　　　　　　　　　印

送達場所　□上記住所地　　□次のとおり

電　話　　　　　－　　　　－

ファクシミリ　　－　　　　－

相手方の住所・氏名

郵便番号　〒　　　－

住　所

氏　名

― 1 ―

第2節 民事調停手続
第1 民事調停の申立て

調停：不法行為（傷害）
（□については，レ印を付したもの）

申 立 の 趣 旨

相手方　　は，申立人　　に対し，金　　　万　　　　円

□及び　□上記金員
　　　　□上記金員の内金　　　万　　　　円　に対する

平成　　年　　月　　日から支払済みまで年　　パーセントの

割合による金員

を支払うよう調停を求める。

紛 争 の 要 点

1　申立人　　は，以下の傷害事件により負傷し，かつ損害を受けた。

（1）事件発生日時　平成　　年　　月　　日午　　時　　分

（2）発生場所

（3）加害者の氏名

（4）事件の態様等

調停：不法行為（傷害）
（□については，レ印を付したもの）

（傷害の症名，部位，程度等）

2　損害

　(1)　財産的損害　　　　　　　合計金　　　　　　　　　円

　　（内訳）

　　　・　　　　　　　　　　　　　　金　　　　　　　　　円

　　　・　　　　　　　　　　　　　　金　　　　　　　　　円

　　　・　　　　　　　　　　　　　　金　　　　　　　　　円

　(2)　精神的損害（慰謝料）　　　　　金　　　　　　　　　円

3　相手方　　　の支払状況

　□　全く支払がない。

　□　平成　　年　　月　　日までに合計金　　　　　　円支払済み

4　相手方　　　は，申立人　　　に対し，以下の事由により前記損害を賠償する責任がある。

調停：不法行為（傷害）
（□については，レ印を付したもの）

5　そこで，申立人　　は，相手方　　に対し，申立ての趣旨記載の金員の支払を求める。

添付書類
　　□　診断書　　　　□　領収証（医療費）
　　□　通院交通費明細表　　□　領収証
　　□
　　□

調停申立書〔不法行為（傷害）〕記載例

☆1

調停：不法行為（傷害）
（□については，レ印を付したもの）

調停事項の価額	42,320 円
ちょう用印紙額	500 円
予納郵便切手の額	2,500 円

受　付　印

（不法行為（傷害））

調　停　申　立　書

東　京　簡　易　裁　判　所　　御　中　　☆2

平成　〇〇　年　〇〇　月　〇〇　日　　　←☆3

申立人の住所・氏名・電話番号等

郵便番号　〒〇〇〇－〇〇〇〇

住　所　　東京都墨田区〇〇4丁目〇〇番〇〇　〇〇アパート〇〇号室

氏　名　　墨　田　太　郎　　　　　　　　　　印　←☆4

送達場所　□ 上記住所地　　☑ 次のとおり　　←☆5

　　　　　東京都千代田区〇〇2丁目〇〇番〇〇　〇〇マンション〇〇〇号室

電　話　　03　－　〇〇〇〇　－　〇〇〇〇　←☆6

ﾌｧｸｼﾐﾘ　03　－　〇〇〇〇　－　〇〇〇〇

相手方の住所・氏名

郵便番号　〒〇〇〇－〇〇〇〇　　　　　　　　←☆7

住　所　　東京都千代田区〇〇2丁目〇〇番〇〇号

氏　名　　千　代　田　一　郎

☆8

1

第2節 民事調停手続
第1 民事調停の申立て 387

調停：不法行為（傷害）
（□については，レ印を付したもの）

申立の趣旨

相手方 は，申立人 に対し，金 4 万 2320 円

☑及び ☑ 上記金員
　　　 □ 上記金員の内金　　万　　　円 に対する

平成 ○○年 12月 15日から支払済みまで年 5 パーセントの

割合による金員

を支払うよう調停を求める。

紛争の要点

1 申立人 は，以下の傷害事件により負傷し，かつ損害を受けた。

(1) 事件発生日時　平成○○年12月15日午後10時30分ころ

(2) 発生場所　地下鉄○○線○○駅1番ホーム上

(3) 加害者の氏名　千代田一郎

(4) 事件の態様等

　　申立人がホームを歩いていた際，持っていた鞄が相手方にぶつかった

　ため，謝ろうと振り向いたところ，相手方にいきなり突き飛ばされ，

　顔面及び右手を負傷すると共に，かけていた眼鏡を壊された。

調停：不法行為（傷害）
（□については，レ印を付したもの）

（傷害の症名，部位，程度等）

　　顔面打撲，右手首捻挫　加療2週間

2　損害

　（1）財産的損害　　　　　　　合計金　　4万2320　　円

　　　（内訳）

　　　　・治療費　　　　　　　　　　金　　1万0180　　円
　　　　・通院交通費　　　　　　　　金　　　　640　　円
　　　　・眼鏡代　　　　　　　　　　金　　3万1500　　円

　（2）精神的損害（慰謝料）　　　　　金　　　　　　　円

3　相手方　　　の支払状況

　　☑　　全く支払がない。

　　□　　平成　　年　　月　　日までに合計金　　　　　円支払済み

4　相手方　　は，申立人　　に対し，以下の事由により前記損害を賠償する
　責任がある。

3

調停：不法行為（傷害）
（□については，レ印を付したもの）

　　　上記１の(4)「事件の態様等」に記載のとおり，申立人が相手方にいきなり

　　突き飛ばされ，その結果，負傷して２の「損害」を被ったものであるから，

　　相手方は，民法７０９条により申立人に生じた損害を賠償する責任を負う。

5　　そこで，申立人　　は，相手方　　に対し，申立の趣旨記載の金員の支払

　　を求める。

添付書類
- ☑ 診断書　　☑ 領収証（医療費）　　← ☆9
- ☑ 通院交通費明細表　　☑ 領収証（眼鏡）
- ☐
- ☐

記載上の注意

☆1　この各欄への記載方法は、裁判所にお尋ねください。
☆2　申立書は、裁判所用と相手方用として、正本、副本の2部を提出してください。相手方が複数である場合は、相手方の数＋1となります。
☆3　申立書を作成した日又は裁判所へ提出する日を書いてください。
☆4　正本、副本ともに、あなたの認印（スタンプ式は不可）を押してください。
☆5　「送達場所」とは、裁判所からの郵便物を受け取る場所を指します。住所以外の場所で受け取ることを希望する場合は、「次のとおり」にチェックし、その場所を記載してください。
☆6　あなたへの連絡先電話番号、ファクシミリ番号を書いてください。
☆7　相手方の住所、氏名を書いてください。（相手方が会社であるときは、履歴事項全部証明書等を見て、本店所在地、会社名、代表者の氏名を書いてください。）
☆8　申立書には連続するページ数を記載してください。
☆9　申立書の添付資料を記載します。例示されている書面（証拠書類等）があれば該当の□にチェックしてください。
　　　例示がない場合は、空欄の□にチェックして、その書類の名称を記載してください。
　　　申立人又は相手方が会社の場合は、その会社の履歴事項全部証明書等を添付します。

以上、裁判所（東京簡易裁判所）ホームページより。

第2　民事調停の管轄（申立裁判所）

　民事調停事件は、基本的には、相手方の住所、居所、営業所もしくは事務所の所在地を管轄する簡易裁判所に申し立てることになる（民調3条1項前段）。当事者間で合意すれば、当事者が合意で定めた地方裁判所又は簡易裁判所に申し立てることができる（民調3条1項後段）。

第3　調停調書の効力

　調停が成立した場合，その調停調書は，裁判上の和解と同一の効力を有し（民調16条），確定判決と同一の効力を有することになり（民訴267条），債務者の財産に対する強制執行をすることができる文書である債務名義となる（民執22条7号）。

第4　調停不成立の場合の訴訟の提起

　調停申立人が調停不成立の通知を受けた日から2週間以内に調停の目的となった請求について訴えを提起したときは，調停申立て時にその訴えの提起があったものとみなされる（民調19条）。そして，調停申立て時に納付した手数料額は，訴え提起の段階では納めたものとみなされ（民訴費5条1項），訴え提起の際に納付すべき手数料額から控除することができる。この場合，訴え提起時に，当該調停の内容，納めた手数料額及び不成立の通知を受けた日について証明書を添付する必要がある。

第3節 労働審判

第1 労働審判の概要

　労働審判制度は，個別労働関係民事紛争について，地方裁判所に組織される労働者側と使用者側の専門家が参加する労働審判委員会が，原則3回以内の期日において（労審15条2項），調停による事件の解決を試み（労審1条），それが功を奏しない場合には権利関係を踏まえつつ事案の実情に即した解決案〔労働審判〕を定める非訟事件手続を創設したものである（菅野ほか「労働審判〔2版〕」25頁）。

　セクハラの被害者が，会社と加害者個人を相手として労働審判の申立てをした場合，加害者個人に対する労働審判の請求は個別労働関係民事紛争にあたらず不適法となる。加害者個人も手続に参加させたいのであれば，労働審判規則24条の利害関係人として参加させるのが相当である（山口ほか「労働事件ノート〔3版〕」196頁）。

第2 労働審判の申立て

1 労働審判事件の管轄

(1) 労働審判事件の事物管轄

　労働審判事件は，地方裁判所（本庁☆）で行うものとされている（労審2条）。

☆ 平成22年4月からは，東京地裁立川支部，福岡地裁小倉支部でも労働審判の取扱いを開始した。

(2) 労働事件の土地管轄

労働審判事件の申立て先は，以下の地方裁判所となる（労審2条）。

ア 相手方の住所，居所，営業所もしくは事務所の所在地を管轄する地方裁判所

イ 個別労働関係民事紛争が生じた労働者と事業主との間の労働関係に基づいて当該労働者が現に就業しもしくは最後に就業した当該事業主の事務所の所在地を管轄する地方裁判所

ウ 当事者が合意で定める地方裁判所

2 労働審判の申立て

(1) 労働審判申立書の記載事項

労働審判申立書の記載事項は，次のとおりである。

① 申立人・代理人等の氏名，住所（労審5条3項1号）
② 申立ての趣旨及び理由（労審5条3項2号）
③ 予想される争点及び当該争点に関連する重要な事実，予想される争点ごとの証拠，当事者間の交渉その他申立てに至る経緯の概要（労審規9条1項）
④ 事件の表示（「労働審判手続申立書」）（労審規37条（非訟規1条1項3号））
⑤ 附属書類の表示（労審規37条（非訟規1条1項4号））
⑥ 申立年月日（労審規37条（非訟規1条1項5号））
⑦ 裁判所の表示（労審規37条（非訟規1条1項6号））

(2) 申立手数料等の納付

労働審判の申立てには，手数料を納めなければならない（民訴費3条1項）。申立手数料は，調停と同様で，労働審判を求める事項の価額に応じて算出した額となる（民訴費別表第1・14）。

また，労働審判の申立ての際には，相手方の呼出等の手続進行のための郵便

切手等を納めなければならない（民訴費11条〜13条）。

(3) 申立書及び証拠書類の写しの提出

労働審判申立書には，予想される争点についての証拠書類の写しを添付し（労審規9条3項），相手方の数に3を加えた数の申立書の写し及び相手方の数と同数の証拠書類の写しを提出しなければならない（労審規9条4項）。申立書の写しは，労働審判委員会の構成員が使用することを念頭においている（菅野ほか「労働審判〔2版〕」164頁，最高裁「労働審判執務資料」33頁）。

第3 労働審判委員会

労働審判の申立てを受けた地方裁判所は，裁判官〔労働審判官〕1名，労働関係の専門的知識を有する者〔労働審判員〕2名で構成する合議体である労働審判委員会で紛争処理を行う（労審7条）。労働関係の専門的知識を有する2名は，通常，労働者側及び使用者側からそれぞれ1名ずつで構成される（菅野ほか「労働審判〔2版〕」2頁・25頁・28頁）。

第4 労働審判手続における調停

労働審判手続においては，手続の過程で，調停成立により解決の見込みがある場合には，審理終結に至るまで，期日において調停を行うことができるとされている（労審1条，労審規22条）。

調停が成立した場合，それは裁判上の和解と同一の効力が生じ（労審29条2項（民調16条（民訴267条））），強制執行をすることができる債務名義となる（民執22条7号）。

第5 労働審判

労働審判手続においては，調停成立により解決に至らない場合は，労働審判を行う（労審1条）。

第3節　労働審判
第5　労働審判

　労働審判に適法な異議申立てがないときは，労働審判は裁判上の和解と同一の効力が生じ（労審21条4項（民訴267条）），強制執行をすることができる債務名義となる（民執22条7号）。

　労働審判に対して異議申立てがあったときは，労働審判は効力を失い（労審21条3項），労働審判手続申立てに係る請求については，当該労働審判手続申立て時に，当該労働審判が行われた際に労働審判が係属していた地方裁判所に訴えの提起があったものとみなされる（労審22条1項）。

第4節 訴訟手続

I　訴訟手続一般

第1　訴訟手続の種類・選択

1　訴訟手続

　裁判所における訴訟手続には，通常訴訟と少額訴訟（民訴第6編）がある。その他に，債権者の一方的主張に基づき，相手方である債務者の主張を聴かずに（民訴386条1項），裁判所書記官が支払督促を発令する特別訴訟（略式訴訟）である督促手続がある（民訴第7編）。

　損害賠償関係の紛争について，調停等の話合い手続を経ずに，いきなり訴訟手続をすることもできる。

2　督促手続の選択

　督促手続は，債権者の一方的主張に基づき，相手方である債務者の主張を聴かずに（民訴386条1項），簡易・迅速に，強制執行をすることができる文書（債務名義）となる仮執行宣言付支払督促を得させる手続である。したがって，相手方と話合いをし，場合によっては和解等も考えているような場合は，その目的を達することができない。また，たとえば，相手方が債権者の請求の内容を争うような場合は，当該裁判所書記官が発した支払督促に対し督促異議を申し立てることになると思われ（民訴390条・393条），そうなると督促手続は訴訟手続に移行することになり（民訴395条），督促手続を利用した意味が失われてし

まう。

 したがって，たとえば，相手方である債務者が，債権者側の請求自体を争わず，ただ債務者側の怠慢，履行意思の欠如又は資金不足等により履行しないような場合に，督促手続を利用し，仮執行宣言付支払督促を得て，それを基に債務者に支払を促したり，あるいは，債務者側に財産があり，それを差し押さえて強制的に支払を受けることを考えているような場合には，督促手続を選択する意味があると思われる。

3　通常訴訟手続の選択

 損害賠償関係の紛争については，その債権者の請求に争いがあり，その点について，ある程度の裁判所の判断がないと話合いもできないようなものについては，民事調停等の話合いの手続や督促手続をとることなく，通常訴訟手続をとるのが相当であると思われる。

4　少額訴訟手続の選択

 訴訟手続には，少額訴訟手続がある。これは，証拠は即時に取り調べることができるものに限定され（民訴371条），原則として1回の期日で審理を完了することを予定しており（民訴370条），訴訟物の価額も60万円以下と定められているので（民訴368条1項），紛争の態様が複雑でなく，基本となる契約書等の証拠もすぐにそろえることができる，60万円以下の金銭の支払を求める損害賠償関係の紛争は，少額訴訟で行うこともできる。

 少額訴訟を行う場合，原則として1回の期日で審理を完了することを予定しているので，申立てをする原告は，申立て段階で，訴状において主張すべきことをすべて主張し，証拠もそろえておく必要がある。

 少額訴訟判決に不服がある場合の不服申立ては，異議申立てができるのみであり（民訴378条），異議申立てがあれば同一の簡易裁判所でさらに少額異議審として審理をすることができるだけで，その異議審の判決に対しては控訴ができないとされ（特別上告はできる。）（民訴380条），通常の訴訟での判決に対する不服申立てである控訴・上告ができず，他の裁判所での再審理はできないことになっている。したがって，少額訴訟を選択する場合には，その点も考慮すべき

である。

なお，少額訴訟は，同一の簡易裁判所において同一年に10回を超えて求めることができないとされている（民訴368条1項ただし書，民訴規223条）。

第2 訴訟事件の管轄──訴訟事件の申立裁判所

1 事物管轄──訴えを提起する第1審裁判所

(1) 通常訴訟の事物管轄──通常訴訟の第1審裁判所

通常事件の事物管轄は，訴訟物の価額が140万円を超えない事件は簡易裁判所に（裁判所法33条1項1号），それ以外の事件は地方裁判所に（裁判所法24条1号），それぞれ管轄権があり，それぞれの裁判所に申立てをすることになる。

(2) 少額訴訟の事物管轄──少額訴訟の審理裁判所

少額訴訟は，簡易裁判所の事物管轄に属し（民訴368条1項），簡易裁判所に申立てをすることになる。

(3) 訴訟物の価額〔訴額〕の算定

ア 訴訟物の価額〔訴額〕の算定

訴訟物の価額〔訴額〕は，訴えをもって主張する利益によって算定する（民訴8条1項）。

イ 数個の請求を併合する場合の訴訟物の価額〔訴額〕

(ア) 原 則

一つの訴えで数個の請求を併合する場合，その価額を合算したものを，訴訟物の価額〔訴額〕とする（民訴9条1項本文）。

(イ) 例 外

a 主張する利益が共通する場合

主張する利益が各請求について共通であるときは，その価額を，訴訟物の価額〔訴額〕に合算しない（民訴9条1項ただし書）。

たとえば，共同不法行為者に対する請求（民719条）を併合した場合は，経済

的利益の共通性を基礎として，その価額を，訴訟物の価額〔訴額〕に合算しない。

　　b　付帯請求
　　ⓐ　主たる請求に併合する場合
　果実，損害賠償等の請求が，付帯請求として，主たる請求に併合される場合は，当該付帯請求の額は，訴訟物の価額〔訴額〕に算入しない（民訴9条2項）。
　　ⓑ　主たる請求とは別に請求する場合
　果実，損害賠償等の請求を，主たる請求と併合せずに，それのみを請求するときは，それが独立の訴訟物となるから，その果実，損害賠償等の請求によって，訴訟物の価額〔訴額〕が定まる。

　ウ　謝罪広告など回復処分を請求する場合の訴額
　謝罪広告などの回復処分を請求する訴えは，財産上の請求である。新聞紙等への謝罪広告の掲載を求める場合，訴訟物の価額は，それに要する通常の広告掲載料金によって算定すべきである。実務上は，算定のための疎明資料として，新聞社や雑誌社の広告掲載料の基準表の提出を求めている（小池一利「損害賠償と回復処分」竹田稔＝堀部政男編『新・裁判実務大系⑼　名誉・プライバシー保護関係訴訟法』（青林書院，2001）111頁，「訴額算定書記官事務研究〔補訂版〕」71頁⑴）。

　エ　差止請求の訴額
　相隣関係における騒音等の進入禁止などの差止請求については，その明文の根拠がないため，その法的構成がいろいろ考えられる。例えば，地盤沈下による土地所有権侵害を理由とする地下水汲上げの差止めなど，物権に対する直接的な侵害のみを理由とする場合には，物権的請求権に基づく妨害排除・予防請求と同様に，所有権に基づく場合は目的物の価格の2分の1によって訴額を算定するなどとすることもできるが，それ以外の場合は，民事訴訟費用等に関する法律4条2項後段の「財産権上の請求に係る訴えで訴訟の目的の価額を算定することが極めて困難なもの」として，原告1人について訴額は160万円とするのが相当である（「訴額算定書記官事務研究〔補訂版〕」152頁3）。

2 土地管轄——訴えを提起する裁判所の場所

(1) 被告の普通裁判籍（住所等）所在地を管轄する裁判所への訴え提起

訴えは，原則として，被告の普通裁判籍所在地を管轄する裁判所の管轄に属し（民訴4条1項），人の普通裁判籍は，住所により，日本国内に住所がないとき又は住所が知れないときは居所により，日本国内に居所がないとき又は居所が知れないときは最後の住所地により定める（民訴4条2項）。法人その他の社団又は財産の普通裁判籍は，その主たる事務所又は営業所により，事務所又は営業所がないときは代表者その他主たる業務担当者の住所により定める（民訴4条4項）。

(2) 義務履行地管轄裁判所

ア 金銭債務の義務履行地管轄裁判所

財産上の訴えは，義務履行地を管轄する裁判所に訴えを提起することができる（民訴5条1号）。契約による金銭債務の義務履行地は，第一次的には当事者の明示又は黙示の合意によって定まるが，合意がない場合は，債権者の現時の住所・営業所が義務履行地となるのが原則である（民484条）。したがって，金銭支払の請求をする原告の住所地を管轄する裁判所にも訴えを提起することができる（「コンメ民訴法Ⅰ〔2版〕」109頁）。

イ 債務不履行による損害賠償債務の義務履行地

契約上の債務が債務不履行によって損害賠償債務に変わった場合，義務履行地が変化するかが問題となる。債務不履行による損害賠償債務の義務履行地については，本来の契約上の義務履行地と解する考え方もあるが，訴訟物になっている法律関係の義務履行地と考え，損害賠償債務自体の履行地と解し，民法484条により債権者の現住所を義務履行地とすべきである（東京地決平7・8・30判タ909号269頁）（「コンメ民訴法Ⅰ〔2版〕」110頁）。

ウ 不法行為に基づく損害賠償債務の義務履行地

不法行為に基づく損害賠償の請求については，債権者の現時の住所（民484条）が義務履行地である（「コンメ民訴法Ⅰ〔2版〕」111頁）。被害者が加害者を相手に不法行為に基づく損害賠償請求をする場合は，原告となる被害者の現時の

住所が義務履行地となり，被害者の住所地を管轄する裁判所に訴えを提起することができる。

エ　債権譲渡があった場合の義務履行地管轄裁判所

債権譲渡があった場合，譲受人である現債権者の住所地が弁済の場所となり（民484条），債務者の義務履行地は譲受人である現債権者の住所地となり，譲受人である現債権者は，その住所地を管轄する裁判所に訴えを提起することができる（民訴5条1号）（大判大7・2・12民録24輯142頁，大判大12・2・26民集2巻71頁，東京高決平15・5・22判タ1136号256頁参照）（「コンメ民訴法Ⅰ〔2版〕」111頁，「注釈民法⑿」184頁）。

(3)　関連裁判籍（民訴7条）

一つの訴えで数個の請求をする場合には，そのうちの一つの請求について管轄を有する裁判所に訴えを提起することができる（民訴7条本文）。

この関連裁判籍（民訴7条）は，同一の被告に対し数個の請求を併合提起する場合〔請求の客観的併合〕に認められる。数人の被告に対する請求を一つの訴えで併合提起する場合〔訴えの主観的併合，共同訴訟〕の場合は，権利義務の共通又は事実上及び法律上の原因の同一のとき（民訴38条前段）に限定して認められる（民訴7条ただし書）。

3　管轄の合意

(1)　合意管轄の意義

法定管轄は，公益的要求の強い専属管轄を除けば，主として当事者の公平と便宜を考慮して定められているから，その範囲で，当事者の合意によって法定管轄を変更することが許され，この合意によって定まる管轄を合意管轄という。

(2)　管轄合意の要件（民訴11条）

合意管轄が認められるためには，以下の要件が必要となる（「民訴法講義案〔再訂補訂版〕」30頁(2)）。

①　第1審の管轄裁判所の合意であること（民訴11条1項）
②　一定の法律関係に基づく訴えであること（民訴11条2項）

③　法定管轄と異なる定めであること
④　書面によること（民訴11条2項。民訴11条1項の合意の内容を記録した電磁的記録も含む（民訴11条3項）。）
⑤　専属管轄の定めのないこと（民訴13条）
⑥　管轄裁判所が特定されていること

(3)　管轄合意の態様
　ア　管轄合意の態様
　管轄合意の態様には，排他的管轄合意（競合する法定管轄の一部を排除する合意），選択的〔付加的〕管轄合意（法定管轄外の裁判所に付加的に管轄を認める合意），専属的管轄合意（法定管轄の有無を問わず，特定の裁判所にだけ管轄を認める合意）がある。
　イ　専属的管轄合意と応訴管轄
　原告が専属的管轄の合意を無視して他の裁判所に訴えを起こしても，被告がそれに応訴すれば応訴管轄が生ずる（大判大10・5・18民録27輯939頁）（「民訴法講義案〔再訂補訂版〕」31頁ア）。
　ウ　管轄合意の効力
　　(ア)　管轄合意の効力
　管轄合意の効力は，合意当事者のみを拘束し，第三者には及ばないのが原則である。しかし，合意当事者の一般承継人のほか，合意当事者の権利を代わって行使するにすぎない破産管財人や債権者代位訴訟における債権者は合意に拘束される（「民訴法講義案〔再訂補訂版〕」31頁）。
　特定承継人にも管轄合意の効力が及ぶかどうかは，目的たる権利関係の内容が当事者の意思によって定めることができるかどうかによって決まる。債権のように当事者の意思によってその内容を定めることができる権利関係については，特定承継人にもその効力が及ぶが，物権はその内容が法定されており，管轄の合意をその内容に含ませることができないから，その効力は特定承継人には及ばない（「民訴法講義案〔再訂補訂版〕」31頁）。
　　(イ)　管轄合意と本庁・支部
　管轄合意により定められる裁判所は官署としての裁判所であり，その裁判所の本庁又は支部のいずれにおいて事件を処理するかは裁判所の内部的事務分配

の定めによって決せられる（東京高判昭51・11・25下民集27巻9～12号786頁）。

エ　管轄合意についての意思表示の瑕疵

　管轄合意の要件効果は，もっぱら訴訟法によって定まるが，合意自体は訴訟外で実体法上の取引行為に付随してなされる行為であるから，意思表示の瑕疵については民法の規定を類推適用すべきである（「民訴法講義案〔再訂補訂版〕」31頁エ）。

4　応訴管轄

(1)　応訴管轄（民訴12条）

　原告が土地管轄又は事物管轄違いの第1審裁判所に訴えを提起した場合，被告が第1審裁判所において管轄違いの抗弁を提出しないで本案について弁論をし，又は弁論準備手続において申述をしたときは，その裁判所は，ほかに専属管轄権を有するものがない限り，管轄権を有することになり（民訴12条），応訴管轄が生ずる。

(2)　法定管轄原因が認められない訴状の取扱い

　法定管轄原因の認められない訴状については，応訴管轄の成立可能性を考慮しないで対応するのが本則である。ただ，訴額が低廉で国民の身近な裁判所としての役割を果たすことが期待されている簡易裁判所においては，被告が応訴しなければ最終的には管轄が生じないことを原告に説明したうえでさしあたり訴状送達を試みるという運用を行うことが合理的な取扱いとみる余地もある（「民訴法講義案〔再訂補訂版〕」31頁（注2））。

(3)　本案の弁論

ア　本案の弁論の意義

　本案の弁論とは，被告が，原告主張の訴訟物である権利又は法律関係につき事実上又は法律上の陳述を行うことをいう。

　被告が，口頭弁論で請求原因その他の事実について認否をすることは本案について弁論をしたことになるが，訴訟要件の欠缺を理由とする訴え却下の申立ては，本案の弁論に含まれない。事実や理由を付することなく単に請求棄却の

裁判を申し立てているだけでは，本案の弁論とはいえない（大判大9・10・14民録26輯1495頁）（「民訴法講義案〔再訂補訂版〕」31頁(2)）。

期日延期の申立て，忌避の申立ては，本案についての弁論ではない（「民実講義案Ⅰ〔四訂補訂版〕」35頁）。

イ　答弁書等の擬制陳述と本案の弁論

被告の反対申立て及び請求原因事実の認否や被告の主張を記載した答弁書又は準備書面を提出した被告が第1回口頭弁論期日に欠席し，同答弁書等が擬制陳述された場合（民訴158条）には，それによって応訴管轄は生じないとされている。これは，被告には，管轄違いの裁判所に出頭する義務はなく，ここでの本案についての弁論とは，いわゆる「明示陳述」であることを要すると解されているからである（「民実講義案Ⅰ〔四訂補訂版〕」35頁）。

5　遅滞を避ける等のための移送（民訴17条）

第1審裁判所は，訴訟がその管轄に属する場合であっても，当事者及び尋問を受けるべき証人の住所，使用すべき検証物の所在地その他の事情を考慮して，訴訟の著しい遅滞を避け，又は当事者間の衡平を図るため必要があると認めるときは，申立てにより又は職権で，訴訟の全部又は一部を他の管轄裁判所に移送することができる（民訴17条）。

第3　訴えの提起

1　訴え提起の方式

訴えの提起は，訴状を作成して裁判所に提出しなければならない（民訴133条1項）。簡易裁判所に対する訴えの提起は，口頭でもできる（民訴271条）。口頭での訴え提起の場合，裁判所書記官の前で陳述し，裁判所書記官が調書を作成して記名押印する（民訴規1条2項）。

訴状を被告に送達するために，被告の数に応じた訴状副本を提出する必要がある（民訴規58条1項参照）。訴額に応じた手数料を，収入印紙を訴状に貼付するなどして納め（民訴費4条・8条），被告への訴状の送達費用等も郵便切手等

で予納しなければならない（民訴費11条〜13条）。

また，早期に実質的審理に入ることができるようにするために，請求を特定するための請求原因事実のほかに，請求を理由づける事実も記載し，かつ，立証を要する事由ごとに，当該事実に関連する事実で重要なもの及び証拠を記載しなければならないとされており（民訴規53条），基本書証及び重要な書証の写しの添付が求められている（民訴規55条）。

2 訴訟における主張・立証の構造等

訴訟においては，申立人である原告が，自己の主張する請求権の発生を基礎づける具体的事実である請求原因を主張・立証する必要がある。

請求原因と両立する具体的事実で，請求原因から発生する法律効果を排斥するものが抗弁となり，それは相手方である被告側が主張・立証する必要がある。そして，抗弁と両立する具体的事実であって，抗弁から発生する法律効果を排斥するものが再抗弁となり，それは原告側が主張・立証する必要がある。以下，再抗弁と再々抗弁との関係，再々抗弁と再々々抗弁との関係等，同様の関係で続くことになる。

請求原因事実を相手方である被告が，争わないか，争いがあるときでもその事実の存在を原告が証明した場合，被告側が，抗弁事実を主張・立証しない限り，原告の請求が認められることになる。そして，請求原因事実を相手方である被告が争わないか，争いがあるときでもその事実の存在を原告が証明し，抗弁事実を原告が，争わないか，争いがあるときでもその事実の存在を被告が証明した場合は，原告側が，再抗弁事実を主張・立証しない限り，原告の請求が認められないことになる。以下，再々抗弁，再々々抗弁と，同様の関係で続くことになる。

以下，各事件類型ごとに，主張すべき事実及び証拠等について説明をする。何を主張し，何を証拠として提出すべきかについては，通常訴訟も少額訴訟も同様であると思われるので，以下の説明は，通常訴訟及び少額訴訟に共通するものである。

通常訴訟と少額訴訟で違いがあるものについては，そのつど，説明するものとする。

3 証拠の収集

(1) 書証等の提出

証拠のうち書証については，原告提出のものは，甲号証として，甲第1号証，甲第2号証……という番号を付して特定し，被告提出のものは，乙号証として，乙第1号証，乙第2号証……という番号を付して特定している。

書証は，写し2通（相手方が複数のときは，当該相手方の数に1を加えた通数）を裁判所に提出する（民訴規137条1項）。書証の内容がわかりにくいときは，裁判所から，証拠説明書の提出が求められることがある（民訴規137条1項）。

少額訴訟の場合は，原則として1回の期日で終了することになるので（民訴370条1項），訴状とともに，主な証拠を提出し，訴状送達及び被告に対する期日呼出しとともに，送達しなければならない（民訴370条2項）。

(2) 損害賠償関係訴訟の主な証拠

ア 損害関係の証拠

損害賠償を求める場合，その損害を算定するための証拠を提出する必要がある。

たとえば，物が壊れたことによる損害を請求する場合は，その損害額がわかる修理費の「見積書」などを提出する必要がある。

また，加害行為により怪我をしたとして，その治療費を損害として請求する場合，その額がわかる治療を受けた病院の「領収証」等を提出する必要がある。そして，加害行為と怪我との因果関係が問題となるような場合は，その怪我の内容がわかる「診断書」等も提出する必要がある。

イ 債務不履行に基づく損害賠償請求における元の契約関係の証拠

債務不履行に基づく損害賠償請求の場合，その元となった契約関係を明らかにするために，その契約の内容がわかる「契約書」等を提出すべきである。

訴状

裁判所用

訴　状

事件名　　　　　　　　　　　　　　　　　請求事件

□少額訴訟による審理及び裁判を求めます。本年，この裁判所において少額訴訟による審理及び裁判を求めるのは　　　回目です。

　　　　　　　　　　　簡易裁判所　御中　　　　平成　　年　　月　　日

原告（申立人）	〒 住　所（所在地） 氏　名（会社名・代表者名）　　　　　　　　　　　　　　印 ＴＥＬ　　－　　　－　　　　ＦＡＸ　　－　　　－	
	送達場所等の届出	原告（申立人）に対する書類の送達は，次の場所に宛てて行ってください。 □上記住所等 □勤務先　名　称 　　　　　〒 　　　　　住　所 　　　　　　　　　　　　　　　　　　　ＴＥＬ　　－　　　－ □その他の場所（原告等との関係　　　　　　　　　　　　　） 　　　　　〒 　　　　　住　所 　　　　　　　　　　　　　　　　　　　ＴＥＬ　　－　　　－
		□原告（申立人）に対する書類の送達は，次の人に宛てて行ってください。 　氏　名
被告（相手方）1	〒 住　所（所在地） 氏　名（会社名・代表者名） ＴＥＬ　　－　　　－　　　　ＦＡＸ　　－　　　－	
	勤務先の名称及び住所 　　　　　　　　　　　　　　　　　ＴＥＬ　　－　　　－	
被告（相手方）2	〒 住　所（所在地） 氏　名（会社名・代表者名） ＴＥＬ　　－　　　－　　　　ＦＡＸ　　－　　　－	
	勤務先の名称及び住所 　　　　　　　　　　　　　　　　　ＴＥＬ　　－　　　－	

訴訟物の価額		円	取扱者
貼用印紙額		円	
予納郵便切手		円	
貼用印紙	裏面貼付のとおり		

|裁判所用|
　　　　　　　　　　　　　　　　　　　　　　　　　　一　般

請求の趣旨	1　被告　　は，原告に対して，　　　　　次の金員を支払え。 　　　　　金　　　　　　　　　　円 　　□上記金額に対する 　　□上記金額の内金　　　　　　　　　円に対する 　　　　平成　　年　　　月　　　日から平成　　年　　月　　　日まで 　　　　　　　　の割合による金員 　　□上記金額に対する 　　□上記金額の内金　　　　　　　　　円に対する 　　　□平成　　年　　　月　　　　日 　　　□訴状送達の日の翌日　　　から支払済みまで 　　　　　　　　の割合による金員 2　訴訟費用は，被告　　の負担とする。 との判決（□及び仮執行の宣言）を求めます。
紛争の要点（請求の原因）	
添付書類	

Ⅱ 債務不履行に基づく損害賠償請求訴訟

第1 債務不履行に基づく損害賠償請求の請求原因

　債務不履行に基づく損害賠償請求の請求原因の要件事実は以下のとおりである（岡口「要件事実マニュアル１巻〔４版〕493頁２）。
- (1)　債務の発生原因事実
- (2)　(1)の債務の不履行の要件事実
- (3)　損害の発生及び額
- (4)　(2)と(3)の因果関係

（特別損害（民416条２項）の場合）
- (5)　特別事情と債務者が予見した又は予見することができたこと

第2 債務不履行に基づく損害賠償請求の抗弁

　債務不履行に基づく損害賠償請求の請求原因に対する抗弁としては以下のものがある（岡口「要件事実マニュアル１巻〔４版〕」497頁３）。
- (1)　消滅時効
- (2)　過失相殺

Ⅲ 不法行為に基づく損害賠償請求訴訟

第1 一般不法行為に基づく損害賠償請求の請求原因

1 不法行為に基づく損害賠償請求における請求原因の要件事実

　不法行為に基づく損害賠償請求における請求原因の要件事実は，以下のとおりである（加藤ほか「要件事実の考え方と実務〔２版〕」345頁・346頁，岡口「要件事実

(1) 原告の権利又は法律上保護される利益の存在
(2) (1)に対する被告の加害行為
(3) (2)についての故意又は過失〔評価根拠事実〕
(4) 損害の発生及び額
(5) (2)と(4)の因果関係

2 損害額の主張立証責任

財産的損害の額については，原告が主張立証責任を負う（最判昭28・11・20民集7巻11号1229頁・判時14号13頁）。慰謝料の額については，当事者は主張立証責任を負わないが，慰謝料の額を基礎づける事実については，原告が主張立証責任を負うと解される（最判昭32・2・7裁判集民事25号383頁）（岡口「要件事実マニュアル2巻〔4版〕」398頁）。☆

> ☆ 最判昭32・2・7裁判集民事25号383頁（精神上の苦痛に対しどれだけの慰謝料を支払うのを相当とするかは，債務不履行もしくは不法行為に関する諸般の事情に即して裁判所が判断すべき事項であるから，当該諸般の事情そのものは証拠によって認定しうるとしても，慰謝料の数額については，証拠によって判断し得べきものではない。）

第2 一般不法行為に基づく損害賠償請求の抗弁

1 違法性阻却事由の抗弁

加害者（被告）の加害行為が正当防衛（民720条1項本文），緊急避難（民720条2項本文）にあたること，被害者の被侵害利益について被害者（原告）の承諾があること，加害者（被告）の加害行為が治療行為等社会的正当業務行為にあたること（刑法35条参照），加害者（被告）の権利行使にあたること，など加害行為を適法化する事由があることは，不法行為に基づく損害賠償請求権の権利発生障害事由となる（加藤ほか「要件事実の考え方と実務〔2版〕」350頁，岡口「要件事実マニュアル2巻〔4版〕」405頁1）。

2　責任阻却事由の抗弁等

　加害者（被告）の加害行為の際，①未成年で，自己の加害行為の責任を弁識するに足りるべき知能を備えていなかったとき（民712条），又は，②精神上の障害により自己の行為の責任を弁識する能力を欠く状態にある間に原告に損害を与えたとき（民713条），のいずれかの責任無能力状態にあったときは，加害者（被告）は，不法行為に基づく損害賠償責任を負わない（加藤ほか「要件事実の考え方と実務〔2版〕」350頁，岡口「要件事実マニュアル2巻〔4版〕」405頁2）。

　判例は，未成年者に責任能力（民712条）の有無を，12歳前後を境界線としているようである（内田「民法Ⅱ〔3版〕」399頁・400頁）。

　被告の主張する民法713条本文の責任弁識能力欠如の抗弁に対して，その責任弁識能力欠如が一時的なものであり，かつ，その責任弁識能力欠如の状態に陥ったことについて被告に故意又は過失があれば，原告は，その事実を再抗弁として主張・立証することができる（民713条ただし書）（加藤ほか「要件事実の考え方と実務〔2版〕」351頁）。

3　過失の評価障害事実の抗弁

　原告が主張する被告の過失を基礎づける評価根拠事実について，この事実のみによれば被告の過失が認められるが，別の事実もあわせて判断すると，被告の過失を認めるに足りないという場合は，被告はこの事実を過失の評価障害事実として主張・立証することができる（加藤ほか「要件事実の考え方と実務〔2版〕」351頁3）。

4　過失相殺の抗弁☆

> ☆　過失相殺，被害者側の過失（民722条2項）―過失相殺の主張の要否→**第1章第2節第2・7**（16頁）参照

　被害者側に過失があったときは，裁判所は，これを斟酌して，損害額を定めることができ（民722条2項），被告加害者は，原告被害者側の過失を抗弁として主張・立証することができる（加藤ほか「要件事実の考え方と実務〔2版〕」351頁

4，岡口「要件事実マニュアル2巻〔4版〕」407頁2）。

5 消滅時効，除斥期間の抗弁

(1) 消滅時効，除斥期間

　不法行為による損害賠償請求権は，被害者又はその法定代理人が損害及び加害者を知ったときから3年間行使しないときは時効により消滅し（民724条前段），不法行為の時から20年経過したときも同様とされている（民724条後段）。通説判例は，3年の期間は消滅時効と解し，20年の期間は除斥期間と解している（最判平元・12・21民集43巻12号2209頁・判タ753号84頁・判時1379号76頁，最判平10・6・12民集52巻4号1087頁・判タ980号85頁・判時1644号42頁，最判平21・4・28民集63巻4号853頁・判タ1299号134頁・判時2046号70頁）（加藤ほか「要件事実の考え方と実務〔2版〕」352頁，岡口「要件事実マニュアル2巻〔4版〕」401頁・403頁）。

(2) 消滅時効の要件事実

　3年の消滅時効の抗弁の要件事実は以下のとおりである（加藤ほか「要件事実の考え方と実務〔2版〕」352頁・353頁，岡口「要件事実マニュアル2巻〔4版〕」401頁）。

　　ア　被害者（原告）又はその法定代理人が損害及び加害者（被告）を知ったこと並びにその日
　　イ　アの日から3年の経過
　　ウ　加害者（被告）から被害者（原告）側への時効援用の意思表示

(3) 除斥期間の要件事実

　20年の除斥期間の要件事実は以下のとおりである（加藤ほか「要件事実の考え方と実務〔2版〕」353頁，岡口「要件事実マニュアル2巻〔4版〕」403頁）。

　　ア　加害者（被告）の加害行為がされた日から20年の経過

第3 使用者等責任に基づく損害賠償請求

1 使用者等責任に基づく損害賠償請求における請求原因

使用者等責任に基づく損害賠償請求における請求原因の要件事実は，以下のとおりである（加藤ほか「要件事実の考え方と実務〔2版〕」354頁，岡口「要件事実マニュアル2巻〔4版〕」413頁・414頁）。

(1) 被用者の不法行為
　ア　原告の権利又は法律上保護される利益の存在
　イ　アに対する被告の加害行為
　ウ　イについての故意又は過失〔評価根拠事実〕
　エ　損害の発生及び額
　オ　イとエの因果関係

(2) ①　被用者・使用者等の間に使用・被用関係（指揮監督関係）が加害行為以前に成立していたこと
　又は
　②　事業のために被用者を使用者に代わって事業を監督していたこと

(3) 被用者の加害行為が使用者等の事業の執行についてなされたこと

2 使用者等責任に基づく損害賠償請求における抗弁

使用者等責任に基づく損害賠償請求に特有な抗弁としては，以下のものがある（加藤ほか「要件事実の考え方と実務〔2版〕」357頁Ⅱ，岡口「要件事実マニュアル2巻〔4版〕」416頁Ⅳ）。

(1) 消滅時効の抗弁

使用者等責任における民法724条の時効進行開始時の要件である「加害者を知る」とは，被害者らにおいて，使用者並びに使用者と不法行為者との間に使用関係がある事実に加えて，一般人において当該不法行為が使用者の事業の執行につきなされたものであると判断するに足りる事実をも認識することである（最判昭44・11・27民集23巻11号2265頁・判タ242号175頁・判時580号47頁）（岡口「要

件事実マニュアル2巻〔4版〕」416頁1）。

(2) 被用者の選任及びその事業の監督について相当の注意をしたこと（民715条1項ただし書前段）（加藤ほか「要件事実の考え方と実務〔2版〕」357頁，岡口「要件事実マニュアル2巻〔4版〕」417頁5）

(3) 監督義務違反と損害の発生との間の因果関係の不存在（民715条1項ただし書後段）（加藤ほか「要件事実の考え方と実務〔2版〕」357頁）

(4) 監督義務が不法行為の前に消滅したこと（加藤ほか「要件事実の考え方と実務〔2版〕」357頁，岡口「要件事実マニュアル2巻〔4版〕」418頁6）

(5) 被用者の職務の範囲に属しないことにつき悪意又は重過失があること（加藤ほか「要件事実の考え方と実務〔2版〕」357頁，岡口「要件事実マニュアル2巻〔4版〕」416頁2）

職務執行関連性については，外観理論が採用されているが（**第1章第2節第2・11**(2)（18頁）参照），たとえ被用者の行為が外形からみて使用者の事業の範囲内に属するものと認められる場合でも，その行為が被用者の職務権限内で適法に行われたものではなく，かつ，相手方がその事情について悪意であったか，又は重過失によって知らなかった場合には，「事業の執行につき第三者に加えた損害」とはいえない（最判昭42・11・2民集21巻9号2278頁・判タ213号231頁・判時498号3頁）。

その要件事実は以下のとおりである（加藤ほか「要件事実の考え方と実務〔2版〕」358頁，岡口「要件事実マニュアル2巻〔4版〕」416頁2）。

ア　加害行為が被用者の職務権限内で適法に行われたものでないこと
イ　① 被害者（原告）が加害当時アの事実を知っていたこと
　　又は
　　② 被害者（原告）が加害当時アの事実を知らないことについて重大な過失があること〔評価根拠事実〕

第4 動物の占有者等の責任に基づく損害賠償請求

1 動物の占有者等の責任に基づく損害賠償請求における請求原因

　動物の占有者等の責任に基づく損害賠償請求における請求原因の要件事実は，以下のとおりである（岡口「要件事実マニュアル2巻〔4版〕」425頁3，加藤ほか「要件事実の基本Ⅱ」134頁1－2－1）。
(1)　原告の権利又は法律上保護される利益の存在
(2)　動物が(1)の侵害をしたこと
(3)　(2)のとき被告がその動物を占有していたこと
(4)　損害の発生及び額
(5)　(2)と(4)の因果関係

2 動物の占有者等の責任に基づく損害賠償請求における抗弁

　動物の占有者等の責任に基づく損害賠償請求に特有な抗弁としては，以下のものがある。
(1)　占有者としての相当な注意義務を尽くしたこと（民718条1項ただし書）（岡口「要件事実マニュアル2巻〔4版〕」425頁4，加藤ほか「要件事実の基本Ⅱ」138頁2－3－1）
(2)　過失相殺の抗弁
　　「原告の側に損害の発生・拡大に寄与するような落ち度があったこと」が，動物の占有者等の責任に基づく損害賠償請求における抗弁となる（加藤ほか「要件事実の基本Ⅱ」139頁2－3－2）。

事項索引

あ

悪臭等紛争事例……………………199
慰謝料……………………… 9, 13, 14
慰謝料額算定基準………………… 15
一般不法行為に基づく損害賠償請求の抗弁
　……………………………………410
一般不法行為に基づく損害賠償請求の請求原因
　……………………………………409
逸失利益……………………………… 9
違法な取立てに伴う損害賠償請求………… 26
因果関係…………………………… 16
訴え提起……………………………404
　——と不法行為に伴う損害賠償請求………281
　——の方式………………………404
訴え提起等による不法行為………281
　——に伴う損害賠償請求事例………283
訴えの主観的併合………………401
訴えを提起する裁判所の場所……399
訴えを提起する第1審裁判所……398
応訴管轄……………………………403

か

飼主の義務………………………… 21
鍵交換行為に伴う損害賠償事例………… 89
過失相殺……………………… 10, 16
管轄合意……………………………401
　——と本庁・支部………………402
　——についての意思表示の瑕疵………403
　——の効力………………………402
　——の態様………………………402
　——の要件………………………401
関連裁判籍…………………………401
寄　託………………………………331
義務履行地管轄裁判所……………400
共同訴訟……………………………401
金銭債務の義務履行地管轄裁判所……400

さ

景観利益の法的保護性……………146
合意管轄……………………………401
公害苦情相談窓口…………………375
公害審査会…………………………375
個別労働紛争解決制度……………376

さ

債権取立て行為に伴う損害賠償請求事例…… 35
財産的損害………………………… 13
財産の利益に関する慰謝料……… 14
債務不履行………………………… 7
　——に伴う損害賠償請求………… 8
　——に伴う損害賠償としての取立て費用
　………………………………………10
　——に伴う損害賠償としての弁護士費用…… 9
　——に基づく損害賠償請求訴訟………409
　——に基づく損害賠償請求の抗弁………409
　——に基づく損害賠償請求の請求原因………409
債務不履行責任と不法行為責任…………… 7
差止請求…………………… 22, 148
　——の訴額………………………399
事物管轄……………………………398
謝罪広告…………………………… 24
　——など回復処分を請求する場合の訴額
　……………………………………399
　——を命ずる判決等の執行方法………… 24
車両損害に対する慰謝料請求事例………109
受忍限度…………………… 23, 143
　——と公的規制基準……………143
　悪臭の——………………………144
　臭気の——………………………144
　セクハラ行為と——……………228
消極的損害……………………9, 13
使用者等から被用者に対する求償…… 19, 223
使用者等責任に基づく損害賠償請求………413
　——における抗弁………………413
　——における請求原因…………413

使用者等の責任……………………………… 18
使用者の職場環境配慮義務………………230
消費者信用誤情報に伴う損害賠償請求……… 30
消費者信用誤情報に伴う損害賠償請求事例
　………………………………………………… 64
消費者信用取引における慰謝料等請求事例
　………………………………………………… 32
消費者信用取引における損害賠償請求……… 26
職場環境配慮義務……………………222, 230
職務執行関連性……………………… 19, 222
職務に関連する行為における使用者に対する損
　害賠償請求………………………………222
職務に関連する暴力行為と損害賠償請求事例
　…………………………………………………224
自力救済条項等に基づく明渡しに伴う損害賠償
　事例………………………………………… 75
自力救済の禁止…………………………… 70
人的損害（人損）………………………… 13
請求の客観的併合………………………………401
精神的損害………………………………… 13
セクシャルハラスメント（セクハラ）………228
セクハラ行為と職務関連性………………229
セクハラ行為に伴う使用者等に対する損害賠償
　請求………………………………………228
セクハラ行為に伴う使用者等に対する損害賠償
　請求事例…………………………………232
　懇親会等における――　…………………271
　執務時間中の――　………………………237
積極的損害…………………………………9, 13
専属的管轄合意……………………………402
　――と応訴管轄……………………………402
選択的管轄合意……………………………402
騒音等紛争事例……………………………158
　マンション等における――　……………178
　飼犬の――　………………………………158
　隣接する建物間の――　…………………167
相殺禁止…………………………………… 17
相殺契約…………………………………… 17
相談窓口等…………………………………367
相当因果関係……………………………… 16
相隣関係と損害賠償請求…………………143
相隣関係における利益侵害………………143

――による損害賠償請求事例………………150
訴額の算定…………………………………398
訴訟事件の管轄……………………………398
訴訟事件の申立裁判所……………………398
訴訟手続……………………………………396
訴訟物の価額の算定………………………398
損害額の認定……………………………… 15

た

男女雇用機会均等法による紛争解決制度……375
遅滞を避ける等のための移送……………404
調停調書の効力……………………………391
調停不成立の場合の訴訟の提起…………391
眺望利益侵害による損害賠償等請求事例……216
眺望利益の法的保護性……………………145
帳簿の閲覧・謄写………………………… 29
帳簿の閲覧・謄写請求の拒絶…………… 30
通常損害…………………………………… 8
動物の飼主の義務………………………… 21
動物の占有者等の責任………………21, 143, 148
動物の占有者等の責任に基づく損害賠償請求
　…………………………………………………415
　――における抗弁…………………………415
　――における請求原因……………………415
動物の占有者等の損害賠償責任………… 20
特別損害…………………………………… 8
土地管轄……………………………………400
土地の工作物等の占有者及び所有者の責任
　………………………………………………… 19
都道府県公害審査会………………………375
取立てに伴う損害賠償請求……………… 26
取立てに伴う損害賠償請求事例………… 35
取立て費用………………………………… 10
取引履歴等開示義務違反による損害賠償請求事
　例………………………………………… 56
取引履歴等開示拒否に伴う損害賠償請求…… 28

な

日照被害による損害賠償等請求事例………213

は

排他的管轄合意……………………………402

事項索引　419

被害者側の過失………………………… 16
付加的管轄合意…………………………402
物損→物的損害
物損事故に伴う特別な損害賠償請求………102
物損事故に伴う特別な損害賠償請求事例…105
物的損害（物損）……………………… 13
　　──に伴う慰謝料………………… 13, 102
不動産賃貸借における明渡しと自力救済の禁止
　……………………………………… 70
不動産賃貸借における損害賠償請求………… 70
不動産賃貸借における損害賠償請求事例…… 75
不動産売買における損害賠償請求…………… 70
不動産売買における損害賠償請求事例……… 74
不動産被害に対する慰謝料請求事例………132
不当訴訟による不法行為………………281
　　──における損害賠償請求権の消滅時効の起
　　　算点…………………………281
不法行為………………………………… 12
　　──における損害額の算定…………… 18
　　──に伴う損害賠償請求…………… 13
　　──に基づく損害賠償請求訴訟…………409
　　──の要件………………………… 12
不法行為債務の遅延損害金……………… 18
ペットに関する慰謝料…………………103
ペットに関する損害……………………102
ペットに関する治療費・葬儀費用・慰謝料等請
　求事例………………………102, 113
ペットの飼主の義務…………………… 21
弁護士会の紛争解決センター……………367

弁護士費用………………………………9, 16
暴力行為と使用者責任…………………222
暴力行為と職務関連性…………………222
暴力行為に伴う使用者等に対する損害賠償請求
　………………………………………222
暴行等に伴う損害賠償請求……………295
暴行等に伴う損害賠償請求事例…………296
本案の弁論………………………………403

ま

民事調停手続……………………………378
民事調停の管轄（申立裁判所）…………390
民事調停の申立て………………………378
民法416条の不法行為への適用………… 16
名誉毀損における原状回復…………… 24

や

家賃等の悪質な取立て行為に伴う損害賠償事例
　……………………………………… 99
家賃等の悪質な取立て行為の禁止等……… 71

ら

労働委員会………………………………376
労働審判…………………………392, 394
　　──の申立て……………………392
労働審判委員会…………………………394
労働審判事件の管轄……………………392
労働審判手続における調停……………394
労働審判申立書の記載事項……………393

条文索引

悪臭防止法
2条　　　　　　　　　　　145
4条　　　　　　　　　　　145
5条　　　　　　　　　　　145

貸金業法
19条　　　　　　　　　　　 29
19条の2　　　　　　　　29, 30
21条　　　　　　　　　　26, 28

個人情報の保護に関する法律
25条　　　　　　　　　　　 30

個別労働関係紛争の解決の促進に関する法律
4条　　　　　　　　　　　377
5条　　　　　　　　　　　377

裁判所法
24条　　　　　　　　　　　398
33条　　　　　　　　　　　398

商　法
594条　　　　　　　　　　　330

建物の区分所有等に関する法律
6条　　　　　　　　　　　146

男女雇用機会均等法
11条　　　　　　　　228, 231, 375
18条　　　　　　　　　　　376

動物の愛護及び管理に関する法律
7条　　　　　　　　　　　 21
9条　　　　　　　　　　　 21

民事訴訟費用等に関する法律
4条　　　　　　　　　　　404
8条　　　　　　　　　　　404
11条　　　　　　　　　　　405
12条　　　　　　　　　　　405
13条　　　　　　　　　　　405

民事訴訟法
4条　　　　　　　　　　　400
5条　　　　　　　　　　　400
7条　　　　　　　　　　　401
8条　　　　　　　　　　　398
9条　　　　　　　　　　398, 399
11条　　　　　　　　　　　401
12条　　　　　　　　　　　403
17条　　　　　　　　　　　404
133条　　　　　　　　　　　404
248条　　　　　　　　　　　 15
271条　　　　　　　　　　　404
368条　　　　　　　　　397, 398
370条　　　　　　　　　　　406
371条　　　　　　　　　　　397
378条　　　　　　　　　　　397
380条　　　　　　　　　　　397
386条　　　　　　　　　　　396

民事調停法
3条　　　　　　　　　　　390
4条の2　　　　　　　　　378
16条　　　　　　　　　　　391
19条　　　　　　　　　　　391

民　法
206条　　　　　　　　　　　 21
415条　　　　　　　　　　　 7
416条　　　　　　　　　　 8, 16

417条	8
418条	10, 16
484条	400, 401
509条	17
709条	12, 13, 103
712条	411
713条	411
715条	18, 19, 222, 223, 414
717条	19, 104
718条	20, 103, 143, 148, 415
720条	410
722条	16, 411
723条	24, 31
724条	412

労働審判法

1条	394
2条	392, 393
5条	393
7条	394
15条	392
21条	395
22条	395
29条	394

判例索引

＊事案の内容，請求，争点，判示事項（結論に至る理由付け及び結論）について紹介されている判例・裁判例は，掲載頁を太字で表している。

大 審 院

大判明43・4・5民録16輯273頁	15
大判明43・10・20民録16輯719頁	18
大判大7・2・12民録24輯142頁	401
大判大9・10・14民録26輯1495頁	404
大判大10・5・18民録27輯939頁	402
大判大12・2・26民集2巻71頁	401
大判大15・5・22民集5巻386頁	16
大判昭3・10・13民集7巻780頁	17
大判昭12・6・30民集16巻1285頁	19

最高裁判所

最判昭28・11・20民集7巻11号1229頁・判時14号13頁	410
最大判昭31・7・4民集10巻7号785頁・判夕62号82頁・判時80号3頁	25
最判昭32・2・7裁判集民事25号383頁	410
最判昭34・9・17民集13巻11号1412頁・判時204号21頁	7
最判昭36・6・9民集15巻6号1546頁・判時267号45頁・金判529号92頁	222
最判昭37・9・4民集16巻9号1834頁	18
最判昭39・6・24民集18巻5号874頁・判夕166号106頁・判時376号11頁	15
最判昭40・2・5裁判集民事77号321頁	15
最判昭40・11・30民集19巻8号2049頁・判夕185号92頁・判時433号28頁	19, 222
最判昭40・12・7民集19巻9号2101頁・判夕187号105頁・判時436号37頁	71
最判昭41・6・21民集20巻5号1078頁・判夕194号83頁・判時454号39頁	10, 16
最判昭42・11・2民集21巻9号2278頁・判夕213号231頁・判時498号3頁	414
最判昭42・11・30民集21巻9号2477頁・判夕216号118頁・判時509号30頁	17
最判昭43・12・24民集22巻13号3454頁・判夕230号170頁・判時547号37頁	10, 16
最判昭44・2・27民集23巻2号441頁・判夕232号276頁・判時548号19頁	9, 10, 16
最判昭44・11・18民集23巻11号2079頁・判夕242号170頁・判時580号44頁	223–**225**
最判昭44・11・27民集23巻11号2265頁・判夕242号175頁・判時580号47頁	413
最判昭45・8・20民集24巻9号1268頁・判夕252号135頁・判時600号71頁	20
最判昭45・12・18民集24巻13号2151頁・判夕257号139頁・判時619号53頁	24, 31
最判昭46・6・22民集25巻4号566頁・判夕265号135頁・判時638号69頁	224, **226**
最判昭46・9・30裁判集民事103号569頁・判夕269号194頁・判時646号47頁	19

最判昭48・6・7民集27巻6号681頁・金法690号37頁 ·· 16
最判昭48・10・11裁判集民事110号231頁・判時723号44頁 ······························· 8–10
最判昭49・6・28民集28巻5号666頁・判タ311号140頁・判時745号49頁 ·············· 17
最判昭51・7・8民集30巻7号689頁・判タ340号157頁・判時827号52頁 ········· 19, 223
最判昭52・3・31裁判集民事120号341頁・判時851号176頁 ······································· 7
最判昭54・9・7裁判集民事127号415頁・判タ407号78頁・判時954号29頁 ············· 17
最判昭57・1・19民集36巻1号1頁・判タ463号123頁・判時1031号120頁 ················ 16
最判昭58・9・6民集37巻7号901頁・判タ509号123頁・判時1092号34頁 ················ 18
最判昭63・1・26民集42巻1号1頁・判タ671号119頁・判時1281号91頁 ·················281
最判平元・12・21民集43巻12号2209頁・判タ753号84頁・判時1379号76頁 ············412
最判平2・11・6裁判集民事161号91頁・判タ774号132頁・判時1407号67頁 ············· 20
最大判平5・3・24民集47巻4号3039頁・判タ853号63頁・判時1499号49頁 ············· 14
最判平6・3・24裁判集民事172号99頁・判タ862号260頁・判時1501号96頁 ············143
最判平7・7・7民集49巻7号2599頁・判タ892号152頁・判時1544号39頁 ········ 23, 148
最判平7・7・14交民集28巻4号963頁 ·· 18
最判平9・7・11民集51巻6号2573頁・判タ958号93頁・判時1624号90頁 ················ 14
最判平10・6・12民集52巻4号1087頁・判タ980号85頁・判時1644号42頁 ···············412
最判平14・9・24裁判集民事207号243頁・判タ1106号72頁・判時1802号60頁 ·· 23, 148
最判平15・12・9民集57巻11号1887頁・判タ1143号243頁・判時1849号93頁 ··········· 14
最判平17・7・19民集59巻6号1783頁・判タ1188号213頁・判時1906号3頁 ······· 29, 33, 54, **57**
最判平18・3・30民集60巻3号948頁・判タ1209号87頁・判時1931号3頁 ················146
最判平20・3・27判タ1267号156頁・判時2003号155頁 ································· 10, 16
最判平21・4・28民集63巻4号853頁・判タ1299号134頁・判時2046号70頁 ·············412
最判平22・7・9裁判集民事234号207頁・判タ1332号47頁・判時2091号47頁 ···········281
最判平24・2・24判タ1368号63頁・判時2144号89頁 ·· 10

高等裁判所

東京高判昭39・2・15高民集17巻1号53頁・判タ160号82頁 ·································281
東京高判昭45・6・24下民集21巻5・6号994頁 ·· 10
東京高決昭51・11・11下民集27巻9〜12号779頁・判タ348号213頁・判時840号60頁 ·············146
東京高判昭51・11・25下民集27巻9〜12号786頁 ···403
東京高判昭52・3・31判時858号69頁・判タ355号283頁 ·· 70
名古屋高金沢支判昭53・1・30判タ362号320頁・判時889号57頁 ······························· 9
東京高判昭55・9・29判タ429号112頁・金判623号16頁 ·· 11
仙台高判平元・2・27判時1317号85頁 ···283, **285**
東京高判平9・6・10判タ966号243頁・判時1636号52頁 ································ 33, **46**
大阪高判平10・7・9金判1054号46頁 ·································· 28, 32, **38**, **40**
大阪高判平10・11・6判時1723号56頁 ··146
大阪高判平11・10・26判タ1031号200頁・判時1703号144頁 ·················· 28, 32, **36**
大阪高判平12・9・28判時1746号139頁 ··331
大阪高判平14・11・15判時1843号81頁 ··145, 154, **202**

東京高判平14・11・18判時1815号87頁	149, 156, 214
東京高決平15・5・22判タ1136号256頁	401
東京高判平16・2・26交民集37巻1号1頁	105, 116
東京高判平19・1・25金法1805号48頁	33, 59
大阪高判平19・6・8消費者法ニュース73号53頁	34, 61
東京高判平20・9・10判時2023号27頁・労判969号5頁	229, 235, 270
名古屋高判平20・9・30交民集41巻5号1186頁	106, 127

地方裁判所

東京地判昭30・5・6下民集6巻5号889頁・判時57号11頁	20
大阪地判昭39・6・10下民集15巻6号1344頁・判タ163号196頁	11
東京地判昭40・10・18下民集16巻10号1570頁・判時434号48頁	15
名古屋地判昭42・9・30下民集18巻9・10号964頁・判タ213号237頁・判時516号57頁	23
福岡地判昭45・9・30判タ261号337頁	15
徳島地判昭48・3・27判タ306号251頁	15
東京地判昭48・4・20判時701号31頁	144, 150, 167
高知地判昭51・4・12判時831号96頁	331
横浜地横須賀支判昭54・2・26下民集30巻1〜4号57頁・判タ377号61頁・判時917号23頁	146, 149, 157, 216
東京地判昭55・11・28判時1003号113頁	10
東京地判昭59・7・31判時1150号201頁	331
横浜地判昭61・2・18判タ585号93頁・判時1195号118頁	21, 143, 148, 150, 158
東京地判平元・3・24交民集22巻2号420頁	105, 109
大阪地判平元・4・14交民集22巻2号476頁	106, 132
大阪地判平2・5・21判時1359号88頁	30, 31, 34, 64
大阪地判平2・7・23判時1362号97頁	30, 31, 34, 67
広島地判平2・10・8判時1369号141頁	283, 287
静岡地沼津支判平2・12・20判タ745号238頁	15
京都地判平3・1・24判タ769号197頁・判時1403号91頁	150, 159, 199
札幌地判平3・5・10判時1403号94頁	23, 144, 148, 151, 169
神戸地判平3・5・28交民集24巻3号606頁	105, 111
福岡地判平4・4・16判タ783号60頁・判時1426号49頁・労判607号6頁	232, 237
富山地判平4・10・15判時1463号144頁	33, 44
大阪地判平5・12・17交民集26巻6号1541頁	107, 134
浦和地判平6・4・22判タ874号231頁	72, 76
東京地判平6・5・9判時1527号116頁	152, 178
横浜地判平6・5・24交民集27巻3号643頁	107, 136
大阪地判平6・8・19判タ873号200頁・判時1525号95頁	20, 104, 108, 140
東京地判平7・2・1判時1536号66頁	150, 161
浦和地判平7・6・30判タ904号188頁	23, 148, 150, 164
長野地上田支判平7・7・6判時1569号98頁	146, 157, 220

東京地決平7・8・30判タ909号269頁 …………………………………………………………400
東京地八王子支判平8・7・30判時1600号118頁 ………………………………………152, 179
岡山地判平8・9・19交民集29巻5号1405頁 …………………………………………108, 138
大阪地判平8・9・25判時1602号104頁 ……………………………………………………144
東京地判平8・9・27判時1601号149頁 ……………………………………………………331
京都地判平9・4・17判タ951号214頁・労判716号49頁 …………………230, 232, 240
東京地判平9・4・17判タ971号184頁 ………………………………………………152, 182
東京地判平9・10・15判タ982号229頁 ………………………………………………153, 184
津地判平9・11・5判981号204頁・判時1648号125頁・労判729号54頁
　　……………………………………………………………………222, 229, 230, 232, 244
大阪地判平10・1・29判タ974号158頁・判時1643号166頁 ………28, 32, 38, 40
東京地判平10・10・16判タ1016号241頁 …………………………………………………149
札幌地判平10・12・18判タ1042号176頁 ………………………………………………33, 49
大阪地判平10・12・21判タ1002号185頁・判時1687号104頁・労判756号26頁
　　……………………………………………………………………………………230, 235, 271
東京地判平11・2・25判時1676号71頁 ………………………………………70, 72, 74
札幌地判平11・3・24判タ1056号224頁 …………………………………………………32, 42
東京地判平11・5・27判タ1034号182頁 ……………………………………………281-283, 289
大阪地判平11・12・13判タ1050号165頁・判時1735号96頁 ……………………………15
札幌地判平11・12・24判タ1060号223頁・判時1725号160頁 ……………………72, 79
福岡地判平12・9・25判タ1060号191頁 …………………………………………………33, 55
大阪地判平12・12・22判タ1115号194頁 ……………………………………………………15
東京地判平13・6・11判タ1087号212頁 …………………………………28, 29, 33, 51, 57
神戸地判平13・10・19判タ1098号196頁・判時1785号64頁 ………………145, 154, 199
東京地判平14・4・24判時1832号128頁 ……………………………………………148, 151, 172
岡山地判平14・5・15労判832号54頁 ………………………………………………230, 233, 247
岡山地判平14・11・6労判845号73頁 ……………………………………230, 231, 233, 251
広島地判平15・1・16判タ1131号131頁 ……………………………………………229, 234, 257
東京地判平15・2・17判時1844号74頁 ……………………………………………………151, 176
東京地判平15・6・6判タ1179号267頁 ………………………………………230, 235, 274
神戸地判平15・6・11判時1829号112頁 ……………………………………………………154, 205
東京地判平16・5・14判タ1185号225頁 ……………………………………………………234, 261
青森地判平16・12・24労判889号19頁 ……………………………………………………235, 264
東京地判平17・7・29判タ1228号262頁 ………………………………………………………9
名古屋地判平17・9・16判タ1230号184頁 ………………………………………………235, 267
東京地判平17・12・14判タ1249号179頁 …………………………………………147, 153, 191
名古屋地判平18・3・15判時1935号109頁 ………………………………21, 104, 106, 125
東京地判平18・5・30判時1954号80頁 ………………………………………………………72, 82
東京地判平18・11・7判タ1242号224頁 ……………………………………………………15
広島地判平19・3・13労判943号52頁 ………………………………………229, 230, 235, 277
東京地判平19・3・30判時1993号48頁 ………………………………………………………21, 103
名古屋地判平19・8・17消費者法ニュース74号112頁 ………………………………34, 63

松山地判平19・9・21消費者法ニュース74号118頁	28, 32, 35
東京地判平19・10・3判タ1263号297頁・判時1987号27頁	147, 153, 194
東京地判平20・3・26判時2023号32頁・労判969号13頁	229
東京地判平21・1・28判タ1290号184頁	146
大阪地判平21・2・12判時2054号104頁	21, 104, 106, 130
大阪地判平21・11・13消費者法ニュース83号63頁	73, 98
東京地立川支判平22・5・13判時2082号74頁	156, 209
大阪地判平22・5・28判時2089号112頁	71, 73, 99
東京地判平22・12・27判タ1360号137頁・判時2116号130頁	283, 292
東京地判平24・1・25判時2147号66頁・金判1400号54頁	8
東京地判平24・3・15判時2155号71頁	147, 153, 196
東京地判平24・9・7判時2171号72頁	71, 73, 85
名古屋地判平24・12・20判時2191号63頁	223

簡易裁判所

神戸簡判平3・6・27判タ820号213頁	327, 332, 334
飯田簡判平11・4・21判タ1004号185頁	328, 332, 341
春日井簡判平11・12・27判タ1029号233頁	21, 103, 105, 113
東京簡判平14・12・6（平成14年（少コ）第2457号）裁判所HP	153, 186
東京簡判平16・4・15（平成15年（少コ）1787号（通常移行））裁判所HP	295, 296, 298
東京簡判平16・10・19（平成16年（ハ）6078号）裁判所HP	295, 296, 303
東京簡判平16・11・16（平成16年（ハ）10863号）裁判所HP	328, 332, 348
東京簡判平16・12・17（平成16年（ハ）9762号）裁判所HP	295, 296, 311
東京簡判平17・2・8（平成16年（少コ）3304号（通常移行））裁判所HP	329, 332, 354
東京簡判平17・3・18（平成17年（少コ）457号（通常移行））裁判所HP	330, 333, 358
東京簡判平17・4・26（平成17年（少コ）869号（通常移行））裁判所HP	296, 316
東京簡判平17・6・23（平成17年（少コ）746号（通常移行），平成17年（ハ）7920号）裁判所HP	295, 296, 321
東京簡判平17・7・19（平成17年（ハ）5837号）裁判所HP	330, 333, 361
大阪簡判平21・5・22判タ1307号183頁・判時2053号70頁	73, 90

■執筆者紹介■

園部　厚（そのべ　あつし）

青森簡易裁判所判事

平成13年3月東京簡裁判事，その後，平成14年4月稚内簡裁，平成16年4月東京簡裁，平成19年4月石岡・笠間簡裁，平成22年4月東京簡裁勤務後，平成25年4月から現職

主要著書：『〔改訂版〕一般民事事件論点整理ノート（紛争類型編）・（民事訴訟手続編）』，『一般民事事件裁判例論点整理ノート』，『簡裁民事訴訟手続の実務と書式』，『和解手続・条項論点整理ノート』（以上，いずれも新日本法規出版），『書式支払督促の実務〔全訂九版〕』，『書式不動産執行の実務〔全訂九版〕』，『書式債権・その他財産権・動産等執行の実務〔全訂13版〕』，『わかりやすい紛争解決シリーズ①〜⑥』（以上，民事法研究会）など

身近な損害賠償関係訴訟
理論と裁判例

2014年4月15日　初版第1刷印刷
2014年5月20日　初版第1刷発行

廃検止印　Ⓒ著者　園部　厚
　　　　　発行者　逸見慎一

発行所　東京都文京区本郷6丁目4の7　株式会社　青林書院

振替口座 00110-9-16920／電話 03(3815)5897〜8／郵便番号 113-0033

印刷・星野精版印刷㈱／落丁・乱丁本はお取り替え致します。

Printed in Japan　ISBN978-4-417-01621-2

JCOPY　〈㈳出版者著作権管理機構 委託出版物〉

本書の無断複写は著作権法上での例外を除き禁じられています。複写される場合は，そのつど事前に，㈳出版者著作権管理機構（電話 03-3513-6969，FAX 03-3513-6979，e-mail:info@jcopy.or.jp）の許諾を得てください。